CONTING[ENCE]
ET RATIONALISME

PAGES D'HISTOIRE ET DE DOCTRINE

PAR

LIONEL DAURIAC

PROFESSEUR HONORAIRE A L'UNIVERSITÉ DE MONTPELLIER

PROFESSEUR LIBRE A LA SORBONNE

LAURÉAT DE L'INSTITUT

PARIS

LIBRAIRIE PHILOSOPHIQUE J. VRIN

6, Place de la Sorbonne, V^e

1924

CONTINGENCE ET RATIONALISME

DU MÊME AUTEUR

Des notions de Matière et de Force, dans les Sciences de la nature. Paris, Alcan, 1878, in-12.

De Heraclito Ephesio. Paris, Alcan, 1878, in-12.

Sénèque. Ad Lucilium epistulae sex decim. Paris, Alcan, 2ᵉ éd., 1897, in-16.

Le Réalisme de Reid. Paris, in-8º.

Croyance et Réalité. Paris, Alcan, 1889, in-16.

La psychologie dans l'Opéra français : Auber, Rossini, Meyerbeer. Paris, Alcan (Bibliothèque de Philosophie contemporaine), 1897, in-16.

Essai sur l'esprit musical. Paris, Alcan (Bibliothèque de Philosophie contemporaine), 1904, in-8º.

Le Musicien-Poète Richard Wagner. Paris, Fischbacher, 1908, in-12.

Rossini. Paris, Laurens (Collection : *Les Musiciens célèbres*), s. d. [1905], in-8º.

Meyerbeer. Paris, Alcan, 2ᵉ éd., 1921.

CONTINGENCE ET RATIONALISME

PAGES D'HISTOIRE ET DE DOCTRINE

PAR

Lionel DAURIAC

PROFESSEUR HONORAIRE A L'UNIVERSITÉ DE MONTPELLIER
PROFESSEUR LIBRE A LA SORBONNE
LAURÉAT DE L'INSTITUT

PARIS

LIBRAIRIE PHILOSOPHIQUE J. VRIN

6, Place de la Sorbonne, Vᵉ

1924

Tous droits de traduction et de reproduction réservés.

AVANT-PROPOS

Ainsi que je l'ai fait en 1889, au moment où paraissait *Croyance et Réalité*, je crois devoir entretenir le lecteur des circonstances au milieu desquelles ont été rassemblées les études réunies dans le présent volume.

Elles sont toutes postérieures à mes dernières annnées d'enseignement à l'Université de Montpellier (1882-1895).

Pendant ces dernières années je m'étais occupé de la question des catégories. Cette question faisait suite à celle des premières définitions de l'Etre, de la Substance, de la Loi, du Phénomène, données et discutées dans le volume de 1889. La doctrine que j'enseignais à mes étudiants, librement inspirée du *Premier et du Deuxième Essais de Critique Générale*, faisait à l'empirisme une part plus grande que chez Renouvier. A l'exception du principe d'identité, auquel j'attribuais une origine nettement *à priori*, j'assignais aux autres principes une autre origine, il est vrai commune à tous : la conscience.

Cette doctrine se justifiait à mes yeux par les difficultés dont Renouvier n'avait pu sortir quand il s'était agi de démontrer ces catégories et qu'il avait jugé en fin de compte toute démonstration inapplicable au problème. Je proposais dans mon enseignement de rattacher les catégories à la conscience comme autant de fonctions d'origine mentale érigées par induction en fonctions universelles.

Je mettais à part les axiomes logiques dont l'autorité me paraissait supérieure à celle des autres principes; j'y voyais la plus haute forme de la vérité à laquelle il est impossible que la conscience elle-même refuse l'hommage. Ces principes logiques, je les considérais comme l'expression par excellence de

la nécessité. Je me figurais cette nécessité retentissant, par
après, sur l'ensemble des autres principes et les pénétrant,
chacun à des degrés divers, de sa propre nature. On devinera
qu'une doctrine aussi conciliante, animée d'un double esprit
de contingence et de nécessité, reçut des étudiants un accueil
favorable qui me fit momentanément illusion. J'étais alors
(je ne m'en suis aperçu que plus tard) sous l'influence de l'état
d'esprit écossais dont je mis pas mal d'années à reconnaître le
caractère d'empirisme. D'autre part, là où Renouvier me semblait avoir échoué, j'aurais difficilement espéré mieux faire.
Enfin je savais qu'un disciple de Renouvier, le professeur
O. Hamelin, de Bordeaux, avec qui j'avais échangé quelques
lettres, s'adonnait au problème de la Représentation. Je crus
dès lors opportun d'attendre qu'il eût abouti dans ses recherches avant de donner aux miennes une nouvelle et plus énergique poussée.Puis je quittai l'Université de Montpellier et
concentrai mon attention sur les problèmes si mal engagés de
la Psychologie musicale. Pendant que ces problèmes m'occu-
paient, Hamelin poursuivait et achevait son œuvre. Quand cette
œuvre parut, sa décisive originalité me frappa. Je l'étudiai de
très près et j'en conseillai fortement l'étude à tous les amis de
la pensée. Puis ce fut la mort d'Hamelin, mort soudaine et
tragique, survenue au moment où l'on pouvait espérer que les
germes déposés dans son livre allaient librement et patiemment éclore, chacun à son moment, et « chacun à son rang ».

Libre du côté de mes études musicales que j'avais conduites
au degré souhaité, je songeais à tout essayer pour assurer à la
mémoire d'Hamelin la part d'action sur les jeunes esprits, dont
elle me paraissait digne. J'étudiai donc à nouveau ce livre difficile qu'est l'*Essai sur les Eléments principaux de la Représentation*. J'en fis un bref compte rendu de six pages (Ribot m'avait
fixé cette limite) dans la *Revue philosophique* de Janvier 1908 [1].
Dans l'*Année Philosophique* de F. Pillon je fis paraître la même
année un exposé de l'œuvre d'Hamelin aussi complet que possible, mais exempt de toute remarque critique [2]. Plus tard, dans
la *Revue de Métaphysique et de Morale*, j'essayai de dégager
la part d'influence directe exercée par Renouvier sur Hamelin [3].
Enfin les études publiées pendant la guerre sur la doctrine de

(1) *Revue philosophique*, 1908, 1, pp. 91-96.
(2) *L'Année philosophique* 1907 (parue en 1908), pp. 141-179. *L'Essai sur les Eléments principaux de la Représentation et la philosophie d'O. Hamelin*.
(3) *Revue de Métaphysique et de Morale*, 1909, pp. 483-500. *Les sources néocriti-
cistes de la dialectique synthétique*.

Boutroux (¹) et sur le conflit du Phénomène et de la Notion dans le *Premier Essai de Critique Générale* (²) m'ont semblé pouvoir servir d'initiation utile à la philosophie d'O. Hamelin. J'en dirai autant des pages inédites qui m'ont été dictées par la même intention. Elles paraîtront ici pour la première fois, ainsi qu'un travail sur le rationalisme de Liard, écrit peu après sa mort. Deux articles terminent ce recueil : ils ont paru aussi pendant la guerre, dans la *Revue de Métaphysique et de Morale* en 1916 (³) et en 1917 (⁴). J'ai écrit ces deux articles ayant l'*Essai* d'O. Hamelin pour ainsi dire devant les yeux, mais l'ayant aussi présent que possible à la mémoire, dans ses grandes lignes et dans ses grandes avenues. Je voulais me situer intellectuellement par rapport aux idées de celui dont le souvenir m'était cher, mais dont je me sentais décidément trop avancé dans la vie pour devenir le patron. Ma situation, d'ailleurs telle qu'elle m'apparaît au moment où je quitte la plume, n'est celle ni d'un adhérent ni d'un adepte ou d'un « rallié ». C'est celle d'un ami de la pensée qui éprouve, en face d'un des plus beaux efforts de la pensée française contemporaine, un franc mouvement d'admiration et de sympathie. Il souhaite que ce mouvement de sympathie ne soit pas entièrement perdu pour les autres; et c'est pourquoi il a laissé imprimer ce recueil en remerciant l'éditeur qui a bien voulu se charger de l'impression.

Le nom de J. Lachelier n'a pas été mentionné dans cette Préface. En effet, je ne me suis décidé qu'assez tard à donner place dans le présent volume aux études consacrées à mon ancien maître de l'Ecole Normale Supérieure, J. Lachelier, une première fois dans l'*Année Philosophique* de 1896 (⁵), une seconde fois dans l'*Année Philosophique* de 1901 (⁶).

Quand j'étudiais, en 1896, « la Doctrine et la Méthode » de J. Lachelier, je n'étais pas en mesure de constater les analogies assez distantes et même lointaines que cette doctrine peut offrir avec celle d'O. Hamelin. Il ne faut pourtant ni exagérer ces analogies ni les méconnaître. Qu'on le veuille ou non,

---

(1) *Revue philosophique*, 1916, II, pp. 105-134. *Contingence et rationalisme.*

(2) *Revue philosophique*, 1917, II, pp. 31-58. *L'Idée de phénomène dans la philosophie de Ch. Renouvier.*

(3) *Revue de Métaphysique et de Morale*, 1916, pp. 543-605. *Contingence et catégorie*

(4) *Revue de Métaphysique et de Morale*, 1917, pp. 627-692. *De la nécessité médiate et de la nécessité immédiate.*

(5) *L'Année philosophique* 1896, pp. 63-119. *La doctrine et la méthode de M. J. Lachelier.*

(6) *L'Année philosophique* 1907, pp. 59-84. *Essai sur la catégorie de l'Etre.*

J. Lachelier d'une part, O. Hamelin de l'autre ont tenté, eux
seuls, dans l'histoire de la philosophie française une « construction » de la représentation. Je laisse au lecteur le soin de
faire, pour son propre compte, les distinctions nécessaires entre
les deux œuvres et les deux doctrines.

On ne s'étonnera point si j'achève cette préface par un remer-
c'ement bien naturel dû à l'assistance intelligente et dévouée
qui m'a été prêtée pendant la rédaction des dernières études de
ce volume par celle qui depuis bientôt cinquante ans a mêlé sa
vie à ma vie.

Je termine par un dernier vœu : c'est que les jeunes gens qui
me liront s'attachent aux problèmes philosophiques avec le
zèle, l'ardeur et la passion que ces problèmes n'ont jamais
cessé de m'inspirer. Je pense ainsi que pensait mon ami Victor
Brochard, « qu'il faut que la philosophie serve à quelque
chose ». Elle lui a permis, selon sa propre expression, de faire
bonne contenance devant la mauvaise fortune. Elle l'a soutenu
durant dix années d'épreuves, pendant lesquelles il a donné le
plus fortifiant exemple de courage. Je ne m'attendais pas à
devoir un jour me souvenir de cet exemple pour me l'appliquer
à moi-même. Maintenant que les épreuves sont venues, je dois
reconnaître que si Pascal demandait à Dieu le bon usage des
maladies, une sagesse en son fond étrangère à celle de l'Evangile peut nous rendre tolérables les peines que l'on ressent en
voyant se fermer l'une après l'autre, lentement mais graduellement, les portes du monde extérieur.

Paris, Noël 1920.

INTRODUCTION

L'ESPRIT DE CONTINGENCE
ET L'ESPRIT DE RATIONALITÉ

Depuis la mort d'Auguste Comte, le positivisme n'a pas conquis en France l'empire que lui avait promis son fondateur. Il n'en a pas moins hâté la faillite de ce spiritualisme d'état qui, sous le nom d'éclectisme, avait débilité les intelligences et ralenti les initiatives. Cousin avait d'ailleurs, et depuis pas mal d'années, déserté la philosophie pour s'attacher à un culte plus agréable et certes beaucoup plus inoffensif, celui de Mme de Longueville et de ses contemporaines. Ses disciples immédiats, E. Caro et Paul Janet avaient servi la pensée française par des livres où la philosophie, sans renoncer à son rang d'avant-garde, prenait de plus en plus le goût des libres propos de littérature, d'art et de politique. Les positivistes de leur côté agissaient sur les jeunes esprits et, sans les convertir à la religion de l'Humanité, leur inspiraient le respect des travaux scientifiques et des idées générales issues de ces travaux. Les dogmes étaient « finis », croyait-on; mais si l'on avait pris l'habitude de s'en passer, on était devenu attentif au mouvement des idées et des faits. Il en était résulté un régime assez favorable aux solutions temporaires et alternantes, profitables non plus à ce scepticisme indolent, pseudonyme de la paresse, mais à un scepticisme vivant et chercheur, ennemi des négations et du repos dans l'immobilité spéculative. Les positivistes nous auront appris à savoir écouter les savants, ce pourquoi ils auront bien mérité de la philosophie.

A la faveur de ces exemples, les idées directrices de l'esprit philosophique se sont renouvelées dans leurs formules. J'en atteste le recul progressif des idées de matière et d'âme, d'une part, et, de l'autre, le passage au premier plan des idées de phénomène et de loi. Les deux idées autour desquelles ont été groupées les réflexions dominantes du présent volume sont celles de *Contingence* et de *Rationalisme*. Elles s'opposent, aurait-on pensé jadis. La vérité est que, pour passer de l'une à l'autre, on regarderait vainement du même côté de l'horizon. La vérité n'en est pas moins encore que, si l'on voulait y voir deux adversaires résolus à se barrer mutuellement le passage, on cheminerait dans l'erreur. Pourquoi ?

C'est assez la fortune ordinaire à une idée générale d'étendre démesurément sa juridiction, et par cela même son champ de lutte. Elle n'a point à se chercher des contraires : aussitôt née, elle les rencontre qui lui offrent le combat. Et c'est dans l'ardeur de la lutte que les yeux apprennent à s'ouvrir. Des signes d'affinités se découvrent et par là même des possibilités d'alliance, en attendant les collaborations du lendemain. Le libre arbitre de l'homme ne s'est pas plutôt conçu qu'il déclarait aux déterministes une guerre implacable. Ne la croyez pas finie, cette guerre. Mais qu'importe, si nous ne sommes pas encore au bout de ses leçons ?

— La liberté n'est donc pas l'opposé du déterminisme ? Elle l'est. Mais si la liberté parvenait à faire le vide du champ de bataille, il ne lui resterait plus qu'à s'ensevelir dans l'excès de sa victoire.

— Alors ce sont les premiers et presque les créateurs de la philosophie qui ont su voir clair et lire dans le jeu de cette philosophie ? Alors, pour s'initier à l'art de penser, le philosophe de demain dressera une table d'opposition comme celles que les Pythagoriciens animaient de leurs propos et sur les inscriptions de laquelle ils s'exerçaient à déchiffrer les énigmes de l'éternelle sagesse ? Alors il va falloir dire avec Héraclite, après qu'Héraclite l'aura entendu dire à Pythagore : « La guerre est le père de toutes choses » ?

Dites cela sur un ton moins tragique et vous aurez rejoint les interlocuteurs du *Phédon*. Souvenez-vous de l'argument par lequel Socrate va démontrer que l'âme doit survivre au corps : « parce que les contraires naissent des contraires. » La vérité est peut-être que les premières différences dont les hommes ont été saisis furent les différences exagérées jusqu'au contraste. L'erreur était naturelle, puisque Platon ne devait point la juger indigne d'un avocat tel que Socrate. Ce n'en était pas moins une erreur. La nuit n'est point la cause du jour, mais tant qu'il ne fut point sensible aux phénomènes graduellement annonciateurs du jour, l'homme crut apercevoir entre ces deux contraires, le jour et la nuit, un rapport de succession directe et immédiate, et donc un rapport de causalité.

Autre erreur inverse de la précédente : celle qui conduit à penser que les contraires, si l'on parvient à les atténuer jusqu'aux degrés sur lesquels on réussirait à échelonner les simples différences, sont privés de toute efficace sur leurs opposés. L'action du contraire n'entraîne pas l'inefficacité du différent. Mais il faut du temps pour que ces remarques éveillent l'attention. Le même mot grec servira longtemps, toujours même, à désigner l'accident et la contingence; il n'est pas jusqu'aux idées d'Auguste Comte sur l'emploi de ce terme qui n'aient manqué de constance en manquant de précision. La contingence et la loi semblent bien s'être heurtées dans son esprit et par suite dans son vocabulaire jusqu'à se préjuger incompatibles.

Il est aisé maintenant de prévoir, entre ces deux notions, à la première rencontre, un choc suivi d'un double mouvement d'écart. Et cependant, la sagesse conseille de parer aux effets du premier choc. Ces effets pourraient n'être pas irréparables. Précipitez l'une contre l'autre la contingence et la loi, vous n'en ferez sortir que des ruines. Maintenez-les en regard l'une de l'autre en y portant la lumière de partout : et partout les antagonismes se seront apaisés, les angles se seront arrondis.

L'expression la plus parfaite de la loi ne fut-elle pas la nécessité mathématique à laquelle les Pythagoriciens soumirent le monde ? L'expression la plus parfaite de la contingence ne fut-elle point, à l'origine, la volonté de Zeus ? Attendez Descartes, et il vous enseignera deux dogmes contraires dont l'un corrige l'autre : celui de la création continuée, sans laquelle le monde retomberait dans le néant, celui de l'immutabilité divine sans laquelle le monde retomberait dans le chaos. Qu'allez-vous dire maintenant de cet autre dogme dont Descartes est aussi le père, celui de Dieu, libre créateur des vérités éternelles, un dogme qu'il invitait Mersenne à « publier partout » ? Le même penseur peut donc s'être montré le grand physicien de l'intelligible et le grand métaphysicien de la contingence !

Il résulte de ce grand exemple que les concepts ne descendent pas du ciel. Voyons-y comme une matière première attendant le travail de notre démiurgie. Je me trompe. Cette matière première est déjà l'effet d'une démiurgie commençante.

Mais où est le démiurge ? Allez-vous donc raisonner à la Voltaire, et conclure l'horloger de l'horloge ? Vous hésiteriez moins si derrière le Dieu de Voltaire vous n'aperceviez celui de Béranger. N'hésitez-donc pas : le Dieu des bonnes gens restera hors de cause. Car si je ne vois nul moyen d'échapper à l'horloger ou au démiurge, ce qui est tout un, je ne me chargerais pas de démontrer sa transcendance. Rien ne prouve que la démiurgie de l'univers ne soit pas l'œuvre de notre entendement, ce qui ne veut pas dire qu'elle pourrait bien n'en être que le rêve. Les droits de la métaphysique immanente, omis par l'auteur de la *Dialectique transcendantale* ne sont pas à négliger : la question reste ouverte.

Autre problème : si l'on admet la démiurgie et le démiurge, sous les réserves précédentes, le moment viendra tôt ou tard de s'interroger sur les moteurs du plan démiurgique. Un plan se dessine dans un entendement; c'est seulement après s'être dessiné qu'il se réalise. Or, pour le dessiner, ne doit-on pas le concevoir tout d'abord ? Les idées apparaissent dès lors comme étant les indispensables motrices du travail démiurgique. Avant de faire un nouveau pas, je m'arrêterai un moment devant l'idée d'une démiurgie issue d'une sorte d'inspiration poétique. A parler franc j'aperçois le hasard installé à la place du démiurge et je ne vois guère où cela peut me conduire. Cherchons ailleurs. Demandons au nombre d'organiser les éléments du monde futur conformément à ses lois. Les lois du nombre sont en effet de nature à frapper les esprits d'étonnement par les rapports qu'elles attestent : soit par exemple le rapport entre la série des impairs et la série des carrés. Je consens que les premiers hommes aient attaché à la découverte de ces rapports une importance singulière, mais je ne vois pas cette fois encore à quelles conséquences leur étonnement les a fait aboutir. Les propriétés des nombres ont une fécondité limitée au genre qu'elles régissent. Passé l'ordre du nombre, elles ne servent plus à rien.

Elles pourront servir toutefois quand Aristote sera venu nous apprendre que les nombres n'existent que dans un entendement. En effet, l'entendement de l'homme où le nombre devient un objet de connaissance et, par conséquent, une matière de travail, se rattache par des liens étroits à l'entendement éternel du Premier Moteur du monde, ignorant de ce monde, peut-être, mais non pas des vérités sur lesquelles repose l'éternelle contemplation du Suprême Intelligible. Il suffira dès lors de rendre à ce Suprême Intelligible la connaissance du monde, impliquée dans l'acte de la création, pour permettre aux deux idées, primitivement contraires, de Contingence et de Loi de s'unir l'une à l'autre et d'assurer le gouvernement de l'univers. L'exemple de Descartes, dont j'ai parlé, non sans un juste sentiment d'admiration, montre donc à quel excès de témérité se porterait un esprit jaloux d'exclure l'une de l'autre les deux notions de Contingence et de Loi. Ce que les Pytagoriciens n'ont pu faire, les Cartésiens orthodoxes l'ont réussi à la faveur des dogmes proclamés par l'Eglise chrétienne, et, qu'au temps de Descartes, à commencer par Descartes, nul ne songeait à ébranler.

On sait que Descartes tient de Duns Scot la doctrine qui dérive les vérités éternelles de la volonté divine et par conséquent fait descendre d'une source contingente tout un monde d'éternités. On attribue à Malebranche un opuscule dont, par l'effet d'une heureuse circonstance, j'ai tenu en mains un manuscrit quand j'étais à Montpellier et qui a pour titre : *De l'Infini créé*. Ainsi le Dieu de Descartes, outre l'infinité et l'éternité dont il jouit de par sa libre nature, aurait exercé sa toute puissance en octroyant à des créatures une double part de son infinité et de son éternité ! On serait mal venu à protester contre cet apparent paradoxe; il suffirait, pour faire cesser ce scandale métaphysique, de se rappeler ce que, dans sa *Quatrième Méditation*, Descartes a dit de la liberté en l'homme et de la liberté en Dieu, qu'il n'a pas craint de reconnaître égales l'une à l'autre, et également infinies. Il a fait plus : il a situé l'absolue liberté au cœur de la nature divine.

En ce moment j'ai conscience d'ajouter — par mon commentaire et surtout par les souvenirs qui se pressent dans ma mémoire, assez en foule pour avoir quelque peine à s'ordonner — à la pensée si simple et si brève d'un philosophe né chrétien s'adressant à un chrétien et l'invitant à rassurer ses coreligionnaires sur son orthodoxie. Il lui aurait déplu qu'on lui prêtât la moindre disposition à confondre le Dieu de l'Evangile avec le Jupiter de la Fable, assujetti « au Styx et aux Destinées ». La pensée de Descartes irait en effet très loin si on la suivait dans l'histoire à travers les développements qu'elle a reçus d'un Schelling et d'un Ch. Secretan. Il est très probable que Descartes ne s'est pas embarrassé des difficultés qu'entraînait la thèse d'un libre arbitre infini, créateur de vérités éternelles, et, par suite, de nécessités. A la rigueur on peut éviter la contradiction par la distinction de deux moments dans l'activité créatrice. Quant aux difficultés attachées à la naissance soudaine d'un monde de créatures solidaires les unes des autres en raison de l'inéluctable nécessité immanente aux rapports d'ordre mathématique, Descartes ne semble pas les avoir jugées invincibles, à supposer même qu'elles aient retenu son attention. L'origine des vérités nécessaires, une fois ces vérités créées, reste désormais sans influence sur les cordes de nécessités qui les nouent; et la contingence du décret divin qui les fit naître ne porte aucune atteinte à l'essence rationnelle de leur enchaînement. Il y a plus. Si l'on se fonde sur des textes décisifs de la *Quatrième Méditation*, on remarquera que l'homme, tout en étant intellectuellement esclave de la nécessité logique qui préside aux relations d'essence, reste quand même libre ou de sanctionner ces relations par un jugement affirmatif, ou de suspendre son jugement, ou même de lutter de pied ferme contre la vérité dont il reconnaît le joug par l'énoncé d'un jugement négatif. Les critiques de Descartes se sont tirés d'affaire en alléguant l'irresponsabilité de l'homme dans l'erreur. Descartes n'eût point reculé devant la conséquence. Faut-il voir dans l'acceptation implicite de cette conséquence une suite de la théorie par laquelle le Dieu de Descartes reste maître de la vérité et comme un reflet sur la nature de l'homme de cette divine maîtrise ? Mon avis n'est point de faire à la question une réponse ferme en dépit du silence des textes. Il ne me semble point, toutefois, que la question soit de trop.

Inséparable de la pensée chrétienne, l'esprit de contingence, sous l'inspiration de Duns Scot, fit naître chez Descartes une conception métaphysique d'une belle hardiesse, conception qui ne fut peut-être pas improvisée, mais qui, sauf au moment de la *Quatrième Méditation*, ne laissa pas de traces visibles sur l'ensemble du système cartésien. Cet esprit de contingence se traduira chez Leibnitz par l'opposition à la nécessité métaphysique, d'une « nécessité morale ». Il n'est pas sûr que cet esprit n'ait pas exercé une influence chez Kant au moment de la *Critique du Jugement*. D'une manière générale, le développement des sciences biologiques attestera, pour ne rien dire de plus, une détente sensible de l'esprit de nécessité. Beaucoup plus tard, au moment de Nietzsche, se donnant pleine carrière, l'esprit de contingence dictera au philosophe poète, les pages troublantes de *Par delà le Bien et le Mal* qui font songer à celles d'un disciple de Nietzsche écrivant un *Par delà le Vrai et le Faux*. Ce disciple ne s'est jamais rencontré. Mais le Dieu de Descartes, celui de la lettre à Mersenne, avant d'improviser le monde des vérités éternelles, dominait de sa toute-puissance l'opposition de l'erreur et de la vérité. Serait-ce donc le cas de se rappeler la sentence de Spinoza : « Omnis determinatio negatio est » ? En effet, comment échapper à la conséquence ? Comment se représenter un Dieu capable à la fois de créer le monde des vérités éternelles, et, par cette création, de n'avoir rien retranché à sa toute-puissance ? On ferait une histoire curieuse de l'esprit de contingence dans la philosophie du Moyen-Age et dans la philosophie moderne. En relèverait-on aussi facilement les traces chez les Anciens Grecs ? Peut-être au moment de la Nouvelle Académie; peut-être encore antérieurement aux probabilistes de cette école chez les Péripatéticiens et les Epicuriens; pas ailleurs. Au dix-neuvième siècle, l'esprit de contingence a fait naître une œuvre d'assez belle envergure, la thèse d'Emile Boutroux, dont on se propose de parler dans le présent volume. On fera remarquer d'ailleurs que, sans l'intervention presque constante de l'esprit rationaliste ou plutôt spiritualiste, l'œuvre ne serait jamais née.

Il nous plairait maintenant d'insister sur deux curieux exemples d'une rivalité entre l'esprit de contingence et l'esprit rationaliste, rivalité dont les épisodes variés ont rempli au dix-neuvième siècle : En France, le *Cours de Philosophie Positive* d'Auguste Comte; en Angleterre, le *Système de Logique* de J.-St. Mill Cette rivalité prendra souvent l'aspect d'un compromis. Il est aisé en effet de constater chez J.-St. Mill, dont la logique pourrait s'appeler une logique de la contingence, un trait indiscutable et nettement accentué de rationalisme, et cela au beau moment de l'œuvre, c'est-à-dire au moment où l'auteur fait appel à la causalité inconditionnelle dont il dérive l'induction scientifique. On aurait beau jeu à montrer un auteur travaillant ainsi de ses propres mains à démolir son ouvrage. Il y a là, en effet, un moment de revanche pour le rationalisme. L'historien du *Positivisme anglais*, Taine, s'incline devant cette théorie de l'induction comme devant un « chef d'œuvre », mais ne cèdera-t-il pas, lui aussi, lui ce fauteur du *Principe de Raison explicative* au même mirage que Mill.

En effet, l'auteur de *L'Intelligence*, dont ses maladroits amis ont voulu faire un disciple de Condillac, auraient dû apercevoir sous le masque de la *Raison Explicative* celui de la « Raison Suffisante ». A parler franc, ni Taine ni surtout Mill n'ont manqué de fidèlité à leurs principes ni à leurs modèles. Mill continue David Hume, comme Taine remet en honneur « l'ingénieux sensualisme » du dix-huitième siècle. Chez Taine et chez Mill, l'esprit de l'empirisme fait bonne garde. Il est seulement intéressant et significatif de voir deux adversaires des principes *à priori* faire appel à ces principes en essayant d'en travestir l'origine. Observez avec quelle diligence Mill suit pas à pas les démarches de l'esprit dans la construction d'une vérité générale telle que la loi de causalité universelle. Jamais l'esprit d'épargne intellectuelle ne s'est montré plus soucieux de petites économies, procédant denier par denier. Il est malheureusement plus facile de former une grande rivière en creusant un grand lit pour y faire affluer des petits ruisseaux que d'ériger en axiome universel et surtout « inconditionnel » un total d'affirmations, identiques quant à leur matière sans doute, puisque cette matière est un rapport de causalité, mais toutes singulières, puisque c'est à force de voir succéder un fait à un autre fait qu'on en est venu à proclamer l'universel déterminisme. Comment en un lingot d'or pur s'est changé le vil métal des petites pièces ? Il y a là un échange où les banquiers se montrent d'une complaisance qu'un esprit philosophique ne saurait vraiment tolérer. Certes quand on a placé ses fonds en lieu sûr, et qu'il s'est formé un beau capital, on a le droit de vivre de ses rentes. J'ai beau faire, je suis obligé de m'appuyer sur la plus banale des comparaisons pour justifier l'apparition soudaine du principe de causalité, dans cette logique, si soucieuse de lui barrer le passage. J.-St. Mill lui a même ouvert les portes toutes grandes sans le moindre égard aux promesses impliquées dans son programme. Serait-ce donc que le principe de causalité ne permet à personne de discuter ses droits ? Au vrai, Mill a discuté ses droits puisqu'il les a fondés sur une somme limitée d'expériences. Fidèle à l'esprit directeur de tout son travail, lequel n'est autre que l'esprit de contingence, il a pris ses précautions pour que, dans cette logique qui s'annonçait comme devant être une logique « réelle », il n'entrât rien que de directement ou indirectement sensible. Dans les chapitres antérieurs à la théorie de l'induction il a tenu parole : il a remplacé les idées par les mots; les schémas par des images. Et que dites-vous du beau courage dont il a fait preuve le jour où il est venu dire que le syllogisme était une pétition de principe ? Ne lui en faites pas un reproche et ne protestez pas que la vieille logique lui donne tort puisqu'il a voulu qu'elle fît place nette devant la sienne. Son tort est de ne l'avoir point voulu jusqu'au bout.

Et c'est pour le contraindre à tenir jusqu'à la dernière page les promesses des premières que Jules Lachelier, venant rafraîchir sa mémoire, lui a remis sous les yeux tous les poissons pêchés dans le vivier de David Hume, son véritable ancêtre. Il n'y a point, il ne peut y avoir de causalité universelle et inconditionnelle pour les tenants de l'empirisme. Il peut y avoir, à la place une tendance fortifiée par l'habitude et rendue invincible par l'impeccable obstination de cette habitude à ne se laisser jamais prendre au dépourvu. J.-St. Mill et Taine, à sa suite, auraient décidément été mieux inspirés, s'ils avaient baissé le ton, en parlant du principe soi-disant inconditionnel de causalité. Il n'est pas plus inconditionnel que l'habitude où il a pris sa source.

Voilà désormais l'esprit de contingence restauré et l'esprit de rationalisme libre de toute mésalliance. Jules Lachelier a fait là un vrai miracle : il a obtenu de son adversaire Mill un suicide par persuasion.

Le « positiviste anglais » de Taine n'était au fond qu'un empiriste et, comme tous ceux de sa race, fidèle à l'état d'esprit écossais, en son fond, pragmatique, et, au besoin, pragmatiste.

Je ne conseillerai pas au lecteur de négliger la condamnation de J.-St. Mill par J. Lachelier : la justesse en égale la justice. Je lui conseillerai toutefois de lire attentivement cette logique tout animée du souffle de la science moderne et de prendre plaisir à l'habileté que montre son auteur quand il se joue au milieu des aspects multiples de la science expérimentale, n'omettant aucune des distinctions nécessaires, et prompt à conduire vers une conclusion d'ensemble les détails soigneusement rassemblés.

Le chapitre d'honneur que consacre Taine à Mill, dans son volume additionnel à l'*Histoire de la Littérature anglaise*, atteste à quel degré l'écrivain du *Système de Logique* s'est montré représentatif de la pensée anglaise si naturellement ouverte à l'esprit de contingence (1).

---

(1) On n'a pas assez remarqué que dans le *Système de Logique*, la partie déductive repose sur une vérité générale et la partie inductive sur une contradiction de la précédente. En effet, si on admet d'une part que le syllogisme est une pétition de principe, on a raison au point de vue empiriste et tort au point de vue rationaliste; si l'on admet, d'autre part, que l'induction repose sur le principe « inconditionnel » de causalité on a raison au point de vue rational. .e et tort au point de vue empiriste. Il est possible, et J. Lachelier paraît bien être de cet avis, qu'en cours de travail la pensée de Mill. entraînée par les tendances scientifiques de son esprit, ait fait droit à ces tendances et

Entre J.-St. Mill et Auguste Comte la différence des deux esprits s'accuse profondément. Né en France, instruit dans les mathématiques, Auguste Comte, dès les premières leçons du *Cours de Philosophie positive*, se comporte envers l'astronomie comme un rationaliste. C'est que, en matière de mécanique céleste, l'esprit de rationalité ne fait qu'un avec l'esprit d'exactitude. Quand il traitera des sciences expérimentales et en particulier de la biologie, il étonnera le lecteur par le grand nombre de textes qu'un Claude Bernard aurait pu signer : par où l'on voit que l'esprit de contingence et l'esprit d'exactitude ne se contrarient point nécessairement. Le quatrième volume du *Cours*, le plus justement célèbre de tout l'ouvrage, est une œuvre de belle envergure. Le philosophe y pose les fondements d'une science dont il a conçu l'objet et dont il s'apprête à esquisser la méthode : la sociologie. L'esprit de rationalité domine là, comme presque partout d'ailleurs et inspire au philosophe un bel enchaînement de vérités générales dont un Herbert Spencer, entre autres, profitera grandement; j'en atteste l'*Introduction à la Science sociale*.

Il résulte du livre de M. Lévy-Bruhl sur Auguste Comte, que la pensée du philosophe a hésité souvent sur le juste emploi du mot « contingence ». N'en soyons pas surpris. Si on a égard aux formules à l'aide desquelles s'expriment les lois de l'univers, on peut les déclarer contingentes à moins qu'une expression mathématique n'y figure : par exemple le « carré des temps », le « carré des vitesses », le « carré des distances », voilà des quantités à travers lesquelles la nécessité semble gouverner le monde. Dans tous les autres cas, la nécessité fléchit et sa présence reste problématique. Si l'attention de l'esprit se fixe non plus sur les formules des lois mais sur leur caractère d'infaillible constance, le jugement de nécessité a toutes chances de prévaloir. On aurait d'ailleurs fort étonné Auguste Comte en le rangeant parmi les rationalistes; il lui eût semblé fort étrange qu'on pût être en même temps positiviste et rationaliste. Les deux attitudes ne s'en impliquent pas moins l'une l'autre dans la philosophie des mathématiques où toutes les affirmations se conditionnent et se déterminent mutuellement. La philosophie des sciences sociales fait une

faux bond à son empirisme héréditaire. Ce cas est certes digne de remarques; mais la contradiction n'en devient que plus flagrante. Et l'on ne peut dire qu'elle ait échappé à l'auteur puisqu'il s'est expliqué et sur la déduction et sur l'induction avec toute la clarté désirable. On ne peut d'ailleurs hésiter sur le caractère résolument empiriste de cette logique.

part à l'esprit de contingence. On doit même aller jusqu'à dire que cet esprit est inséparable de la qualité maitresse de l'historien.

Dans une même intelligence, l'esprit de contingence et celui de rationalité peuvent se rencontrer sans se nuire; l'essentiel est qu'ils ne cherchent pas à intervenir au même moment. Auguste Comte et Claude Bernard ont su, avec le plus sage discernement, faire droit à l'un et à l'autre.

La foi robuste de Claude Bernard dans le déterminisme universel l'a conduit à unifier les phénomènes biologiques en soumettant les animaux et les végétaux à un même mode de respiration. L'esprit d'ordre et de continuité dans le progrès, l'un des traits de l'esprit positiviste, a permis à Auguste Comte de mettre en relief l'originalité du Moyen-Age. La science expérimentale n'aurait pu se développer sans un juste équilibre de ces deux sortes d'esprit. Je ne crois pourtant pas qu'on doive aller jusqu'à regarder l'esprit de contingence comme un résultat de la pensée chrétienne, si naturellement étrangère dans son fond à tout travail de recherche scientifique. Je constaterai toutefois que cet esprit de contingence s'est manifesté sous une forme saisissante dans le *De Opificio Mundi* de Philon le Juif. Là, commentant l'œuvre des sept jours, Philon remarque qu'il eût été possible à Jéhovah de créer le troisième jour ce qu'il n'appela à l'existence que le quatrième. Le commentaire de Philon est curieux à cet égard : il voit dans cette dérogation à l'ordre logique, non seulement un effet de la toute-puissance divine, mais un parti pris par la volonté divine d'attester sa toute-puissance. Une observation de Bossuet, dans la deuxième partie du *Discours sur l'Histoire universelle*, reproduit le commentaire de Philon sans désignation d'auteur, mais n'en donne pas moins à penser qu'il y a là entre les deux écrivains plus qu'une rencontre de hasard. Il est certain en effet que la persuasion, chère aux Chrétiens, que rien n'est impossible à Dieu, est une suite naturelle de l'esprit de contingence porté à son plus haut degré; il est certain également que Bossuet n'aurait jamais professé sa doctrine de la providence générale et particulière, s'il n'eût été imprégné de cet esprit. La pensée de Philon d'Alexandrie s'est formée à l'aube de la pensée chrétienne, tout au seuil du premier siècle. Elle lui a inspiré sur la nature divine une conception étrangère à la philosophie grecque : Dieu, loin d'ignorer le monde, l'a créé de toutes pièces, car il est dans sa nature de ne jamais cesser de créer. Il a tiré le monde d'un non-être antérieur à son être et c'est ce qu'Aristote n'eût jamais admis; enfin, c'est dans les écrits de Philon qu'il faut chercher la source d'où jaillira, deux siècles et demi plus tard, l'idée d'une toute-puissance supérieure au Suprême Intelligible, la première hypostase de la trinité alexandrine, sans laquelle, très vraisemblablement, la trinité chrétienne ne serait jamais née dans les consciences religieuses de l'Occident. L'esprit de contingence appliqué à la totalité du monde deviendra la source d'un argument en faveur de l'existence de Dieu dont Kant se réservera de souligner les faiblesses. L'argument n'en est pas moins encore debout. Reste à se demander en quoi ce même esprit de contingence a pu favoriser chez les modernes l'essor de la science expérimentale : et c'est ce que j'avoue franchement ne pas comprendre. La science expérimentale implique évidemment une trêve aux exigences de la nécessité, une dérogation aux habitudes présumées de la nature. Quand on s'aperçut que la Loi de Mariotte cessait d'être vraie à des pressions supérieures à vingt-cinq atmosphères, Pierre Laffitte protesta au nom de l'ordre naturel contre ce maudit esprit de contingence qu'il ne nommait pas ainsi, mais qu'il accusait d'avoir fait des siennes. La vérité est que l'esprit de contingence n'était pas responsable de la découverte. Cet esprit ne s'en développe pas moins à la faveur de dérogations à un ordre général gauchement interprété. Aussi, loin d'attribuer à la pensée religieuse le moindre rôle dans la formation de l'esprit de contingence dans l'ordre expérimental scientifique, j'inclinerais à penser que cet esprit est né de la pratique même de l'observation et s'est fortifié par cette pratique. Autre chose, en effet, est l'idée de contingence portée au plus haut degré de son extension et appliquée en bloc, autre chose est cette même idée quand un phénomène inattendu la suscite et donne l'éveil à cette attention périphérique, initiatrice fréquente de l'attention centrale.

Pris au pied de la lettre, l'esprit de contingence serait à bannir des laboratoires et des lieux de recherches scientifiques. Tel que je me le figure, n'étant pas un professionnel de la science, je le tiens pour un auxiliaire dont les sciences de la nature se passeraient difficilement. L'esprit de rationalité, ne l'oublions pas, a derrière lui de longs siècles d'empire sur les intelligences, c'est-à-dire de longs siècles pendant lesquels l'habitude et, il faut bien le dire aussi, la routine, l'ont dû, plus d'une fois, malheureusement inspirer. L'esprit de contingence, agissant à l'état isolé, ralentirait le pas de la science et prolongerait, au-delà du temps normal, des vérifications inutiles. Travaillant sous la lointaine surveillance de l'esprit de rationalité, cet esprit de contingence maintient la pensée scientifique à l'affut d'intercurrence toujours à prévoir, et d'accidents dont la rencontre vient toujours à propos nous rappeler que, s'il n'y a de science que du général, il n'y a point d'existence hors du monde des phénomènes contingents et particuliers.

Mais n'y a-t-il science que du général ? Et faut-il qu'une loi, pour être telle, ne s'applique jamais à un cas unique ? C'est ce que Hamelin s'est demandé dans son *Essai sur les Eléments principaux de la Représentation* et il a reculé devant la négative. Au cas où il faudrait définir l'objet de la science non plus par le général mais par le nécessaire et substituer au point de vue de l'extension, celui de la compréhension, l'esprit de contingence pourrait rendre des services inattendus, étrangers même à sa destination. Il lui arriverait de travailler éventuellement au profit de l'esprit de rationalité dans tous les cas où l'on se trouverait en face d'une loi nouvelle dégagée d'un fait nouveau (¹). On sait d'ailleurs que rien n'est plus capricieux que les démarches d'un esprit à la recherche d'une cause. Cette cause, on la découvre parfois par des moyens de fortune. Et ces moyens, on ne les avoue pas toujours.

Mais il vient d'en être assez dit sur cet esprit de contingence dont les services sont assez facilement méconnus. Je voulais simplement les rappeler ici en laissant à d'autres le soin de donner au problème toute l'ampleur qu'il me paraît comporter.

(1) Je songe en ce moment aux phénomènes qui conduisirent Le Verrier à l'hypothèse de l'existence nécessaire d'une planète encore inconnue, existence dont la constatation ferait rentrer dans le droit commun les mouvements inexpliqués de la planète Uranus.

PAGES D'HISTOIRE

ÉMILE BOUTROUX — CHARLES RENOUVIER — LOUIS LIARD

JULES LACHELIER — O. HAMELIN

CHAPITRE PREMIER

EMILE BOUTROUX

LA CONTINGENCE DES LOIS DE LA NATURE

Si l'on venait dire que, depuis Malebranche, le rationalisme français eut quelques belles journées, mais de belles journées seulement, et pas une seule série de grands jours, on feindrait d'oublier les leçons retentissantes de la Sorbonne, où Victor Cousin plaidait avec éloquence la cause des « Premiers Principes » et de « Dieu, principe des principes ». Ceci se passait au début de la seconde Restauration. Plus tard, sous le gouvernement de Juillet, Francisque Bouillier, à la Faculté des Lettres de Lyon, consacrait une suite de leçons solides et claires à la défense de la *Raison Impersonnelle*. Chez le maître Victor Cousin et, à plus forte raison, chez le disciple Francisque Bouillier, les affirmations fermes se succèdent et s'alignent : les appels à la conscience de l'auditeur et du lecteur se font entendre de distance en distance. Mais les raisons, les arguments, les preuves véritables se font attendre. Il est vrai que la doctrine de Victor Cousin « s'est donnée » pour un rationalisme. Il restera vrai que ce rationalisme n'en fut jamais un, qu'une philosophie empiriste peut, sans faillir à son esprit et à sa méthode, admettre des principes recteurs de la connaissance humaine. Suffirait-il de les admettre pour s'élever jusqu'au rationalisme ? A ce compte, le rationalisme ne compterait que des partisans. La vérité est qu'on resterait en-deçà de l'empirisme et du rationalisme : et c'est là qu'en fin de compte Victor Cousin mérite d'être situé.

Depuis Victor Cousin, des œuvres animées de l'esprit rationaliste, valurent à leurs auteurs un juste renom. Toutefois, et pour s'en tenir aux ouvrages publiés en France, le pur esprit rationaliste n'y a jamais triomphé. J'en atteste le succès d'une thèse célèbre sur la *Contingence des Lois de la Nature*. Cette thèse date de 1875. On la lit encore avec faveur, avec ferveur même; et l'on a raison. L'œuvre fait honneur au dialecticien qui l'a écrite. Mais dans la mesure où sa dialectique a prévalu, si l'on n'oserait dire que le rationalisme en reçut un coup mortel, on n'exagérerait peut-être pas en exprimant la crainte qu'il n'ait ressenti un choc. L'auteur, et le titre du livre en fait foi, est un dialecticien de la contingence; et l'on est en droit de se demander si, contrairement aux apparences, et presque aux traditions, les deux notions de Contingence et de Rationalité ne « participeraient » point. En cas d'affirmative, on se demanderait autre chose encore. La thèse de la « Contingence » des « Lois » de la Nature (je souligne à dessein) ne s'est-elle pas préparée longtemps avant de se produire ? Et s'il fallait répondre oui, l'on n'éviterait pas de s'interroger sur les prodromes de la crise, sur ses prodromes, et, s'il y avait lieu, sur ses étapes. Car le terme de crise paraît bien être le terme exact, puisqu'il s'agit d'une sorte de trouble, pour ne point dire de révolution, à tout le moins passagère, dans la compréhension d'une notion. La rationalité, d'ordinaire, passe pour exclure la contingence. Or, s'il fallait en douter sérieusement, cela reviendrait à soutenir que les notions les plus générales et, par là même, les plus fondamentales sont sujettes, au cours de leur histoire, à de véritables conflits. Alors des notions rivales tentent de les envahir, jusqu'à les menacer presque de ruine. C'est ce que voulait éviter Parménide quand il proclamait avec la dernière énergie la non-existence du non-être. On sait quel fut le sort de ce non-être. Démocrite lui fit une place et lui réserva un rôle de première importance dans la formation du monde. Platon alla plus loin. Au lieu d'une simple existence de fait, si l'on peut ainsi parler, Platon, dans le *Sophiste*, investit le non-être d'un véritable droit à l'existence. Il serait singulier toutefois, pour assurer le succès de la raison, d'y faire participer la contingence. Ce qui est rationnel est, à plus forte raison, intelligible; l'intelligible gravite vers le nécessaire. Il est vrai, d'autre part, que la simple contrariété n'est point toujours condition *sine qua non* d'exclusion réciproque. D'où la difficulté de se prononcer, sans examen préalable, non sur l'évidence d'une indéniable contrariété, mais sur les effets qu'il convient d'en attendre.

I

La science des contraires est une. Aristote l'a dit et on le redit à sa suite. Une notion quelconque ne sera jamais ni claire ni distincte en l'absence de son opposée. Nul ne saura jamais bien ce qu'est une perpendiculaire s'il ne s'est jamais représenté l'oblique, ni ce qu'est le blanc, s'il n'a jamais perçu le noir. Toutefois la sensation de blancheur s'éprouve sans susciter à sa suite l'image et, *a fortiori*, la sensation qui lui fait contraste. Pareillement l'on affirme avant de nier, on pose avant d'opposer, et si l'on pensait le néant préalablement à l'être, on ne saurait point qu'on le pense. Autre chose est déterminer un concept, autre chose est ressentir l'ensemble des sensations qui lui correspondent. Et comme nos sensations se succèdent au gré des circonstances, il advient parfois à l'esprit de s'exercer longtemps sur les éléments sensitifs précurseurs avant de pouvoir tracer du concept et, à plus forte raison, du concept opposé la plus légère esquisse. Ici l'on remarquera que le nécessaire, c'est-à-dire ce qui ne peut pas ne pas être, se définit en fonction du contingent. Un événement présente un caractère nouveau. Tout d'abord, ce caractère prend place à côté des autres. Il persiste et on lui reconnaît, à la longue, un pouvoir d'invasion, de déformation, de dénaturation progressive. C'est ainsi, qu'au sein du contingent, quelque chose apparut d'absolument nouveau. — Nouveau ? Soit. Mais contraire? Comment le sait-on ? Cela encore on ne le sait qu'à mesure. Il ne suffit point, pour en être averti, que le contingent primitif ait simplement disparu. Il faut encore que sa disparition entraîne, dans tous les cas observables, l'apparition de l'autre. La science des contraires est une. Ainsi en juge-t-on quand elle est faite, ou du moins, fort avancée. Mais elle ne s'improvise pas, et son histoire comporte des étapes.

Je ne crois pas utile d'appliquer à tout problème d'idée ou de concept la « ternaire » d'un Proclos ou d'un Hegel. Un monde qui se laisserait régir docilement par la loi de thèse-antithèse-synthèse aurait livré ses plus importants secrets à l'homme depuis pas mal de siècles. La nature, et la nécessité de l'expérience le prouve, y met plus de façons. On peut se demander néanmoins et pour s'en tenir à l'histoire de nos deux concepts — celui de contingence et celui de nécessité — si l'on ne pourrait pas, sans démentir l'histoire, y distinguer : 1° un moment de *thèse* pendant lequel la nécessité fait son apparition, et lentement, non sans va-et-vient, se dégageant de la contingence, prépare son opposition future; 2° un moment *d'antithèse* d'une durée fort longue : les deux notions entrent en conflit, et l'empire de la nécessité gagne de proche en proche jusqu'à presque tout envahir; 3° un moment de *synthèse* lequel dure encore à l'heure où s'écrivent ces lignes. La contingence a tenté un retour offensif et semble vouloir reprendre ses anciennes positions. En réalité, il s'agit de tout autre chose, non de refouler la nécessité mais de l'assouplir et de la détendre, afin que le monde en devienne meilleur et plus profondément... intelligible. Le mot surprendra peut-être. On comprendra bientôt pourquoi, l'ayant laissé venir sous la plume, il faut le conserver à tout prix.

II

Je craindrais de brouiller les idées en m'appuyant sur une thèse chère aux sociologues contemporains pour essayer de dire ce qui a pu se passer pendant la première période. La thèse d'une « mentalité prélogique », à laquelle seraient encore vouées pas mal de « sociétés inférieures », peut enregistrer à son actif un grand nombre de faits authentiques. Elle peut aussi se vérifier indirectement par l'étude de l'enfance. Et d'une manière générale, on refuserait difficilement aux hommes qui vécurent dans les siècles où domina l'état théologique, une vie émotionnelle médiocrement variée, assez pauvre, même au point de vue qualitatif, intense néanmoins. Pendant cette période les moments de sang-froid et de reprise de soi-même sont trop rares pour que la réflexion agisse. L'homme sent, éprouve, imagine; il désire, il craint; il craint surtout. Ayant commencé par croire au succès de ses vœux, il se repent de ses illusions et les corrige, croyant à ce qu'il redoute, toujours en arrêt devant ce qui va venir, appréhendant la porte ouverte par laquelle le messager de mort entrera peut-être, à moins que la porte fermée derrière laquelle tant d'irréparable peut s'accomplir, ne soit un plus juste objet d'épouvante. J'en attesterais au besoin la *Mort de Tintagille*, où Mæterlinck a su condenser tout ce qui s'entasse d'effroi dans l'imagination du futur. Ce ne sont pas seulement les sociétés inférieures où cet effroi est endémique. Il suffit, dans nos sociétés supérieures (?) d'être enfant ou femme pour y être sujet. La croyance fataliste est née de la peur du Destin, et la peur du Destin a grandi parmi les hommes à mesure qu'avortaient les désirs et les espoirs. Songez à tout ce qu'implique d'expérience et de réflexion l'assurance que la maladresse et ses récidives sont de notre fait et par là même de notre faute. Et demandez-vous ce qu'il a fallu de temps à nos ancêtres, sinon pour constater, du moins pour comprendre qu'il soit possible à l'homme de désirer et de ne point obtenir !

Tant que cela ne fut point compris, le principe de causalité et ses avant-coureurs se firent attendre. La croyance à la fatalité fit l'intérim. Que cette croyance règne sur une multitude progressivement décroissante, il n'y paraît pas toujours à première vue. Les peuples orientaux sont restés fatalistes. Et les fatalistes d'occident se comptent encore par milliers. N'en ayons doute, « l'état théologique » de l'humanité se prolonge. Cela, Auguste Comte le savait mieux que personne et s'il a fondé la religion positive, ce fut pour remédier à la prolongation du « premier état » et pour... l'utiliser en le canalisant.

Ainsi, quelque parti que l'on prenne pour ou contre les défenseurs de la mentalité prélogique, on pourrait, en attendant, s'en tenir à une opinion sensiblement plus modeste favorisée par les vues de Gabriel Tarde sur la psychologie sociale. On admettrait, antérieurement à la période de réflexion proprement dite, une phase où, dans les sociétés humaines, ne se rencontraient à chacun des étages de la vie sociale que des êtres dont tous les moments se passaient à sentir, à désirer et à croire. Ce fut pendant cette phase que, du sein de la Contingence, naquit et se développa la Fatalité.

L'un des noms de la Fatalité est l'Inéluctable. Un autre de ses noms est la Nécessité. Celle-ci toutefois, si elle se prépare à déposséder la contingence, y mettra le temps. Car si l'on prend la notion de nécessité au moment où elle affleure, on la voit émergeant d'un milieu de contingence où elle baignait, silencieuse mais non inerte, orientée par un travail sourd et constant vers son rôle futur. — On objectera, peut-être, que j'ai tort de parler ici de contingence, qu'il s'agit là d'un milieu neutre, comme tel, inqualifiable. — Je répliquerai qu'entre deux noms contraires, s'il me fallait choisir, celui de nécessité serait assurément et de beaucoup le plus indiscutablement impropre. Avant de savoir si ce qui est aurait pu être ou ne pas être, on doit savoir qu'il est. Ne saurais-je que cela, c'est assez pour que je lui applique l'épithète de contingent et, j'y insiste, pour que je lui refuse, sans plus de discussion, celle de nécessaire.

Alors, rien qu'avec de la contingence on arriverait à faire de la nécessité ? — Pas tout de suite. On n'en ferait pas mais on en préparerait à longue échéance. Ne sait-on pas qu'un accident qui se répète, sort du pur accident ? La contingence est en effet accessible à une sorte de dénaturation graduelle qui, à force de s'étendre et de s'approfondir, ne lui laisse plus rien de son premier aspect. Voyez plutôt. Il n'est pas nécessaire qu'Œdipe soit parricide. Cela le deviendra après que les destins auront prononcé, car ils vont prononcer une fois pour toutes, éternellement, irrévocablement. Chez Aristote, ne l'oublions pas, le nécessaire se définira par l'éternel.

A l'avènement de l'esprit philosophique, la prépondérance de l'état théologique diminue par degrés; cessera-t-elle complètement ? On hésite à le dire, et l'on hésite d'autant plus que les manières de penser changent alors que les façons de parler restent. Et comme ce que l'on dit réagit toujours, qu'on le veuille ou non, sur ce que l'on pense, on approuve la sagesse d'Auguste Comte se refusant à voir dans le passage à l'état métaphysique une disposition de l'esprit entièrement originale. Il reste donc à se demander quels furent pour la notion de Fatalité les résultats d'un tel passage, et certes on aimerait pouvoir saisir la notion au moment même où, changeant, pour ainsi parler, de juridiction, elle passera du sensible à l'intelligible.

Si je prétendais que le souhait s'est accompli, serais-je seul à le prétendre ? Je ne le pense pas. Je pourrais d'ailleurs m'appuyer sur un fragment décisif du livre d'Héraclite. Il n'en reste que des morceaux épars, cités par les apologètes du christianisme naissant, empressés comme bien l'on pense à profiter contre la raison humaine de la diversité des opinions philosophiques. Le jeu était d'ailleurs facile, presque divertissant, surtout aux origines de la pensée grecque. Or on lit dans Héraclite que le soleil ne franchira jamais les limites assignées à son cours. « Autrement, ajoute le physiologue doublé d'un théologue, les Erinnyes sauront où le trouver. » La première partie de la phrase est une affirmation de l'ordre du monde s'exprimant par l'infaillible régularité de son cours. La phrase se termine par une allusion directe au dogme du Destin. Elle a donc été pensée au confluent de deux états d'esprit, au point précis où la vieille croyance à la Fatalité verse ses eaux dans celles d'une nécessité dont, si l'on nous permet de continuer la métaphore, l'intelligible seul a creusé le lit. Rappelons en effet qu'Héraclite connaît les Pythagoriciens et que s'il est presque concitoyen d'Anaximandre et d'Anaximène, il n'en a pas moins médité sur les contraires, et en particulier sur l'ordre qui règle leur alternance. Maintenant on pourra dire que ce que les Destins ont irrévocablement décidé était véritablement nécessaire, et d'une nécessité dont le contraire impliquerait, sinon contradiction, à tout le moins chaos et désordre. Héraclite est allé plus loin. Il a professé la doctrine des métamorphoses radicales et c'est par où, rejoignant les premiers Ioniens, il s'écarta de Pythagore et de ses disciples. Pourtant, s'il admet que tout se transforme, il exige que la quantité de l'élément disparu cède la place à une égale quantité de l'élément apparu. Si ce n'est point là ériger en dogme ce qu'on appellera plus tard, beaucoup plus tard, la thèse de la permanence quantitavive de la matière, c'est, à coup sûr, donner le premier coup de pioche qui lui fraiera la voie. Tous les historiens ont fait mention du geste. Bien peu l'ont souligné. Il n'était cependant point banal de montrer Herbert Spencer perçant sous Héraclite.

Il le serait moins encore de constater, qu'au temps d'Héraclite, pour faire sentir à quel point était immuable l'ordre universel, on le rattachait aux décisions irrévocables du Destin, alors qu'au temps de Spinoza et dans l'*Ethique*, pour faire sentir à quel point la volonté de Dieu ne saurait changer, on emprunte la comparaison de l'enchaînement géométrique, enchaînement dont rien n'égale la rigueur.

D'Héraclite à Spinoza, les millénaires se comptent et, s'il s'agissait d'écrire un chapitre d'histoire, on serait tenté d'y multiplier les divisions. Durant cette longue période, la pensée philosophique prend de ses exigences et de ses droits une conscience croissante. La notion de nécessité en profite pour serrer graduellement son tissu. L'idée de volonté irrévocable s'élimine. Mais le nom du destin s'est fait dans le vocabulaire des philosophes une place qu'il gardera. On parlera indifféremment, chez les Stoïciens, de l'ordre du monde et de la volonté de Jupiter. Les mêmes Stoïciens prononceront de temps à autre les noms des anciens dieux de l'Olympe. Mais ceux qui sont capables de réfléchir et de penser sauront à quoi s'en tenir sur cette survivance toute nominale de divinités depuis longtemps en retraite.

Héraclite avait déjà nommé λόγος ce qui, étant, pour le monde, le principe de son ordre, l'est en même temps de sa destinée. Les Erinnyes qui poursuivraient l'astre du jour, s'il s'avisait de se mouvoir contrairement aux règles prescrites, lui feraient son procès au nom de la Raison. Et l'on a peut-être trop dit que le λόγος d'Héraclite a reparu dans le stoïcisme. Car depuis Socrate et les deux métaphysiciens qui vinrent après lui, on sut, mieux qu'au temps de l'Ephésien, tout ce que ce mot de Raison comporte et implique. Les Stoïciens, entre autres, s'attachèrent plus étroitement que leurs prédécesseurs à l'idée de succession régulière, et par suite de loi naturelle. Ainsi depuis Héraclite s'ouvre, dans l'histoire de la notion de nécessité, une seconde phase pendant laquelle son contenu change et reçoit des éléments puisés à une source non seulement différente mais opposée. C'est bien là, en effet, une période d'antithèse; et l'on n'a point à se dédire. Son histoire se confondrait avec celle de l'intelligible dans les pensées grecque, païenne et cartésienne. On ne peut ici en essayer fût-ce une brève esquisse. J'en ai dit les origines. Je rappellerai seulement que son terme, qui se confond avec son apogée, fut atteint au plus beau moment de Descartes et du cartésianisme.

Le spinozisme fut-il un cartésianisme immodéré ? On l'a prétendu. Si c'est avec raison, c'est à la gloire du philosophe. Ne serait-ce point une gloire d'être venu clore un système ? Et le système dont il s'agit n'est évidemment autre que celui de Descartes dont s'éliminent les derniers restes de contingence. Où s'étaient-ils réfugiés ? Chez l'homme, dans son franc arbitre. Chez l'homme seul. Et si l'on me pressait d'ajouter : chez Dieu, je ne me laisserais pas convaincre. — Malgré la création des vérités éternelles ? — Non point « malgré », mais « à cause ». Les vérités éternelles seraient contingentes s'il était permis d'y voir des possibles venus à l'acte en vertu d'un choix de la volonté divine. Avant qu'elles soient créées, il y a Dieu et sa toute-puissance : pas autre chose; rien qui ressemble à un entendement divin où les vérités futures dormiraient, en attendant mieux, je ne sais quel sommeil de préexistence. Les possibles exclus par Spinoza, expressément, l'avaient été déjà, implicitement, par Descartes. L'exclusion de Spinoza est donc conforme à l'esprit du cartésianisme.

Ainsi avec Descartes et les premiers cartésiens s'achève la victoire de la nécessité. On peut en faire remonter les premiers succès, non seulement à Héraclite, mais aux Pythagoriciens dont Héraclite connut les doctrines. L'intelligible fit donc son entrée de bonne heure dans la philosophie, si même la naissance de la philosophie ne date point de cette entrée. Il alla gagnant de proche en proche, avec de rares intermittences d'arrêts ou de revers. Et il ne faudra pas moins que la mathématique universelle de Descartes pour en assurer l'apogée. L'histoire du concept de nécessité se continuait après Descartes. Car si la nécessité s'est crue maîtresse des grandes avenues de l'univers, c'est uniquement parce qu'elle en gardait les entrées. L'esprit humain ne pouvait s'en tenir là. Capable de déduire, l'homme veut s'assurer que les faits obéissent à ses déductions. Alors il s'avise que si, pour tout connaître, il n'avait d'autre ressource que le raisonnement, l'idée qu'il se ferait du monde serait singulièrement pauvre au prix de ce que ses yeux l'aideront à y découvrir.

Mais qui découvre a cherché : qui a cherché a supposé. Or, à moins qu'il ne faille confondre l'art de conjecturer avec celui d'imaginer étourdiment, toute conjecture équivaut à une revue des possibles. Les progrès de la science expérimentale prépare.t, et à bref délai, une rentrée en scène de la notion de contingence. Celle-ci, dûment rectifiée, et pour la première fois peut-être dans l'histoire, purgée de tout ce qui se rapproche de l'accident ou du hasard. Je laisse aux historiens de l'avenir le soin de décider dans quelle mesure l'idée de contingence au moment où Leibnitz résolut de la reprendre, peut être regardée comme une idée ou catégorie nouvelle. Et quand la discussion se prolongerait sans aboutir, il se produirait vraisemblablement, au cours de la discussion, maint épisode dont l'avenir accentuerait la portée.

III

Je n'ai point songé à écrire, même réduit aux proportions d'un simple programme, un chapitre d'histoire. J'ai seulement voulu attirer l'attention sur l'intérêt qu'un tel chapitre exciterait inévitablement le jour où il serait écrit. Car si la notion de contingence s'est réservée une grande place dans notre philosophie française contemporaine, comme il n'est pas douteux que cette philosophie ne soit animée de l'esprit rationaliste, on se demandera ce que le rationalisme français traverse : une crise ou une simple phase ? Et qu'est-il permis d'en augurer ? Devra-t-on, en fin d'analyse, rejeter la notion de contingence sur celle d'accident ? Je crois qu'au temps d'Aristote on s'y fût résigné sans regret. Au temps où nous sommes, il faudrait y regarder de plus près. Une contingence compatible avec l'ordre du monde jusqu'à en être exigée par cet ordre, ne s'établirait point sans coup férir. Tant que la contingence n'a pas été distinguée de l'accident, entre elle et la nécessité la lutte devient inévitable et elle se doit poursuivre sans le moindre compromis. Admettez une distinction possible, admettez surtout que la contingence, tout en ayant l'air de revenir à la charge, et de méditer un retour offensif, prémédite le contraire, quelque chose comme une alliance en vue d'une coopération : une période nouvelle s'ouvrira pour les deux notions anciennement rivales. Un vieux conteur de fables, imaginait un jour que l'oxygène , s'étant promis de faire respirer les vivants, et les faisant mourir par excès de combustible, rencontrait en chemin son ancien ennemi l'azote et lui demandait son alliance. De cette alliance naissait l'air atmosphérique ; l'irrespirable azote rendait respirable l'oxygène, irrespirable lui aussi jadis, mais pour des raisons tout à fait contraires. Pareillement, il se pourrait qu'un mécanisme, gouvernant l'univers à l'exclusion de tout autre principe, en rendît l'ordre précaire. Et l'on serait en droit de le craindre si la nécessité propre à la causalité efficiente arrivait, par un excès de rigueur et de tension, à rendre le mouvement stérile. Alors, ni le monde des êtres vivants ni même celui des corps chimiques ne trouverait où se prendre. Il s'agirait, par suite, de détendre la nécessité, non en supprimant le mécanisme, sans doute, mais en le surmontant sans l'abolir. On sait le caractère rigoureux de la physique cartésienne où tout, jusqu'aux êtres animés, s'explique par matière et par mouvement. Tout s'y peut résoudre en idées claires et distinctes, tout s'y peut déduire parmi les éléments voués au rôle de pierres d'assises. Descartes, dit-on, passa une grande partie de sa vie à observer, à expérimenter, à disséquer même. Il n'en conçut pas moins un monde dont il serait exact de soutenir que, si ce monde était vrai, l'expérience y serait de trop. On sait d'ailleurs que, dans les sciences de l'univers inorganique, les notions mathématiques étendent progressivement leur autorité. Mais en regard de ces sciences, d'autres se développent où l'on aperçoit mal ce qu'elles gagneraient en permettant au nombre et à la nature de s'installer chez elles : ce sont les sciences biologiques et sociologiques, où tout se constate et s'infère, où rien ne se déduit.

On en viendrait donc à penser que si la nécessité exprime l'ordre, elle n'en saurait être partout l'unique expression possible. Alors, de deux choses l'une : ou l'on reprendrait le concept de nécessité pour le travailler en le confrontant avec d'autres et soumettre sa rigidité à une nouvelle épreuve. — On s'assurait, une fois de plus, si ce concept est ou n'est point réfractaire à toute diversité d'espèce ou de degré; — ou bien, jugeant inutile de reprendre le travail, on insérerait parmi les facteurs de l'ordre cosmique une pluralité d'éléments d'origine et d'essence contingentes, auquel cas la thèse de la contingence des lois de la nature, en dépit de ses allures paradoxales se présenterait comme la seule admissible. Les deux partis, à n'en considérer que les derniers résultats, reviendraient au même. Une science positive indifférente aux problèmes de méthodologie et de critique générale ne se croirait nullement tenue de choisir. Peut-être encore, — et les partisans d'une science réduite à « une langue bien faite » auraient ici beau jeu — la différence dont je parle porterait moins sur des manières de penser ou de concevoir que sur des façons d'exprimer et de dire. Toutefois, si la destination des termes est de porter les idées, le choix du véhicule se règle sur les idées qu'on lui destine. On se tromperait, dès lors, en n'attribuant à ce choix qu'un intérêt secondaire.

Le moment d'opter est-il proche ? Les raisons d'opter vont-elles bientôt atteindre le degré de force et de lumière auquel ceux-là seuls résistent dont la paresse à conclure est décidément incurable ? Il se pourrait, car les chemins ouverts aux idées ne s'étendent point à l'infini. Il est, pour chacune d'elles, un maximum de développement et de croissance, à moins qu'il ne soit mieux de dire, en parlant comme les chimistes, un point de saturation. Passé ce point, ne disons pas que l'idée meurt. Elle s'assoupit toutefois et c'est l'idée ou la doctrine rivale qui la remplace. Or depuis la thèse sur la contingence dés lois de la nature, il paraît difficile au mouvement de gagner en étendue. Autrement la cause du rationalisme en eût été plus que compromise et des symptômes d'abdication imminente n'auraient point tardé à se déclarer.

Ils ne se sont pas déclarés encore. Et si j'en redoutais l'apparition, j'aurais cru ne devoir rien ajouter à la fine et pénétrante étude de F. Pillon sur la doctrine d'Emile Boutroux. On sait quel penseur modeste fut Pillon. Une fois dit ce qu'il avait à dire, Pillon ne s'inquiétait guère de ce que cela devenait; et il abordait un autre sujet. La thèse d'Emile Boutroux n'avait pourtant jamais, même en France, été examinée d'aussi près. A sa naissance, Renouvier, déjà directeur de la *Critique Philosophique*, n'en avait rien dit : je n'ai jamais su pourquoi (¹). La *Revue Philosophique* n'existait pas encore. Certes, si Pillon avait examiné la thèse au moment où elle fut soutenue, il l'aurait jugée autrement qu'il ne la devait juger quarante ans plus tard. Nul ne s'en étonnera s'il a remarqué à quel point le soi-disant immobile passé se ressent de ce qui lui succède. Ne suffit-il point d'élever ou d'abattre aux alentours pour changer l'aspect d'une construction ? Toujours est-il que le rationaliste Emile Boutroux sortit, en 1907, de l'examen de F. Pillon diminué... dirai-je *de* ou *dans* son intellectualisme ? Des deux prépositions c'est la seconde que, sans hésiter, je choisis, étant

(1) Dans le quatrième et dernier volume de la *Philosophie analytique de l'histoire*, Renouvier a réparé la lacune. Les pages consacrées à la thèse de Boutroux sont franchement admiratives et approbatives. Elles laissent cependant intactes les futures critiques de Pillon, qu'elles précèdent sans les faire prévoir aucunement.

de ceux qui ont lu assez attentivement l'article de 1907 ([1]), pour ne se point méprendre sur sa vraie portée. L'article avait les allures d'un procès de tendance : et chacun sait que Pillon n'a jamais intenté de procès sans en publier tout au long les pièces principales. Or que contenaient ces pièces ? Des textes de Boutroux, presque des pages; en regard, des pages du *Système de Logique* de J.-St. Mill. Pillon, dans ses commentaires, se montre discret. Mais le commentaire est précédé de l'instruction de l'affaire et de la confrontation des témoins : confrontation patiente sinon minutieuse, et passagèrement troublante. Rien de plus, à notre avis; rien de moins, cependant.

Rien de moins. En effet, si la notion de contingence est liée à l'idée d'expérience, un seul moyen s'offre de justifier la contingence d'une vérité ou d'un fait : l'impossibilité bien établie de les affirmer sans les avoir préalablement constatés. Si vous inclinez vers l'empirisme, et que son succès vous importe, vous n'avez qu'une méthode à suivre : passer en revue les arguments dont résulte ou est censé résulter l'origine *a priori* d'une vérité bien définie et critiquer ces arguments. Or si l'empirisme est au bout des discussions de Mill — et le vœu de Mill est qu'il y soit — comment l'empêcherait-on d'apparaître dans le lointain si l'on tentait de mener à leur terme les discussions d'Emile Boutroux ? Mais je parle comme s'il fallait avoir des yeux de presbyte pour entrevoir les conclusions de Boutroux, celles-là du moins que l'on enchaînerait aisément si l'on rassemblait les derniers paragraphes de chacun des sept premiers chapitres. Il suffit simplement de lire et d'enregistrer. Or, il n'y a pas à dire : entre ce que l'on enregistre au terme du chapitre, et ce qu'un avocat de l'empirisme inviterait le lecteur à enregistrer, on souhaiterait de broncher, ici ou là, contre un obstacle qui fît saillir la différence et empêchât d'aller plus avant. Mais l'obstacle manque. Le principe de contradiction lui-même, assez près des premières pages, ce principe qu'un empiriste oserait parfois reconnaître tel, sans craindre pour sa propre doctrine, dépouille sa longue et plus de vingt fois séculaire nécessité.

Ici, je ne me fais pas interprète; je m'en tiens au rôle du rapporteur et presque du greffier. Tel fut aussi, pendant une bonne partie de sa mémorable étude, le rôle de F. Pillon. C'est donc une chose jugée. Le livre de la *Contingence des Lois de la Nature* est un voyage de retour vers Hume et par conséquent une apologie de l'empirisme...

(1) *L'Année Philosophique* 1907, pp. 79-139. *Les lois de la nature selon M. E. Boutroux.*

Eh bien ! non. Et F. Pillon ne s'y est point mépris. Mais j'aurais voulu qu'il y mît plus d'insistance. Il est vrai qu'il a pris la plume pour rapprocher des empiristes les avocats, non point de la contingence de la nature, mais de la contingence de ses lois : on ferait donc preuve d'un singulier excès de candeur en regrettant que Pillon ait souligné, dans la philosophie de Boutroux, ce qui lui en semblait le plus original, le plus neuf, le plus significatif, le plus troublant aussi. J'ouvre maintenant une parenthèse. Quelques années séparèrent la thèse de la *Contingence des Lois de la Nature*, d'une thèse sur les *Notions de Matière et de Force dans les sciences de la Nature*, et d'une autre thèse, très courte et très forte, sur l'*Erreur*, où les *a priori* soit de la science, soit de la philosophie traditionnelle étaient assez résolument combattus. J'ai, d'affirmer ce que je vais dire, les raisons les plus décisives, personne n'ayant connu mieux que moi les auteurs de l'une et de l'autre thèse. Et je me porte garant que, des deux auteurs, ni l'un ni l'autre ne s'est apparu sous les traits d'un empiriste (¹). Les préoccupations étaient ailleurs. On voulait sauver la liberté, et se débarrasser en même temps du monde intelligible. Boutroux venait d'y réussir et nous ne demandions alors rien de plus. Ce n'était peut-être pas assez.

Mais quittons l'histoire d'hier pour celle d'aujourd'hui, car le livre de la *Contingence des Lois de la Nature*, s'il atteint la cinquantaine est encore de l'histoire d'aujourd'hui. Et puisque les tendances empiriques y sont, on peut le dire, visibles à l'œil nu, que faut-il en penser ? Là est l'intérêt « actuel » de la doctrine.

F. Pillon ne s'y est pas trompé. S'il a étudié à part et en y insistant les *Chapitres* du livre, il s'est gardé d'en omettre la *Conclusion* : une conclusion de quarante-huit pages dans un livre qui n'en a pas deux cents, une conclusion qui pourrait bien être une contre-partie. Ceux qui ont suivi l'enseignement d'Emile Boutroux en Sorbonne ont constaté qu'il procédait volontiers « dialectiquement » par thèse et par antithèse et que s'il manquait rarement de conclure, il attachait aux débats une

(1) J'ai rendu compte de la thèse de Brochard dans la *Revue Philosophique*, 1880, I, pp. 98-104. Je viens de relire mon compte-rendu. Je n'y trouve pas la moindre allusion à son empirisme éventuel. J'avais soutenu un an avant Brochard, ma thèse sur les *Notions de Matière et de Force* où je combattais l'opinion de ceux qui assignent une origine *a priori* aux principes de la « physique moderne ». Je ne sais ce que j'aurais répondu en ce temps-là si l'on m'avait reproché mes tendances empiristes. Je sais aussi que rien de tel ne me fut reproché : j'en aurais d'ailleurs été tout surpris. J'aurais peut-être mérité un reproche.

importance au moins égale à celle de la conclusion. Un vrai professeur est un guide, un éclaireur, avant d'être un apôtre.

Peut-être, sur le point d'aborder la contre-partie de l'ouvrage, ferait-on bien de se demander si la méthode adoptée est celle d'un empiriste. Car ce n'est pas seulemnt sur les affirmations d'un écrivain que ses idées se jugent, c'est aussi sur la manière dont il les prépare et les amène. Or, si l'on avait ici affaire à un empiriste pur, on se trouverait en présence d'un homme qui observe, constate, analyse : d'un psychologue en un mot. Qu'il y ait, chez Boutroux, des coups de sonde au plus profond de la psychologie, c'est ce qu'implique la grande portée de l'œuvre. L'œuvre n'est cependant point telle qu'un psychologue l'eût exécutée. Les « vérités » y tiennent plus de place que les « faits ». Et nul fait ..e s'y rencontre qui ne soit, presque aussitôt, érigé en preuve et généralisé. Parmi ces vérités, il en est une dont la preuve est absente et de laquelle se passerait fort bien une psychologie empiriste : celle qui a pour objet l'existence d'une réalité extérieure à l'esprit. Cette réalité, dont Kant voulut désaccoutumer les philosophes de scruter l'origine, est partout postulée si elle n'est définie nulle part. Doit-on se la représenter de telle sorte qu'entre elle et sa représentation toute différence s'efface ? Non, si l'on s'en rapporte à deux ou trois lignes brèves de la *Conclusion*. Non encore, si l'on a su comprendre d'où l'on est parti, et où l'on veut aboutir : sauver la liberté et lui donner une place dans ce monde. Par suite, on ne l'isolera plus du monde sensible; mais, pour l'y situer, l'on essaiera de détendre les cordes de nécessité qui empêchent les parties de l'univers de se dispersr ou de s'abandonner au désordre. On ne prouvera pas directement la contingence. Et l'on aura raison; on ne la prouverait qu'en démontrant l'accident, démonstration équivalente à une négation apodictique de toute loi. Ne confondons point les deux thèses : celle d'une contingence absolue de la réalité, d'une part, et, de l'autre, celle de la contingence des lois de l'univers. Ces lois ne sont ni à établir ni à discuter. Leur vérité n'est nullement en cause : elle l'est même si peu que, dans l'œuvre de Kant, à ne considérer que l'univers physique, une démonstration de ces lois a réussi. Voici donc comment le problème se pose. Etant données ces lois : 1° la science positive, celle de nos jours, exige-t-elle leur *à priorité* ? 2° Et si elle ne l'exige pas, comme il faut, après tout, que les lois subsistent, la philosophie parviendrait-elle à expliquer le gouvernement du monde en leur laissant une origine contingente ? En cas de réussite, on devrait s'assurer, en outre :

1° qu'à l'intérieur de chaque groupe de lois, chacune des principales lois du groupe peut se passer d'une origine *a priori*; 2° que d'un groupe à l'autre, d'une science à la science voisine, il y a passage, mais passage au sens propre du terme, c'est-à-dire marche en avant, c'est-à-dire encore — parlons comme nous entendrons plus tard parler W. James — *nouveauté* véritable. Mais qu'est-ce que le nouveau véritable, sinon ce qu'il apparaît tel, sans supercherie aucune et dont, par conséquent, ce sur quoi il s'élève et qui lui sert de marchepied, reste fidèle à cet humble rôle ? Si donc le nouveau est bien tel qu'il a l'air d'être, il ne dérive pas de l'immédiatement précédent et, n'en dérivant pas, ne saurait se démontrer par lui. La matière ne dérive pas de la notion, ni le monde des corps du monde mécanique; la vie est autre que le mouvement, et la conscience autre que la vie. Le monde est une hiérarchie. Contingent dans son essence, il l'est encore dans celle des genres et des espèces qui percent et se développent à sa surface. Il l'est encore, et à plus forte raison, dans chacun des individus par lesquels se réalisent ces espèces. Il l'est enfin dans chacun des actes par lesquels une individualité se pose et une personnalité s'établit. Décidément la précaution prise par Kant pour assurer, par une sorte d'exil, le salut de la liberté, était une précaution inutile. L'homme noumène de la *Critique de la Raison pratique* peut désormais s'évanouir. On se passera de lui désormais.

Je laisse à d'autres le soin de décider ce que vaut la doctrine envisagée comme l'une des multiples expressions possibles, je ne dirai certes pas du kantisme orthodoxe, mais de l'esprit kantien. Je crois pourtant que si la doctrine, comme il paraît aisément, s'est formée à la rencontre de plusieurs courants, le courant principal, celui qui imprimera aux eaux affluées la direction qu'elles vont prendre, vient de Kant et point d'ailleurs. Lisez la *Conclusion*, et vous n'en douterez guère. Mais vous pourriez en lisant avec soin les sept *Chapitres* auxquels s'appliquerait fort bien le titre de « revue *élémentaire* des phénomènes » — titre donné par Renouvier à l'une des sections de sa première partie dans son *Premier Essai de Critique Générale* — apercevoir le lien étroit qui enserre les idées directrices et maintient la pensée de l'auteur dans les strictes bornes du sujet. Le sujet est et demeure conforme à son titre. Et c'est ce que l'on oublierait si l'on se laissait distraire par le détail. Certes on· a les germes d'une théorie nouvelle de la connaissance, d'une conception originale des catégories. Le sujet du livre est pourtant ailleurs. Et la question qui s'y pose avant toutes les autres, — j'ajouterais « à l'exclusion de toutes les autres » si je n'avais égard à la *Conclusion*, — est de savoir quelles sont, à l'heure actuelle, les conditions de l'expérience scientifique. Or, elles ne sont plus de nos jours ce qu'elles étaient au temps de Kant. L'ère de la science newtonienne est close. Et ceci va très loin.

Il s'ensuit que l'œuvre de Kant, dans sa première *Critique*, est chose du passé. L'*Esthétique* et l'*Analytique transcendantales* appartiennent à l'histoire. En d'autres termes, l'intellectualisme qui s'en dégage est véritablement de trop. Une Raison qui, dans son essence, entend et veut rester « pratique » gagnerait à s'alléger d'un lourd et inutile échafaudage. Une science positive plus éclairée que celle d'hier ou d'avant-hier en demande aujourd'hui beaucoup moins pour se constituer. Une autre question maintenant se pose. Si l'intellectualisme kantien ne répond plus aux conditions actuelles de l'expérience scientifique, faudra-t-il lui substituer l'empirisme ? Nullement. D'abord l'empirisme exclut la nécessité, et la doctrine de la contingence la réduit loin de l'exclure. Ensuite, ainsi qu'on l'a vu plus haut, l'empirisme confine à un idéalisme de la conscience sensible qu'il ne faudrait guère pousser bien loin pour en voir sortir le solipsisme. Enfin l'empirisme de Boutroux n'est, à le bien prendre, qu'un « empirisme méthodique ». Et c'est ce dont l'évidence brille à mesure que les conclusions de l'œuvre se dégagent. J'ai dit du livre qu'il ressemblait à un voyage de retour au pays de Hume. Il n'en est pas vraiment un, si l'on songe que le voyage se fait à reculons, les yeux du voyageur fixés sur le pays dont il s'éloigne. L'auteur a longuement séjourné chez Kant, surtout chez le Kant de la *Raison pratique* dont il tient à garder l'essentiel, entendons la Loi morale et les Postulats. J'irai même plus loin que l'auteur et, à mes risques et périls, je lui prêterai une opinion, plausible, je l'espère. Un philosophe contemporain, dont Boutroux sait, mieux que moi, ce qu'en le perdant a perdu la pensée française, O. Hamelin, constatait que la loi morale n'est pas « nécessitante ». Et pourtant il l'affirmait « nécessaire ». Qu'est-ce en effet que « le droit à être » sinon l'expression d'une nécessité ? Il y a plus. Ne semble-t-il point que la Loi morale nous offre un type de nécessité supérieur aux autres, plus essentiel et plus véritable ? Songez que les lois physiques ne se laissent pas enfreindre. Leur constance, dit-on, garantit leur nécessité. Même elle la garantit si bien qu'elle la remplacerait sans que l'ordre général en fût le moindrement atteint ou compromis.

Là d'ailleurs est la thèse de Boutroux. Et elle emprunte une partie de sa force à la constance des lois du monde. En fait, partout où les circonstances se produisent les mêmes, les mêmes phénomènes se produisent aussi. On en conclut que l'ordre du monde l'exige et que cette constance exigible équivaut à la nécessité. Mais pour s'assurer de cette nécessité, il la faudrait saisir en dehors des faits qui l'expriment : la déduire et non l'induire. On peut le regretter : mais s'il y a lieu de distinguer entre la contingence d'apparition et la contingence d'origine, la réalité de la première entraîne la possibilité de la seconde. La Loi morale, elle, est un fait, mais un fait qui n'a rien du phénomène. Le nombre de ses clients reste sans influence sur sa légitimité : lui arrivât-il de n'être jamais obéie, elle n'en serait pas moins nécessaire. Le cas de cette nécessité est unique, et c'est bien ainsi que l'entendait Kant. Ici, en effet, le droit se juge en dehors du fait, si même la vérité du droit ne reçoit des démentis du fait un surcroît d'évidence. Il est donc un aspect nouveau de la nécessité que le génie de Kant est venu dévoiler. Envisagée sous cet aspect, la nécessité, loin d'exclure la contingence ou de la réprimer, s'appuie sur elle, et presque, la réclame.

Les lignes qu'on vient de lire, plus ou moins librement inspirées des dernières pages de *la Contingence des Lois de la Nature*, ne sont point, je l'espère, en désaccord avec la vraie pensée de l'auteur. Bien que cet auteur, en finissant, insiste sur la beauté du monde plus que sur la bonté du créateur et semble, aux approches des toutes dernières lignes, se souvenir d'Aristote au moins autant que de Kant, il sera sage, avant de se fixer, de relire la dernière des trois *Critiques*, celle qu'on étudie le moins, et qu'on a tort de négliger, car on arrête ainsi la pensée de Kant trop à distance de sa dernière grande époque. Ce grand moment coïncide avec l'éveil d'un rationalisme où recule, de plus en plus, le vieil acquis intellectualiste de l'*Esthétique* et de l'*Analytique transcendantales*. F. Pillon, j'en donnerais presque l'assurance, ne se fût point inscrit en faux contre ce que je viens d'écrire. J'ai cru devoir l'écrire, l'étude de Pillon étant de celles dont il ne fallait pas craindre d'accentuer la portée. Il convenait, en même temps, de fixer cette portée et limiter au presque négligable les effets d'une lecture ou trop superficielle ou trop prompte.

IV

Je promettais, en commençant, d'orienter le lecteur vers les origines possibles de ce que j'appellerai : la philosophie rationaliste de la contingence. Chacun, j'imagine, ratifiera la formule, si toutefois j'ai réussi à prouver ce que je voulais établir, à savoir que la doctrine d'Emile Boutroux est un kantisme anti-intellectualiste où la Raison, ainsi que le souhaitait Kant, distinguée de l'Entendement, renonce définitivement à s'appuyer sur lui, et oserait au moment de la *Critique de la Raison pratique*, et surtout de la *Critique du Jugement* rompre des liens préalablement détendus. De ce point de vue, la thèse du philosophe français prend un caractère « pragmatiste » qu'on ne saurait méconnaître si les tendances pragmatistes, chez Kant, inspirèrent sa morale et, après sa morale, sa téléologie. Suivant l'exemple d'un maître qui lui était cher, en prolongeant les idées de Kant dans la direction même de Kant, Emile Boutroux comprit que la *Critique du Jugement* équivalait à un changement de front, à quelque chose comme un revision partielle du kantisme spéculatif. Et il a tenté cette revision.

Ce n'est donc pas vers J.-St. Mill qu'aiguilla l'auteur de la *Contingence des Lois de la Nature*. Il ne pouvait manquer de le rencontrer, mais sans lui avoir donné rendez-vous, et sans s'émouvoir à l'avance des suites de la rencontre. La vérité est que Boutroux, comme son maître Lachelier, ne séparait point les intérêts de la Critique de ceux de la Morale et même de la Religion. Sa philosophie est dominée par l'idée de Valeur, et c'est ce qu'il faut savoir dégager de la *Conclusion*. Or, si l'on descend dans les profondeurs de la pensée kantienne, après s'être incliné devant les fécondes hardiesses d'une œuvre telle que la première des trois *Critiques*, œuvre, à ce point de vue, unique dans l'histoire, on y découvrira les traces d'une volonté de désintéressement, elle aussi unique dans l'histoire, admirable sans doute et, sans doute aussi, parfois déconcertante : la volonté de laisser le dernier mot à la conscience morale. Est-ce bien le « dernier mot » qu'il faut dire, car toute la *Critique de la Raison pure* ne s'appuie-t-elle pas à la distinction du phénomène et du noumène ? Et le travail de pensée qui aboutit à cette distinction, s'il porte les marques du génie, n'en porte-t-il pas d'autres : celles de l'impératif catégorique dictant à ce génie ses ordres ? Ainsi envisagée, la philosophie de la contingence prendrait l'aspect d'un véritable « moralisme ». Et la préparation de ce moralisme, aussitôt après le déssaisissement de la science newtonienne serait confié à une science positive exempte de toute juridiction étrangère. Chaque fois que Claude Bernard entrait dans son laboratoire, il se vantait d'y mettre à la porte spiritualisme et matérialisme. Ce n'est assurément point là ce qu'a fait Emile Boutroux. S'il l'eût tenté dans la mesure du possible, il n'eût guère autrement ordonné, composé, rédigé ses *Chapitres*. Mais pas plus que le vrai positivisme ne veut être cherché dans le *Cours de Philosophie positive*, son antichambre, la philosophie d'Emile Boutroux ne veut être cherchée ailleurs que dans la *Conclusion* de son premier livre.

La remarque porte. Elle va jusqu'à nous faire assigner aux *Chapitres* de la *Contingence*, soit à ce que nous avons appelé « l'empirisme méthodique » le rôle que Pascal confiait au « scepticisme » : un scepticisme exclusivement méthodique, lui aussi, dont la fonction véritable est celle d'une plate-forme. La remarque porte plus loin encore. Elle va jusqu'à former entre l'attitude de Pascal et celle de Kant un lien déjà mis en évidence par Alfred Fouillée, mais qu'il n'est permis d'accentuer qu'en sachant bien à quoi l'on s'engage. Certes, on ne surpassera point la *Critique de la Raison pure*, l'un des plus grands monuments du génie métaphysique. On ne fera pas non plus que le génie métaphysique n'y ait travaillé à se rendre inutile. C'est là une œuvre de critique au sens le plus grave du mot, non point de dissolution, certes, mais de démolition. Et les *Prolégomènes à toute métaphysique future* ne laissent guère le moindre doute. Si vous venez de lire les *Prolégomènes*, revenez à la *Critique* : vous saisirez alors toute l'importance de la *Dialectique transcendantale*, et, dans cette Dialectique, celle des commentaires en bordure des discussions. Et vous aurez compris que la philosophie de Kant soulève intentionnellement des problèmes qu'elle s'interdit de résoudre.

Ici je m'applique moins à dégager le véritable esprit du Kantisme orthodoxe qu'à l'examiner se réfléchissant dans la pensée d'Emile Boutroux. Je fais de la critique et non de l'histoire. Je n'énonce rien, si ce n'est à mes risques et périls. Je n'affirme, non plus, rien que de vraisemblable eu attribuant au *Pascal* et au livre : *Science et Religion* une valeur de doctrine. Voilà deux livres compris dans deux « bibliothèques » différentes, livres demandés sinon commandés, faits sur mesure, où, si la pensée reste libre, il est parfois difficile à un auteur d'avoir ses coudées franches : deux livres qui vinrent à l'heure et au moment voulus, voulus, non par les éditeurs, mais par une volonté supérieure au caprice des circonstances et aux vicissitudes de l'actualité.

Rendue possible, mais simplement possible, par une science positive exempte d'*à priori*, la doctrine de Boutroux commence par une morale, continue par une esthétique et s'achève en une religion. Elle fait droit à toutes les exigences du savoir scientifique, mais elle voit dans la science un « point de vue de l'esprit » sur la réalité. Un autre philosophe dirait : « une sorte de photographie du réel prise d'un point de vue déterminé ». La Morale, elle aussi, sera comme la Science, un autre « point de vue », l'Art en sera un autre, la Religion un autre et « l'univers pluralistique » de James sera bien près de se substituer... à quel univers ? Ce ne sera point à celui de Kant dont les antinomies ont eu raison ; ni à celui de Comte, qui n'a jamais existé de son propre aveu, si ce n'est dans les limites du système solaire. Ce ne sera point davantage l'univers de Renouvier, où règnent le mal et l'injustice, gouverné par des lois constantes, nécessaires aussi, et quand même, en dépit de l'ordre qu'elles assurent, ouvrières d'injustice et de mal. Je n'irai décidément point jusqu'à conduire la doctrine de Boutroux sur le seuil du *Pluralistic Universe* : elle s'y trouverait dépaysée, sans doute. Convenons toutefois que cette pluralité de points de vue donne à la sentence de Pascal : « Nous ne connaissons le tout de rien » une signification profonde, presque tragique. Convenons aussi que telle est la signification du kantisme orthodoxe. Les systèmes ont ordinairement une portée dont les auteurs s'étonnent. Kant n'avait certes point prévu Fichte ; Schelling, Hegel, il ne les avait guère prévus davantage : ni prévus, ni désirés. Alors il n'y avait qu'à suivre. Or, en suivant et en marchant droit, on tournait le dos à la vieille métaphysique, pour ne point dire à la métaphysique tout court. — Et l'on ne laissait à cette dernière qu'une sorte « de magistrature morale ». Le mot n'est pas de Boutroux, il est de Liard et termine *La Science positive et la Métaphysique* (¹). Est-ce la métaphysique que Kant est venu abattre ? Est-ce simplement la métaphysique dogmatique, ou encore la métaphysique transcendante ? Cette manière d'interpréter donnerait à entendre que Kant n'avait point prévu la « métaphysique immanente » dont l'ère allait s'ouvrir, presque sous son patronage. Autant de questions posées par l'histoire et auxquelles on n'a pas encore cessé de répondre. On cherche encore la vraie pensée de Kant. Peut-être ne la cherche-t-on que pour éviter à la métaphysique spéculative le désagrément ou l'humiliation d'abdiquer. Autrement dit, la vraie pensée de Kant ne serait obscure que pour les esprits résolus à ne la point respecter.

---

(1) Liard, *La Science positive et la Métaphysique*, p. 485.

De cette pensée, redisons-le encore, l'interprétation tentée par Boutroux donne singulièrement à réfléchir. Elle équivaut à effacer d'un franc et implacable trait de plume tout le mouvement post-kantien : elle équivaut, tout au moins, à entreprendre sur les œuvres issues de ce mouvement un travail d'examen et de critique afin d'y séparer les parties caduques et les éléments aptes à survivre. Elle équivaut encore à un acte de renoncement et de sacrifice spéculatif dont les amis de Boutroux mirent longtemps à comprendre la portée et la nécessité. Je me suis étonné naguère du refus de Boutroux quand, invité à monter dans la chaire de « philosophie » laissée vacante par la retraite de Paul Janet, il voulut rester dans a chaire d' « histoire de la philosophie moderne ». Plusieurs d'entre nous craignirent que Boutroux ne se trompât sur sa vraie vocation. C'était nous qui nous trompions. Boutroux prenait très au sérieux le verdict kantien contre la métaphysique et, par conséquent, il assignait au philosophe un rôle qui, ne pouvant plus être celui d'un chercheur, devait se limiter sagement au commentaire et à la critique. On sait si Boutroux est resté fidèle à ce rôle et quelle maîtrise il y a déployée.

Qu'on ne se laisse donc pas intimider par les avances de Boutroux à l'empirisme. Ces avances n'étaient que des travaux de déblaiement indispensables à d'imminents travaux d'approche. Ces travaux, je l'ai déjà dit, visaient l'intellectualisme et peut-être l'atteignaient-ils gravement. Ils ne le visaient que dans l'intérêt du rationalisme. Kant avait cru sauver la liberté en l'exilant du monde. Boutroux venait sauver la raison humaine en la libérant de tout contact avec une nature faite pour lui servir d'escabeau, non de siège.

Il est dans l'œuvre d'Arthur Hannequin un beau fragment sur « les principes de l'entendement pur et leur rôle dans la connaissance ». Je n'en discuterai point les conclusions. S'il fallait les juger sans réplique, on verrait s'ébranler les thèses soigneusement échafaudées par Boutroux, et son « empirisme méthodique » céder la place à un intellectualisme renouvelé. C'est assez dire que des coups portés à l'intellectualisme par la science positive d'aujourd'hui ont fait sur l'esprit d'Arthur Hannequin une impression contraire à celle de Boutroux. Aux yeux d'Hannequin la partie forte de la *Critique de la Raison pure* est toujours l'*Analytique*. Ayons ici la sagesse de ne pas engager une discussion dont l'étendue égalerait, pour ne rien dire de plus, celle d'un chapitre tout entier. Disons seulement, pour la dernière fois, que l'attitude de Boutroux vis-à-vis de doctrine kantienne, s'appuie sur les meilleures et les plus solides raisons : oui, les plus solides si l'on s'en tient à la lettre et à l'esprit des textes.

V

Reste à savoir comment est née la doctrine et comment, à défaut d'une origine que j'estime probable, elle aurait. pu naître. Admettez en effet que cette philosophie de la contingence, au lieu de s'être formée là où elle est née, eût trouvé ailleurs, et pas très loin de son point de formation première, d'autres raisons d'éclore, et ces dernières plus que suffisantes, vous aurez établi que la crise de la contingence, dont on parlait tant au commencement, est moins une crise qu'un moment nécessaire du rationalisme contemporain. Au lieu de dire « crise » préférez-vous dire « épreuve » ? J'y consens, à une condition : c'est que l'épreuve elle-même soit féconde et que le rationalisme, au lieu d'en sortir anémié, s'en trouve raffermi, consolidé, et en fin de compte plus conscient de ses justes exigences. On ne saura néanmoins ce qu'il faut en penser qu'après s'être interrogé sur ces exigences, et s'être éclairé sur le rôle de la notion de contingence dans l'établissement d'un véritable rationalisme.

La thèse de la contingence des lois de la nature s'est vraisemblablement appuyée : d'abord sur les pages subtiles et profondes du *Fondement de l'Induction* où l'auteur, maître de Boutroux à l'Ecole Normale, rattache la notion de finalité à celle de contingence. Cet écrivain va même jusqu'à fonder l'induction sur la « contingence universelle ». Chez notre commun maître, à Boutroux et à moi, cette contingence universelle est un « point de vue ». Car la base sur laquelle on la fait reposer est un mécanisme rigoureusement inflexible. Or on peut demander quel est, de ces deux points de vue, le plus vrai, le plus objectif. Et l'on hésiterait à dire que c'est celui de la contingence, assurément le plus esthétique des deux, non pas le plus scientifique. Mais si l'on veut laisser le dernier mot à la science, ou bien l'on devra lui sacrifier la finalité ou bien l'on percera la trame du mécanisme universel afin de permettre à la contingence d'en occuper les pores. A cela, J. Lachelier n'eût sans doute point consenti. A cela se trouvait avoir consenti l'auteur de la thèse sur l'*Habitude* qui devint ainsi, je ne dirai point l'autre maître, mais l'autre guide, l'autre inspirateur véritable d'Emile Boutroux. La doctrine de Boutroux rejoint donc le kantisme de la dernière des trois *Critiques* à travers la thèse sur le *Fondement de l'Induction* et dépasse cette dernière en s'appuyant sur une conception de la nature, je l'ai déjà dit, plus sensiblement aristotélicienne qu'elle n'est kantienne. Boutroux eut donc quatre maîtres : Kant, J. Lachelier, Félix Ravaisson, Aristote ; je les cite en me conformant à l'ordre décroissant des influences.

Mais la doctrine aurait pu naître d'une tout autre manière : en procédant de Renouvier et, par delà Renouvier, d'Augustin Cournot et d'Auguste Comte. De Cournot, on sait les pages décisives sur le hasard et la contingence. J'insiste maintenant sur Auguste Comte ; si l'on oublie qu'il fut le vrai Kant de la philosophie française, on devra s'en prendre aux positivistes. Il n'y a d'ailleurs point à les accuser. Comte avait un génie critique dont les entraînements furent disciplinés de bonne heure, et que, sans le comprimer, il maîtrisa. Ses desseins l'exigeaient. En lui laissant prendre un trop libre essor il retardait l'avènement du positivisme. Le troisième volume du *Cours de philosophie positive* se recommande à l'admiration par une suite de leçons sur la Biologie, leçons dont on peut dire, sans diminuer en rien le renom de Claude Bernard, qu'elles n'ont point, au dix-neuvième siècle, leur pareille dans la littérature philosophique. Lévy-Bruhl a eu raison de les comparer aux pages célèbres de Kant sur la *Dialectique du jugement téléologique* (¹). La comparaison est en effet surprenante puisqu'en dépit de son horreur pour les causes finales, Comte n'y a rien tenté qui ne soit une démonstration implicite du rapport de finalité, essentiel à l'explication fondamentale des faits biologiques. Dans les *Leçons* de Comte j'ai cherché la contingence; le nom ne s'y trouve pas. La notion n'y fait pas moins son œuvre. On y aperçoit, à chaque page, la distinction entre deux types de rationalité, dont l'un, celui de la rationalité mathématique, reste directement inapplicable au monde de la vie. Cela ne veut point dire que ses connaissances en mathématiques n'aideront point au travail du philosophe et n'inspireront point, entre le monde des quantités abstraites et celui des fonctions de la vie, la découverte de mainte analogie géniale. Ce ne sont là, pourtant, que des analogies, et l'auteur insistera fortement sur l'échec inévitable des prévisions en matière biologique quand on en risque de trop rigoureuses et que l'on ne sait y prévoir qu'à la façon du mathé-

(1) Je me souviens d'avoir refusé naguère à Auguste Comte le génie critique. J'ai eu tort et je demande qu'il me soit donné tort.

maticien. Toutefois si la biologie est une science, les prévisions doivent y réussir. Mais leur succès n'est possible qu'à la condition de statuer sur des éléments dont le détail est inassignable et où l'on doit compter avec l'accident.

Boutroux n'avait point médité ces solides pages d'Auguste Comte quand il élabora sa conception des lois de la nature. Il connaissait Auguste Comte de réputation. Peut-être connaissait-il mieux Renouvier. Mais s'il l'avait lu, il ne l'avait guère étudié. Autrement il aurait tiré des deux premiers *Essais de Critique Générale* l'essentiel de sa thèse. Songez donc que Renouvier se refuse à déduire les catégories. C'est que Renouvier pense, sur ce point, avec Aristote, que la vraie démonstration est analytique et syllogistique. Or une telle démonstration est inapplicable aux lois fondamentales de la Représentation. Ces lois veulent donc être posées empiriquement, c'est-à-dire d'une manière contingente. Je sais bien que cette contingence est « d'apparition », non « d'origine » et qu'entre l'une et l'autre contingence il faut distinguer; je sais aussi que chez Boutroux la contingence d'apparition crée une présomption favorable à la contingence d'origine; je sais enfin que la thèse d'une contingence éventuelle des catégories n'eût point scandalisé Renouvier. Boutroux n'en demande point tant. Il parle bien des catégories, mais le moins possible. Sont-elles véritablement de son sujet ? Enfin pour achever entre Renouvier et Boutroux un rapprochement sur lequel il serait aisé d'accorder la critique, on rappellerait que les deux philosophes ont tout essayé, le premier des deux surtout, en vue de faire descendre le libre arbitre humain du monde intelligible. « Le premier des deux surtout », je le dis à dessein, car Renouvier ne veut ni de la substance, ni du noumène et c'est en pleine connaissance de cause qu'il proscrit noumène et substance. L'argumentation de Boutroux est assez différente. Boutroux ne se prononce pas contre le noumène : il se contente d'établir qu'une liberté se faisant une place dans la sphère du monde sensible n'aurait rien à redouter de la science positive, que celle-ci, là même où le déterminisme lui est le plus indispensable, s'accommoderait à la rigueur d'un déterminisme à très peu près universel et inflexible. « A très peu près » ne l'oublions pas. La contingence, à mesure qu'elle se rapproche du monde des corps et des éléments justiciables de la quantité, doit se faire modeste et n'exiger que ce qu'il faut pour ne pas empêcher la liberté de venir, mais à son heure et à son rang. La contingence, à son plus bas degré, se confond, qu'on nous passe le terme, avec une nécessité poreuse. Remplacez l'épithète de « poreuse » par celle de « discontinue » et vous avez, à la doctrine de Boutroux, substitué celle du *Premier Essai de Critique Générale.*

On remarquerait en passant, fort à propos, croyons-nous, que l'auteur de la *Contingence des Lois de la Nature* évite les labyrinthes inextricables du continu et de l'infini. Son sujet le menait en un de ces labyrinthes, mais lui permettait de les contourner. En y réfléchissant davantage, on regretterait peut-être qu'une discussion n'ait pas eu lieu. On y eût gagné d'apprendre quelle fut au juste l'attitude de Boutroux vis-à-vis du phénomène dont il parait bien ne se point contenter, et du noumène qui semble ne point le satisfaire davantage, puisqu'il veut lui ravir ce dont Kant lui avait confié la garde : notre liberté. On a dit qu'à la différence des empiristes, Boutroux faisait droit à la réalité de l'objet, qu'il le distinguait du sujet. Or ce ne peut être à la façon de Kant. Il reste, par suite, que ce soit à la façon d'Aristote. Aristote déclarait hors de sens tout homme insuffisamment persuadé que la nature existe. Les Écossais ont imité Aristote. D'autre part, il serait difficile de prêter à un philosophe animé de l'esprit criticiste une opinion qui, depuis Descartes, ne peut être défendue que par les avocats du sens commun. Les Écossais furent ces avocats. Dans la mesure où ils ont réussi à l'être, sont-ils demeurés philosophes ? On se le demandera chaque fois que leur étrange dogmatisme essaiera de vouloir maintenir en regard l'une de l'autre deux opinions inconciliables, celle du sens commun prise au pied de la lettre et littéralement enregistrée, celle qu'ils essayèrent de proposer en vue de lui donner gain de cause, et dont une formule décisive ne s'est jamais dégagée.

Aussi bien l'œuvre par laquelle débute l'auteur de cette thèse, une thèse dont la célébrité rappela celle du *Fondement de l'Induction*, se défendrait d'y avoir tracé l'esquisse d'une philosophie complète. Le problème que l'on y discute est l'un des problèmes capitaux de la philosophie première, car il touche aux problèmes des catégories. Mais l'auteur se garde d'en échafauder une solution préparatoire. Les catégories sont des lois. Il n'est pas certain qu'on les puisse nommer au sens exact, « lois de la nature ». Il est moins certain encore que Boutroux eût consenti à leur donner ce nom.

VI

On aimerait maintenant à se prononcer sur la question posée en commençant : la contingence est-elle oui ou non compatible avec l'ordre ? Et dans la mesure où l'on rapproche ces deux notions l'une de l'autre, celle d'ordre et celle de contingence, peut-on maintenir à cette dernière ce qui la constitue essentiellement ?

Je me suis demandé jadis, vers l'année 1900, ce qu'il fallait penser de la nécessité synthétique; et ma réponse de ce temps-là fut défavorable à cette nécessité. Il me plaisait alors que la nécessité fût d'un seul bloc, d'un seul genre, d'un genre réfractaire à toute division en espèces. Il me semblait qu'une nécessité ne saurait ni fléchir ni se détendre, sans se laisser aussitôt pénétrer par autre chose qu'elle. Aujourd'hui je soutiendrais encore cette opinion. J'hésiterais cependant à penser, comme jadis, que cet « autre chose » soit infailliblement un « contraire ». Là où la nécessité s'assouplit, faut-il admettre que l'agent de la détente est son *opposé* ? Ne se pourrait-il pas que ce fût un simple *différent* ? La notion de nécessité serait-elle décidément rebelle à toute *différenciation*, par là même à toute *spécification* ? La nécessité synthétique n'est évidemment point telle que les concepts dont elle est le lien puissent se dissocier sans trouble ni sans confusion. Les notions, une fois disjointes, gardent pourtant encore une « obscure clarté » qui empêche de confondre leurs contours. Elles ne deviennent donc pas inconcevables. Un monde sans causalité pourrait, à la rigueur, s'offrir à l'imagination; ce qui n'est point le cas du cercle carré, celui-ci nettement inconcevable et inimaginable. Il demeure vrai, toutefois, que sans la causalité, notre concept d'univers devient trouble et qu'il en est aussitôt menacé sinon d'anéantissement, à tout le moins de désaffectation. Relisez le *Parménide* en prêtant attention aux répliques des interlocuteurs, et à leurs formules d'assentiment; il vous apparaitra que Platon s'exprime comme si la nécessité pesait sur nous d'un poids variable et qu'en fin de compte, elle devînt accessible à la différence de degré. Mais quand il s'agit d'un concept tel que celui de nécessité, une différence de degré, à n'en considérer que les résultats, est bien près d'équivaloir à une différence de nature. On aperçoit dès à présent l'intérêt d'une dialectique de la contingence, son intérêt et son importance souveraine.

Mais ne va-t-on point se trouver rejeté sur deux notions l'une à l'autre réfractaires ? Une contingence accessible à la dialectique n'en va-t-elle pas dépouiller, de ce chef, ce qui la constitue essentiellement ?

Admettez en effet qu'un philosophe nous apporte un nouveau type de nécessité; que cette nécessité, au rebours de la nécessité analytique, agisse, non plus d'arrière en avant, *a tergo*, mais *a fronte*, d'avant en arrière, à l'imitation de la finalité; exigerez-vous de cette nécessité qu'elle quitte le masque de contingence qui vous semble couvrir son visage ? Essaierez-vous de le lui ôter ? Je vais plus loin : en supposant que vous le lui arrachiez par la violence, le succès d'un tel effort vous semblerait-il désirable ? Quel serait, à ce point de vue, exprimons-nous en langage kantien, l'intérêt de la raison ? Serait-il de remplacer cette nécessité par la contingence ? Ne serait-il pas, plutôt, d'inviter la contingence, non point au suicide, ni même à l'abdication, mais à la libre acceptation d'avantages inséparables d'un anoblissement ? Songez qu'une loi physique, mathématiquement démontrée, ne peut plus, sans contradiction, garder l'épithète de contingente. Serait-il dès lors possible de conserver le nom de contingentes à des notions générales le jour où l'on serait en état de les légaliser dialectiquement ? La question n'est plus tout à fait comme il y a quarante ans, de savoir si la vie peut ou ne peut pas se déduire du mouvement par voie analytique, c'est-à-dire, après tout, syllogistique. Le mécanisme a-t-il en soi sa raison suffisante ? Autrement dit, quand on a identifié le mécanisme à une sorte de liaison des phénomènes en conformité à la loi de causalité efficiente, a-t-on achevé de le justifier ? Le mécanisme peut-il, oui ou non, se passer d'un complément à défaut duquel toute vraie raison d'être, elle aussi, lui ferait défaut ? L'auteur du *Fondement de l'Induction* exigeait ce complément. Trente ans plus tard, l'auteur de l'*Essai sur les Eléments principaux de la Représentation* revenait à la charge, on sait avec quelle vigueur, avec quelle rigueur, avec quelle richesse d'arguments. Il plaidait en faveur d'une nécessité supérieure à la nécessité analytique, ouvrière d'un ordre universel dont la conscience et la liberté seraient, ainsi que naguère chez Emile Boutroux, l'expression la plus haute. Rappelons, en finissant, que, chez Emile Boutroux, résolument hostile à la nécessité aveugle et brutale, la contingence va d'elle-même au-devant d'un régime de constance à travers lequel il est bien difficile de ne point apercevoir la raison à l'œuvre. C'est donc que le contingent va de lui-même au-devant d'une promotion, après laquelle, s'il s'obstinait à garder son nom, il faudrait s'en prendre au fantôme de la nécessité analytique qui ne parviendrait point à dissiper l'incidence des rayons de l'intelligible. Contingence est synonyme de possibilité. Mais si tout est possible hormis l'absurde, le contingent, comme l'accidentel d'ailleurs, flotte entre le non-être et l'être. Cet état d'équilibre instable, la raison vient le rompre par un appel à l'existence fondé sur la reconnaissance d'un droit. Dès lors il devient inévitable que le sceau de l'intelligible vienne tôt ou tard effacer toute trace de contingence.

CHAPITRE II

CHARLES RENOUVIER

LE CONFLIT DU PHÉNOMÈNE ET DE LA NOTION DANS LE PREMIER
ESSAI DE CRITIQUE GÉNÉRALE

Je voudrais étudier la philosophie de la contingence, non dans ce riche *Deuxième Essai de Critique Générale*, que cette philosophie remplit, on peut le dire, de la première page à la dernière, mais là où l'on n'est point accoutumé de l'aller chercher, là où presque personne ne s'est avisé de l'aller surprendre, où elle perce déjà cependant, à demi-consciente d'elle-même, dans l'attente et à la recherche d'organes appropriés à sa fonction. Je veux parler du *Premier Essai* de Renouvier. J'aimerais auparavant, toutefois, et le plus rapidement possible, revenir sur les rapports entre deux philosophies indiscutablement voisines, celle de Boutroux et celle de Renouvier. J'ai mis en doute les rapports d'influence. Que Boutroux ait lu Renouvier quand il travaillait à la *Contingence des Lois de la Nature*, si même il ne l'a pas simplement feuilleté, la chose est admissible. Mais qu'il ne lui ait rien emprunté, la chose est vraisemblable, si le livre de la *Contingence* est, presque d'un bout à l'autre, pensé d'original. Boutroux est ordinairement désigné comme le héraut de la contingence. Et c'est justice; car, dépassant Renouvier, dans l'œuvre de qui la contingence s'est fait une large place, Boutroux l'installe où il peut, c'est-à-dire partout. Les deux philosophes travaillaient, chacun restant chez soi, à une œuvre commune. Il paraît bien toutefois, si mes souvenirs ne me trompent point, que du côté de Boutroux, et surtout des maîtres dont Boutroux s'était inspiré, le nom de Renouvier n'était guère prononcé. On ne l'ignorait pas, mais on laissait dormir ses livres sur les rayons des bibliothèques.

Je ne voudrais pas, en m'exprimant ainsi, paraître oublier,

dans le *Rapport sur la Philosophie en France au XIXe siècle*, les pages précises et, dans leur « objectivité », lumineuses, consacrées par Félix Ravaisson à la philosophie de Charles Renouvier. Je les oublie si peu, qu'à les relire, je crois sentir, chez l'auteur du *Rapport*, plus d'égards que de sympathie, en tout cas, une estime très distante. Il est quand même des hommages qu'on ne refuserait pas sans excès d'injustice. Je devais apprendre plus tard que, en parlant de Renouvier, Ravaisson parlait d'un condisciple, élève, comme lui, au collège Rollin, du professeur de philosophie Porret; et je m'étonnaï que dans cet exposé d'une œuvre évidemment considérable, Félix Ravaisson eût pris le ton d'un juge, comme s'il se fût agi d'un étranger ayant affaire à un étranger. Renouvier, d'ailleurs, n'avait pas à se plaindre, puisqu'il recevait ses grandes entrées dans l'histoire de la pensée contemporaine.

Sensible aux « vertus esthétiques » du talent de Ravaisson, Renouvier qui, jadis, durant les classes, au lieu d'écouter le professeur, lisait avec avidité les feuilles saint-simoniennes, n'était point destiné à se faire valoir par le talent d'écrire. Un mémoire de lui sur *Descartes*, mentionné honorablement par l'Institut à la suite des deux travaux couronnés de Bordas et de Francisque Bouillier, avait été expédié de Venise. Et le rapporteur du concours, Victor Cousin, je crois, avait loué la façon dont le jeune auteur s'exprimait en langue française. On l'avait présumé Italien ! Je tiens ce détail de Renouvier lui-même. Le fait est que, de très bonne heure, il s'était jugé comme écrivain. S'étant accepté tel qu'il s'était constaté, il avait pris le parti d'apparaître aux autres comme il s'apparaissait à lui-même : non pas étranger à l'art d'écrire — Proudhon (¹) s'y est trompé — mais ayant fait son deuil des dons brillants ou agréables. Attentif aux qualités logiques du style, à la précision des termes et au rigoureux enchaînement des idées, il aurait atteint là où son ambition était de parvenir, s'il n'eût trop souvent omis de dégager les abords de ses phrases trop fréquemment encombrées de parenthèses. Je sais l'effort que demandent, pour être lus et assimilés, les deux premiers *Essais*

___

(1) Cf. *Deuxième Essai de Critique Générale*, 2e ed. Paris, 1875, t. II, pp. 119-128. *Polémique avec P.-J. Proudhon*. Proudhon, fâché de la manière dont Renouvier, dans un article sur son livre *De la Justice*, avait caractérisé son style, répondit dans une nouvelle édition de son ouvrage par un « coup de boutoir » (le mot est de Renouvier) : « M. Renouvier serait fort surpris, si je lui disais, à mon tour, qu'il ne sera jamais, lui malgré toute sa science, un vrai philosophe, car il ne sait pas écrire. » Renouvier ajoute : « Il ne m'appartient pas de discuter ce jugement ».

de Critique Générale, Le jour où, s'adressant à moi, Félix Ravaisson se félicitait d'avoir eu « l'héroïsme » de les lire, il n'exagérait vraisemblablement pas, tant la manière d'écrire coutumière à Renouvier heurtait de front le goût et les habitudes d'un philosophe né artiste, et qui excellait à éclairer ses phrases comme un peintre éclaire un tableau. Jamais les idées de Félix Ravaisson n'eurent à lutter contre la pesanteur éventuelle de la phrase. On a beau n'être pas tenu d'exiger des autres ce que l'on obtient de soi, il est entre les talents et les manières des différences qui créent d'infranchissables distances. Et s'il est arrivé à Félix Ravaisson de reculer devant le style de Renouvier, style de logicien, rebutant et revêche, d'aller même jusqu'à y découvrir les symptômes d'une pensée trop prompte à se satisfaire et dont les fruits se détachaient avant terme, disons-nous bien qu'il ne suffit point toujours à un auteur, quand cet auteur en juge un autre, de vouloir être juste pour réussir à l'être

Et cependant, les deux auteurs, s'ils n'étaient pas du même navire, étaient bien de la même escadre. En cela Renouvier avait vu clair, ce qui empêchait les antipathies d'être réciproques. Il fallait bien d'ailleurs que l'on naviguât dans les mêmes eaux puisque, de part et d'autre, on avait un même chef de file : Aristote. Et que le plus profondément aristotélicien des deux maîtres ne fut point Renouvier, je ne m'en porterais pas garant. Il faudrait, pour en être sûr, s'attarder à des discussions de textes. On s'apercevrait, croyons-nous, chemin faisant, que Ravaisson et Renouvier travaillaient au succès d'une même cause. Renouvier, parmi les modernes, se réclamait de Kant Ravaisson, de Leibnitz. Renouvier, à ses débuts, ne songeait guère à une *Nouvelle Monadologie*, et Ravaisson eût aimé orienter notre jeunesse française dans une direction contraire à la direction kantienne. Il n'importe. La philosophie de Ravaisson et celle de Renouvier étaient deux philosophies de la contingence. Aussi leur rencontre devenait-elle inévitable.

Aujourd'hui c'est chose faite, et deux fois faite. Renouvier a dédié à l'auteur de la *Contingence des lois de la Nature* le quatrième et dernier volume de sa *Philosophie Analytique de l'Histoire*. Il y a plus : peu d'années après la mort de Renouvier, Gabriel Séailles, qui avait fait ses débuts dans l'état-major de Félix Ravaisson, nous donnait, sur la *Philosophie de Charles Renouvier*, le meilleur et le plus objectif — ce qui ne l'empêchait point d'être, en même temps, le plus suggestif — des livres. Tout y est compris et tout y reste à sa place. Tout y est éclairé sans être dérangé. En respectant l'ordre suivi par le philosophe, l'interprète n'en a pas moins serré les rangs des idées directrices et, par là même, rendu leurs liens plus sensibles. L'œuvre de Gabriel Séailles n'est certes point l'œuvre d'un disciple. Je sais un disciple, au moins, qui l'eût contresignée avec empressement et gratitude.

J'arrive maintenant à mon sujet : la notion de contingence dans le *Premier Essai de Critique Générale*. Je voudrais y montrer cette notion en travail et dès les premières démarches. On sait que la première vérité du néo-criticisme n'est rien moins qu'un *cogito*. Renouvier ne se demande ni s'il est, ni ce qu'il est. Il se demande « ce qu'il y a » et quel est ce à quoi la pensée véritablement s'attache : est-ce à des mots ? à des idées ? à des choses ? On ne sait point tout d'abord si quelque chose est. On sait seulement que quelque chose a l'air d'être. Et là pourrait être un commencement de la philosophie.

Le sujet du *Premier Essai* de Renouvier est, au fond, celui de la première *Critique* de Kant. On irait même volontiers jusqu'à dire que les premières divisions de ce *Premier Essai* correspondent à l'*Esthétique* et à l'*Analytique transcendantales*. Autre chose, sans doute, est d'aborder les problèmes de l'Espace et du Temps, autre chose est de livrer bataille à l'idée de Substance. Il n'en demeure pas moins que le sujet même de l'*Esthétique transcendantale* est la Réalité dans ses rapports avec l'Esprit. Qu'est-elle ? Kant et Renouvier essaieront de nous le dire. La réponse de Kant est universellement connue. Kant ignore la Réalité en soi. Il ignore ce que sont les choses prises en elles-mêmes : ce qu'elles sont, ce qu'elles *étaient* (1), échappe à notre savoir. D'une telle réalité il n'est rien d'abordable, car il n'est absolument rien en elle qui n'ait été transformé ou converti. Aussi Kant n'en veut-il savoir que ce qu'elle est devenue, sous quel aspect chacun de nous, dans le train ordinaire de la vie, se la représente, après que la Sensibilité et l'Entendement y ont imprimé leurs traces. Antérieurement à ce double travail, il est impossible de s'interroger sur ce que sont les êtres et les choses : cela reviendrait à les mettre en rapport avec une conscience. Cette conscience, à son tour, ne pourrait s'éveiller qu'une fois accomplies l'œuvre de la Sensibilité, d'une part, et celle de l'Entendement, de l'autre. Il faut donc en prendre son

---

(1) Ce qu'elles *étaient* avant l'intervention de l'esprit. L'imparfait dont nous usons ici rappelle intentionnellement celui d'Aristote dans le τὸ τί ἦν εἶναι.

parti et renoncer à s'interroger sur le fond des choses et des êtres. Ainsi, dès que nous ouvrons les yeux, nous les ouvrons sur un monde tout fait, monde de phénomènes et d'apparences. On aimerait à se demander comment l'auteur futur de la *Religion dans les limites de la simple Raison* se figurait la création du monde. Une telle création n'exclurait-elle pas une créature, en son essence, radicalement inconnaissable ? Le problème pourrait bien être pis qu'insoluble : inabordable. Et c'est ce qu'il m'est arrivé, jadis, d'appeler le « mystère » de Kant. « Mystère » et non pas « mysticisme ». Kant a pu faire des mystiques par sa doctrine, il lui aurait franchement déplu d'en faire un seul par son exemple. Durant toute l'*Esthétique* et l'*Analytique transcendantales*, il a respecté ses engagements et tout ignoré des noumènes. Aussi Renouvier pourra-t-il suivre Auguste Comte, sans penser faire tort aux origines kantiennes de sa philosophie. Chez Kant, chez Comte, chez Renouvier, c'est le phénomène qui s'arroge le droit de parole et entend bien ne s'en point laisser dessaisir : voilà ce qu'il nous fallait rappeler tout d'abord.

I

On sait la prépondérance des énergies de négation, chez un philosophe tel que Renouvier. Ses antipathies lui dictent ses sympathies et ses antipathies sont inexorables. Le phénoménisme de Renouvier est né de son aversion pour la Substance. Le phénoménisme de Renouvier est essentiellement un anti-substantialisme. Le philosophe sait à merveille ce dont il ne veut pas. Il faut que la Substance disparaisse. La voilà disparue. Que va-t-il advenir ? Ici l'on fait appel au principe de contradiction. Renouvier a beau savoir que ce principe est essentiellement, exclusivement formel, il lui confère les privilèges d'une vérité d'ordre, non pas logique, mais ontologique. Le principe du tiers exclu, corollaire de l'axiome de contradiction me contraint à choisir entre A et non-A. Or, A, c'est-à-dire la Substance, vient d'être éliminée. C'est donc non-A qui la remplace : adieu donc la Substance, et vive le Phénomène !

N'est-ce point trop tôt conclure ? Je ne sais pas encore si à non-A peut se substituer le phénomène. Et je ne le pourrai savoir tant que j'ignorerai si j'ai le droit de nommer phénomène tout ce qui n'est pas substance. Que j'ignore cela, Renouvier le sait, et l'on dirait qu'il le sait de science infuse. Et non seulement il l'a su de tout temps, mais il a pour lui la raison commune. A l'entendre, la négation de la substance serait une question tranchée par le sens commun. Ecoutez plutôt le philosophe, et ne regrettez point la longueur du texte : « Je sais que l'appareil dialectique des pages précédentes peut sembler en un sens couvrir des vérités très-claires, très-évidentes, presque puériles une fois saisies, et, en un autre sens, donner lieu à des accusations de bizarrerie, de paradoxe, de sophisme. Ma justification est dans ce contraste même; il faut passer par les jeux d'une métaphysique nébuleuse, et lutter contre des ombres que la philosophie a douées d'un corps, avant d'aborder au pays de la lumière et des réalités toutes nues. L'idole qu'on doit abattre offusque d'abord la vue; son antiquité, sa divinité prétendue imposent aux plus hardis, et telle est la force du préjugé que chacun s'attend à voir la nature entière s'abîmer quand tombera le dieu. Les coups mêmes qu'on lui porte ont quelque chose de fantastique et rendent des sons étranges. Mais l'œuvre de démolition n'est pas plutôt accomplie qu'un étonnement tout nouveau se produit. L'idole est connue pour ce qu'elle est, on touche le bois qui est vermoulu, et lorsque enfin elle tombe en poussière, il se trouve que rien n'est changé autour d'elle; chaque chose a conservé sa place et son nom, il ne s'est point fait de vide dans la réalité. » (¹) On sait quelle est l'idole dont le bois est pourri : c'est la Substance. Elle est là gisante. Reste à savoir si elle sera remplacée, et en cas d'affirmative, si elle le sera par le Phénomène.

Avant d'aller plus loin, je rappellerai ce qu'écrivait, il y a plus de cinquante ans, l'auteur du *Fondement de l'Induction*, une œuvre aujourd'hui presque classique : « Si l'on osait faire parler au sens commun la langue de Kant, » écrivait en 1871 M. Jules Lachelier, « on pourrait dire qu'il croit fermement aux *substances* et aux *causes phénomènes*, mais qu'il n'a pas le moindre soupçon des *noumènes*. » (²) Ainsi les deux philosophes sont du même avis, ou du moins, ils ont la même opinion sur les croyances du sens commun. Le vulgaire a beau s'étonner la première fois qu'un philosophe veut lui faire abandonner la substance, il se raviserait bientôt s'il savait quelle est l'idole dont on l'invite à déserter le culte. En fait de substances, il ne connaît que celles dont il croyait pouvoir attester la présence ou l'action. Les substances soi-disant réelles, mais extérieures au champ de la connaisance, lui sont étrangères et, comme tel-

---

(1) *Premier Essai de Critique générale*, 2ᵉ édition, Paris, 1875, t. I, p. 96. Les textes qui suivront seront empruntés à cette deuxième édition.
(2) Lachelier, *Du Fondement de l'Induction*, Paris, Alcan, 1871, p. 35.

les, indifférentes. Il n'en résulte quand même peut-être pas
que le sens commun soit phénoméniste. Donnez-lui en effet le
choix entre le sacrifice des noumènes et le sacrifice complet de
la réalité. Hésitera-t-il et ne pariera-t-il pas définitivement contre un monde de purs phénomènes ? Avant de se résoudre, il
aura pris le temps de la réflexion. S'il vous a entendu dire qu'un
phénomène peut, tout en restant phénomène, ne point s'évanouir aussitôt perçu, vous l'aurez rassuré. Mais il tient essentiellement à garder sa foi en une réalité indépendante de sa
propre perception, quand même il n'y aurait que cette perception pour la lui garantir. Libre à vous, philosophe, de lui
expliquer comment les choses peuvent, à la fois, apparaître et
être. L'homme de sens commun n'admettra nullement qu'il
en soit des phénomènes comme des images de ses rêves. Il les
revêtira au besoin de solidité et de durée sans y redouter le
moindre péril de contradiction. Mais s'il s'apercevait qu'entre
le monde de la veille et celui de ses rêves un philosophe ne fait
nulle différence, il se moquerait franchement de la philosophie.
Autrement dit, réduisez la Réalité à la Représentation, et, à
l'exemple de Renouvier, la Représentation au Phénomène, c'est
votre affaire, pourvu que la réalité de ma représentation ne
s'en trouve à aucun degré compromise et que, si l'on en vient à
parler des choses, on fasse à ces choses l'honneur d'une exactitude plus que simplement verbale. Je veux avoir le droit de
quitter mon domicile et, quand j'y rentrerai, d'y retrouver
tout à la même place, ce qui revient au droit d'élever le monde
des réalités sensibles au-dessus d'une permanente possibilité
de sensations. Aussi Renouvier me rassure quand il laisse
entrer dans un vocabulaire le terme « chose »; et je souhaiterais que ce ne fût pas uniquement pour flatter l'opinion de ses
semblables. — Si je disais que dans la langue du néo-criticisme le Phénomène, loin d'être le contre-pied du Réel, en est
l'expression la plus immédiate, et qu'un univers composé de
phénomènes n'a pas moins de réalité aux yeux du philosophe
que ne lui en conférerait le naturaliste ou le physicien, je dis-
siperais vraisemblablement toute équivoque sur ce qu'il faut
entendre par « phénomène » et par « représentation »; et probablement aussi, je ferais cesser les scrupules de ceux qui
craindraient de trop accorder au phénomène en lui octroyant
les propriétés de la chose.

Ces scrupules auraient pourtant leur excuse s'ils tardaient à
s'évanouir. Car autant il m'est aisé de croire à la persistance

d'un objet ou d'une chose quand j'ai cessé d'en être le témoin,
autant il m'en coûte d'admettre la réalité d'un « phénomène »,
à moins qu'on ne s'arrange pour assurer à ce phénomène, et à
tous les autres en même temps, plusieurs équipes de specta-
teurs, à charge de se relever comme autant de factionnaires.
Il faut toujours éviter de brouiller à plaisir les idées les plus
claires. Or l'idée de phénomène me paraît s'obscurcir dès que
je lui retranche celle de son indispensable témoin. Aussi a-t-on
recours au terme « chose » pour l'appliquer au phénomène
pendant ses éclipses, et l'on ne peut se passer vraiment de cette
dénomination intérimaire. Pour tout dire, les phénomènes qui
n'apparaissent à personne me causent un insurmontable
malaise, et s'il faut qu'il y ait toujours quelqu'un là pour les
empêcher de s'évanouir, autant reconnaître que le vrai fondement de la réalité du phénomène est la conscience de son
témoin. Nous voilà, comme eût dit Leibnitz, rejetés en pleine
mer ! Bref, et réflexion faite, loin de renoncer aux choses, puisque Renouvier n'y renonce pas non plus, je m'attache à elles
et, au besoin, je m'y accroche. Mais si je m'y accroche, c'est
parce que le phénomène, dès que je me figure l'avoir atteint,
flotte devant mes yeux ou me glisse entre les doigts. Je voudrais
que, pour exister, il se passât de ma permision et de ma présence. Renouvier a beau me persuader qu'il n'y a rien d'impo-
sible, il me persuaderait davantage s'il m'aidait à sortir d'embarras. Or, il m'y aide si peu, qu'en dépit de ses anathèmes, la
sentence d'exil portée contre la Substance m'apparaît presque
inutile et inopportune. En effet, quel était, naguère, le rôle
de la Substance, sinon de permettre à la Réalité d'exister, tout
en se passant de nous apparaître ? On m'affirme que le phénomène se prête mieux à ce genre de rôle, et, pour avoir raison de
mes doutes, on divise la réalité — qui est phénomène — en
représentative et *représentée*. J'accepte la division et je transcris volontiers ce passage : « La division des phénomènes en
représentatifs et représentés a cela d'excellent qu'elle est
esentielle au discours et, en quelque sorte, plus gram-
maticale que philosophique; qu'elle est inexpugnable, admise
universellement, et nécessairement étrangère à tout système.»[1]
Toutefois il s'agit, en ce moment, non point d'une solution verbale, peut-être suffisante au sens commun, mais d'une solution
ferme et prête à se défendre. Or celle-ci manque précisément
de sous-entendus, de « dessous », qu'on me passe le terme.

____

[1] *Premier Essai*, t. I, p. 15.

Elle pose le problème, en le réduisant à son énoncé. Il reste vrai que, dans la conversation quotidienne, on introduit, à titre de sujets, des noms de phénomènes isolés : de tout déclinable, attendu que ces noms se suffisent; de tout génitif, car les phénomènes dénotés sont censés ne reposer que sur eux-mêmes; et de tout datif, car ces phénomènes sont censés n'apparaître à personne. — Ces phénomènes n'en sont pas moins des représentations : la preuve est que j'en parle et que, dès lors, j'y pense ! — Rien de plus exact. Mais veillez au paralogisme ! Oui, je pense à ces phénomènes. Existent-ils toutefois parce que j'y pense ? Ne serait-ce pas plutôt le contraire ? Si j'y pense, n'est-ce point parce qu'ils existent et que, à ce titre, ils dominent ma représentation ?

On dirait, par suite, que, loin d'avancer vers une solution du problème, on a marché sur une conférence sans perdre de vue les difficultés soulevées, sans presque les déplacer et, à plus forte raison, les résoudre.

II

La dialectique de la Réalité dans le *Premier Essai de Critique Générale* comporte trois moments. Elle s'applique tout d'abord au Phénomène. La dialectique du Rapport lui succède, et c'est le second moment. Le troisième et dernier moment porte sur l'idée de Loi, et ce moment serait décisif sans un singulier et fâcheux parti pris de ne jamais s'éloigner du phénomène ou de ses entours.

En passant de la zone du Phénomène dans celle du Rapport, il semble qu'on s'élève du sensible à l'intelligible; et je m'étonnerais que Renouvier eût négligé d'en avertir, s'il eût franchement accepté, pour son propre compte, les suites du passage. Non qu'il les ait absolument méconnues; mais il avait, de ne les point accentuer, des raisons spécieuses dont la plus importante, à ses yeux, était d'assurer son phénoménisme contre un double péril. Je ne suis pas sûr que la meilleure façon de parer à deux dangers soit de les affronter immédiatement l'un après l'autre, ou presque simultanément. Le Phénomène a contre lui un excès éventuel de fluidité qui peut le rendre insaisissable. En l'adossant au Rapport, puisqu'il faut de toute nécessité renoncer à la Substance, on lui assurerait, peut-être, une objectivité salutaire. Encore conviendrait-il, qu'en s'ouvrant à l'intelligible, le phénomène évitât le risque de se dessécher dans l'abstraction. J'ignore vraiment si Renouvier s'est fait le raisonne-

ment que je lui prête; car, entre les deux inconvénients dont il
vient d'être parlé, le péril d'empirisme et le péril... d'hégélianisme, puisqu'il faut l'appeler par son nom, je crois bien qu'il
n'eût pas hésité : Hume l'aurait sauvé de Hegel. On choisit
quelquefois à côté.

L'originalité de Renouvier fut de ne point choisir et, très
probablement aussi, de ne point se douter qu'il y avait à choisir. Elle fut de greffer, l'une sur l'autre, deux dialectiques dont
l'opposition n'est pas loin d'être classique, et d'essayer une
synthèse là ou l'antithèse aurait eu toutes chances de succès.
En passant de la zone du Phénomène dans celle du Rapport et,
par suite, de la Notion, Renouvier entendait continuer la dialectique du Réel et maintenir étroitement le lien, à ses yeux indissoluble, de la Représentation et du Phénomène. On a pu s'apercevoir, si l'on a su bien lire, que les arguments contre la substance visaient, en première ligne, les fantômes « d'abstractions
réalisées ». On en conclurait assez exactement, croyons-nous,
que, dans la pensée du philosophe, l'éventuelle rivalité du
Phénomène et du Rapport ne serait jamais terminée à l'avantage de la Notion. Encore est-il que cette rivalité rend, à qui
sait l'apercevoir, de précieux services, puisqu'elle vient répandre sur les sources du néo-criticisme et la disposition d'esprit
propre à Charles Renouvier des clartés nouvelles et très probablement inattendues.

Le moment me paraît venu de mettre en évidence, d'une
part, l'objectivité du Rapport et de la Notion; de l'autre, les
résistances du nouveau criticisme, sinon à cette objectivité proprement dite, du moins à ses conséquences les plus immédiates.

*
* *

L'objectivité du Rapport et, par suite, de la Notion, se justi-
fierait, à notre avis, par le cours même de l'histoire. Et si l'on
pouvait s'offrir ici le divertissement d'une digression un peu
longue, on découvrirait, chemin faisant, que tout en paraissant
sortir de notre sujet, nous en avons à peine quitté le centre.
Le sujet est d'ailleurs inséparable de toute discussion sur la
valeur de la connaissance, et tel est le véritable sujet du *Premier Essai de Critique Générale*.

On rappellerait à ce propos, sans y insister autrement, que
les Pythagoriciens, sinon Pythagore, introduisirent l'intelligible par l'élévation du nombre au rang de principe. On se sou-
viendrait ensuite que Platon, après avoir écarté le nombre du

monde intelligible, l'y réintégra, à côté des idées, entre les idées
et les âmes. Et si l'on répliquait, pour couper court à nos remarques, que « tout cela c'est de l'histoire ancienne », je répondrais, à mon tour, que les métaphysiciens de la grande époque
furent plus près de la vérité en traitant les nombres et les idées
comme des choses, qu'en les réduisant à de purs phénomènes
subjectifs. Ils se trompèrent en détachant la raison de l'esprit;
car, tout en acceptant, si l'on peut ainsi dire, les produits de
la raison, ils en méconnurent l'activité. Réalistes, bien plutôt
que rationalistes, ils ne virent point la Raison à l'œuvre. Et ce
fut tant mieux, s'il leur eût fallu expier leur clairvoyance en
donnant gain de cause aux Protagoras et aux Antisthène.
Mais on doit être reconnaissant à ces réalistes — et l'on ne doit
point en excepter Aristote — d'avoir imprimé sur les produits
de la raison ce cachet d'objectivité que les rationalistes des
temps modernes, Kant en tête, ne leur auraient point refusé
sans se contredire. Ne reconnaître à la raison, aux principes et
aux idées de la raison, qu'une valeur subjective, c'est, qu'on le
veuille ou non, déserter le rationalisme pour son adversaire, et
dériver du pur état de conscience ce qui a droit au nom d'esprit.

Les assertions qui précèdent auraient, peut-être, de quoi surprendre, si on se laissait conduire jusqu'où l'on s'obstinerait
inutilement à ne vouloir point aller : jusqu'à un dualisme possible, dualisme paradoxal, et presque scandaleux, dualisme sur
lequel on s'aveuglerait plus facilement que l'on n'éviterait, les
yeux une fois dessillés, la nécessité de le réduire. Les membres
de ce dualisme seraient, d'une part, la conscience, de l'autre...
la pensée, et je me retiens ici d'écrire par une majuscule, car
j'en aurais presque le droit. Comme le soutenait, il y a plus de
trente ans, Victor Egger, dans un mémorable article de la
Critique philosophique (¹) — qui faillit mettre à l'envers plus
d'une tête de vieux spiritualiste — l'esprit et l'âme pourraient
coexister sans coïncider; cohabiter, tout en demeurant l'un à
l'autre irréductibles.

Toute pensée se pense, dira-t-on. Une pensée non consciente
d'elle-même serait un pur non-sens. Toute pensée qui se pense
ne s'en distingue pas moins de ce à quoi elle pense. L'idée que
j'ai d'un objet et l'objet dont j'ai l'idée seront toujours nettement discernables. Toute pensée est un rapport. Les termes de
ce rapport sont le sujet et l'objet. — Le dualisme de la pensée et

(1) *La Critique philosophique.* 1885, I, pp. 81-93. *Intelligence et Conscience : l'esprit est irréductible à l'âme.*

de la conscience, d'une part, celui du sujet et de l'objet, de l'autre, se correspondraient-ils ? Ils se pourrait. Mais, prenez-y garde : en cas d'affirmative, l'objet serait l'homologue de la pensée, le sujet l'homologue de la conscience. Et l'on en déduirait aisément que si la synthèse éventuelle de la pensée et de la conscience ne devenait possible qu'au profit de la seconde, l'empirisme aurait l'avantage.

Souvenons-nous de David Hume dont la critique dissout la causalité dans l'habitude, loi de la conscience, en son fond biologique plus que psychologique peut-être. Les affinités de l'intelligence et de l'âme ne sont, dès lors, rien moins qu'évidentes. Chez les anciens, l'âme fut rapprochée du nombre et des idées. Mais chez les anciens, l'âme, pour exister, se passait de la conscience. Les idées et les nombres, *a fortiori*, s'en passaient. Pour être empiriste, il faut savoir être psychologue.

Voici qui importe davantage : Kant rattacha la conscience à la sensibilité, puisqu'il fit du temps la forme essentielle de la conscience. Reconnaissons toutefois que les modernes, ayant accoutumé de définir l'âme en fonction de la conscience, auraient quelque peine à déclarer l'esprit irréductible à l'âme. Suivons-les donc sur leur propre terrain et supposons la réduction faite au profit de la conscience. L'idéalisme subjectif aussitôt en résulte : un idéalisme qui est l'œuvre même des psychologues et contre lesquels Platon a composé le *Théétète*. On ne l'a point assez dit si même on l'a dit quelque part : le *Théétète* n'est pas autre chose qu'un procès fait aux psychologues, car il est dirigé, d'un bout à l'autre, contre l'esprit de la psychologie.

La philosophie moderne préparait une revanche à la psychologie. Locke, qui n'était que psychologue, se chargea de ce soin, en préparant l'idéalisme empirique des Berkeley, des Hume, des Mill. Thomas Reid eût tranché sur ses prédécesseurs, s'il fallait juger de ce qu'il fit par ce qu'il voulut faire. Après tout, son acte de foi en la réalité du monde lui fut arraché par le sens commun : d'où sa théorie réaliste de l'appréhension des qualités premières des corps, dont l'inintelligibilité fut longtemps méconnue.

Ainsi trois solutions se présentent : 1° reconnaître le dualisme de la pensée et de la conscience et maintenir ce dualisme : autrement dit, poser le problème en évitant de le résoudre; 2° Absorber dans le sujet conscient tous les phénomènes, y compris ceux qui portent le cachet de l'esprit; 3° Une troisième solution, si elle pouvait aboutir, achèverait l'antithèse en synthèse : on entreprendrait de montrer l'esprit s'épanouissant dans la conscience, mais, tout en s'appuyant sur elle, la dominant et la gouvernant. Cette solution serait idéaliste, comme la précédente. Mais on s'apercevrait bientôt, peut-être, qu'entre l'idéalisme subjectif et l'idéalisme objectif, l'intervalle équivaut à celui de deux contraires : il est vrai qu'une antithèse ne fut jamais une antinomie.

Bref, et puisque à mon grand regret il m'est à peu près impossible d'insister davantage, je voudrais qu'on hésitât, plus qu'il n'est coutume, à ranger parmi les problèmes résolus l'un des plus généraux, sans doute, et aussi peut-être des plus mal posés. Le problème dont je parle est celui du véritable objet de la psychologie. Etendre cet objet à l'entier contenu de la conscience, c'est précisément prendre pour accordé ce qu'il nous paraît opportun de mettre encore en doute. Car si la conscience est ouverte à l'intelligible, on ne peut plus lui retrancher ce qui, en elle, s'élève au-dessus du sujet proprement dit et, par là même, le dépasse. On a espéré un moment sortir d'embarras en alléguant, avec le sens commun, l'invraisemblance d'une pensée qui ne serait la pensée de personne. On n'a point assez tenu compte de ce qu'il entre d'impersonnel dans certains jugements auxquels je résisterais en vain et devant lesquels je m'incline. Peut-être, et même certainement, ajouterai-je, devait-on s'enquérir de ce qui se passe dans l'esprit de Pierre et dans l'esprit de Paul lorsqu'une même vérité, spontanément apparue, les instruit et les éclaire. Ecartez de la conscience de Pierre et de la conscience de Paul tout élément étranger à la vérité en question, et dites-moi ce qu'il y reste de discernable. N'oubliez pas enfin les efforts de Kant pour rattacher la personne à l'intelligible et l'élever au-dessus de l'individu, et vous vous sentirez de moins en moins rebelle à cet idéalisme objectif contre lequel il paraît bien que Descartes ait constamment fait voile, et que, pour des motifs dont, probablement, la philosophie n'est pas seule responsable, il eût redouté d'atteindre.

Les réflexions qui fondent l'objectivité de la connaissance, si l'on sait tenir en respect l'homme de sens commun toujours prêt, en chacun de nous, à se défier du philosophe, ne sauraient faire courir à la réalité le moindre risque d'inexistence. Le réel tangible est une chose, le réel véritable en est une autre. Et si l'on était en veine de faire intervenir, avec les disciples de Maine de Biran, le soi-disant infaillible critère de réalité puisé dans le sentiment de résistance, on ne serait pas à court d'argument. Car le propre de la conscience intellectuelle est d'imposer ses jugements en imposant au préalable, quand il y a lieu, les prémisses sur lesquelles, à titre de conclusions, ces jugements reposent. Chacun de nous se fait de la vérité, chaque fois qu'il la rencontre, une impression toujours la même, et qui a bien des chances d'être la même en chacun de nous : l'impression d'une énergie irrésistible, autrement dit d'une force à laquelle on ne résiste pas; autrement dit, encore, d'une force à laquelle on a momentanément résisté en pure perte. C'est qu'il est, immanente à tout jugement vrai, une énergie capable d'avoir raison des résistances individuelles, énergie qui a beau se faire sentir dans la conscience de l'individu, qui ne s'en avère pas moins impersonnelle et objective.

C'est donc une chose jugée, à notre avis du moins : l'entrée du Rapport au nombre des éléments du réel, ne peut être assimilée à un épisode. Ce n'est point une variation du thème initial qui succède à une autre. Ce serait bien plutôt — et c'est décidément — un thème nouveau qui vient de s'établir, avec ses harmonies, ses modulations et ses modes. Ajouterai-je que la métaphore empruntée à l'ordre musical s'est, d'elle-même offerte a mon esprit, en raison des interférences du thème nouveau et des motifs précédemment exposés, ou, si l'on préfère, des interférences trop répétées, dans la dialectique néo-criticiste du Rapport, des deux idées de Rapport et de Phénomène ?

Interférences préméditées, n'en doutons pas. Il fallait, non point soustraire le phénomène aux chances de dissolution ou de dispersion impliquées dans sa nature, puisque l'on s'était fourvoyé en lui attribuant une nature réfractaire à la permanence, mais accroître ses ressources en lui permettant de les aller puiser dans un vaste et commun réservoir. En introduisant le phénomène dans une société de semblables, Renouvier lui apportait les bienfaits de la solidarité. Mais qui profite de la société sinon l'individu ? Pareillement qui profitera des Rapports sinon le Phénomène ?

De ce point de vue, convenons-en, toute idée de conflit entre le phénomène et le rapport va s'écarter d'elle-même puisque cet ensemble de phénomènes en relation les uns avec les autres, qui est l'univers, se compose, en majeure partie, d'éléments dont l'inconscience garantit la docilité. Mais toute la question n'est point là; et le nouveau régime auquel on assujettit le phénomène soulève des problèmes dont l'antiquité grecque ne

s'est point désintéressée et que résumerait fort bien le terme
« participation ». Le monde de Platon était un monde d'idées
participables; le monde de Renouvier devient un monde de
rapports, et, par là même, une solidarité d'intelligibles, puisque les phénomènes ne doivent point au seul hasard l'occasion
de leur rapprochement. Et cependant, et quand même, au
moment où Renouvier découvre la « Composition » des phénomènes (¹), il s'exprime à la façon d'un observateur qui constate, non d'un logicien qui construit. En effet, au cours d'une
exposition étrangère à tout esprit de système, il doit éviter
avec le plus grand soin les allures d'un démiurge, nous mettant devant les yeux ce que ses yeux ont vu : des phénomènes
générateurs de phénomènes, qui se rencontrent, s'entrelacent,
se développent et s'enveloppent, s'enroulent et se déroulent,
s'assemblent en des synthèses de plus en plus générales : rapports assurément réductibles à des termes, mais à des termes
qui « n'ont de sens que par les rapports eux-mêmes ». Un
auteur accessible aux ambitions de l'écrivain nous eût donné
là une belle page. On songe, en lisant Renouvier, à cette « mer
infinie des choses » dont « le rire innombrable » soulève, malgré lui, le témoin d'étonnement, peut-être même d'admiration.
Renouvier, dont le dessein n'est, ni de s'émouvoir, ni d'émouvoir, n'a d'yeux que pour le panorama dont il suit les lignes de
partage. Il ne vise point à une description; il se limiterait plutôt à un procès-verbal. C'est la multiplicaion des verbes y
répond à la changeante multiplicité des aspects. Je relève à la
même page (²) ces lignes significatives, et qu'un écrivain moins
indifférent à la mise en valeur des images eût aisément ren-
dues saisissantes : « ... tout cela n'est intelligible qu'au moyen
de quelques rapports premiers et synthèses premières, croisés
en divers sens et auxquels on est ramené au bout de toutes les
analyses. Ces premières lois rayonnent pour ainsi dire en plusieurs directions les unes sur les autres et vers les sujets particuliers qu'elles embrassent : le système général qu'elles forment est
celui des éléments abstraits de la connaissance. » Pour le coup,
ce n'est plus le témoin qui parle. C'est le philosophe et les rayons
de l'intelligible viennent de l'atteindre. Un monde de phénomènes va-t-il se convertir en un univers de notions ? et ce qui
n'était au premier aspect qu'un devenir d'apparences flottantes
ou mouvantes, va-t-il se fixer en un palais d'idées ? Suffirait-il
alors d'ouvrir les yeux pour se trouver, aussitôt, devant un

(1) *Premier Essai*, t. I, p. 103.
(2) *Ibid*, t. I, p. 110.

spectacle dont la raison spontanément se déclarerait satisfaite ?
— Vous oubliez que le philosophe s'est résolu à « tomber droit
au milieu de la raison » (¹) et à s'y livrer ! — Je m'en souviens
et je n'en suis guère plus avancé. Car je ne sais vraiment pas
comment s'y est pris l'auteur pour repérer l'endroit et le
moment de la descente. Porte-t-il en lui, j'allais dire sur lui,
un type de raison auquel il se réserve de rapporter le détail de
ses perceptions futures ? S'il en était ainsi, nous devrions le
savoir. Or, au moment de la descente, on lui eût volontiers supposé les mains vides et l'esprit à l'état de table rase. Dira-t-on
qu'en cours de route le spectateur s'est formé l'esprit, et que
l'expérience de l'intelligible lui est venue par degrés ? Je n'y
verrais rien d'impossible, si le décor ne s'était levé presque en
un clin d'œil. — Pareil au monde tout fait de la *Critique de la
Raison Pure* ? — Vous n'y êtes pas. Les deux toiles se sont dressées à l'improviste comme en un changement à vue. En cela on
les peut comparer. A cela près, tout, en elles, diffère. Kant
s'était renseigné à l'avance. Il savait ce qu'il allait avoir devant
lui : une œuvre de la raison, un monde de choses en soi converti en un monde de phénomènes, mais de phénomènes soumis
à la juridiction de l'entendement. D'où Kant le savait-il ? On
peut s'étonner d'un savoir dont les moyens nous échappent,
et sur lesquels Kant, mieux informé, nous aurait vraisemblablement informés. Sa sincérité est l'unique garant de sa véracité.
Encore est-il que ses affirmations s'enchaînent, et que le philosophe s'appuie sur des principes immanents à un esprit autono-
me, capables, à ce titre, d'acheminer l'homme à la science. Que
ces principes ne soient point de notre goût, il se peut. Qu'il
nous plaise de répudier cette autonomie dont les preuves, après
tout, manquent, il se peut encore. Nous sommes fixés quand
même sur ce que l'on nous promet. — Le nouveau criticisme,
lui, ne promet rien. Il se met en marche, ignorant de ce qu'il va
rencontrer, ne sachant, en définitive, ni ce qu'il veut, ni où il
va. J'en faisais d'ailleurs la remarque, il n'y a qu'un instant.
J'y reviens, car il importe d'insister le plus longuement possible aux débuts d'une doctrine, quand cette doctrine nous fait
la faveur de commencer sous nos yeux. Par malheur, on ne
peut vraiment pas dire que le néo-criticisme commence, si ce
n'est point commencer que de tomber en plein champ de la
représentation. — On entre comme on peut, dira-t-on sans doute.
Mais là où l'on est entré n'importe comment, le premier soin

_____

(1) *Premier Essai*, t. I p. 2.

n'est-il pas de chercher la porte ? Le néo-criticisme a peut-être une antichambre. Il n'a vraiment pas de seuil. Au point où nous en sommes, il n'en a pas encore.

On exagèrerait toutefois à prétendre qu'en se décidant à tomber droit au milieu de la raison, l'on soit descendu en plein monde, absolument à l'aventure. Renouvier peut ne point toujours savoir ni où il va, ni où il est, au juste. Il sait toujours où il ne veut point aller. Cela, il le sait à merveille. Et il ne tient qu'à nous de le savoir. Donc il n'ira point dans la direction des noumènes. Le monde dans lequel il va effectuer sa descente ne sera point celui de Kant. Or, ne lui en déplaise, le monde de Kant, si jamais il en fut un, est le monde de la raison. Le monde Renouvier s'en trouve dès lors contraint de lui apparaître, tout d'abord, sous les espèces d'un monde sensible. Les traces d'intelligibilité, s'il en porte — et il nous est pour l'instant interdit de lui en supposer — apparaîtront plus tard; elles « devront » apparaître plus tard.

Or dès les premières explorations, ces traces se montrent, et elles ne se sont pas plutôt montrées, qu'elles s'accusent et se multiplient. Renouvier, antérieurement à sa descente, se serait-il déjà tracé son itinéraire ? Autrement dit, avait-il vu en songe le pays vers lequel il se dirigeait ? Tout se passe comme si la réalité perçue se soumettait d'elle-même aux conditions d'un ordre dont le voyageur savait les signes et qu'il reconnaît, bien qu'ils lui soient, par hypothèse, inconnus. Là est ce que je me permettrai d'appeler le « secret » du néo-criticisme : un secret tout aussi impénétrable que le « mystère » de Kant et beaucoup plus invraisemblable. Renouvier se serait d'emblée rencontré avec le monde d'Héraclite, celui du devenir sans trêve et d'une multiplicité d'éléments à l'infini mélangés ; tout allait de soi. Mais il n'y a pas à dire, rien ne va plus de soi, dès qu'on nous parle d'un monde organisé, auquel il ne manque ni la mesure ni le nombre, bien que ces deux expressions de mesure et de nombre aient été prudemment ajournées. En vain le philosophe s'efforcera-t-il d'interpréter son univers en fonction du seul phénomène. Et parce que sur l'élément phénomène il lui a plu de greffer l'élément rapport, il me mettra, peut-être prématurément, peut-être malgré lui, en présence d'un monde simulant, à s'y méprendre, le monde des Idées. Je ne sais décidément plus comment demande à être lu le chapitre de la *Composition des phénomènes*. — Pas entre les lignes ! — Je le souhaiterais, ne serait-ce que pour éviter les courants contraires. On n'est malheureusement pas libre de rester sourd aux bruits du vent, quand on a commis l'imprudence de leur prêter l'oreille, pas plus qu'on ne l'est, une fois aperçus les mouvements de la girouette, d'en détourner les yeux. Le monde tel que Renouvier me le résume, en le résumant d'après ses perceptions, est-il un monde de phénomènes ou un monde de rapports et par suite un monde de notions ? Si l'on prétend qu'il est à la fois l'un et l'autre, j'insiste et j'invoque le Principe de l'Alternative en m'appuyant sur la différences des genres. Et je fonde cette différence des genres sur celle des fonctions intéressées dans l'appréhension des phénomènes et dans la conception du rapport. Je sais qu'on n'est jamais philosophe, dans la force du terme, sans venir attenter à quelque grand concept et je reconnais que Renouvier a travaillé sur la notion de phénomène de manière à en presque transformer la compréhension. Je rappellerai même l'insistance du philosophe sur le caractère « bilatéral » de la représentation ou du phénomène, et j'espère en avoir saisi la portée. Car du moment où la représentation a un côté sujet et un côté objet, le phénomène n'est plus un des aspects du réel. Son nom s'étend à tout et ne laisse rien, absolument rien, hors de sa connotation. En effet, j'ai le droit d'appeler phénomène, aussi bien le bruit fait en ce moment par la corne d'une automobile, que la notion générale de rapport soumise présentement à mon examen. De ces deux phénomènes, l'un se placera de lui-même au pôle des représentés; l'autre, phénomène de ma conscience, ira prendre rang au pôle représentatif. Rien n'est plus clair. Seulement toute la question n'est point là; et l'on se tromperait, croyons-nous, en se la figurant épuisée. Il importait de savoir si le passage d'un ordre à l'autre n'affecte point l'idée de phénomène, jusqu'à en troubler l'usage. On y reviendra bientôt. Peut-être, dès maintenant, serait-il permis d'entrevoir les risques de paralogisme auxquels on s'expose en voulant, à toute force, faire entrer la notion dans le genre phénomène. Du seul fait que la réflexion du sujet pensant, se donnant la notion pour objet, la soumettra aux conditons générales et normales que tout fait de conscience est tenu de remplir, en résulte-t-il que la notion ne soit qu'un phénomène, et qu'elle le soit au même titre qu'une lumière ou un bruit ? Ici, prenons garde; il ne suffirait point d'admettre les différences, il serait indispensable d'en saisir toute la portée.

Les problèmes de participation, malgré leur ancienneté, s'ils sont de vieux problèmes sont loin d'être à l'heure actuelle impunément négligeables. Il n'était vraiment pas indifférent de mettre la « notion » en regard du « phénomène » et de confronter les idées de l'une et de l'autre. Eût-on reconnu celles-ci participables, on n'aurait pas encore tout dit. Peut-être eût-on renouvelé la discussion du *Sophiste*, mais ce dialogue s'est tant de fois renouvelé, que l'histoire n'en saurait être à un recommencement de plus ou de moins. La chose, ici, valait la peine. Songez que dans le cas où le phénomène, participable du rapport, en deviendrait affirmable à titre d'attribut, tous les rapports, en tant que rapports, seraient en même temps phénomènes. Parménide ne voulait pas que les idées fussent des pensées, car, en ce cas, disait-il, tout penserait. Pareillement ici, tout s'apparaîtrait et ce serait le monde de l'universelle transparence. Les phénomènes incessament « rapportés les uns aux autres », se comporteraient les uns vis-à-vis des autres comme autant de miroirs. Et l'on pourrait dire qu'il n'est point dans l'univers un seul élément sourd ou opaque. Tout retentirait à travers tout et chaque parcelle du monde exprimerait, à son point de vue, la totalité du monde. Nous serions bientôt, on l'a deviné sans doute, sur le chemin de la *Nouvelle Monadologie*. Mais Renouvier, au moment du *Premier Essai de Critique Générale*, ne s'en prévoyait pas l'auteur.

On s'était promis de montrer dans la doctrine de Renouvier un croisement d'inspirations, d'influences, un conflit entre l'esprit de l'empirisme, entretenu par le sentiment de la contingence d'apparition, et l'esprit du rationalisme attesté par l'insertion du Rapport dans le tissu de la Représentation. Pour donner à ce nouvel aspect du néo-criticisme toute son importance, il eût fallu un philosophe tel que n'était pas Renouvier, capable, en s'acheminant vers la notion de s'éloigner coûte que coûte du phénomène, autrement dit, de défaire, au début de sa deuxième étape ce que la première l'avait mis en mesure d'accomplir. Les esprits ont beau se laisser classer par familles, il en est de naturellement inajustables aux cadres préexistants, non point assurément indociles aux exigences de toute alternative, naturellement impropres à les satisfaire, si l'alternative leur a échappé. J'exprime ici l'opinion qu'entre le phénomène et la notion il y avait dilemne, et j'espère m'en être suffisamment expliqué. Je regretterais toutefois d'avoir, ne fût-ce qu'en apparence, justifié la réputation faite au néo-criticisme d'être une demi-philosophie, quelque chose comme une doctrine arrêtée à mi-côte. On est toujours le demi-philosophe de quelqu'un et Renouvier ne se fût point inquiété du reproche (¹). S'il ne s'est point « livré » comme il s'en était fait la promesse, à toutes les conséquences impliquées dans une philosophie du Rapport, c'est que, d'une part, il ne les apercevait point toutes, et que, de l'autre, il avait pris, pour en méconnaître les principales, un ensemble de précautions efficaces. Ne lui était-il pas arrivé de porter sur le concept d'Objectivité une main délibérément téméraire, et sous prétexte de fidélité au vocabulaire cartésien, de reconnaître aux éléments subjectifs de la représentation une prééminence démentie par la tradition cartésienne ou kantienne ? M. Jules Lachelier ne s'y est pas mépris, les deux traditions n'en ont jamais fait qu'une et la notion d'Objectivité n'a jamais changé de sens.

<h2 style="text-align:center">III</h2>

La dialectique de la réalité touche à son troisième et dernier moment : celui où, pour tenir sa promesse de réduire les éléments essentiels de la représentation aux lois et aux phénomènes, Renouvier, après s'être mis en présence du rapport (et de la notion dont il a simplement pressenti la présence et méconnu l'objectivité, se trouve à portée de la Loi. Va-t-on, cette fois, faire reposer le phénomène sur une base résistante, et trouver dans la Loi cet élément de résistance et de solidité ? Je voudrais en éprouver et en faire partager l'espérance. Je suis même convaincu par l'histoire du néo-criticisme postérieure aux *Essais de Critique Générale*, que Renouvier a presque constamment cherché dans la loi l'indispensable substitut de la substance. Je n'ai point à me prononcer sur l'ensemble de la doctrine, mais seulement sur la manière dont s'est présentée, à ses débuts, la philosophie néo-criticiste. Je ne sors ni ne veux sortir du *Premier Essai*.

Et j'arrête au passage une définition de la Loi, où, élevée à son vrai rang, elle semble planer au-dessus de la représentation comme en étant la « forme essentielle ». On eût souhaité, non point une autre définition, mais une « illustration » de celle qui précède. On eût aimé que la loi se détachât *sur* le phénomène et répondît aux espérances éveillées par le terme « forme ». Ce terme, que l'on voit surgir sans préparation, en amène bientôt un autre, par un simple effet d'antithèse. Je parle du terme « matière », l'opposé classique de la « forme ».

---

(1) Il a identifié la philosophie à la Critique Générale, nullement à la Critique « Universelle ».

Renouvier n'avait plus qu'à marcher droit devant lui; et bientôt il nous eût montré les éléments de la représentation, renonçant à leur juxtaposition primitive, et s'offrant, d'eux-mêmes, à un ordre hiérarchique. Renouvier se ravisa, hésitant, comme naguère, à tirer parti de son heureuse rencontre. Attachez-vous en effet à la notion de forme et aux idées qui lui sont adjacentes; vous cherchez vainement des signes de leur voisinage (¹) ou de leur approche. On était pourtant bien, cette fois, sur le chemin de l'être, de l'être et, sinon de la substance, de ce « rapport de substantialité » qui la remplace et qu'on dirait presque le décalque du rapport de loi à phénomène. Qu'est-ce donc que la loi sinon la vie de substance de l'école ramenée à ses éléments intelligibles ? Le néo-criticisme était donc sur la voie qui le menait au port. Il a craint, disait-on, qu'elle ne lui fît perdre de vue le phénomène, et il s'est résigné à n'en point perdre la trace : faut-il en rendre responsable, cette fois encore, l'appréhension du philosophe pour les notions formées trop à distance des concrets, et que le degré de leur élévation dans l'ordre des intelligibles menace, non point de dissoudre, mais, au contraire, de raréfier et de dessécher ? Le moment était unique, et il est regrettable que, pour assurer la réalité de la loi, le néo-criticisme l'ait immergée dans le phénomène. En pareil cas, le dommage risquait d'être double : la notion de phénomène, elle aussi, pouvait s'en ressentir.

La loi, nous dit-on, se définit : « *un phénomène composé, produit ou reproduit d'une manière constante, et représenté comme un rapport commun des rapports de divers autres phénomènes.* » (²)

Voilà bien une définition au goût de l'empirisme et, par suite, s'accordant mal à l'heureuse définition de passage, oserai-je dire, dont la traversée fut si courte et pleine d'espoirs simultanément conçus et déçus. On la jugera, en même temps, laborieuse, presque tortueuse, chancelante sur ses génitifs et s'achevant dans une obscurité digne de son aridité.

Il conviendrait d'observer ici que cette définition, à défaut d'autres mérites, réussit à faire naître la Loi au confluent du Phénomène et du Rapport et, par suite, à l'appuyer sur les éléments dont l'analyse précède. On aurait donc mieux à faire

---

(1) Il y a là, dans le texte de Renouvier, et peut-être aussi dans sa pensée, une éclaircie qui ne dure qu'un moment. A-t-il craint, en ramenant la « forme », de ramener aussi la matière, par là même d'agrandir, entre le « Représentatif » et le « Représenté », un écart qu'il avait résolu d'abréger ?

(2) *Premier Essai*, t. I, p. 123.

qu'à déplorer un aspect de façade médiocrement engageant ou une insuffisance d'équilibre. Les formules lourdes s'allègent quand on veut bien s'y appliquer. Il importerait davantage de vérifier la première moitié de la formule, celle qui est le nerf de la définition. J'ai peur, encore une fois, qu'elle ne coûte la vie au phénomène.

Peut-on, sans violence à l'usage, admettre des phénomènes composés ? des phénomènes reproduits ?

Quand je donne en présence d'étudiants ce que l'on est convenu d'appeler une démonstration expérimentale du principe d'Archimède, je détermine l'apparition de plusieurs phénomènes. Et le nombre de ces phénomènes excède sensiblement celui des moments de l'expérience dont il ne faut pas craindre de multiplier le détail. Ce nombre doublera si l'expérience mal interprétée par les élèves exige une répétition. Je n'aurai pourtant démontré qu'une seule loi.

Ainsi la loi n'est pas un phénomène. Et je ne saurais y voir un « phénomène reproduit ». Toute répétition, chacun le sait, est une reproduction, et c'est le cas de se souvenir que deux fois un font deux : reproduisez un phénomène et vous aurez deux phénomènes (¹). Les metteurs en scène vous en apporteront la preuve.

Il ne leur faudra que vingt-cinq figurants, peut-être, pour faire défiler une armée de six cents hommes. Littéralement parlant un phénomène ne se reproduit pas. — Allez donc jusqu'au bout et rejetez la composition des phénomènes ! — Je n'y tiens nullement. Si je vois dans l'univers les signes d'une telle « composition », je m'inspire des Stoïciens, plus encore que de Renouvier. Mais un auteur serait sage de ne point abonder dans son propre sens, de résister à ses habitudes, à commencer par ses habitudes verbales, et de ne point jouer à l'excès avec ses formules. Le monde pourra toujours se définir une composition de « phénomènes ». J'hésiterais pour ma part à en conclure que tout phénomène soit composé et qu'une telle composition réponde à une multiplication indéfinie. J'ai présent à l'esprit un beau texte d'Aristote, au livre sixième de l'*Ethique à Nicomaque*, qui vise le sentiment dont s'accompagne en nous l'idée de la justice et le compare, non point, ainsi que chez Kant, à l'admiration excitée par l'immen-

(1) En cet endroit du *Premier Essai de Critique Générale*, Ch. Renouvier donne au mot « phénomène » une extension égale à celle que lui donnait J.-J. Gourd dans son vigoureux livre : *Le Phénomène*. Ici « phénomène » est adéquat à « Champ de la Représentation ». Si libres que soient les définitions de ce genre, elles sont une pépinière d'équivoques.

sité du champ des étoiles, mais à l'admiration qui jaillit au moment où, dans le ciel assombri, l'astre du soir s'allume et brille. Pour s'émouvoir d'un tel spectacle, il faut concentrer le regard sur un point lumineux, sur un phénomène d'une simplicité radicale, exempt d'étendue, réduit à une pure sensation de lumière. Les sensations adjacentes se sont progressivement éteintes. Notre vie, en chacun de nous, n'est-elle pas traversée, de distance en distance, par des sensations réduites à l'unité d'un choc, ou visuel, ou sonore, ou tactile, atomes intermittents de conscience dont le rôle est de ponctuer notre durée ? Ces sensations ne seraient point, il est vrai, si je n'étais là pour les ressentir. Mais cela, je l'oublie; le composé de phénomènes qui est moi — n'en pas conclure que je sois un « phénomène composé » — recule derrière le théâtre, donnant congé, non point à son existence, mais à son apparence, à sa phénoménalité. Dans le recueillement de la contemplation silencieuse, on se contracte, on se raréfie, on s'annule jusqu'à s'absorber dans ce que l'on admire ou contemple. Si les parfums méritaient que le goût s'en élevât jusqu'à l'admiration, il est des moments où l'on se prendrait pour une « odeur de rose », à quoi le vivant, pourvu de tous ses organes, réussirait autrement, je l'espère, que toutes les statues de Condillac.

Pas plus qu'il n'est de « phénomène composé », il ne devrait être question de « phénomènes reproduits ». Les reprises, dans la musique vocale et instrumentale, ne sauraient me donner tort; car là où elles portent, c'est par ce qu'il s'y mêle d'inédit. L'inédit, le singulier, voilà bien le sceau du phénomène.

On lit encore dans le *Premier Essai* (¹) : « La permanence de l'ordre, inséparable de l'ordre lui-même, est un phénomène élevé au-dessus de tous les phénomènes, un *phénomène général* pour ainsi dire. » Oui « pour ainsi dire », et je comprends si bien l'hésitation, qu'un phénomène a toute chance, en devenant « général », de perdre ses droits à la dénomination de phénomène.

Le général, me sera-t-il objecté, n'est donc pas un produit de la généralisation ? Celle-ci, à son tour, n'est donc point un acte de l'esprit, accompagné, sinon de réflexion, de conscience, un phénomène, dès lors ? Et le paralogisme, déjà rencontré, reparaît. Qualifierai-je « phénomène » un jugement du type géométrique, celui par lequel on affirme l'égalité de tous les angles droits ? Il y intervient des phénomènes, et je n'ai nulle

____

(1) *Premier Essai*, t. I, p. 122.

intention de le mettre en doute. L'énoncé de ce jugement par tel maître, devant tels élèves, à tel jour, et à telle heure, voilà des phénomènes : phénomènes en effet, tous les éléments que les circonstances viennent greffer sur le jugement, et en aussi grand nombre qu'il plaira. Tout y sera phénomène, tout, excepté ce jugement que sa nature de vérité élève au-dessus du fait, et par suite, de toute condition de temps ou de lieu. Si l'on ne se laissait retenir par un juste sentiment de respect, le respect dû au grand nom de Renouvier, on craindrait qu'il n'eût renoncé au fétichisme de la substance que pour en subir un autre : le fétichisme du phénomène.

IV

Le mot phénomène est, en effet, dans le dictionnaire des criticismes, l'équivalent d'un mot de passe ou d'un mot de résistance, d'un mot qu'il suffit d'avoir sur les lèvres pour faire tomber les obstacles ou évanouir les difficultés. Aussi ce mot est-il toujours en scène, sur le devant du théâtre, et cela pendant près de deux cents pages, tant que dure la pose des premières pierres. A l'endroit même où l'on en avait prémédité la pose, la place était prise, occupée par la substance. On en a délogé la substance. Chacun sait la vigueur et l'ardeur combative du maître, son adresse à envelopper l'adversaire, sa prestesse à lui fermer toutes les issues, et, si d'aventure il reparaît *incognito*, à lui arracher le masque et à reprendre le combat. On a vu Renouvier porter ses coups à la fois contre Spinoza et contre Kant : le noumène de la *Raison Pure* était-il donc le « double » de la Substance « logiquement antérieure » à ses attributs et à ses modes ? Renouvier n'a point méconnu les espèces du genre substance; mais, toujours persuadé que les caractères du genre effaçaient les autres, il n'a voulu voir d'un extrême de l'histoire à l'autre extrême, qu'une seule substance, à plusieurs masques sans doute, mais à une seule tête. Cette tête, il espéra la faire tomber d'un seul coup.

On aimerait, dès lors, à reprendre la discussion au point où l'arrêta Renouvier et confronter les différents types de la substance : on verrait défiler les types fixés par Descartes et par Spinoza; celui de Leibnitz; plus loin, et plus bas aussi sans doute, figureraient la substance de Thomas Reid et celle de Victor Cousin. Le noumène de Kant fermerait la marche, traînant à sa remorque l'Inconnaissable de Spencer... Le défilé a pris fin; les substances ont pris rang. Toutes portent au flanc

une blessure, et ces blessures sont parties de la même main.
On voudrait savoir quelles sont les plus profondes et, vraisemblablement, les incurables. Ce ne sont assurément ni celles de
la substance cartésienne, ni celles de la substance leibnitzienne,
dont la rentrée en grâce n'est, peut-être, qu'une simple question de temps. Laissons de côté les deux substances de Reid et
de Cousin, au carton fragile. Resterait le noumène de Kant et
l'inconnaissable spencérien. On s'étonnerait du sort commun
fait par le néo-criticisme à la substance de l'*Ethique* et au noumène de la *Raison Pure*. On s'étonnerait d'autre chose encore.
Renouvier, quand il songeait au noumène de la *Dialectique*
kantienne, en parlait au singulier, comme on parle d'un genre,
et, en s'exprimant ainsi, il se jugeait fidèle à la vraie pensée de
Kant. Ne se trompait-il pas ? Est-il vraisemblable que Kant,
attentif au salut des actes libres et à l'indépendance des personnes, ait dissous leur pluralité dans l'unité d'un noumène
immanent et décidément innommable ? S'il a parlé des noumènes au pluriel, c'est donc qu'il avait admis la pluralité. Ce n'est pas encore tout : Renouvier, au cours
de sa dialectique contre la substance noumène, a pu prêter à Kant une théorie qu'il savait assurément n'être point
kantienne et qui tendrait à séparer (numériquement) le monde
sensible du monde intelligible. Kant, et de récents interprètes y ont vu clair, toucha de plus près à Parménide qu'à Platon. Renouvier, répudiant le noumène et gardant le phénomène,
a pu laisser croire qu'il gardait le côté pile du louis d'or en
renonçant au côté face... et sans renoncer en même temps au
louis d'or. Et donc, pour ne garder, de la philosophie de Kant,
que le seul phénomène, il s'est prêté, en apparence tout au
moins, à la plus chimérique des opérations.

De là résulte, entre le phénomène de Renouvier et celui de
Kant un écart considérable, infranchissable même. Et c'est
pourquoi l'ambition avouée de « continuer Kant » pourrait bien
n'avoir pas été remplie.

La vérité est que le *Premier Essai de Critique Générale* paraît
commencer, alors qu'une distance de cent quatre-vingts pages
le sépare de son commencement véritable. Le vrai commencement de la doctrine date du moment où l'auteur aborde l'*Analyse générale de la Représentation* et s'engage dans la dialectique des *Catégories*. Tout ce qui précède n'est qu'une suite de
travaux de terrassement ou d'approche, indispensable à qui on
veut, avant de bâtir, reconnaître le sol. A ces travaux d'autres
se mêlent, inséparables des précédents, s'il faut qu'un auteur ne

se mette jamais en route sans s'ètre, au préalable, muni d'un vocabulaire. Pendant que Renouvier tâte son terrain, il essaie ses instruments de travail, il éprouve les mots conducteurs de ses idées directrices, ce qui ne va point sans allées et venues, sans marches à pas perdus, autrement dit sans tâtonnements. Bref, tout ce qui précède le chapitre des *Catégories*, me parait être, dans l'œuvre de Renouvier, ce qu'est, dans l'œuvre d'Aristote, le livre Λ de la *Métaphysique*, dont le sujet est l'ensemble des πλεοναχῶς λεγόμενα. Pareillement, Renouvier, dans de longs préliminaires, fixe sa nomenclature. En liant trop étroitement ces premiers chapitres à ceux qui leur succèdent, on rendrait la suite des idées incertaine.

Cela ne veut point dire que les pages antérieures à celles où il est traité des catégories veuillent être passées sous silence. Cela signifie qu'il faut les lire, mais comme on lit une préface ou une introduction. Et puisque j'ai parlé de cette introduction avec diligence et détail, autant qu'il a dépendu de moi, c'est que j'en ai senti l'intérêt et compris l'importance.

Il est en effet d'un intérèt pressant de régler les questions de frontière, car il s'en présente toujours au seuil d'une doctrine. On ne sait pas toujours bien d'où elle descend et l'on aurait tort de trop compter sur l'auteur pour l'apprendre. Nul de nous ne s'est vu naître, et l'auteur qui se vante de pouvoir se regarder travailler oublie l'impossibilité de cumuler deux rôles qui, s'ils se complètent, n'en comportent pas moins ordinairement une rigoureuse division du travail : le rôle d'acteur et celui de spectateur. Renouvier s'est voulu rationaliste. Rationaliste, il l'était, en effet, d'éducation et de conviction. Mais, ayant cultivé la poésie avant la philosophie, il avait pris des habitudes de pensée concrète dont il parait bien n'avoir su ni voulu entièrement se départir. Son attachement au phénomène, son hésitation devant les produits de la faculté d'abstraire isolés de toute sensation ou de toute image, décèlent, à mon avis, une disposition d'esprit à combattre si l'on a fait le vœu d'être rationaliste et de l'être jusqu'au bout. J'ignore quel fut le vœu de Renouvier. Je crois pouvoir affirmer que certains traits de la mentalité empiriste marquèrent de bonne heure son esprit. Je crois aussi qu'il resta toujours sensible à cette impression de nouveauté dont s'accentuent les perceptions qui ne font point partie du train ordinaire de nos habitudes. Le futur auteur d'*Uchronie* ne pouvait manquer de percer à travers l'écrivain du *Premier Essai de Critique Générale*, et celui qui devait, un jour, se divertir à refaire à sa fantaisie l'histoire de la civili-

sation européenne, se serait médiocrement accommodé d'un
monde où rien d'imprévu ne se rencontrât, si même il n'avait,
à l'avance, jeté son dévolu sur un monde où il fût permis de
se trouver à l'aise en tombant droit au milieu des choses et des
êtres, sans avoir à se demander comment ils s'y trouvent : ce
qui est la définition même du monde de la contingence.

CHAPITRE III

LOUIS LIARD

SON RATIONALISME ET SES TENDANCES POSITIVES.

Si je disais que nos philosophes français se distinguèrent par d'heureuses explorations dans le champ de la connaissance, mais qu'ils n'ont guère regardé le problème en face, je dirais une chose dont j'ai la conviction, une conviction même assez profonde pour que je ne m'engage point à ne la jamais répéter. Si je disais qu'Etienne Vacherot, dans son livre : *La Métaphysique et la Science*, fut une grande exception dans l'histoire de la pensée éclectique au dix-neuvième siècle, je me ferais l'écho d'une opinion presque européenne. Enfin je ne contredirais guère une opinion tout aussi européenne que la précédente, en attribuant aux pages célèbres de Jules Lachelier sur le *Fondement de l'Induction*, l'importance d'un évènement philosophique. Quand ces pages parurent, tout le monde s'aperçut, en France et hors de France, que la pensée française était entrée dans une ère d'affranchissement.

Je parlerai plus loin de ces belles et profondes pages de métaphysique. Je voudrais parler ici d'un élève de Lachelier qui séjourna dans la philosophie assez longtemps pour y marquer sa place. C'était celle d'un esprit vigoureux, clair et solide, d'un maître dont les idées devaient laisser sur les jeunes esprits une empreinte durable. Ces idées étaient-elles de nature à doter la France d'un penseur original ? Liard n'était point de cet avis. On devait bientôt l'appeler à la direction de notre Enseignement Supérieur, plus tard à celle de l'Académie de Paris. On sait assez à quel point il a su grandir l'une et l'autre fonction.

Sa carrière de professeur ne devait point durer dix ans. Il eut le temps néanmoins de faire aboutir de féconds travaux;

j'en choisirai deux en raison de leur rapport étroit au problème de la connaissance : ils ne sont ni d'égale valeur, ni
d'importance égale. Le second renouvelle, avec moins d'ampleur
peut-être -- encore n'en suis-je pas très sûr — le vaste sujet
d'Etienne Vacherot : *La Métaphysique et la Science*, qu'il rappelle par son titre : *La Science positive et la Métaphysique*. Avant
de résumer cette œuvre forte, et d'en dégager l'esprit, je m'arrêterai devant une œuvre bien faite pour lui tenir lieu de préface : *Les Définitions géométriques et les Définitions empiriques* : deux cent pages à peine. L'auteur s'y révèle un maître en
l'art difficile de concentrer sa pensée. Il a porté son choix sur
un sujet classique, un de ceux qu'il faut traiter devant les élèves
et qui peuvent être donnés au baccalauréat. On devine que Liard
n'y aura suivi personne, si ce n'est Jules Lachelier, son maître à
l'Ecole Normale, dont il a médité les leçons inédites de Logique
faites pendant l'année 1867, et dont il s'apprête à exploiter la
matière. Les pages qu'il allait soumettre à ses juges, en Sorbonne, car il écrivait sa thèse pour le doctorat ès lettres, devaient
lui promettre ou même lui assurer, d'emblée, un renom d'ora-
teur et de dialecticien. A ce point de vue la comparaison serait
intéressante entre le maître et l'élève : les leçons du maître
étaient comme autant de chefs-d'œuvre où l'esprit de finesse le
dispute à cet esprit de profondeur qui souvent lui fait suite et
marque d'un trait distinctif les grands originaux dans l'ordre
de la pensée. Liard, docile à cet esprit géométrique qu'il savait
être sien, se conforme à ses règles : qu'il pense ou qu'il écrive,
il aura pour premier soin de ramasser sa pensée, et, par la
brièveté, d'atteindre à la lumière. On sait qu'il se tiendra
parole. Lisez dans cette thèse, écrite par un débutant, les pages
où est mise en plein jour l'origine *à priori*, et l'on peut ajouter
toute rationnelle, des notions géométriques. Vous les diriez, ces
pages, écrites par un géomètre, c'est-à-dire par un écrivain
convaincu qu'il n'est qu'une seule bonne manière de dire « deux
et deux font quatre », qui est de le dire avec brièveté d'une part,
et de l'autre, avec l'accent de celui qui parle, craie en main,
devant un tableau noir. Le géomètre qui « développerait » ses
propos en les « détaillant », les obscurcirait, car tout détail
obscurcit là où il se surajoute. Et c'est par où le monde des
figures s'oppose à celui des formes esthétiques, sensible comme
ce dernier, pas de la même manière, il est vrai, n'étant sensible
que par accident. C'est ce que notre jeune philosophe, d'instinct,
a compris du premier coup. Ne dites pas de Liard que
sa dialectique est pénétrante, autrement vous feriez croire

qu'elle est subtile : elle ne l'est jamais. Dites plutôt qu'elle est
« entrante » et vous aurez dit vrai.

Cette dialectique, que nous apprend-elle ? Elle nous met en
présence du trait essentiel propre à la construction géométrique.
On prétend qu'elle travaille sur des éléments empruntés au
réel sensible et graduellement éliminés. Cela pourrait se soutenir à la rigueur, si la ligne droite n'était pas le plus court
chemin d'un point à un autre. Or un geste de la main suffit à
tracer ce plus court chemin. Et c'est pourquoi, quand Liard
s'interroge sur les vrais appuis de la définition géométrique,
il n'y trouve rien que d'abstrait, de rationnel, d'*à priori*. L'espace, le mouvement, le point issu de ce mouvement, générateur de la ligne, si tels sont, d'après Liard, les éléments de la
démonstration qui doivent figurer dans la définition du géomètre, je n'y vois que des produits authentiques et directs
d'une énergie souveraine qui n'est point, en son fond, sensible, mais intelligible. On est plus certain aujourd'hui de cette
vérité qu'on ne l'était au temps de Liard. Depuis Liard, Arthur
Hannequin a écrit sa brillante *Hypothèse des Atomes*, une œuvre
dont les chapitres de doctrine sont tout entiers à lire et à étudier.
Hamelin a écrit, dans ses *Essais sur les Eléments Principaux
de la Représentation*, des pages décisives où il remanie la dialectique de l'Espace, et réintègre le Mouvement dans l'ordre
des catégories. Liard, et cela se voit mieux aujourd'hui que
de son temps, a donné le premier coup de pioche. Les jeunes
générations doivent s'en souvenir.

En relisant de plus près les textes que je leur recommande
et qui serviront à l'histoire de la pensée française, les curieux
de cette histoire feront bien de s'arrêter devant les passages où
Liard, prenant à partie les empiristes ou leurs trop complai-
sants amis, met en évidence — ici je me permets de parler en
d'autres termes que l'auteur — la stérilité des psychologues de
l'abstraction, et lui oppose ce que j'appellerais la fécondité
de ses logiciens. Ceux-ci aperçoivent sous la psychologie, tout
entière à son œuvre d'élimination, et, qu'on me passe le mot,
de « grattage », l'action d'une énergie trop souvent méconnue
par les psychologues, celle de la raison, dont le langage ne varie
point mais dont l'action législatrice ne devrait point souffrir de
relâche, car chacun de ses arrêts est un $\chi\tau\tilde{\eta}\mu\alpha$ $\varepsilon\dot{\iota}\varsigma$ $\dot{\alpha}\varepsilon\dot{\iota}$, une sorte
de vérité éternelle.

Rattacher la généralisation à la raison, c'était pratiquer une
large brèche dans les traditions consacrées par la routine. La
ligne droite du géomètre tient de la vérité éternelle que sa

construction et, par suite, ses propriétés dominent la durée.
« Le temps, disait Lachelier, coule au-dessous d'elle ». Et nul
ne me contredirait si je prétendais, avec Liard, que le concept
de ligne droite en est véritablement, par sa généralité d'abord,
ensuite par la construction à laquelle il se prête. On est donc là
en face d'un concept général, mais dont l'abstraction n'est pas
l'origine. Car tout abstrait a sa racine dans l'expérience sensible. Or la ligne droite ne se rencontre nulle part dans cette
expérience. Les concepts de la géométrie sont dès lors, et en
vertu de la construction qui en est la source, des produits de la
pensée. La pensée humaine ne les a pas plutôt projetés dans le
champ visuel, qu'elle leur assigne un lieu dans le monde des
essences. L'activité qui leur donne naissance tient, à le bien
prendre, moins de l'organe visuel que du mouvement de la
main sous la surveillance de l'esprit. Autrement, il ne se serait
jamais rencontré de géomètres aveugles, et il s'en est rencontré.
Ce que j'écris, en ce moment, sans être transcrit de Liard, me
paraît inspiré de sa doctrine, une doctrine qu'il eut l'honneur
de commencer. Mais on sait la loi des choses humaines : nul
n'achève ce qu'il commence.

Liard n'achèvera donc pas, mais il conduira ce qu'il a commencé jusqu'au terme d'une importante étape. Il ne sortira pas
des limites de ses premières études mathématiques, mais dans
ces limites il marchera partout d'un pied ferme. Le terrain des
définitions empiriques lui est plus familier. Professeur au
Lycée de Poitiers, il a travaillé à la Faculté des Sciences de
cette ville. Le jour où il déposera ses thèses, il ajoutera au
titre d'agrégé de philosophie celui de licencié ès-sciences naturelles; il aura donc légalisé son droit d'aborder un problème
ordinairement réservé aux scientifiques. A la manière dont il
vient d'explorer le champ du géomètre dont il a fixé les définitions au seuil même de la géométrie, on devine l'autorité
dont il donnera des preuves quand il traitera des classifications et de la hiérarchie des êtres vivants. J'ai entendu comparer cette partie du travail de Liard aux leçons de Taine,
entre autres à la célèbre leçon sur l'*Importance du Caractère*
dans les chapitres sur l'*Idéal dans l'Art*. La comparaison est
permise; je la recommande, elle instruira. Taine n'a rien écrit
sans laisser percer une passion presque constamment ardente
pour les sujets qu'il traite. J'en dirai autant de Liard. Là même
où il parle de géométrie, l'ordre qu'il met dans ses arguments
et le mouvement dont il les anime, attestent une intelligence

avide de lumière et singulièrement propre à en assurer le rayonnement. Les parties du travail consacrées aux sciences empiriques plairont quand même davantage. Ne vous demandez pas, en les lisant, si l'auteur croit à un démiurge; il n'a point à vous le dire, et cela ne le préoccupe guère. Mais il croit à une démiurgie, ce qui n'est point la même chose; mais il croit au rôle de l'esprit dans l'univers, et s'il ne doute pas un seul instant que, pour faire parler la nature, il faille l'interroger mot à mot, la maîtrise avec laquelle Liard dirige cette interrogation est du meilleur exemple. On fera mieux difficilement. C'est une excellente leçon de méthode que l'auteur nous donne, plutôt qu'une leçon de doctrine. Mais il sait où mettre les accents. Il les met, d'une part, sur la constante nécessité des expériences et par là même sur la nature constamment provisoire des définitions ; de l'autre, sur l'esprit de l'*a priorisme* toujours présent à la pensée du chercheur. Liard ne dira point ce que, trente ans plus tard, O. Hamelin osera dire, à savoir qu'en droit nulle classification exclusivement empirique ne saurait valoir, mais sur ce point les deux auteurs se rejoignent.

*
* *

L'auteur de cette thèse sur *Les Définitions géométriques et les Définitions empiriques*, jeune professeur acquis aux idées républicaines et dont l'action sur les jeunes intelligences inspirait, en ce temps-là, aux familles une confiance mêlée d'effroi, entrait en 1875 à la Faculté des Lettres de Bordeaux, résolu à doter cette faculté des étudiants qui lui faisaient défaut et à y former des maîtres pour nos lycées. M. Fonsegrive, mort depuis quelques années et qui, pendant de longues années, enseigna au lycée Buffon, fut l'un de ces maîtres.

Liard était donc tout désigné pour se mesurer avec le problème ardu de la connaissance, le jour où l'occasion s'offrirait de l'aborder. Je ne crois pas qu'il ait jamais eu le goût des mémoires académiques, où il est à peu près indispensable, si l'on veut l'emporter, de satisfaire à un programme élaboré en commun par les juges et de ne point s'aliéner ces juges par un excès d'originalité. Liard, qui aimait à se définir un esprit de décision tempéré par la prudence, ne redouta point de mettre en présence l'Esprit de la Science positive et celui de la Métaphysique, résolu qu'il était, dès sa mise au travail, à faire la part du feu, c'est-à-dire à proscrire la Métaphysique sans rien

proscrire de sa rivale. C'était jouer gros jeu, mais il se savait
beau joueur et il avait l'habitude du succès. Je n'ai pas lu le
Rapport à la suite duquel le mémoire de Liard fut déclaré supérieur à ceux de ses quatre concurrents, mais j'ai lu le livre sorti
du mémoire couronné. Je viens de le relire ; à parler franc, c'est
un livre qui date et qui, heureusement, est aujourd'hui dépassé.
Ce n'en est pas moins un de ces maîtres-livres, disons mieux, un
de ces livres directeurs qui ouvrent une marche et, pour de longues années. orientent les meilleurs esprits. On est allé plus
loin que Liard, mais pour aller plus loin, il a fallu, selon le mot
de Pascal, monter sur ses éppaules. Les jeunes ne s'en guère
privés ; quant à l'auteur, il ne demandait pas autre chose.

J'ignore l'accueil que fit le public à *la Science positive et
la Métaphysique*. Mais le nom et l'autorité de Liard furent consacrés. La pensée de Kant venait de rencontrer un exact et nouvel interprête, un interprête sûr de ses textes et tout imprégné de leur esprit. — Liard s'annonçait donc comme un kantien
orthodoxe ? — Mieux que cela; et si je dis « mieux que cela »,
c'est que, rarement pris au dépourvu quand une chose était à faire, il l'était moins encore quand une chose était à ne point faire.
Ici toutes précautions avaient été prises. Le jour où la philosophie de Kant trouverait en France une porte grande ouverte, il
faudrait qu'elle y entrât sous une autre forme que sa forme originelle. Songez-y: en 1879, et nous sommes en 1879, le kantisme
est déjà centenaire. Il ne s'en faut que de trois ans. D'autre part,
la doctrine de Kant, en même temps qu'elle est une doctrine,
est également et avant tout autre chose peut-être, un esprit,
une atmosphère. Liard a respiré cette atmosphère et s'est pénétré de cet esprit. L'ère qui va — ou qui vient de — s'ouvrir
tiendra décidément ses promesses.

Venant de relire **La Science positive et la Métaphysique**, j'ai
pu comparer mes impressions d'hier à celles d'il y a quarante
ans. J'essaierai de m'attacher surtout à mes impressions d'hier...
ou d'aujourd'hui.

La Métaphysique et la Science d'Etienne Vacherot est un long
dialogue en trois volumes entre *le Savant* et *le Philosophe*. Ce
dialogue se lit avec aisance, la lumière est presque partout
également répandue. Les deux interlocuteurs cherchent moins
à se tendre des pièges qu'à s'éclairer l'un par l'autre. Ils sont
tous deux de bon caractère et de bonne humeur. On les écoute
parler avec intérêt et plaisir. Autant qu'il m'en souvient, car

je suis contraint à parler de mémoire, le « savant » de Vacherot
sait sensiblement plus de philosophie qu'il ne lui serait strictement permis d'en savoir. Ses propos et ceux du philosophe
instruiraient davantage, semble-t-il, s'ils se montraient chacun plus pressé d'aboutir, et chacun plus soucieux de rester
dans son rôle. Depuis Platon, sans en excepter Cicéron, les
philosophes semblent n'écrire de dialogues que pour mieux
converser avec eux-mêmes, ce qui n'est peut-être pas le meilleur moyen d'aligner ses pensées. En suivant une autre méthode
que Vacherot, il n'était vraiment pas défendu d'espérer mieux
faire. (1).

I.

Liard, au moment des *Définitions*, avait étudié Auguste
Comte : ses leçons sur les mathématiques avaient retenu son
attention. Elles portent en effet les traces d'un rationalisme
aux lignes rompues de distance en distance, comme si l'auteur
cédait à des préoccupations d'un autre ordre. Il n'est pas certain en effet que, dans l'esprit même d'Auguste Comte, la tendance rationaliste et la tendance positiviste ne se soient rencontrées et tenues en échec. Je crois me souvenir que nul avant
Liard, dans l'Université, n'avait eu l'occasion d'étudier Comte.
Liard allait bientôt l'étudier de plus près. Sur le point d'interroger la *Science positive* et de juger ses droits à remplacer la
philosophie, il substituerait heureusement au *savant* d'Etienne
Vacherot, trop vaguement informé parfois, un adversaire résolu de la métaphysique auquel ses travaux assignaient
un rang de penseur. Nul mieux qu'Auguste Comte ne savait
plaider les droits de la Science : c'était donc à lui que, dès ses
premiers chapitres, Liard allait donner la parole. On a retenu
de Liard ces deux formules initiales : « La science a pour objet
de découvrir des rapports relativement universels et relativement nécessaires entre des termes relativement simples » (2) —

<hr>

(1) Sans compter que Vacherot, malgré son incontestable esprit d'indépendance et une habitude que les élèves de Victor Cousin se décidaient trop rarement à prendre, celle de regarder les problèmes en
face, se rappelait trop souvent ses origines éclectiques. De là, au beau
milieu d'un entretien, de singuliers effets de « pédale sourde », nuisi-
bles, pour ne rien dire de plus, à la mise en valeur des idées. J'espère ne
me point tromper en rappelant une étrange discussion sur les premiers
principes, assimilés à autant de jugements « analytiques », comme qui
dirait de « tautologies ».

(2) L. Liard, *La Science positive et la Métaphysique*. Paris. Germer-
Baillière, 1879, p. 14.

« La science positive décompose l'expérience actuelle, puis compose l'expérience future. » (¹) Voilà qui est bref et décisif. Inutile d'ajouter que ces deux formules, bien entrantes, viennent résumer chacune une suite de réflexions qui les éclairent, et, en les éclairant, les justifient.

On touche maintenant à l'exposé du positivisme et à son procès. Du premier regard, il devient évident que, né pour être un législateur d'esprits, et, au besoin, de consciences, Comte se gardera d'éveiller l'esprit critique et il prêchera d'exemple. Sa doctrine portera les caractères indélébiles d'un « dogmatisme sans critique ». Encore là une de ces formules que les jeunes esprits n'eurent qu'à entendre pour la retenir. Rapprochée des formules qui la précèdent, elle atteste que, si la condamnation est sévère, du moins elle n'est pas aveugle. Les nécessités dont la science positive, et aussi la philosophie positive ont pris la garde, sont des nécessités « relatives », pénétrées de contingence, et dès lors, jusqu'à un certain point, détendues. — Jusqu'où ? La question se posait, impérative : Comte a passé à côté et peut-être a-t-il prémédité sa négligence.

La nécessité d'un retour à Kant paraît, dès lors, inéluctable. Elle le serait en effet si deux éminents contemporains de Comte — Mill et Spencer — n'avaient envisagé la même nécessité sans la juger inévitable.

Je me rappelle le cartésien Francisque Bouillier — cartésien jusqu'aux « tourbillons » et à la « mathématique universelle » *exclusivement* — disant à nos camarades : « Nous étions plus heureux que vous, de notre temps : nous avions devant nous Locke et Condillac. Vous, vous avez devant vous Mill et Spencer, ce sont deux esprits redoutables. » Liard eut le sang-froid de ne les point redouter et le bon esprit de ne les point « réfuter » comme c'était autrefois la mode. A la méthode d'attaque et même d'attaque brusquée, il eut assez de goût et d'adresse pour préférer une méthode d'attente et qui réussit d'ordinaire, si l'on est capable d'intervenir au bon moment, celui du suicide. Car c'est au fond un double suicide que l'on prépare.

D'autres que moi diront ce qu'il en est advenu. Deux choses pourtant me semblent indéniables. L'une est que Mill et Spencer ont donné conditionnellement raison aux critiques de Kant ; ils les auraient jugées victorieuses sans les incurables atteintes de la psychologie de l'association (J.-St. Mill) et de la philosophie de l'évolution (Herbert Spencer). L'autre fait, tout aussi peu

(1) Liard, *op. cit.*, p. 27.

contestable, est la faiblesse radicale des méthodes dont on espéra longtemps chez Mill et chez Spencer l'élimination des *à prioris* kantiens. L'un et l'autre reprochaient à Kant de nous avoir mis en présence d'un monde tout fait et par conséquent d'avoir tenté de résoudre le problème en le supposant résolu. On eût dit qu'ils se souvenaient du mot de Maine de Biran : « L'innéité est la mort de l'analyse. »

Mill se promet de nous mettre en présence des lois de l'esprit, en laissant la vie psychologique aller son train et les phénomènes de conscience s'aligner en une succession continue. Un beau jour la Loi du Temps surgira, comme si elle descendait soudainement du ciel. Mieux informés que ne l'était Kant, nous avons fait l'économie d'un miracle. La notion de Temps est le résultat d'un travail spontané dont la conscience est le lieu. Ne voit-on pas quotidiennement apparaître dans le champ de l'expérience des états dont l'originalité surprend ? La crise dont leur apparition s'accompagne n'est pourtant qu'un effet de l'association. Dégagez les sensations qui se succèdent de tout ce qu'elles contiennent: n'en retenez que le fait même de cette succession : vous pourrez vous donner cette succession tout d'un coup et substituer ainsi, à une collection indéterminée de sensations particulières, un concept général. Ici Liard intervient et il accepte tout ce qui vient d'être dit: puis il continue en faisant observer que Kant, au fond, n'a jamais soutenu le contraire. Il aurait seulement mieux raisonné : il aurait demandé à Mill où il a été prendre cette poussière de succession qui lui a servi à engendrer le Temps. De deux choses l'une, ou l'idée du Temps sortira de cette poussière comme tout contenu sort d'un contenant, ou la loi générale de succession surgira soudaine. Dans ce dernier cas, Kant aura raison, mais il aura également raison dans l'autre, car si, à défaut d'un entendement adulte dont les partisans de l'association ne veulent à aucun prix, on se contente d'un embryon d'entendement, la succession y aura mis son empreinte. Chassé du tout, le Temps se sera réfugié dans la partie. Mais un déplacement de difficulté révèle une difficulté invincible quand c'est à sa disparition que l'on travaille. Kant, dès lors, restera debout et sa *Logique transcendantale* aura raison des psychologues, car l'auteur du *Système de Logique* a travaillé à l'expropriation des logiciens.

Le temps est loin où, pour prendre rang parmi les défenseurs de l'a priorisme, j'associais, dans mes remarques critiques, les deux noms de Mill et de Spencer; une association inséparable

les maintiendra longtemps encore unis par une communauté
de desseins : tous deux ont compris l'importance du grand mouvement kantien et tous deux ont essayé de réduire cette importance par la substitution des éléments différentiels aux éléments
différenciateurs. Regardez au microscope et non point à
l'œil nu, et vous verrez se dissoudre, une à une, les formes
kantiennes de la connaissance. Spencer a beau s'appuyer
ouvertement sur Darwin, il élargit la brèche ouverte par
Mill; les coups retentissants dont il fait résonner l'atmosphère philosophique, pour faire plus de bruit, ne font guère
plus d'effet. Je m'en doutais un peu jadis; j'en doute aujour-
d'hui moins que jamais, venant de relire les chapitres où
Liard, après avoir paré les coups adroits de Mill, ébranle
les fortes positions de Spencer. La différence des stra-
tégies (¹) pourrait momentanément faire illusion, car les livres
signés du nom de Spencer sont de vrais grands livres et si l'auteur a raison, il y va de toute la philosophie, entendez de toutes nos idées sur l'avenir du monde. Spencer a remanié le problème des origines et l'a remis en équation avec des données
inédites. L'inspection attentive de ces données ferait peut-être
moins d'honneur au tacticien qu'au stratégiste. A le bien prendre, Spencer procède comme a procédé Mill, par une méthode
imitée de la médecine dosimétrique. Sans doute les cataclys-
mes n'ont plus le rôle qu'ils jouaient naguère, et les actions len-
tes, mais continues et graduelles les remplacent avec succès.
Sans doute encore, ne faut-il pas toucher à la constante quantité
de la matière cosmique ; par conséquent, on se montrera sage
en évitant les additions et les soustractions défendues. On sait
cela depuis Héraclite, qui, le premier, selon toute vraisemblance,
a érigé l'immutabilité quantitative des éléments du feu origi-
nel en loi primordiale. Il est vrai que ce principe de permanence, auquel la science positive n'est point à la veille de renoncer, est, de sa nature, un principe statique. Il assure l'équilibre du monde. Son évolution lui est indifférente, et, par là

____

(1) Les mérites de la stratégie spencérienne, présentés par Liard en
un raccourci saisissant, ont donné lieu au chapitre IX du premier
« livre ». Je le recommande en raison de l'objectivité constante de l'infor-
mation, de l'exactitude des textes longuement cités et rassemblés avec
art, non point en vue de donner, par anticipation, tort au futur adversaire, mais de justifier sa double ambition : 1° d'admettre les résultats de la critique kantienne tant qu'il s'agit de l'individu; 2° de les
combattre s'il s'agit de l'espèce. On se rend compte, à travers Liard, de
tout ce que Spencer doit à Darwin, d'une part, et, de l'autre, de l'incomparable maîtrise avec laquelle il s'acquitte envers son grand devancier.

même, implique d'autres conditions. Pour que l'univers se développe, on y doit faire rentrer, d'une manière ou d'une autre, des éléments tels que la loi de persévérance dans l'être trouve son expression dans une loi de changement, tout aussi impérative que la précédente. Deux lois se partageront dès lors l'empire du monde, opposées l'une à l'autre, et l'une à l'autre indispensables. L'une prononcera l'exclusion de toute nouveauté dans l'ordre quantitatif; l'autre, antithèse de la précédente, exigera que le monde, pour se sauver du néant, passe incessamment, dans l'ordre de la qualité, d'un état à un autre... Ceci est de la métaphysique et Liard s'est promis de n'en point faire. Il n'… fera donc point, mais il mettra Herbert Spencer dans la …ecessité d'en faire à sa place.

Dans le premier « livre » de *La Science positive et la Métaphysique* on a cru jadis devoir faire un sort aux trois derniers chapitres. Relus avec attention, ils gardent, après quarante ans de silence, une actualité curieusement justifiée par la lutte des deux notions de quantité et de qualité, dans la doctrine de Bergson. J'appelle l'attention des jeunes philosophes sur les deux chapitres, x et xi, l'un où il s'agit de démasquer la nouveauté dont l'apparition est fatalement liée à l'idée d'évolution, l'autre où est mise en plein jour le caractère d'irréductibilité des éléments *à priori* de la connaissance. (¹) On y voit l'algèbre, animée du souffle de Descartes, s'appliquer à la géométrie mais non pas en sortir plus que le nombre ne sort de l'étendue, *sui generis* comme elle, capable de s'ajuster à elle, mais en vertu d'un pouvoir de synthèse inséparable de l'énergie *à priori* de l'esprit. En 1879, trente années nous séparaient encore de la dialectique synthétique d'O. Hamelin. Présente à la discussion engagée par Liard dans les deux derniers chapitres de son premier livre, l'énergie de synthèse qui déjà s'accusait au moment des *Définitions*, prend ici de nouvelles forces. Toutefois, le chapitre xi me semble porter à l'évolutionnisme de Spencer des coups plus directs. Ne les disons pas mortels, s'il est vrai qu'il suffise de rajeunir l'expression d'une erreur pour lui rendre de la vraisemblance, du moins sachons reconnaître qu'en procédant par distances progressivement amoindries, on diminue l'intensité de ce qu'il eût été préférable et, tranchons le mot, indispensable d'abolir.

Objecterez-vous que dans la quantité tout subsiste ? Soit,

---

(1) LIARD, *op. cit.*, Liv. I, ch. X. L'idée d'évolution ; ch. XI. L'évolution et les principes de la connaissance.

mais sachez vous y tenir et ne raisonnez pas, comme au temps
du *graecum est non legitur*, en affectant pour la qualité les
dédains qu'inspiraient les textes grecs aux latinistes du Moyen
Age. La qualité compte si bien que là où elle apparait différente,
apparaissent aussi différentes les unités et les méthodes de mesure. S'en tirera-t-on, en fin de compte, par un vocabulaire
imité d'un Robert Houdin, en prêtant à une matière dont la
nature essentielle se dérobe, des facultés de métamorphose
devant lesquelles l'imagination s'anime et s'agite, en attendant
qu'elle se récuse, ce qui ne lui arrive point assez souvent ?

Je conseillerais de relire simultanément ces excellents chapitres x et xi liés étroitement l'un à l'autre et pensés en corrélation. Là me parait être le centre d'intérêt de la discussion et de
la doctrine. La discussion laisse intacte la grande et souveraine
originalité de Spencer, et s'il arrive à Liard de ralentir le
rythme de l'admiration, c'est en vue de sauvegarder les droits
d'une vérité que l'on compromettrait en la faisant attendre.
Certes on a bien mérité de la science quand on a remplacé les
abîmes d'hier par des intervalles humainement franchissables.
Mais il ne s'agit pas de nous montrer qu'on les peut franchir.
Par exemple, vous m'auriez fait comprendre comment l'algèbre devient applicable à la géométrie, auriez-vous supprimé le
caractère discret du nombre et l'essence continue de la ligne ?
Or, il ne faudrait rien de moins qu'une telle suppression pour
effacer les différences entre les éléments de la pensée. L'évolutionnisme philosophique ne peut donc obtenir de nous un crédit dont le refus est obligatoire. Et si les positions de Kant ont
le défaut d'être celles d'une philosophie centenaire, l'intégrité
de ses droits commande son maintien.

II

J'arrive maintenant à cette *Critique* de la connaissance contre laquelle n'ont prévalu ni la psychologie de Mill, ni les gran-
dioses hypothèses de Spencer, ni le silence dédaigneux d'Auguste Comte.

Ici Liard va changer de méthode. Nous venons de le voir
s'effacer devant Spencer pour lui laisser la parole. Ici Liard parlera en son propre nom. Il fera davantage; au lieu de nous faire
connaître les résultats de la doctrine kantienne, tels que la *Critique de la Raison Pure* nous les expose, Liard dégagera l'esprit de la lettre et sacrifiera résolument la lettre à l'esprit.

Plus de catégories symétriquement ordonnées et dominant chacune trois catégories sous-jacentes : plus d'étiquettes soulignant comme à plaisir l'aridité du sujet : nombre, espace, temps, substance, cause, seraient-ce donc là tous les éléments principaux de la connaissance ? Ils sont en tout cas les points d'appui indispensables de toute recherche scientifique ou philosophique. Et leur rang chez Kant est à l'avant-garde de la représentation. Ne vous pressez pas trop d'en conclure que les idées innées sont toujours vivantes. Je me chargerais, textes en main, de vous prouver le contraire. Faites attention aux divisions de l'*Analytique* kantienne et aux titres de ces divisions : vous y relevez les mots de *perception*, d'*expérience*, de *pensée empirique* : singulier vocabulaire pour un admirateur de Hume, soi-disant instaurateur des idées innées. On ne redira jamais assez avec quel soin Liard s'applique à nous présenter la doctrine de Kant sous l'aspect qu'il lui a plu de revêtir et qui est celui d'une philosophie de l'expérience. Il n'est plus question de mettre en rapport le monde des idées innées avec celui des sens, et de faire graviter autour de l'idée de Dieu la sphère des idées. Le problème, depuis Kant, a changé d'objet, et, en changeant d'objet, de méthode. Voilà ce que les disciples de Victor Cousin, à de très rares exceptions près, avaient passé un demi-siècle à ne pas comprendre. Voilà la vérité que Jules Lachelier avait fait accepter des jeunes philosophes de l'Ecole Normale, et qui ne visait à rien de moins qu'à rapprocher la curiosité philosophique de la curiosité scientifique. On n'avait point vu sans quelque étonnemen*, en Sorbonne, l'auteur du *Fondement de l'Induction* appuyer les idées directrices de sa doctrine à deux lois de philosophie générale énoncées par Claude Bernard, et l'on avait constaté dans la thèse de Liard, élève de Jules Lachelier, un franc appel aux vues générales d'Auguste Comte sur les mathématiques. Si je prononce ici le nom de Comte, c'est à dessein. On dirait en effet que Liard a substitué aux catégories chancelantes de la *Critique* kantienne, d'autres lois universelles et nécessaires comme l'étaient les catégories de Kant mais dont les noms sont présents à tous les Esprits scientifiques ou philosophiques, tels : le Nombre, base de l'arithmétique et de l'algèbre; l'Espace, dont la détermination donne à la géométrie son objet; le Temps, sur lequel la mécanique travaille; la Substance, qui joue un rôle prépondérant dans la connaissance des corps organiques et inorganiques; la Cause, source générale de tous les changements, etc., etc.

L'esprit de la doctrine kantienne n'exigeait-il pas, pour

demeurer vivant, l'abandon de la science newtonnienne, n'en-
traînait-il pas ce rajeunissement des cadres de la science auquel
une pensée de philosophe doit rester constamment attentive ?
Si la valeur d'une philosophie se mesure à la force des liens
qui l'unissent à la science de son temps, on doit se convaincre
que l'auteur de la *Science Positive* s'est pénétré des exigences
de l'heure. Acquis à l'interprétation récente de la doctrine kantienne, par les néo-criticistes français, Liard venait en rendre la
circulation plus libre et plus prompte. D'autre part, il gardait
les catégories et leur irréductible pluralité, puisqu'il maintenait entre les divisions de la Science positive des frontières
naturelles répondant à la différence des objets et des méthodes.
En gardant les catégories il leur maintenait leur double caractère *à priori* et synthétique. Le Nombre n'est-il pas la synthèse de l'un et du plusieurs ? Le Temps, celle de la durée et
de l'intervalle ? Enfin, souvenons-nous de la nature essentiellement relative de toute science humaine et nous aurons achevé
de déterminer, dans ce qui lui est essentiel, l'esprit du criticisme kantien sous son double aspect : celui des orthodoxes et
celui des néo-criticistes français.

Ainsi l'œuvre de Liard n'a décidément pas à craindre qu'on
la compare à celle de Vacherot. L'analogie des titres ne ferait
plutôt que mieux ressortir la différence des talents et des
esprits. N'oubliez point davantage celle des époques et des
enseignements. De part et d'autre, c'est un même parti pris de
maintenir l'une en face de l'autre la science et la métaphisyque,
une même volonté de faire droit aux prérogatives de l'esprit.
Je n'ai pas lu les pages dans lesquelles le rapporteur du concours auquel Liard avait pris part, et dans lequel il allait être
proclamé lauréat, s'adressait à ses collègues de l'Académie des
Sciences Morales et Politiques. Il nous semblait, jadis, que
dans cette compagnie d'intelligences d'élite, on avait l'effroi
facile. Les idées de Vacherot, jadis, avaient fait peur. Qu'ad-
viendrait-il donc des idées de Liard ? Si l'on me disait que Liard
fut jugé, tout compte fait, sinon le moins hardi, le moins téméraire des deux écrivains, mon attente ne serait pas déçue. L'ambition d'instaurer les idées de Kant dans l'enseignement français, répondait en ce temps-là à un double état des esprits et
des choses. Au lieu de proscrire la métaphysique d'un trait de
plume, si l'on peut ainsi dire, comme l'avait fait Auguste
Comte, quitte à dogmatiser avec intempérance, il était assurément plus sage d'interdire à cette métaphysique de se présenter comme science; Auguste Comte, mieux informé, n'en

eût peut-être pas exigé davantage. Mais il fallait faire la part
du feu et Liard en avait pris nettement son parti. Les derniers
chapitres du deuxième « livre » de la *Science Positive* (¹) sont, à
cet égard, exempts d'équivoque. Après avoir exposé les notions
génératrices de l'activité mentale, le moment arrivait, non point
de leur assigner leur rôle, c'était chose faite, mais de limiter
leur champ d'application. L'absolu que ces notions, jadis, con-
féraient à l'entendement le pouvoir d'atteindre, était-il, oui ou
non, directement ou indirectement abordable ? Liard se met
à l'épreuve : il s'y met cinq fois, autant de fois qu'il a discerné
de notions. Cinq fois, il échoue. Et si je disais qu'il n'a rien de
plus à cœur que d'échouer en pleine lumière et même avec une
sorte d'éclat, je dirais ce que me fait encore ressentir la lecture
de ces pages de critique, fortement inspirées de Kant, mais à
distance des textes originaux de la *Dialectique transcendantale*. L'esprit a beau tenter un effort supérieur à sa vraie destination, à chaque effort il se retrouve devant la borne qu'il avait
vainement essayé de franchir. Il y a là un bel exemple de
« corps à corps » dialectique où chaque coup se chiffre par un
gain, et où l'histoire des grands moments de la pensée, citée en
témoignage, appuie les conclusions de l'auteur. Il est des problèmes qu'il ne faut peut-être pas s'interdire, mais où la sagesse
nous déconseille tout jugement autre que problématique.

Les livres destinés par leur valeur à servir de livres d'étude,
gagnent parfois à être lus dans un ordre qui n'est pas toujours
celui de leur rédaction. Je conseillerais volontiers de faire suivre les chapitres dont je parlais à l'instant même, des deux
avant-derniers chapitres du troisième « livre » (²) où Liard, résumant la pensée maitresse de l'ouvrage, nous fait voir l'inévitable échec de l'effort humain en quête d'une métaphysique.
Pour qu'un tel effort se puisse soutenir, il faut se contenter du
monde donné, celui des relations et des conditions : alors on
imaginera l'absolu, successivement sous forme de matière inorganique, et ce sera le matérialisme ; de matière vivante, et ce
sera le panthéisme ; de nature spirituelle, et sera le spiritualisme. Si, condamnée pour fournir, à puiser dans le monde des
phénomènes, l'imagination ne se lasse point d'enfanter, libre
à elle. On distinguera alors trois spiritualismes possibles : celui
de l'amour, celui de la pensée, celui de la volonté. Après quoi,
si l'on est sincère, il ne restera plus qu'à prononcer l'*ite missa*

(1) Liard, *op. cit.*, liv. II, ch. IX, X, XI, XII, XIII.
(2) Liard, *op. cit.*, liv. III, ch. VI, Valeur des métaphysiques ; ch. VII,
Caractères de la métaphysique morale.

est. Ces deux chapitres, écrits d'une main ferme, et où se fait sentir la vigueur d'une pensée modératrice de ses propres élans, Liard a pu se féliciter de les avoir écrits, car il les aurait signés, à la veille de sa mort, avec le même esprit de décision qu'à la trentième année. (¹)

III

Une fois terminé le dernier chapitre du second « livre », le dernier mot de l'auteur semblait dit. Il n'en est rien cependant. La *Métaphysique* s'est dérobée à nos recherches et il n'y a plus rien à en espérer. Reste à se demander si l'on a épuisé les données du problème.

Et d'abord, est-on sûr d'avoir dénombré tous les éléments principaux de la connaissance, ceux auxquels, renouvelant la terminologie d'Aristote, Kant donnait le nom de catégories ?

Kant distingue autant d'espèces dans le genre « catégorie » qu'il assigne à l'activité du penseur de directions générales irréductibles. Aux catégories de l'Entendement pur, il oppose celles de la Liberté (Raison Pratique). La *Critique de la Faculté de juger*, elle aussi, comme les deux précédentes, aura sa table des Catégories. Quand on dit : « les Catégories de Kant », tout court, on pense à celles de l'*Analytique transcendantale*, on oublie les autres, vouées peut-être au rôle modeste de collaboratrices, à moins qu'il n'ait plu à Kant d'insister sur le caractère préparatoire du travail de l'esprit. Que l'homme ait les moyens d'acroître sa valeur au delà de toute limite humainement assignable, si c'est là une illusion de l'orgueil, les sources d'énergie qu'elle fait jaillir n'en sont point une, et il est permis d'en conclure que la pensée a ses fins hors d'elle. Quand Pascal veut que l'homme travaille à bien penser, c'est qu'il a éprouvé les effets d'une pensée bien conduite sur le cours des choses, au moins dans les parties de ce cours qui dépendent de nous.

Ainsi, quand on parlera des catégories kantiennes on fera bien de se rappeler que Kant, ayant écrit trois *Critiques*, a dressé trois tables de catégories.

(1) Le livre dont je résume les idées, et qui donna lieu au Mémoire de Liard, couronné par l'Institut, en 1878, contient sous les titres de *Les Systèmes de Métaphysique* et de *Valeur des Métaphysiques* deux chapitres qui ne figuraient pas dans le Mémoire destiné au concours. Les idées y sont les mêmes que dans les derniers chapitres du deuxième livre, mais la composition en est sensiblement différente.

Il est à peu près impossible de toucher aux catégories sans associer au nom de Kant celui d'Aristote, le premier introducteur du mot κατηγορία dans le vocabulaire des philosophes. L'habitude d'associer ces deux grands noms n'est d'ailleurs pas à déconseiller. L'effort de ces deux maîtres s'est exercé sur les fonctions de l'esprit ; Aristote en a considéré l'âme comme le « lieu » puisqu'il appelait l'âme le « lieu des formes ». On fera bien de remarquer, ici, que ces formes ne sont point des abstractions vides, que le nom qui les désigne atteste la présence de véritables forces dont la causalité, toujours en acte, entretient la vie de l'entendement. Dès lors, si l'on cherche les catégories dans les objets de la Science, on a raison. Si on ne les cherche pas ailleurs, on n'a raison qu'à moitié. Le problème de la connaissance exige une exploration du sujet consécutive à celle de l'objet.

Liard, quand il composait son livre, destinait son troisième « livre » à l'examen du sujet, siège des catégories de l'action. Ces catégories impliquent la conscience qui les enveloppe et leur crée une atmosphère commune.

Dans cette dernière partie de l'ouvrage se marquent les traits d'un vrai penseur. Que la nature soit une dialectique vivante, Kant, Lachelier, Renouvier, chacun à sa manière, nous en ont convaincus. Nul avant Liard ne me paraît avoir rassemblé, pour les dégager ensuite, les caractères propres à cette dialectique, dont le mouvement a l'homme pour sujet et pour témoin. Si la nature est l'œuvre d'un démiurge, l'homme en est un : il l'est de par le caractère finaliste de son activité ; il l'est surtout par sa liberté, et par sa libre soumission aux dictées de la conscience morale.

Le premier chapitre de ce dernier « livre » nous introduit, d'emblée, au cœur même de la vie subjective (1) et nous ne pouvons pas ne pas être frappés par les traits de lumière que l'auteur, une fois encore, excelle à diriger sur la notion originale de « qualité ». La qualité, la sensation, la conscience, ces trois grands hôtes de notre vie intérieure, se prêtent un mutuel et constant appui. Il y avait longtemps, — depuis Bossuet, je crois — qu'on n'avait insisté avec autant de force sur la nécessité, tout en rattachant les sensations à leurs organes, de leur donner pour siège et, dès lors, pour cause, le sujet. C'est à ce sujet et à son activité propre que veulent être rapportés les attributs

____

(1) Liard, *op. cit.*, liv III, ch. Ier, Le sujet conscient.

par nous conférés à la matière. Je prie le lecteur de relire attentivement ces pages, certainement oubliées, d'un écrivain trop décidément homme d'action pour céder, jusqu'au bout, aux entraînements de l'idéalisme. J'aimerais, à ce propos, que le lecteur, encore plus soucieux d'étudier que de lire, se ressouvînt du chapitre XI du premier « livre », ne serait-ce que pour en souligner les rapports intimes avec le chapitre Ier du dernier « livre ». Il y a là un effet de convergence à ne point négliger.

On fera bien aussi de remarquer que ces pages « de psychologie » portent la marque d'un logicien docile aux exigences consenties de l'esprit géométrique. Les observations y tiennent la place qui leur revient. Même une part de lion leur a été faite. Regardez-y de près, cependant. Les faits dont on nous entretient sont des faits généralisés, encadrés, pour ainsi dire, dans la loi qui les gouverne, pensés aussitôt que recueillis, tant il est manifeste que, pour avoir passé du plan de l'objet dans le plan du sujet, nous avons toujours les yeux fixés sur le centre du problème. Renonçons à chercher l'absolu là où il ne saurait être, mais ne renonçons pas encore à le chercher.

En attendant sa rencontre, au cas où l'espoir nous en serait permis, la présence, au sommet du monde vivant, d'êtres doués de conscience et de réflexion, paraît bien impliquer un double pouvoir de l'homme sur la nature des choses et sur sa propre nature. Attentifs à ce pouvoir, nous attribuerons à la conscience réfléchie une fonction qui n'appartient qu'à l'homme, celle de faire des trouées dans la trame de l'aveugle mécanisme universel.

Je voudrais maintenant résumer l'important chapitre sur la Liberté. (¹) Ce chapitre n'existerait probablement pas sans la cinquième leçon du cours de morale fait à l'Ecole Normale Supérieure, par Jules Lachelier, en 1868. Il n'en est pas moins, ce chapitre, d'un bout à l'autre, original. La notion de Finalité en est le centre. C'est elle qui achève le détachement du sujet et de l'objet, pour conférer par après au sujet la direction de ses actes. Ce n'est pas assez dire. L'animal, tel le castor ou l'abeille, l'un travaillant à ses digues, l'autre à ses cellules, suivent, l'un et l'autre, une direction définie. Ne disons point qu'il travaillent en aveugles, comme s'ils n'avaient pas les yeux grands ouverts ! La vérité est qu'ils se servent de leurs yeux, ce qui leur permet d'assister à ce qu'ils font, sans se douter de ce qu'ils font, car s'ils ne sont pas de pures machines, ainsi que le vou-

---

(1) LIARD, *op. cit.*, liv. III, ch. III, La liberté.

lait Descartes, le mouvement automatique n'en reste pas moins assez près du mouvement machinal et l'automatisme est ici indéniable. Bossuet, en qui l'on se plaît à voir un adversaire de Descartes, là où il parle de l'instinct, est plus près de le confirmer que de le contredire. Nous sortons du pur déterminisme des causes efficientes, mais nous n'en sommes pas encore sortis. Pour en être sorti tout à fait, il faut, dans l'ordre des vivants, monter jusqu'à l'homme, qui, seul, non seulement agit pour des fins, mais encore s'en propose, ce qui lui assure, selon le mot profond de Pascal, la dignité de la causalité.

Cette causalité fait plus que le grandir à ses propres yeux ; elle le situe à sa vraie place qui est celle d'un participant à la démiurgie universelle. Cette causalité est efficiente, autrement elle ne serait pas, car elle éveille des désirs efficaces, et, pour les rendre tels, les coordonne et en organise les idées directrices. Je comprends M. Bergson, déplorant que l'humanité ait préféré son lot à celui de l'abeille, au cas, très improbable où elle eût été libre de choisir. Je comprends mieux Liard élevant, avec tous les rationalistes, notre destinée d'êtres capables de réflexion, à la hauteur d'un titre de noblesse.

Ouvrez le *Fondement de l'Induction* et relisez les pages célèbres de Jules Lachelier sur la finalité immanente et interne. Puis relisez celles de Liard sur la finalité dans l'homme : ne vous semblerait-il point que cette finalité réfléchie, organe d'une liberté pour le moment enclose, mais qui bientôt s'épanouira, si elle nous fait reculer en deçà de la finalité pure, jusqu'à la causalité proprement dite, ne nous invite à ce pas en arrière qu'en vue d'un nouvel élan. Le déterminisme des causes finales — Lachelier ne l'a-t-il pas dit en propres termes ? — a beau être pénétré de contingence, c'est encore un déterminisme. Pour assurer le succès de l'effort qui se prépare, et d'où sortira notre premier acte libre, l'homme doit, pour ainsi dire, emprunter aux deux notions de fin (immanente) et de cause (mécanique) la matière de leur double conversion en énergie consciente, s'il s'agit de la première, et, s'il s'agit de la seconde, en énergie de pleine initiative, libre de tout antécédent.

Tel est le problème dialectique à résoudre et j'ai tâché de suivre, sous le travail de la plume, le travail de l'esprit occupé à le résoudre.

Le problème soulevé par Liard, depuis les premières pages du livre jusqu'aux dernières, est celui de l'unilatéralité du déterminisme cosmique. En cela, il suit ses maîtres, Kant et Jules Lachelier, et tel est, croyons-nous, le motif inspirateur de la dernière des trois *Critiques*, celle du *Jugement*. Là où la qualité pénètre, la nécessité fléchit. Cela, pour ne l'avoir point expressément dit, ni plus que Kant, ni d'ailleurs plus que Lachelier, Liard a failli le dire au chapitre XI de son premier « livre », alors qu'il livrait bataille à l'évolutionnisme, et s'interdisait de prétendre à l'explication de la nouveauté. La nouveauté, cela saute aux yeux, n'a de sens que dans et par la qualité. A sa suite, on aperçoit bientôt la contingence, car le nouveau de l'instant présent, hier encore étranger au champ de la perception, sommeillait, hier encore, dans le monde des possibles, ce qui est un certificat de contingence. Est-ce à dire toutefois que Liard suit Renouvier, résolument hostile, lui, à l'intégrité de l'universel mécanisme ? Le mécanisme, étendu à tout l'ordre de la quantité, Liard y adhère; mais il le limite à cet ordre. L'homme même, ainsi que chez Jules Lachelier, n'y saurait déroger. Nous voici, dès lors, en possession d'une double maîtrise, celle de nos actes, cela va sans dire, mais, avant tout, celle de nos desseins. Là est l'originalité du chapitre. Elle est dans ce lien qui unit la pensée à l'action, et dont la réflexion est l'ouvrière. Le moment est venu de reconnaître que, puisqu'une telle liberté n'a décidément rien de commun avec la liberté d'indifférence, elle ne saurait davantage avoir rien de commun avec le libre arbitre.

Alors, l'homme n'est pas libre ? Ici, convenons-en, l'école de Victor Cousin s'est mise, maîtres et disciples, à la poursuite d'une chimère. La profondeur du génie de Kant leur a échappé une fois encore quand ils rendaient le « fait de l'activité libre » justiciable de la psychologie et non, comme l'a voulu Kant, de la « cosmologie rationnelle ». L'homme possède le libre arbitre, si cet attribut fait partie de ses conditions d'existence. Or, c'est ce dont la preuve nous échappe. Si donc on a pris le parti de renoncer, avec Liard, à méditer sur le monde intelligible des réalités en soi, il faut, avec Renouvier, s'en tenir à la causalité de la représentation, mais en évitant de suivre Renouvier jusqu'au bout. Renouvier, lui, ne craignait point de jalonner la vie consciente de commencements absolus et, par là même, d'initiatives exemptes d'antécédents. Liard, usant du droit de prendre son bien dans le kantisme orthodoxe, donne raison au maître contre le disciple, et, s'il faut tout dire, à la science positive contre le sens commun.

J'arrive au chapitre du « Bien » (¹) où il nous est montré que,

____

(1) Liard, *op. cit.*, liv. III. ch. IV, Le bien.

si la réflexion est l'âme de la liberté, c'est à la condition qu'elle
y tienne son rôle d'âme et surveille constamment son hégémo-
nie. Je note au passage, dans ces pages brèves, une citation
d'Epictète sur le « libre usage des idées » (²) ; et je la juge
décisive par la signification du rendez-vous que la sagesse
moderne de Kant vient y donner au sage des temps antiques.
L'un et l'autre ont fait reposer notre vie morale sur une juste
évaluation des fins. La critique des valeurs devient ainsi partie
intégrante de nos méthodes d'action. Toutefois, l'originalité de
Kant, ici, demeure entière, car ce philosophe identifie le concept de perfection à celui d'une volonté absolument bonne.
C'est ce que Liard dégage, à l'entrée du chapitre, et il le fait
d'emblée, d'un mouvement qui va droit à son but. Une expérience morale, qui datait de loin, l'avait amené à découvrir
dans la loi présidant à nos actes, une loi tirant sa valeur de sa
propre forme, autant dire son être de sa raison d'être. Si donc
on n'a point renoncé à chercher l'absolu, que l'homme regarde
en soi, au moment où l'acte moral se détache de toute fin sensible, pour ne s'attacher qu'au respect de la loi et s'y maintenir
en réprimant tout mouvement du cœur qui tendrait à nous rejeter de la pure représentation de la loi sur celle de sa matière.

Il n'y a dès lors pas à réprimer en nous ce besoin d'absolu
que la science positive doit, sagement, renoncer à satisfaire.
Mais il faut savoir orienter ce besoin vers des fins étrangères à
l'ordre de la science. Quand on nous montre Socrate écartant
de notre chemin les doctrines improvisées par la première
sagesse grecque, pour diriger notre activité vers des fins dont
le point de départ est à hauteur de poitrine humaine, on assigne à la représentation pratique, comme la nommera O. Hamelin, une suprématie à l'établissement de laquelle toute âme
humaine est conviée à travailler. Il ne suffit pour cela que de
savoir ceindre ses reins et tenir allumées ses lampes. C'est
qu'en effet rien n'éclaire mieux le véritâble objet de la représentation pratique, que la pratique ferme et constante de cette
représentation. Quand Socrate déclarait qu'il ne savait rien, il
invitait ses contemporains d'Athènes à imiter sa « nescience »,
non seulement pour les détourner des recherches vaines, mais
pour concentrer leurs regards sur le véritable et accessible
objet de l'effort humain. L'objet d'un tel effort n'est pas autre
que la volonté absolument bonne et, par conséquent, la réalisation indéfiniment progressive de l'absolu moral. Cet absolu

____

(1) LIARD, *op. cit.*, pp. 416-417.

n'est ni le nom d'un objet, ni le nom d'un sujet. Il est, à proprement parler, le nom d'une attitude tout intérieure, immanente au sujet de la conscience morale, c'est-à-dire à l'homme en tant qu'il se soumet librement à la constante volonté du bien. Si c'est là concevoir la vie sur le modèle élaboré dans l'école du Portique, c'est aussi la concevoir à la manière de Kant dont on a trop vite dit qu'il était venu proscrire les recherches de métaphysique. Il s'en faut presque du tout au tout, si Kant a précisément tenté le contraire. On s'en rendrait aisément compte en se rappelant qu'il est venu fonder « la métaphysique des mœurs », c'est-à-dire la morale, et l'appuyer non à des usages ou à des observances justiciables de l'opinion, mais à un parti pris de la volonté contre lequel nulle circonstance ne saurait prévaloir. Le jour où le sage Bias eut assez de clairvoyance pour comprendre que sans avoir rien dans les mains ni dans les poches, un homme d'une volonté aux ressorts toujours tendus peut prétendre porter tout avec lui, ce jour là Socrate pouvait commencer ses entretiens de l'Agora. Et Kant aurait pu se dispenser d'attendre vingt siècles pour venir au monde s'il ne s'était agi, avant toute chose, de déposséder la science d'une suprématie longue et illusoire.

Je donne ici, en d'autres termes que ceux de l'auteur, les dernières conclusions d'un livre qui eut, en son temps, la portée d'un fécond livre de doctrine et qui mérite de compter dans l'histoire de la pensée française, car il parut à son heure, j'entends à l'heure où, sans essayer rien de ce qui ressemble à un compromis, l'esprit de la science positive représenté par Comte et celui de la critique, représenté par le kantisme orthodoxe, d'une part, de l'autre par le néo-criticisme français, pouvaient tenter une alliance durable.

.*.

En songeant aux fortes pages qui terminent la *Science positive* et à l'ardente conviction qui les inspira, je me suis parfois demandé si Liard poursuivant sa carrière de penseur et docile à la pensée naturelle de son esprit qui était, je l'ai déjà dit, un esprit de déduction et de synthèse, n'aurait pas cédé à la tentation d'enchaîner, plus étroitement encore que dans son livre l'esprit de la critique kantienne et de la science positive : il eût ainsi rempli les lacunes du positivisme, et cela sans s'écarter trop ouvertement des voies suivies par Comte. La réalité de l'impératif catégorique s'attestait aussi indiscutable aux yeux de Liard qu'aux yeux de Comte celle de nos penchants altruistes. Le « moralisme » de la *Raison Pratique* et l'altruisme de la *Politique Positive* n'auraient eu rien à redouter l'un de l'autre.

Mais Liard se sentait et se savait encore plus apte au maniement des hommes qu'au maniement des idées. Toutefois, si courte que fut sa carrière de philosophe, elle porta des fruits dont l'action bienfaisante me paraît loin d'être épuisée. Je connais peu de meilleurs guides que Liard pour diriger les jeunes esprits à travers les aspérités et les aridités de la pensée kantienne ; et pour leur épargner les contre-sens graves, je n'en connais décidément pas de meilleur.

Ajouterai-je, en finissant. et la remarque est de première importance, que l'auteur dont je viens de parler me représente à très peu près le type de l'esprit intellectualiste et nationaliste dans la plénitude du terme et jusque dans les limites de ses exigences ? (¹)

---

(1) On ne saurait trop souligner la précision avec laquelle Liard a marqué les traits de l'esprit rationaliste immanent à celui de la science positiviste, et, par là même, de la science positiviste.

Le lecteur se demandera peut-être quel sens j'attache à la double expression : « intellectualiste et rationaliste ». J'appelle la doctrine kantienne telle que l'auteur la développe dans l'*Analytique transcendantale*, un intellectualisme parce qu'il y traite des « principes de l'Entendement pur. » L'intellectualisme, ainsi compris, se rapporte à l'espèce ; le rationalisme au genre dont il est l'espèce. Quant au spiritualisme, généralement impliqué dans le rationalisme, depuis M. Bergson, il me semble y tenir par un lien des plus fragiles. M. Bergson, chacun le sait, est résolument détaché de tout intellectualisme. Il est, quand même, franchement spiritualiste, ce qu'est aussi Boutroux, ce que me paraît être aussi Liard, mais à un degré sensiblement moindre.

On a l'*esprit* rationaliste, on a l'*âme* spiritualiste. D'un état fréquent ou général de la pensée à un état de l'âme, on aperçoit la différence, et cette différence se marque profondément, sinon entre les idées et les objets de croyance, du moins, entre les sentiments et les attitudes. Le rationaliste se sert du rationalisme comme on se sert d'une arme. Le spiritualisme vit, respire, pour ainsi parler, sa croyance : *in illo vivit et movetur.*

CHAPITRE IV

JULES LACHELIER

SA DOCTRINE ET SA MÉTHODE.

Le cours de philosophie théorique professé par Jules Lachelier à l'Ecole Normale Supérieure de 1864 à 1872 comprendrait,
s'il était publié, trois ou quatre volumes. Le souvenir de ces
leçons est resté vivant à tous ceux qui eurent le bonheur de les
entendre. Ils en ont tous, je gage, précieusement conservé les
notes, et ils ne sauraient dire le nombre de fois qu'il leur est
arrivé ou de les relire, ou de les consulter. Mais ce ne sont que
des notes. Le professeur n'aurait pas accepté de les contresigner, étant de ces auteurs qui ne savent reconnaître leurs propres pensées qu'à travers leurs propres formules. Or, J. Lachelier n'ayant point rédigé ses leçons, il reste vrai que, sinon ses
œuvres, du moins ses ouvrages se réduisent à deux petits volumes in-16. (¹)

J'ai parlé ailleurs de la thèse française et j'ai essayé d'en
dégager la pensée fondamentale. Peut-être n'y suis-je point
parvenu. Peut-être, probablement même, en essayant de commenter *Psychologie et Métaphysique*, n'y parviendrai-je pas
davantage. Deux raisons me le font craindre. D'abord, si j'ai
été l'élève de Lachelier, si l'influence qu''il a exercée sur
le développement de ma pensée a pu être, un moment, souveraine, cette influence n'a pas été exclusive. Dès lors, en m'écartant de ses doctrines, j'ai dû prendre — bien malgré moi, mais
assez inévitablement — l'habitude de les envisager comme du
dehors, et, par suite, de n'en apercevoir que les couches supérieures, c'est-à-dire, après tout, superficielles. En second lieu,

---

(1) *Du Fondement de l'Induction*, suivi de *Psychologie et Métaphysique*
et de *Notes sur le Pari de Pascal*. Paris, Alcan, Bibliothèque de philosophie contemporaine. — *Etudes sur le syllogisme* suivies de *Remarques*
sur l'observation de Platner, et d'une *Note sur le Philèbe*. Paris, Alcan,
Bibliothèque de philosophie contemporaine.

et quels que soient les rares mérites de sa langue, qui est bien une langue et non pas seulement un « style », il est permis, sans doute, et cela sans craindre d'ôter aux mérites du maître — bien au contraire — d'en constater les obscurités. On prêtait jadis à E. Boutroux cette parole : « Si l'on exige que je sois clair, je renonce à professer la philosophie. » Je me souviens d'avoir entendu, de J. Lachelier lui-même, quelque chose d'approchant. C'est qu'en effet, un philosophe, né français, est forcément contraint dans l'expression de ses idées métaphysiques. Le recours au néologisme lui est interdit. Au surplus — et on ne l'a peut-être pas assez remarqué — le néologisme n'a prise que sur les substantifs. Il ne s'attaque généralement pas aux verbes. Or, dans l'expression des sentences philosophiques, qui oserait attribuer au verbe une importance moindre qu'au substantif ? Faudra-t-il donc redire qu'à mesure que le français s'essaye à rendre des idées philosophiques, il s'éloigne de ses origines, ou plutôt déroge à ses qualités essentielles ? — Il serait pourtant singulier de méconnaître les qualités logiques de la langue française, et qui la rendent merveilleusement propre à l'expression des idées claires, c'est-à-dire abstraite. Or, dans la mesure où l'on aurait le droit de dire qu'elle est, par excellence, la langue des géomètres, on la jugerait digne d'être celle des philosophes. Les mérites de grand écrivain reconnus jadis à Descartes ont pu lui être accidentellement contestés. Personne n'ayant d'ailleurs jamais prétendu qu'il écrivait avec grâce, ces mérites continueront longtemps d'être estimés par les esprits géométriques, habiles à conduire les longues chaînes de raisons. Et ces mérites, s'ils sont propres à Descartes, adhèrent néanmoins pour ainsi dire aux qualités de la langue française en tant que française. Les philosophes à l'esprit rigoureux et vigoureux trouveront donc dans notre langue le plus précieux des auxiliaires.

Mais la vigueur, mais les dons de l'esprit de géométrie ne sont qu'une partie des dons du philosophe. Si le philosophe véritable ne se passe point de génie, si le génie consiste moins à tirer les conséquences qu'à voir les principes, et si l'on en aperçoit, parmi ces principes, que d'autres ont manqué d'apercevoir, il est assez naturel qu'on manque de termes suffisants pour rendre ses intuitions personnelles, et, qu'à moins de faire des mots nouveaux, on soit condamné, soit à la périphrase, soit à la métaphore. Et c'est assez le cas de Lachelier. De là vient qu'il faut aller chercher ses idées à travers ses images, ce à quoi le commentateur le plus avisé sera généralement

assez inhabile. Et pourtant que ces métaphores sont discrètes !
Et combien dans les images qu'elles excitent le dessin prévaut
sur la couleur ! Lachelier n'emploie presque jamais, en fait
de métaphore, que celles qui dessinent, et par conséquent dis-
tinguent, limitent. Ajouterai-je qu'il ne les développe presque
jamais non plus, puisque, le plus souvent, il les réduit soit à
un mot, soit à un verbe. J'ouvre au hasard et je lis : « L'être
se pose d'abord *en lui-même*... et se manifeste ensuite *hors
de lui*... » (¹) Ce sont là, qu'on le veuille ou non, des métaphores. Et l'on essaierait vainement de nous faire observer
qu'il était difficile d'exprimer ou mieux ou plus « directement ».
La question n'est point là. Elle est dans la nécessité où est
l'interprète de traduire pour faire comprendre, et même pour
montrer qu'il a compris. Donc il faut à la métaphore du texte
substituer une métaphore à la fois autre et *correspondante*.
Et par conséquent il faut s'écarter du texte et s'exposer à d'inévitables faux-sens.

Et c'est pourquoi mon premier devoir est de me faire excuser pour les fautes que je vais commettre. Ceci dit, je vais
essayer d'en commettre le moins possible.

I

Quand fut annoncé *Psychologie et Métaphysique*, je
me suis ressouvenu des dernières lignes du *Fondement de
l'Induction* : « Cette seconde philosophie est, comme la première, indépendante de toute religion : mais en subordonnant
le mécanisme à la finalité, elle nous prépare à subordonner la
finalité elle-même à un principe supérieur et à franchir par un
acte de foi morale les bornes de la pensée en même temps que
celles de la nature. » (²)

Si l'on considère en effet que l'empire des causes efficientes
est la région de l'entendement, que l'empire des causes finales
nous élève au-dessus de l'intelligence, à la condition toutefois
d'admettre que « désirer » est supérieur à « comprendre », on
arrive, en effet, à concevoir une hiérarchie des puissances de
l'âme où l'intelligence occuperait les plus bas degrés ; au-dessus
siégerait le désir, au dessus du désir..., Lachelier, dans le

(1) *Psych. et Mét.*, p 161.
(2) *Du Fondement de l'Induction*, p. 102.

Fondement de l'Induction, n'avait pas à nous apprendre ce qu'il pouvait bien y avoir. Toutefois il nous avait fait pressentir que si la métaphysique de l'intelligence et celle du désir suffisaient à fonder l'induction, ce n'était point là toute la métaphysique. On pouvait, dès lors, considérer cette phrase finale comme contenant une promesse. Et quand on apprit que Lachelier allait publier une nouvelle étude, on eut le droit d'espérer que la promesse allait être tenue.

Elle ne l'a pas été. En effet si, dans son premier ouvrage, il semble bien que l'auteur ait cru atteindre le sommet de son ascension dialectique, dans le second, il s'élève plus haut encore, mais tout en quittant la sphère des catégories, sans passer « les bornes de la nature ». Les amis et les disciples du maître attendaient peut-être autre chose. Leur attente, loin d'avoir été déçue, a été plutôt surpassée. Il ne s'agissait plus d'une interprétation profondément originale de la doctrine de Kant ; il s'agissait d'un effort curieusement hardi et singulièrement heureux pour déduire ce que Kant n'avait fait que constater. En un sens, on peut dire que Lachelier n'a point franchi l'enceinte des lois de la pensée, puisque, après en avoir déduit la loi suprême, il ne cherche rien au-delà. D'autre part, il est permis de se demander si, pour diviser les catégories, puisqu'il faut trouver un principe d'où leur réalité résulte, le penseur n'est pas tenu de s'élever au-dessus d'elles. Enfin, puisque au cours de l'article, il nous est parlé d'une marche dialectique qui consisterait à « aller de la volonté à la perception », c'est donc que la volonté est le fond des choses et que, par suite, puisque l'auteur nous a fait toucher ce fond, il nous a conduit bien au delà des « bornes de la pensée ». — La seconde philosophie de Lachelier est donc tout aussi spéculative que la première. A le bien prendre, elle ne la contredit ni ne la dément en rien. Elle la complète et véritablement la couronne. Oserai-je dire que, depuis bientôt un demi-siècle, jamais la langue française n'a servi à l'expression d'idées métaphysiques aussi profondes ? Quand on fera l'histoire de la langue française et de ses acquisitions, il conviendra, ce me semble, d'attacher une importance capitale au premier volume de la *Philosophie de la liberté* de Ch. Secrétan. Les pages où se trouve exposée la « dernière philosophie de Schelling » attestent un véritable tour de force pour plier notre langue à l'expression d'idées qui, naturellement, lui répugnent. L'article *Psychologie et Métaphysique* est plus étonnant encore. A travers le français de l'illustre professeur de Lausanne on devine le familier des hardis, mais trop souvent impénétrables successeurs de Kant. Ch. Secrétan garda toujours l'empreinte de sa forte culture germanique. La langue transparente de Lachelier, et, dans sa force, toujours gracieusement fluide, et toujours fine en sa profondeur, témoigne d'une inaltérable piété à l'égard des maîtres de la pensée grecque.

On a souvent rapproché l'auteur du *Fondement de l'Induction* de l'auteur de la célèbre thèse sur *l'Habitude*. Le plus jeune des deux s'est toujours modestement donné pour le disciple de l'aîné. Pour le fond même de la doctrine, entre l'un et l'autre, il est d'essentielles différences. Il n'en ont pas moins fait campagne contre le même groupe d'adversaires. Et à ce propos, l'on serait tenté d'établir un parallèle entre *Psychologie et Métaphysique*, d'une part, et, de l'autre, l'article publié vers 1840, par Ravaisson, dans la *Revue des Deux-Mondes*, sur la philosophie des Ecossais. Ce n'est plus à eux que J. Lachelier s'en prend, mais à l'un de leurs héritiers français les plus directs, Victor Cousin. La cause occasionnelle de *Psychologie et Métaphysique* n'est autre, en effet, que la doctrine ou plutôt la méthode de l'éclectisme. Seulement, loin d'en combattre les conclusions, Lachelier se les approprie. Cousin voulait qu'on trouvât dans l'analyse de la conscience les éléments de la métaphysique. Lachelier le veut aussi. Mais ce que Cousin a voulu faire, il ne l'a point fait. Le but qu'il a manqué, Lachelier tâche d'y atteindre, mais par une voie sensiblement différente de celle des éclectiques. Essayons de nous en rendre compte.

Pour définir, dans ses traits essentiels, la méthode de Lachelier, je ne saurais peut-être mieux faire que de lui opposer, tout d'abord, celle qu'il se défend de suivre, celle qui consisterait, par exemple, à renouveler les procédés de Condillac pour aboutir à la philosophie de Schelling. Condillac décompose une suite d'états psychiques pour en découvrir et isoler, par après, les unités élémentaires. Une fois ces unités mises à part, il s'agit, pour expliquer la vie de l'esprit, de faire avec elles, ou peu s'en faut, ce que, pour expliquer les changements dans la constitution des corps inorganiques, le chimiste fait avec les atomes. Le chimiste a beau savoir qu'une synthèse est tout autre chose qu'une juxtaposition, ce n'en est pas moins à la seconde qu'il se trouve presque contraint de ramener la première. A moins de répudier l'atome, on ne peut attribuer les propriétés du gaz acide carbonique par exemple, qu'au type en quelque sorte architectural réalisé par la manière dont se groupent, dans une molécule, les atomes de carbone et ceux d'oxygène. L'âme de l'homme, selon Condillac, se comporterait assez peu différemment, et si la « chimie mentale » a eu, croyons-nous, John-Stuart Mill pour parrain, elle pourrait bien avoir eu l'auteur du *Traité des Sensations* pour père. La méthode de Cousin se donne, elle, pour très différente. Elle a des allures d'apparence moins scientifique, plus scolastique. Nous sommes bien avertis que les facultés ne sont point des entités. Mais dès que nous nous avisons de faire désigner au terme « faculté » le nom d'une simple classe, on proteste contre cette interprétation nominaliste. Toutefois on peut bien considérer la méthode psychologique de V. Cousin comme une méthode à deux moments. Condillac analyse. Puis il recompose la vie de l'âme à l'aide des éléments qu'il a jugés irréductibles, en cela très voisin de Locke et même de Descartes. On peut ne point accepter les résultats de la synthèse. On ne peut nier que cette synthèse existe. Chez Cousin il n'y en a point trace. Ou du moins ses synthèses restent exclusivement abstraites. Une fois les faits de même espèce groupés sous une étiquette commune, il lui semble que plus rien d'important ne reste à faire. Dès lors il est permis de penser que toute la partie durable de la méthode éclectique se réduit à son premier moment, celui de l'analyse, et l'on serait en grand embarras de dire en quoi ce premier moment diffère, chez Cousin, de ce qu'il était chez Condillac.

Il n'en reste pas moins, que le chef de l'éclectisme s'est cru sur la grande route qui mène à la métaphysique, et à une métaphysique du genre de celles dont, pendant son séjour en Allemagne, il avait recueilli les échos. Il s'est donc figuré avoir mis, pour ainsi dire, la main sur des faits à la fois psychologiques et métaphysiques. La formule, pour n'être pas de Lachelier, répond assez, ce me semble, au genre de reproche que lui parait mériter la psychologie de l'école française. En effet cette psychologie s'est bien recommandée de Descartes; et Descartes construisait une doctrine de philosophie en raisonnant sur des réalités mises en évidence par la réflexion. Or si V. Cousin et ses disciples avaient suivi la même voie, leur théorie dite « de la raison » ne présenterait pas les incohérences qui l'ont rendue inacceptable. Tantôt, en effet, il semble que la raison soit une faculté de raisonnement; tantôt, au contraire, on en parle comme d'une faculté de constatation, d'expérience, comme si nous pouvions, trouvant en nous ce qui nous dépasse, non pas peut-être nous voir en Dieu, mais, ce qui est beaucoup plus grave, surtout dans une doctrine qui prétend éviter le panthéisme, voir Dieu en nous. Car, s'il est des faits

rationnels, de deux choses l'une : ou ces faits sont en nous et
ils sont faits de conscience avant d'être faits de raison; ou ils
nous élèvent au-dessus de nous-mêmes, et alors on cesse de
comprendre que de tels faits soient en nous. Donc il est bien
vrai que la doctrine de Victor Cousin postulait l'existence de
faits à la fois psychiques et métaphysiques. Dès lors elle postulait une contradiction.

De là est venue, non pas seulement sa fragilité, mais, qui
plus est, sa ruine. Car, si l'on essaie de résumer, en un petit
nombre d'articles, les dogmes de la philosophie de V. Cousin,
comme on rédige en articles distincts les thèses essentielles
d'un foi religieuse, on ne tarde pas à s'apercevoir de la facilité
surprenante avec laquelle, en s'aidant des objections présentées
avec force par l'école des psychologues physiologistes contre
celle des psychologues soi-disant métaphysiciens, on élèverait
dogme contre dogme. Lachelier a mis en opposition les
deux psychologies, celle que jadis on enseignait dans tous les
lycées de France, celle qui, depuis dix ans et plus, réclame le
droit d'être partout enseignée au nom de la science. Et
Lachelier n'a pas eu de peine à montrer que la vieille psychologie avait cessé même de vieillir.

Or l'acte de décès de la vieille psychologie ne pourrait pas
ne pas être immédiatement suivi d'un autre. Car il semble bien
qu'à ses destinées doivent rester attachées celles du spiritualisme. Assurément, le spitualisme, ou ce que l'on est accoutumé à désigner de ce nom, est moins une doctrine qu'un
ensemble de croyances. Mais, en France, le spiritualisme ou, tout au moins, l'immatérialisme s'est constitué
par la psychologie, s'est plaidé au nom de l'expérience. Si donc
l'expérience lui donne tort, il faut renoncer au spiritualisme ou
bien lui chercher une autre base. « Spiritualité et liberté en
nous, raison en nous et hors de nous, tel pourrait être le
résumé, de toute la psychologie de M. Cousin.» (¹) — « Ni raison
ni liberté, ni esprit : tel est aujourd'hui le dernier mot d'une
science qui semble ne conserver que par habitude, et comme
un souvenir du passé, le nom de psychologie. » (²) D'où la nécessité ou pour vaincre cette « science » ou pour lui en superposer
une autre de renouveler la méthode... diraï-je de la psychologie ou de la métaphysique ? Nous saurons plus tard sur lequel
des deux mots devra se fixer notre choix.

(1) *Psych. et Mét.*, p. 111.
(2) *Ibid.*, pp. 125-126.

Victor Cousin interrogeait et constatait. J. Lachelier ne se
passera point de constater. Car, si la métaphysique est possible, comme, d'autre part, il est assez évident que les sciences
positives ne se sont constituées en dehors d'elle, et n'ont fait de
progrès qu'à la condition de s'affranchir de l' « état métaphysique », et de renoncer à toute recherche de philosophie première,
ce n'est dans aucune des sciences indiscutablement reconnues
et classées qu'il conviendra de chercher les éléments d'une
métaphysique. La métaphysique, pour s'établir, a besoin
d'idées, de concepts. Ces idées et ces concepts veulent donc être
cherchés en nous. Dès lors, si par cela seul qu'on cherche dans
le sujet les éléments de la science souveraine, on fait de la
psychologie, nous devrions concéder à l'éclectisme et à ses survivants que la « méthode psychologique » est la seule vraie
méthode de la philosophie.

On ne saurait, il est vrai, se passer d'observer. On ne saurait
non plus — et c'est ici que Lachelier insiste, car peut-être, à le
bien prendre, y va-t-il de toute la philosophie — se passer de raisonner. En effet, si l'on doit accorder, par exemple, à H.
Spencer (¹), qu'il y a péril à raisonner sur un fait, bien plus
qu'à l'enregistrer, attendu que cela prend plus de temps, exige
un effort cérébral plus considérable, et aussi, pour parler
comme Spencer, un plus long *processus* mental, peut-être
ferait-on bien de s'apercevoir qu'il faut, même quand on s'imagine ne faire qu'observer, généraliser le fait d'expérience, le
réduire en formule, et, une fois en possession de la formule,
s'assurer qu'elle n'implique rien de contradictoire. Dès lors, il
faut soumettre l'évidence intuitive à l'épreuve d'une sorte de
démonstration. Il faut légaliser le fait, l'ériger en droit. Or la
méthode qui donne le fait et autorise la généralisation empirique du fait par une simple substitution de termes généraux a
des termes particuliers, ne doit-elle pas différer, jusqu'à l'opposition, de la méthode qui se propose de fixer en quelque
sorte le fait, en le dérivant d'une nécesisté préalable ? Il y a
longtemps que cette distinction a été, non pas seulement indiquée, mais formulée, puisqu'elle l'a été, à plusieurs reprises et
avec la dernière rigueur, dans les *Derniers Analytiques* d'Aristote. On sait mieux, et même seulement alors on sait véritablement, quand on sait par les principes. La méthode de la métaphysique ne saurait décidément être que déductive.

Et l'on doit en penser autant de la méthode qui convient

____

(1) H. SPENCER, *Principes de Psychologie*, t. II, VII° partie : *Analyse
générale.*

à la psychologie. Car — à moins de réduire cette science aux limites dans lesquelles les psychologues physiologistes semblent disposés à la contenir, à moins de ne voir en elle qu'une science de faits, c'est-à-dire, après tout, une science réduite à sa matière, c'est-à-dire encore, réduite à l'une de ses conditions d'existence, indispensables assurément, mais assurément aussi, très insuffisantes — il faut bien que les psychologues se décident à traiter l'observation comme elle le mérite, c'est-à-dire comme restant hors des prises de la vérité et de l'erreur, tout le temps, du moins, que ni la réflexion ni la déduction n'interviennent pour donner une signification à ses témoignages.

Soit en effet cette constatation des plus banales, à la portée des plus jeunes parmi les commençants, et par laquelle, à ne consulter que les dépositions les plus directes de la conscience, on se trouve conduit à poser comme incompatibles l'étendue et la pensée. Or fiez-vous à la conscience directe : aussitôt vous proclamerez l'existence du monde extérieur et vous localiserez l'étendue hors de la conscience... ce qui, d'après Lachelier, est décidément contradictoire et absurde.

— Mais l'opposition entre la pensée et l'étendue est un fait. — Soit. Seulement, prenez-y garde, lorsque, passant de l'expérience constatée à l'expérience généralisée, vous passerez du fait au droit, vous direz ou : « l'âme est distincte du corps » ou : « le monde extérieur existe ». Vous ferez un paralogisme. Vous direz indifféremment l'un ou l'autre, comme si les deux assertions s'équivalaient. Ici encore je ne cite pas, mais je commente. Et je ne pense pas être infidèle à l'esprit de la critique de Lachelier en faisant observer que les psychologues de jadis s'empressaient de tirer d'un même fait ces deux conclusions, non pas certainement incompatibles, du moins assez différentes; que, ce faisant, ils allaient décidément trop vite en besogne et s'exposaient à raisonner de travers. On aurait beau, en effet, affirmer la réalité, hors la conscience, de l'étendue et l'extériorité des choses, le jour où l'on parviendrait à établir que l'étendue ne peut véritablement être hors de nous, on aurait facilement raison de l'illusion réaliste. En effet, se rendre compte des motifs pour lesquels chacun de nous croit à l'existence des choses, à supposer même que l'on y soit parvenu, ne revient pas précisément à légaliser cette croyance. Et quand on serait persuadé que c'est là une croyance naturelle, il n'en résulterait pas qu'elle fût fondée. Même, et sans y mettre aucun mauvais vouloir, on aurait beau jeu à voir dans l'emploi à peu près exclusif de l'observation intérieure directe une méthode excellente pour... rester dans l'erreur. On sait l'illusion classique du bâton brisé : c'est là pourtant un fait d'observation, si jamais il en fut. — Vous cherchez inutilement querelle aux éclectiques, nous serait-il objecté; eux-mêmes n'ont jamais prétendu que la raison ou plutôt le raisonnement ne dût intervenir pour « redresser » le bâton. — D'accord. Mais ils se sont généralement servis du raisonnement dans les cas extrêmes et comme d'une sorte de pis aller.

Or, s'ils avaient eu moins de défiance à l'égard de cette méthode déductive sans laquelle nulle science véritable ne saurait être, ils auraient compris « l'originalité de la conscience » et ne se seraient pas contentés de l'affirmer. Ils auraient compris que, si la réalité du monde extérieur peut devenir objet de preuve, cette preuve ne saurait être tirée de ce qu'il y a d'irréductible entre l'étendue et la pensée. Car si l'étendue est hors de nous, elle existe par elle-même : elle est une chose. Mais s'il résultait par hasard de l'analyse de l'étendue que la conscience seule en peut être le siège et la source, il faudrait bien se résigner à la conséquence, et déclarer qu'on s'est mépris en érigeant une contrariété toute d'apparence en opposition fondamentale. Or l'étendue ne saurait exister en elle-même, « car elle n'a point de parties simples, et sa réalité, si elle en avait une, ne pourrait être que celle de ses parties simples. Elle n'existe que dans la conscience, car ce n'est que dans la conscience qu'elle peut être ce qu'elle est, un tout donné en lui-même avant ses parties, *et que ses parties divisent, mais ne constituent pas.* » (1)

Si c'était ici le lieu, je prierais qu'on s'attachât à cette formule. Car elle confirme, je le crois du moins, ce qu'il nous est arrivé de dire et qu'avait déclaré Spinoza, à savoir que pour donner à l'étendue l'attribut de la divisibilité sans termes, il faut la percevoir divisée. L'idée d'un tout homogène, encore qu'elle n'exclue pas celle de divisibilité, ne l'implique pas nécessairement. Je veux dire que si, en fait, le tout en question ne nous apparaissait divisé, nous ne saurions le juger divisible. En sorte que, pour le cas où il en serait ainsi de l'étendue, elle serait comparable à « un tout donné avant ses parties ». Et il en est ainsi de l'étendue.

Comment le savoir ? Ce ne peut être par l'observation, puisque l'étendue ne nous apparaît jamais autrement que divisée, c'est-à-dire occupée. Pour la considérer en elle-même, il faut en

(1) *Psych. et Mét.*, p. 130.

abstraire les corps qui la remplissent, les lignes qui la divisent. Et il ne faut pas dire qu'ainsi dépouillée, l'étendue serait réduite à l'état d'abstraction. Car, du moment où nous croyons qu'il faut, pour que les choses soient, que l'étendue logiquement les précède, d'autre part, puisque ces choses sont données comme réelles, il serait absurde que ce qui nous apparaît comme en étant la condition expresse fût privé de réalité. — La méthode de Lachelier n'est donc pas une méthode d'abstraction, mais bien une méthode « d'analyse ».

Lachelier lui-même s'est servi du mot pour la caractériser. D'autre part, ce mot seul serait insuffisant pour la définir, en ce qui la distingue des méthodes suivies par Condillac et V. Cousin, s'il n'avait pris la précaution d'ajouter au substantif un adjectif, autrement dit d'ajouter au signe du genre prochain celui de la différence spécifique, L'analyse de Lachelier est *réflexive*, ce qui ne veut pas dire que la réflexion lui fait suite, mais que, constamment, elle la surveille et la dirige, et que, si elle ne crée pas de toutes pièces ses résultats — auquel cas elle serait ouvrière d'erreur et conséquemment d'ignorance — elle n'en accepte aucun dont elle n'ait préalablement discuté le droit à se produire. Toutefois il ne serait pas exact de décomposer cette méthode en deux moments distincts puisque, encore une fois, jamais une donnée n'est admise comme telle, même provisoirement, jusqu'à ce qu'il plaise à la réflexion d'intervenir et de lui signer, après examen, son acte de légitimation.

Je parais oublier jusqu'à présent que, dans l'article *Psychologie et Métaphysique*, l'auteur s'est proposé, non pas seulement d'analyser, mais de construire. Il lui semble que si tout ce qui est dans la conscience se laissait analyser, les choses s'y passeraient à peu près comme pour l'étendue. La réalité en soi a beau être affirmée par le sens commun, cette réalité s'évanouit aussitôt qu'on la presse, puisque dans l'étendue c'est toujours l'étendue que l'on retrouve. Dès lors la possibilité pour la conscience de ne rien contenir qui ne soit objet d'analyse équivaudrait à nous investir d'une existence toute superficielle, presque illusoire. « Le résultat de notre étude est précisément que ce qu'il y a de plus intime dans cette conscience ne peut être l'objet d'une analyse » (¹). Par suite, ou bien nous devons renoncer à nous connaître dans ce qui nous est fondamental, ou, si nous gardons l'espoir d'y parvenir, ce ne pourra être qu'en

____

(1) *Psych. et Mét.*, p. 158.

le reproduisant « par un procédé de construction *a priori* ou de synthèse. Ce passage de l'analyse à la synthèse est en même temps le passage de la psychologie à la métaphysique »[1].

Or il faut, de toute nécessité, essayer de passer à la métaphysique. Car — Lachelier nous l'a donné à entendre — les conclusions de l'école de psychologie physiologique ont beau lui paraître fondées, et les faits qui les autorisent ont beau lui sembler indiscutables, encore est-il que ces conclusions lui déplaisent. « Entre les affirmations de M. Cousin et les négations de ses adversaires, quel parti devons-nous prendre ? Les premières nous semblent plus satisfaisantes en elles-mêmes : la méthode adoptée en commun par les deux écoles paraît jusqu'ici donner raison aux secondes. Mais cette méthode n'est-elle pas la seule possible, et la psychologie, qui est une science de faits, peut-elle être autre chose qu'une science d'observation et d'analyse ? *Si les conclusions de la nouvelle psychologie ne sont pas de notre goût*, nous n'avons évidemment qu'une chose a faire : interroger à notre tour les faits de conscience et essayer d'en obtenir, au moins sur quelques points, une autre réponse. » [2] Cela veut dire que les conclusions de la nouvelle psychologie sont défavorables à la philosophie proprement dite, puisqu'elles la rendent impossible. Cela veut dire — et nous prions le lecteur d'y être attentif — que Lachelier constate, d'une part, que les nouveaux psychologues ont raison, et que, de l'autre, quand même, il « donne raison » à V. Cousin. Lachelier opte en sa faveur. Et c'est au sauvetage de l'éclectisme qu'il va s'employer désormais... Je dis mal quand je parle de sauver l'éclectisme. Des intérêts bien autrement graves que ceux d'une école sont présentement en jeu. Il y va — ne l'ai-je pas déjà dit ? — de toute la métaphysique.

Mais sauver la métaphysique, c'est d'abord sauver une science qui, « si elle parvenait à se constituer, serait à la fois celle de la pensée et celle de toutes choses » [3]; c'est, en outre, justifier l'existence d'un pouvoir en apparence assez exhorbitant, celui de franchir la sphère de la représentation, de ce qui est, si j'ai bien compris la pensée de l'auteur, « la conscience sensible », pour aller jusqu'au fond qui le supporte. Or, il n'y a pas à dire, les éléments dont sont faites ces couches profondes ne sauraient se prêter à aucune analyse. D'autre part, comment serions-nous assurés qu'ils ont droit à une existence

---

(1) *Psych. et Mét.*, p. 158.
(2) *Ibid.*, p. 126.
(3) *Ibid.*, p. 172.

autre qu'imaginaire, si nous ne pouvions en avoir la connaissance ? — Mais nous n'*avons* la connaissance que de ce qui est
donné. — Peut-être l'aurons-nous si nous réussissons à la produire. Pouvoir exorbitant, je le répète, et qui ne se peut
démontrer que par son exercice.

Ainsi la méthode de Lachelier est double. Elle comprend, en premier lieu, l'analyse du donné, analyse essentiellement différente de l'observation et de l'expérience, qui
se fait non *avec*, mais *dans* et *par* la réflexion, laquelle déduit
et démontre. Elle comprend, en second lieu, tout un nouvel
ordre de démarches, admirables de hardiesse, où la constatation est impraticable, où la *matière* manque, où la nécessité s'impose, puisque l'on ne veut pas renoncer à savoir, de
faire produire au contenant son contenu, à la forme sa matière,
et de déduire le fait du droit. Je ne saurais donner une
idée de cette méthode sans entrer dans l'exposé de la doctrine ; car ici, doctrine et méthode ne font qu'un. Peut-être
même ne serait-il pas inexact de prétendre que c'est exclusivement à l'originalité de la méthode que la doctrine doit son
étonnante originalité. Or puisque je vais immédiatement
essayer de résumer l'ensemble de la doctrine, je préfère n'entrer dans le détail de la méthode métaphysique de Lachelier
qu'au moment où la suite de l'exposé m'aura conduit en face
de sa métaphysique même.

II

Mais comment résumer une doctrine dont son auteur n'a
cru devoir nous faire connaître que les articulations essentielles ? Outre qu'un « résumé de résumé » est toujours d'un
essai difficile, on chercherait vainement à quoi il peut bien
servir, à moins que ce ne fût à exciter la curiosité. Je n'espère
rien de plus des quelques pages dans lesquelles je vais tenter de
faire tenir les quarante substantielles, fortes et profondes pages
de Lachelier.

On sait comment il se comporte à l'égard de la philosophie
qu'il se propose d'abattre, pour la relever ensuite après l'avoir
renouvelée. Il l'abrège en six propositions, contre lesquelles,
aidé des psycho-physiologistes, il en élève six autres. L'ordre
d'exposition des six dernières est exactement l'inverse de celui
des six premières. Cette disposition... en éventail des thèses et

des antithèses est assurément très esthétique. Elle se recommande, ce me semble, par d'autres mérites. Car si l'on considère, par exemple, les thèses de V. Cousin, il semble que Lachelier les ait rangées par ordre d'évidence décroissante. Dès lors, on s'expliquerait la disposition des antithèses et que Lachelier eût assigné la première place à celles dont le triomphe était le plus prompt et le plus immédiatement décisif. Mon dessein serait de reprendre les thèses de la philosophie de V. Cousin et de son école, et de montrer le genre de remaniement, ou même de métamorphose, auquel, pour en assurer le salut, Lachelier les soumet successivement une à une. Il serait hardi, sans doute, de suivre son exemple, et pour faire connaître sa doctrine, ainsi qu'il a cru devoir procéder dans son exposé des antithèses psycho-physiologiques, d'aller du sommet à la base. En outre, à cette hardiesse, la logique aurait peut-être plus à gagner qu'à perdre. Car si, comme le veut Aristote, on sait mieux les choses quand on les fait descendre de leur source, n'est-ce pas au sommet de la dialectique qu'il faut nous établir tout d'abord, comme dans un centre de perspective d'où nous verrons se dérouler et s'étendre, anneau par anneau, la chaîne des êtres et des choses ? Admettez, en effet, toujours avec Aristote, que la science humaine et la nature suivent un ordre inverse l'une de l'autre et que ce qui est premier en soi se trouve être le dernier pour nous; admettez, par suite, que la science divine surpasse la science humaine, et non pas seulement en étendue, mais encore en nature : nous sera-t-il défendu d'en imiter la méthode ? Non apparemment : ce qui sera possible sera permis. Dès lors, pourquoi n'essaierait-on pas de partir du point d'arrivée de Lachelier, c'est-à-dire, après tout, du principe qu'il estime être premier en soi ? On reproduirait ainsi l'histoire du monde, qui est — d'autres l'ont dit et Lachelier est bien près de le redire — une dialectique en acte ? Bref, en procédant comme je me sens en ce moment tenté de le faire, je donnerais à mon exposé l'importance et l'intérêt d'une sorte de contre-épreuve, ou, tout du moins, de reconstruction.

On m'excusera de reculer devant la difficulté d'un tel travail, et aussi devant sa longueur, et enfin devant la presque impossibilité où je me trouverais, malgré moi, de ne pas substituer à la philosophie de mon maître une autre philosophie qui lui serait, ou peu s'en faudrait, ce qu'est à un texte de grand écrivain la traduction d'un interprète intention-

nellement fidèle, mais réellement inhabile et trop insuffisamment avisé. Ajouterais-je qu'une philosophie a beau chercher
à être tout autre chose qu'une œuvre d'art, la part de vérité
objective qu'elle contient n'est pas uniquement ce qui, en elle,
intéresse. La curiosité légitime du lecteur s'attache, pour le
moins, autant qu'aux résultats, aux démarches qui les ont
rendus ou possibles ou inévitables. Or, l'ordre logique des idées
a le défaut d'être impersonnel. Deux ou plusieurs idées ont
beau se commander les unes les autres, si bien qu'à en intercaler
de nouvelles, on substituerait l'incohérence à la continuité, peut-
être substituerait-on en même temps la vie à la mort, ou tout
au moins le concret à l'abstrait; le déterminisme logique a beau
être un idéal qu'un écrivain doit s'efforcer d'atteindre, quand,
une fois les idées trouvées, il leur cherche une place indépendante de l'ordre dans lequel il les a trouvées, ce dernier ordre,
lui aussi, a sa valeur, son importance, son déterminisme. Et
cet ordre a sur l'autre *a fortiori* l'avantage de la réalité. Le
déterminisme psychologique est plus réel que le déterminisme
logique. Or, si l'on admet qu'une doctrine de philosophie a sa
racine non pas seulement dans l'intelligence du philosophe,
mais jusque dans son âme même, il n'est pas indifférent de
regarder comment elle y a poussé, et de saisir les idées du philosophe au moment même où elles se sont détachées de son esprit
pour essayer d'entrer dans le nôtre. Je suivrai donc, au moins
dans ses grandes lignes, l'ordre d'exposition de Lachelier, d'ailleurs assez généralement conforme à l'ordre dans lequel,
dès les premières pages de *Psychologie et Métaphysique*, il
expose les idées de V. Cousin.

1° V. Cousin oppose aux matérialistes la réalité de la conscience. Au fond il a raison. Mais comme il s'y prend mal pour
établir cette réalité ! Il constate, dit-il, des phénomènes internes : et tout se passe comme si, après les avoir déclarés internes, il n'avait rien de plus à cœur que de leur ôter leur inté-
riorité. Alors on dirait des idées, des sentiments flottant dans
je ne sais quel vide ; des physiologistes ont eu vite fait de
ramasser cette poussière, de la condenser, de la solidifier en la
rattachant à la matière cérébrale. Lachelier, n'a eu garde de
protester contre ce rattachement. Il ne tenait d'ailleurs pas,
pour son propre compte, à sauver les phénomènes de conscience, en tant que phénomènes. Le salut de la conscience lui
importait bien autrement, et aussi son originalité. Voici comment il parvient à l'établir, et le lecteur conviendra que cette
façon de démontrer l'originalité de la conscience est, elle aussi,

profondément originale puisqu'elle est tirée de... l'étendue. Il se peut que le sens commun ait raison d'opposer le moi conscient au non-moi étendu. Il n'en a pas moins tort de se figurer cette étendue comme étant hors de nous, c'est-à-dire en soi. La divisibilité à l'infini inhérente à l'étendue lui interdit toute prétention à l'existence objective. Il reste, dès lors, que l'étendue soit un produit de la conscience.

2° En second lieu, V. Cousin affirme l'existence des facultés, telles par exemple que la sensation et la perception, le sentiment, etc... Il affirme l'existence des lois psychologiques. — Il l'affirme et c'est tout, dira Lachelier. Et encore ! En effet les lois de l'association des idées se formulent le plus souvent ainsi : « Une idée a d'*autant plus de chances* d'en suivre une autre que... » Mais nous ne découvrons pas, quand nous étudions le système du monde, que les corps *ont des chances* de s'attirer en raison directe des masses et en raison inverse du carré des distances. Les lois psychologiques seraient-elles donc des lois de ce qui peut être et pas davantage ? A ne les considérer qu'au point de vue purement psychologique, elles ne sauraient être rien d'autre. Mais rien n'empêche d'attribuer l'enchaînement des idées par exemple à des causes physiologiques et d'admettre que la raison dernière s'en trouve dans un déterminisme dont notre cerveau est le siège. Nous ignorons les lois de ce déterminisme. Mais si nous croyons qu'il existe et qu'il est essentiellement inflexible, nous donnons, par cela même, au déterminisme psychologique un fondement scientifique et inébranlable. — Il est vrai, d'autre part, que dans l'école éclectique, on s'est moins préoccupé d'établir des lois que de découvrir et de discerner des facultés irréductibles ou soi-disant telles. Seulement, on n'y est point parvenu. Chose même assez étrange, et que l'on a, d'ailleurs, assez souvent remarquée, les philosophes éclectiques ont abouti, somme toute, au résultat directement contraire à celui qu'ils s'étaient vantés d'obtenir. Leur prétendue théorie des facultés se réduit à un simple baptême : il est en nous des faits intellectuels ; donc nous avons une faculté de notre âme qui est l'entendement. Nous aimons, haïssons, jouissons ou souffrons ; donc il est une faculté de notre âme qui est la sensibilité. — Mais, leur disait-on, vous rassemblez des faits ; une fois rassemblés, vous leur accolez une épithète commune : donc vous êtes des nominalistes. — Point, répliquaient-ils, nous ne prétendons pas simplement attribuer à l'âme des propriétés : nous lui attribuons des « pouvoirs », ce qui est assez différent. — Alors vous divi-

sez l'âme en autant de compartiments effectifs que vous recon-
naissez de facultés distinctes ? — Point, nous soutenons l'unité
de l'âme. — Alors résignez-vous à la théorie nominaliste des
facultés mentales ! — En fait les éclectiques ne s'y sont jamais
résignés. En fait, sauf dans les jours, assez nombreux d'ailleurs, où il leur est arrivé de ne pas s'entendre eux-mêmes, les
éclectiques ont donné des gages à la théorie nominaliste. Visant
un but, ils ont décidément atteint le but contraire.

C'est qu'en effet, ou bien il ne fallait voir dans le mot
« faculté » rien de plus qu'un simple mot, ou bien il fallait
nous faire saisir la faculté, non pas dans ses œuvres, c'est-à-
dire dans ses effets, mais bien dans son essence et comme
dans son acte, ou, si c'était trop demander, à tout le moins
dans son passage de la puissance à l'acte. Les éclectiques, on
doit leur rendre cette justice, ont senti la difficulté : même ils
l'ont vue où elle était. Parfois ils l'ont éludée. Jamais, ne l'ayant
si l'on peut ainsi dire, regardée de sang-froid, ils n'ont lutté
contre elle. Peut-être ont-ils craint de « réaliser des abstractions », crainte assurément salutaire, mais qu'il faut s'efforcer
de vaincre quand on a résolu de ne s'en tenir point au nominalisme. Or, s'ils avaient mieux su ce que c'est que la conscience et plus profondément pénétré son originalité, ils auraient
aperçu, en dehors de ce qui, en nous, est objet de représentation, tout un monde de tendances et d'efforts. Et de plus, s'ils
s'étaient moins « défiés de la logique », ils se seraient rendu
compte que notre moi est une dialectique vivante, c'est-à-dire
qu'il est en nous des fonctions conditionnées les unes par les
autres. C'est assurément un fait que nous vivons dans la durée.
Mais pour nous assurer qu'il y a là autre chose qu'un fait,
« simple produit de l'habitude » (¹), il convient d'établir que ce
fait devait se produire, autrement dit, que la fonction dont il
dérive fait partie d'un système de fonctions dont il y avait à
démontrer la convergence, c'est-à-dire l'unité d'ensemble.
Démontrer le fait n'est pas une entreprise stérile et revient à
tout autre chose qu'à le constater une seconde fois. Démontrer le fait, c'est le déduire d'une nécessité préexistante, c'est
l'envisager, non pas sous la forme de l'éternité peut-être, du
moins sous la forme de la permanence. Autre chose est dire que
nous aimons et haïssons. Autre chose est dire que nous sommes
faits pour l'amour et la haine. A plus forte raison, c'est encore
autre chose de rattacher cette fin de notre nature à tout un sys-

(1) *Psych. et Mét.*, p. 169.

tème de fins, dont, pour parler la langue d'Aristote, notre conscience est le lieu. Il est trop clair qu'une telle entreprise est au-dessus des forces de la psychologie proprement dite. Nous ne tarderons pas à nous en rendre compte. Pour l'instant, suivons Lachelier dans son analyse de la conscience. Il vient de faire éclore l'étendue. Bientôt il va faire éclore la sensation, faculté deux fois nécessaire. D'abord, puisque nous affirmons à tort la réalité objective de l'étendue, c'est que notre moi nous en apparaît distinct. Ensuite, puisque nous nous opposons à elle, c'est qu'elle nous est donnée. Or elle ne l'est et ne peut l'être que par nos sensations, surtout par nos sensations visuelles et tactiles, « qui, en se coordonnant dans l'étendue et en s'y opposant les unes aux autres, la divisent, la déterminent et la font passer, en quelque sorte, de la puissance à l'acte » (¹). D'où un premier ordre de raisons qui nous déterminent en tant qu'êtres doués de sensibilité; d'où un premier ordre de preuves servant à démontrer la sensibilité en tant que faculté. Grâce à la prodigieuse pénétration du métaphysicien qui s'est juré de réparer les brèches faites à l'éclectisme par la maladresse ou l'infirmité de ses représentants, le vœu des éclectiques a commencé de s'accomplir. Il nous reste à passer au second ordre de raisons qui nécessitent la présence de la sensibilité en nous. D'une part, en effet, nous ne sommes pas nos sensations, puisque nous ne sommes ni la couleur ni la résistance. De l'autre, il est de l'essence de la sensation d'être donnée à elle-même. Il faut donc que la sensation puisse être « à la fois le sujet et l'objet de la conscience » (²), et que cette contradiction apparente puisse être dissipée par la distinction, au sein de la sensation même, de deux points de vue irréductibles. Dès lors la distinction du point de vue représentatif et du point de vue affectif nous apparaît légitime, et la démonstration de la sensibilité en tant que faculté d'éprouver des sensations peut être considérée comme faite.

3ⁿ L'une des propositions chères à l'école éclectique est celle qui consiste à voir dans la volonté, non seulement une faculté, mais encore la faculté par excellence, la faculté qui, par son influence sur l'ensemble des autres fonctions psychiques, transforme nos simples capacités en véritables pouvoirs. Ici encore Lachelier trouve à redire. — A redire ou à contredire ? — L'un et l'autre peut-être. On en jugera d'ailleurs. Car il se

(1) *Psych. et Mét.*, p. 133.
(2) *Ibid.*, p. 134.

refuse à identifier le moi à la volonté considérée en elle-même, et, en elle-même, abstraction pure. D'autre part il identifie le *moi* à « la volonté en tant qu'elle se réfléchit dans cet état affectif fondamental dont la forme, propre à chacun de nous, exprime notre tempérament et constitue notre caractère. Ce *moi*, encore caché au fond de la conscience, se réfléchit à son tour dans nos modes affectifs et perceptifs ; et ce n'est, en définitive, que dans ces modes que nous le saisissons et que nous le reconnaissons comme identique d'une époque de notre vie à une autre. Notre *moi* ne peut pas cesser réellement d'être le même : mais il peut cesser de nous *paraître* le même si, par suite de quelque accident externe ou de quelque crise organique, nos perceptions, et surtout nos affections présentes n'ont plus aucun rapport avec nos perceptions et nos affections passées » (1). On savait déjà, par la thèse sur le *Fondement de l'Induction*, les répugnances de Lachelier à l'endroit du substantialisme, j'entends du substantialisme prêché par nos éclectiques à la suite du bon Thomas Reid. Ce philosophe, aussi sagace psychologue que pitoyable métaphysicien, se figurait la substance comme étant numériquement différente de la collection de ses attributs. Ainsi, par exemple, il lui arrivait de soutenir cette thèse, dont les plus indulgents jugeront qu'elle est absurde, à savoir que nous ignorons la nature de la substance, d'une part, tandis que, de l'autre, nous en connaissons les qualités premières, essentielles, et encore d'une connaissance a équate à son objet : ce qui ou ne veut rien dire, ou signifie que les qualités ont un *en soi* distinct de l'*en soi* de la substance. Je ne jurerais pas que telle ait été, sur ce point, l'opinion de tous les philosophes éclectiques. J'en connais qui, sans la défendre expressément, ou l'ont soutenue, ou en soutenant l'opinion de Descartes, se sont figuré cette dernière à travers celle de Reid. C'est à cette théorie absurde et vraiment niaise que s'est opposée la théorie phénoméniste de la substance dont j'ai jugé utile naguère de prendre la défense (2). Lachelier ne la contredirait peut-être pas, lui qui fait consister l'identité du sujet dans le rapport « des affections présentes avec les perceptions et les affections passées ». Je n'irai point jusqu'à lui prêter l'opinion d'après laquelle nous ne connaîtrions de nous rien que de *présentable*, ou de *représentable*. Peut-être son avis serait-il que cette proposition, étant

---

(1) *Psych. et Mét.*, pp. 143-144.
(2) Cf. *Croyance et Réalité*. Paris, Alcan, 1889.

tautologique, ne signifie rien. La vraie question n'est pas là
d'ailleurs. Elle porte, non sur l'identité de la représentation
avec la connaissance, mais sur celle de la connaissance avec la
conscience. Or il paraît bien que, selon Lachelier, nous avons,
par exemple, conscience du plaisir, nous saisissons même
ce que le plaisir a « d'absolument original » (¹). Et pourtant nous sommes hors d'état de le définir, par suite de le
connaître. Il nous est trop intime, il est trop subjectif pour que
nous nous le représentions, puisque « se représenter » revient
à « objectiver ». Donc, à le bien prendre, on ne saurait convertir en phénomène tout ce qui est objet de conscience. —
Décidément j'avais tort de vouloir rapprocher Lachelier des
criticistes. Il répudierait peut-être l'épithète de « substantia-
liste », mais pour cause d'équivoque. Il n'accepterait point
celle de « phénoméniste » pour cause d'inexactitude.

4° Et décidément aussi j'avais eu raison de ne point déranger
l'ordre des thèses que Lachelier substitue à celle de V.
Cousin. Car, plus nous avançons dans la série, plus entre les
unes et les autres l'écart augmente. Je ne sais trop de quelle
humeur V. Cousin et son école eussent accueilli les amenue
ments de Lachelier à leur théorie de l'étendue et de la sensation. Je sais fort bien, en revanche, que la façon dont l'auteur
de *Psychologie et Métaphysique* consent, pour sauver la liberté,
à perdre le libre arbitre, leur eût fait voir dans leur défenseur
un adversaire peut-être irréconciliable. Ici tout essai d'abré-
viation étant impossible, la transcription s'impose : « Nous
sommes libres, par cela seul que nous sommes un *moi*, ou qu'il
y a en nous quelque chose d'antérieur à la perception et aux lois
qui la régissent. *La sensation peut déjà être appelée libre*, en ce
sens qu'elle ne tient sa nature que d'elle-même ; la volonté, à
plus forte raison, est libre, car il est de son essence de se
vouloir elle-même et d'être cause d'elle-même. Il est vrai qu'il
n'y a en nous ni volonté ni affection particulière qui ne soit
déterminée par un objet perçu, ou tout au moins imaginé et
qui, par conséquent, ne dépende, en dernière analyse, du mécanisme de la nature. Mais ce mécanisme qui enchaîne, ou plutôt
qui dirige notre liberté, semble être, à certains égards, dirigé
par elle : il lui obéit, ou du moins il concourt avec elle dans le
mouvement volontaire, et il entretient de lui-même dans la
nature un ordre qui correspond, en général, à nos besoins et
qui fait prédominer en nous les affections agréables sur les

____

(1) *Psych. et Mét.*, p. 137.

affections pénibles. D'un autre côté, trop de choses hors de nous et en nous-mêmes sont autres que nous ne les aurions souhaitées ; notre propre volonté n'est pas ce qu'elle devrait et ce qu'au fond elle voudrait être, et, en poursuivant avec trop d'ardeur quelques-unes de ses fins, elle se met elle-même dans l'impossibilité d'atteindre les autres. *Ainsi nous sommes libres dans notre être et déterminés dans nos manières d'être ;* nous sommes libres dans ce déterminisme même quand il agit dans le sens de nos tendances, nous en devenons esclaves, lorsqu'il les combat ou qu'il les égare... » (¹).

J'ai présente à la mémoire l'une des plus admirables leçons faites à l'Ecole Normale Supérieure par Lachelier, vers la fin de l'année 1867. Le titre en était : *de la Liberté*. Avant Fouillée, mais avec plus de brièveté et peut-être aussi plus de force, il réduisait à néant les raisons données par les partisans du libre arbitre, en montrant que les faits d'où sont tirées ces raisons peuvent être invoqués par les déterministes. Dans cette leçon, il prouvait l'impossibilité d'expliquer une décision qui n'aurait point de motifs et de mettre victorieusement en doute l'influence infailliblement déterminante du motif le plus fort. Puis il allait jusqu'à soutenir que toute appréciation morale d'un acte exigeait la détermination de cet acte par le caractère de l'individu, par ses antécédents, d'où résultait que, sans déterminisme, la moralité ne saurait être. On sait avec quelle ardeur nos jeunes métaphysiciens du temps présent se sont jetés sur ce nouvel ordre de preuves. Jadis on disait : « Sans libre arbitre, point de moralité. » Aujourd'hui l'on dirait volontiers : « Point de moralité sans déterminisme ». En quoi, d'ailleurs, il n'est pas certain que l'on aurait tort. Ce n'est point le déterminisme qui est en question, mais bien son universalité. Il est vrai que, sur ce point, l'intransigeance de Lachelier n'aurait d'égale que celle de Fouillée. On peut en juger par ce passage : « Nous croyons inutile de rassembler ici les arguments que l'on a opposés, avant et après M. Cousin, à la doctrine psychologique de la liberté : nous trouvons même *un peu étrange* qu'un débat qui paraissait clos par l'accord de Leibnitz et de Kant ait été rouvert *par des philosophes d'une autorité assurément* « moins considérable » (²). Je l'admettrai sans difficulté. L'autorité d'un Kant et d'un Leibnitz est assurément plus considérable que celle d'un Renouvrier ou d'un Secrétan, d'un

(1) *Psych. et Mét.*, pp. 144-145.
(2) *Ibid.*, p. 118.

Boutroux ou d'un Delbœuf. D'autre part, l'autorité d'un Leibnitz est-elle égale ou supérieure à celle d'un Descartes ? L'auteur du présent article n'a jamais pu comprendre je ne dis point le contenu, mais la force soi-disant irrésistible des arguments déterministes. Et tenant ces raisons pour inefficaces, il s'est laissé convaincre par les raisons contraires, et cela, quel que puisse être d'ailleurs son respect pour les grandes autorités de la philosophie. Je tenais à citer ce passage pour montrer à quel point la foi au déterminisme universel est, a été et sera, chez Lachelier, indéracinable.

Et pourtant, identifier l'universel déterminisme soutenu par Lachelier à l'universel déterminisme en faveur duquel Fouillée plaide avec une si infatigable éloquence serait faire preuve d'une insuffisante perspicacité. Ne m'est-il pas arrivé plus haut de rattacher à la doctrine du *Fondement de l'Induction* celle de la *Contingence des lois de la nature* ? Et si ces deux doctrines sont, à tout le moins, tangentes l'une à l'autre, c'est que Lachelier n'est nullement adversaire de toute philosophie de la contingence. N'oublions pas l'honneur que lui a fait Fouillée dans son *Mouvement idéaliste*, et qu'il le range au nombre des « réactionnaires contre la science ». En effet, dès la thèse sur le *Fondement de l'Induction*, le déterminisme des causes finales domine et prévaut sur le déterminisme des causes efficientes. Dans *Psychologie et Métaphysique*, l'auteur esquisse une dérivation des principes de toute existence, d'où il résulte que l'universel déterminisme est moins une loi des choses qu'un point de vue de l'esprit sur les choses. L'être « est tout entier liberté, nous sera-t-il dit, en tant qu'il se produit lui-même, tout entier volonté, en tant qu'il se produit comme quelque chose de concret et de réel, tout entier nécessité, en tant que cette production est intelligible et rend compte d'elle-même » (1). J'interprète ici sans discuter : car on devine aisément à quel point l'on serait embarrassé s'il fallait s'approprier cette thèse et s'en improviser l'avocat. Je dois cependant reconnaître, qu'à moins d'une complète méprise sur le sens fondamental de ce beau texte, la liberté dont il est ici question... est une liberté d'indifférence, à moins que l'être ne se produise en vertu de motifs moraux. Mais il ne nous est rien dit de tel. Le « sit pro ratione voluntas » doit présider aux premières démarches de l'être. — Erreur ! Relisez donc le contexte : « L'être tel que nous le concevons n'est pas, d'abord

____

(1) *Psych et Mét.*, p. 170

une nécessité aveugle, puis une volonté, qui serait enchaînée d'avance par cette nécessité, enfin une liberté, qui n'aurait plus qu'à constater l'existence de l'une et de l'autre. » (¹) — Soit. Et j'avoue mon admiration très franche pour l'art vraiment « incomparable » — je prends le mot au pied de la lettre — avec lequel Lachelier réussit à nous faire comprendre que l'être dont il nous parle est en dehors du temps, que ses trois aspects coexistent. La question est précisément de savoir s'il est possible non pas de se représenter un tel être, ni même d'en avoir conscience, mais de le concevoir, fût-ce par un effet d'abstraction tout à fait exceptionnel. — Il n'importe d'ailleurs. L'essentiel, en ce moment, n'est pas de savoir jusqu'où il est possible de s'assimiler la pensée de Lachelier, sinon pour se l'approprier, du moins pour la comprendre et la faire comprendre. L'essentiel est de se convaincre que Lachelier n'est pas déterministe à la façon des savants, ni même à la manière de Fouillée. Car s'il est faux, à ses yeux, de se représenter l'être comme étant *d'abord* une nécessité aveugle, *puis* une volonté esclave de cette nécessité, *puis* une liberté témoin de son esclavage. Peut-être en renversant l'ordre de succession apparent de ces trois points de vue non pas successifs, mais successivement exprimés, s'approcherait-on davantage de la vraie pensée du maître. Et l'on puiserait, dans cette interprétation, des raisons nouvelles d'apercevoir entre la philosophie de Jules Lachelier et celle d'Emile Boutroux un nouveau lien de parenté. — Maintiendrai-je ce que je disais tout à l'heure, à savoir que la liberté que Lachelier a tout l'air de placer au fond de l'être est une liberté... d'indifférence ? En un sens il en doit être ainsi, semble-t-il, puisque cette liberté est première en soi. Et rien ne la précède puisqu'il n'y a même pas de temps. En un autre sens il n'en serait rien, s'il fallait faire coexister les trois aspects de l'être, nécessité, volonté, liberté.

— Gageons que les maitres restés fidèles au souvenir et à la doctrine de V. Cousin, collègues de Lachelier à l'Académie des Sciences morales et politiques, auraient mille fois préféré la mort sans phrase au genre de sauvetage qu'il leur propose. Et, à en croire Lachelier, nous sommes toujours sur le terrain de la psychologie ! Que sera-ce quand nous aurons franchi l'enceinte de la métaphysique ?

L'influence de Maine de Biran sur V. Cousin et sur Jouffroy avait produit des effets à peu près identiques. On sait la sen-

---

(1) *Psych. et Mét.*, p. 170.

tence de Jouffroy : « Il faut rayer de la philosophie cette proposition que la psychologie est une science de phénomènes. » V. Cousin, lui aussi, a dit quelque chose d'approchant Mais il ne semble pas que les doctrines des deux philosophes en aient été profondément modifiées. Jouffroy est resté le disciple de Thomas Reid. V. Cousin ne réussit jamais pleinement à s'affranchir du joug de celui qui fut le maître de Royer-Collard et par suite, bien qu'indirectement, son premier maître. Toutefois les disciples de Cousin enseignèrent la possibilité, pour la conscience, de dépasser la sphère des phénomènes et d'atteindre l'âme jusque dans son essence, la volonté. C'est ce que l'école des physiologistes met en doute. Et c'est aussi de ce doute que Lachelier veut avoir raison. Je n'oserai dire que pour sauver la volonté, il l'exile. On l'a dit de Kant. Peut-être s'est-on mépris en le disant. Peut-être a-t-on voulu voir dans le monde des noumènes un monde radicalement étranger au monde des phénomènes et, comme tel, absolument impénétrable et, par définition, inconnaissable. Or si, d'une part, il est vraisemblable que, sans la théorie kantienne des choses en soi, celle de Lachelier n'eût pas trouvé où se prendre, de l'autre, il n'est nullement certain que Lachelier se soit purement et simplement approprié la doctrine de Kant. Quand il nous dit : « Ce n'est... pas de la perception à la volonté, c'est au contraire de la volonté à la perception que se succèdent, dans leur ordre de dépendance, et probablement aussi de développement historique, les éléments de la conscience » (¹), il entend que cette volonté est le fond de l'être, puisqu'il vient de nous dire : « Nous sentons... confusément, et l'on pourrait peut-être montrer, par une analyse psychologique et physiologique à la fois, que nos diverses tendances ne sont que différentes formes d'une volonté unique, que l'on a justement nommée la volonté de vivre. » (²) Et nous n'avons pas à en inférer — contrairement à la lettre bien plutôt peut-être qu'à l'esprit de la métaphysique de Maine de Biran, et conformément à ce que l'on a le droit d'appeler les exigences de la logique — que cette volonté ne saurait tomber dans le champ de la représentation. Nous n'avons pas à l'*inférer*, dis-je, Lachelier ayant pris la peine de ne nous laisser sur ce point aucun doute : « Nous sommes volonté avant d'être sensation ; et, si la volonté n'est pas, comme la sensation, une donnée directe et distincte de la conscience,

(1) *Psych. et Mét.*, p. 139.
(2) *Ibid.*, p. 138.

n'est-ce pas parce qu'elle est la condition première de toute donnée et, en quelque façon, la conscience elle-même ? Il faut bien,
en effet, qu'il y ait en nous un dernier élément qui soit sujet de
tout le reste et qui ne soit plus lui-même objet pour un autre;
et, *de ce que nous ne nous voyons pas vouloir*, nous devons conclure, non que notre vouloir n'est rien, mais qu'il est nous-
mêmes » (¹). Je ne puis, en transcrivant ce passage, oublier que
tout-à-l'heure, et à propos d'un autre texte, je prêtais à Lachelier — ce dont je le félicitais presque — une théorie phénoméniste du *moi*. (²) Voici maintenant qu'il me faut confesser ma
méprise. Et elle est grossière, puisque, au lieu de rester en deça
du point de vue de l'auteur des *Fondements de la Psychologie* (³), hardiment Lachelier le dépasse. Distinguerait-il, avec
Kant, un moi empirique et un moi nouménal qui, pour échapper
à toute connaissance, n'échapperait cependant pas à toute conscience ? Il est bien possible que le kantisme de Lachelier soit
plus essentiellement orthodoxe qu'à première vue l'on inclinerait à le croire. Sous le bénéfice de ces réserves, il reste vrai qu'à
prendre les choses un peu trop en gros peut-être, du moins
telles qu'il nous est difficile de ne les apercevoir point, condam-
nés que nous sommes à les regarder avec nos propres yeux,
si Lachelier ne s'en tient pas au pur phénoménisme, on dirait
qu'entre le noumène de Kant et le phénomène il établit une
sorte de pont ... Je me trompe. Car il n'y a de pont qu'entre
deux rives. Et dans la philosophie de Lachelier, s'il est
« une autre rive », nous n'en savons rien. J'entends qu'au delà
de cette volonté de vivre que, puisqu'il nous en parle, il nous
interdit d'identifier à un X, il ne suppose rien — Mais puisqu'il nous en parle, il la connaît ! Donc il se la représente,
il en fait un phénomène ! — C'est là une conclusion dont le
rejet pourrait surprendre. Je crois pourtant que Lachelier
n'aurait pas hésité à la rejeter. Je ne saurais me flatter de
saisir jusque dans ses moindres détails une pensée qui aime
à se resserrer dans un petit nombre de formules. Je crois néanmoins que, dans les passages où l'auteur se donne l'air d'un
phénoméniste, il se place au point de vue des éclectiques, et
soutient que, de ce point de vue, il est contradictoire de parler
d'un moi-substance. Même il est bien près de penser que l'école
psycho-physiologique a fort heureusement rectifié le point de

(1) *Psych. et Mét.*, p. 138.
(2) *Ibid.*, p. 144.
(3) **Maine de Biran**, dans le recueil de ses *Œuvres posthumes*, publié
par Ernest Naville.

vue de Cousin et de ses disciples. Reste à se demander si ce point de vue est le seul. Reste à se demander si notre conscience (je n'ai pas dit notre connaissance) est réduite à la conscience sensible. Dès lors, la théorie phénoméniste du moi n'en exclurait pas une autre ; nous ne serions pas exclusivement tout ce que nous nous apparaissons à nous-mêmes ; et il y aurait lieu de superposer à la conscience empirique et sensible une conscience métaphysique sans qu'il fallût voir dans l'alliance de ces deux termes la moindre contradiction.

— Comment s'y prendre pour éviter de l'apercevoir ? Car, encore une fois, de deux choses l'une : ou nous pouvons parler, et nous savons et alors nous nous représentons ; ou nous ne nous représentons rien, et nous ne savons pas, et alors il nous est interdit de parler. — Oui, s'il y a dilemme, c'est-à-dire si entre ces deux cas possibles, il ne s'en glisse pas d'autres. Oui, si là où cesse la représentation, il n'y a plus décidément rien. Oui, si la tendance n'est qu'un mot. Oui, si l'effort n'est qu'une illusion psychologique. Oui, si le *to be or not to be that is the question*. Mais si la question est autre ? Et pour Lachelier elle est visiblement autre, étant plus complexe. Il s'agirait précisément de savoir si le néant de représentation, de connaissance, équivaut au néant absolu. J'ai longtemps soutenu l'affirmative. Je la soutiendrais aujourd'hui avec moins d'assurance. Tenons pour certain que Lachelier soutiendrait la négative, en quoi il embarrasserait fort les défenseurs de l'éclectisme. On embarrasse toujours celui à qui l'on donne plus qu'il ne demande. Ce « plus » à l'air d'être autre chose. Et si c'est autre chose, le don équivaut à un refus.

En effet, ce qu'à le bien prendre Lachelier refuse aux éclectiques, c'est, ni plus ni moins, toute leur psychologie. « La vraie science de l'esprit, dira-t-il, n'est pas la psychologie, mais la métaphysique. » (¹) Il assigne pour objet d'étude à la psychologie proprement dite, ce qu'il appelle « la conscience sensible ». Mais lorsqu'il traite de cette dernière, il recourt à des procédés que la vieille psychologie répudierait. L'analyse réflexive et la déduction en sont presque toute la méthode. On est donc conduit à se demander d'où vient qu'il distingue entre les problèmes de la psychologie et ceux de la métaphysique : car c'est un fait qu'il les distingue. Serait-ce que la psychologie est confinée dans le monde de l'expérience et qu'il n'y

____

(1) *Revue philosophique*, 1885, I, p. 516. Les termes de ce dernier paragraphe diffèrent sensiblement dans la deuxième édition.

est point de place pour une théorie de la raison ? (¹) On le dirait
à la manière dont Lachelier a divisé son étude. En quoi consiste donc, d'après Lachelier, le passage de la psychologie à
la science de « la pensée et de toutes les choses » ?

III

La science de l'esprit est *une*. Et, de l'aveu même de Lachelier, la conscience l'est aussi. En sorte que, si l'on peut parler
d'une « conscience intellectuelle » différente de la conscience
sensible, on ne saurait néanmoins les distinguer numériquement l'une de l'autre (²). Qu'est-ce donc que ce passage de la
psychologie à la métaphysique auquel nous sommes conviés en
vue de « donner raison au spiritualisme » ? S'agit-il de passer
d'une science à une autre, ainsi qu'on le disait à l'instant
même ? En un sens, oui ; mais à peu près comme lorsque, passant de la physique expérimentale à la physique rationnelle,
on cherche à légaliser par la seconde les résultats de la première. Donc il n'est plus absolument exact de dire qu'on change
de science. Car, pour qu'une science se distingue d'une autre,
il ne suffit peut-être pas que la méthode y diffère. Il faut, en
outre, que l'on ait un objet différent de l'autre. Et ce n'est pas
ici le cas. Le « passage de la psychologie à la métaphysique » est
un « passage de l'analyse à la synthèse », ni plus ni moins. (³)
Dès lors nous n'avons pas à sortir de la conscience, mais à y
pénétrer plus profondément, puisque la conscience psychologique et celle que, faute d'un terme meilleur, nous appellerions
« métaphysique », ne sont qu'une seule et même conscience.
Dans ces conditions il ne faut point dire que le philosophe va se
passer de données. Il va construire. Il va redescendre de ce
que l'expérience lui atteste jusqu'aux conditions qui rendent
cette expérience possible. La conscience sensible est un fait.
Mais c'est aussi un fait que, bien qu'elle soit première dans l'ordre de notre connaissance, elle ne saurait l'être en soi. Et si l'on
en est persuadé, ce n'est pas uniquement pour imiter le procédé
de la cosmogonie hindoue qui fait reposer la terre sur un animal, celui-ci sur un autre, et ainsi de suite indéfiniment. Ce n'est
pas non plus — je ne crains pas de fatiguer le lecteur en le

(1) *Psych. et Mét.*, p. 145.
(2) *Ibid.*, p. 155.
(3) *Ibid.*, p. 158.

lui répétant   parce que ce qui est donné est phénoménal et que
le phénomène implique le noumène. C'est parce que de notre
interprétation même de l'expérience il résulte que, dans la perception par exemple, quelque chose se mêle à elle « dont la
lumière se réfléchit en quelque sorte de la perception sur le
sentiment et la volonté » (1) et qui est la pensée, la pensée qui
produit spontanément la troisième dimension de l'étendue (2).
Nous *savons* que l'étendue est profonde. Nous ne la *voyons* pas
telle : « Il est clair que nous ne pouvons pas voir directement la
profondeur : car pour la voir directement, il faudrait la regarder transversalement, ce qui la convertirait en largeur. Dira-
t-on que nous voyons un objet disparaitre derrière un autre ?
Mais qui nous garantit que le premier de ces deux objets continue à exister derrière le second ? Dira-t-on que c'est en marchant vers les objets que nous percevons la distance qui nous en
sépare ? Mais comment percevons-nous notre marche elle-
même ? Nous avons conscience d'une série d'efforts musculaires, et nous voyons en même temps un objet situé en face de
nous devenir de plus en plus grand, tandis que d'autres objets,
qui nous semblaient contigus au premier, s'en écartent graduellement et finissent par disparaitre à notre droite et à notre
gauche. Qu'y a-t-il dans tout cela qui nous assure que nous
nous sommes déplacés d'arrière en avant, et que ce ne sont
pas les objets eux-mêmes qui ont grandi, ou qui se sont déplacés latéralement devant nous ? Dira-t-on qu'il nous suffit pour
acquérir l'idée de la profondeur de promener notre main sur
deux faces d'un solide, l'une tournée vers nous, l'autre à angle
droit avec la première ? Mais la question est précisément de
savoir si le plan du second mouvement est perpendiculaire à
celui du premier ; et, que deux plans forment un angle, qu'un
plan soit même différent d'un autre, c'est ce qu'aucune sensation d'effort, de résistance ou de frottement n'est capable de
nous apprendre. Ainsi nous ne percevons, ni directement, ni
indirectement la profondeur : nous croyons simplement qu'elle
existe, et nous ne le croyons que parce que nous attribuons aux
objets extérieurs une existence absolue et indépendante de la
nôtre. Un objet réel est, en effet, pour nous un objet solide, ou
un corps : c'est aussi un objet situé dans l'étendue en tant que
solide et extérieure à nous, ou dans l'espace. Mais réciproquement la solidité des corps n'est que la réalité que nous plaçons

(1) *Psych. et Mét.*, p. 154.
(2) *Ibid.*, p. 152.

en eux au-delà de l'apparence sensible ; et l'espace, en tant que
distinct de l'étendue visuelle et tactile, n'est que la possibilité,
conçue par notre esprit, d'un ensemble de corps ou d'un monde
réel. La profondeur est, en définitive, le fantôme de l'existence,
l'illusion de nos sens qui croient voir et toucher ce qui est l'objet propre de notre entendement. On demande ce que la pensée
ajoute à la perception : on ne s'aperçoit pas que ce qu'on appelle
perception est déjà en grande partie l'œuvre de la pensée. » [1]

On sait la théorie des éclectiques qui dérive presque en droite
ligne de celle de Thomas Reid. Nous disons *presque*, car, dans
la philosophie du professeur écossais, la perception est une
conception accompagnée de croyance à la réalité de l'objet.
Cette définition que Reid prenait pour une définition de choses,
n'est, à la rigueur, qu'une définition de mots. C'est un fait que
nous croyons à l'existence des choses, et c'est ce fait que Reid
appelle perception. La théorie de Cousin est sensiblement différente. Elle consiste à transformer l'acte de créance en un acte
de connaissance. Si nous pouvions y insister, nous ne manque-
rions pas de raisons, c'est-à-dire de textes pour établir que les
éléments de cette transformation ont été puisés dans les œuvres
de Reid même. Toujours est-il que, selon V. Cousin, la perception externe n'est autre que la fonction mentale par laquelle
nous affirmons la réalité de l'étendue et son extériorité. Il est,
en effet, une perception externe, Lachelier l'admet. D'autre
part, il a démontré tout à l'heure que l'étendue, loin d'être
étrangère à la conscience, en est un produit original. Cette étendue a deux dimensions. Mais à cette étendue nous attribuons,
outre la longueur et la largeur, la profondeur « fantôme de
l'existence ». Il semble, dès lors, que nous sortions de nous-
mêmes, ce à quoi notre conscience, ou tout au moins notre
conscience sensible paraît bien être radicalement impuissante.
Dès lors un seul parti resterait à prendre, celui de l'acte de foi
ou celui de l'affirmation ferme, entre lesquels décidément la
différence est moindre qu'elle ne nous paraissait à première
vue, puisque l'un et l'autre sont gratuits, exempts de toute
garantie et, par là-même, privés de toute autorité. Lachelier consent à l'acte de foi. Mais cet acte de foi, il le cautionne, puisqu'il voit dans la perception une collaboration des sens et de la
pensée, des sens qui attestent, et de la pensée qui légalise. « Tu
ne prendras pas demain à l'Eternel, » a dit le poète. C'est pourtant ce que fait la science, dont c'est précisément l'office de

---

[1] *Psych. et Mét.*, pp. 152-154.

transformer les faits en vérités. Or, veuillons le remarquer, quand nous disons : « je perçois cette table », à moins que nous n'entendions, par ces mots, exprimer rien de plus qu'un fait subjectif, ce qui est loin d'être le cas ordinaire, nous proclamons que cette table existe. A ceux qui en douteraient, nous répliquons par ce que nous croyons être la démonstration de la solidité de la table. Et nous attribuons faussement à nos sens ce qui est l'œuvre même de la pensée. Car, ou cette prétendue démonstration ne signifie rien à nos yeux, et alors il est étrange que nous fassions effort pour la rendre ou persuasive ou convaincante, ou elle signifie précisément que la table existe non seulement pour moi, mais pour tous, et non seulement pour tous, mais en elle-même.

Mais si c'est cela que je veux prouver quand je cherche à démontrer la solidité, c'est-à-dire la profondeur de la table, comment dois-je l'entendre ? Qu'est-ce qu'exister en soi ? S'agit-il de prétendre que la table dont j'ai la représentation est le signe d'une autre table, d'une sorte de *table en soi* ? Evidemment non. Platon lui-même qui tirerait de la table sensible la preuve de l'existence de la *table en soi* ou de *l'idée* de la table, distinguerait entre la table intelligible et la table sensible. Et il ne mettrait nullement en doute l'existence de cette dernière. Et que, dans l'exemple présent, l'existence de la table sensible soit seule en question, il en conviendrait. — S'agit-il d'investir la table d'une sorte de conscience ? — D'abord, à moins de se complaire dans l'absurde ou l'invraisemblable, il faudrait recourir à l'hypothèse des monades, et se représenter la table comme un tout formé par un agrégat de substances simples dont chacune serait un centre de perception. — De perception ou de conscience ? — On a pu se demander, et même sur ce point l'indécision subsiste encore, si Leibnitz avait pris au pied de la lettre l'inconscience qu'il attribue aux perceptions d'un grand nombre de nomades. J'ignore quel eût été l'avis de Lachelier sur la manière dont il conviendrait d'interpréter Leibnitz. En revanche, sur la question de savoir s'il faut attribuer la conscience à l'élément inorganique, sa pensée n'est point douteuse : « On peut douter si le minéral n'est qu'un objet pour nos sens ou s'il est, en outre, un sujet en lui-même ; mais il ne peut être, dans ce dernier cas, que la volonté fixe d'un état fixe, que l'on n'ose plus nommer une affection. » (¹) Or la fixité rend la conscience inutile, et non seulement elle la rend inutile, mais on doit aller

____

(1) *Psych. et Mét.*, p. 140.

jusqu'à dire qu'elle l'exclut, l'inconscient étant le réciproque de l'inerte. Voilà donc écarté un deuxième sens possible de l'existence en soi. On ne l'entendra, ni à la manière des kantiens orthodoxes, ni à la manière des leibnitziens.

Resterait à dire que la table existe, puisqu'elle résiste à la main qui la prend. Et de vrai y a-t-il autre chose à en dire ? *Existence* et *résistance* ne sont-ils pas synonymes ? Et ne se démontrent-ils pas, pour ainsi parler, l'un par l'autre ? Alors il y aurait une démonstration circulaire ? Il y aurait en logique des « cercles » qui ne seraient pas « vicieux » ? Souvenons-nous de la condamnation prononcée contre la démonstration circulaire dans les *Derniers Analytiques*. Ne pourrait-on pas cependant absoudre la démonstration circulaire, et dire d'elle ce qu'Aristote dira de la démonstration mise au service de la définition, à savoir qu'elle ne prouve pas, mais qu'elle « illustre » ? Ici vous pouvez alternativement inférer la profondeur de l'existence et l'existence de la profondeur : et cela indéfiniment. — Donc vous n'avancez pas, donc vous n'acquérez pas de connaissance nouvelle ! — N'est-ce pas acquérir une connaissance en quelque sorte nouvelle que d'accroître le degré d'évidence d'une connaissance préalablement acquise ?

Mais à quoi bon insister davantage ? Il est, dans le texte de Lachelier — l'un des plus beaux de son étude et dont l'originalité profonde ne manquera pas de faire naître, sinon la conviction, du moins l'admiration — il est dans ce texte, dis-je, une expression que le lecteur a soulignée déjà peut-être, celle de *fantôme de l'existence* appliquée à la profondeur. Exister ne signifie donc pas être profond. Aussi bien le terme d'existence ne saurait-il avoir, sans perdre toute valeur, deux significations irréductibles, l'une applicable aux choses, l'autre aux êtres pensants. Si je dis : « j'existe », si je dis : « cette table existe », j'affirme une communauté d'analogie entre la table et moi. Ainsi parlerait Aristote. J'établis entre la table et moi une relation qui consiste en ce que l'un et l'autre nous participons de l'idée d'existence. Ainsi parlerait un disciple de Platon. Qu'est-ce donc qu'exister ? Et comment trouver de l'existence une définition commune aux êtres et aux choses ?

« La volonté, écrit Lachelier, est le principe et le fond caché de tout ce qui existe : beaucoup d'êtres la redoublent en quelque sorte et la révèlent à elle-même dans leurs modes affectifs : quelques-uns détachent à demi de ces modes les qualités sensibles et les voient flotter devant eux comme une sorte de rêve : un seul les *fixe* dans l'étendue et en compose ce mirage *perma-*

nent qu'il appelle le monde extérieur. » (¹) L'existence a pour caractères la permanence, la fixité. Quand j'affirme que « cette table existe », non seulement je la détache de la sensation qui me la révèle, mais encore j'affirme qu'elle a été, qu'elle est, qu'elle sera. Quand je dis que je souffre, je ne constate point seulement un fait subjectif, mais j'affirme une vérité. Quand ma souffrance sera passée, il sera vrai que j'ai souffert, et cette vérité sera indépendante du nombre d'esprits qui l'affirmeront et du degré de créance qu'ils lui accorderont. En tant que fait, ma souffrance ne sera plus. En tant que vérité, elle subsistera, en sorte qu'à certains égards il ne faudrait plus distinguer, avec Bossuet, les vérités éternelles des vérités passagères ou provisoires, mais seulement les vérités nécessaires des vérités contingentes, puisque toute vérité serait éternelle. Ici je commente et, il faut bien en convenir, je ne serre plus de très près le texte. Toutefois, il me paraît impossible de lui donner un autre sens.

Or, si la conscience sensible par elle-même ne peut ériger un fait en vérité, comme ce passage du fait à la vérité a lieu, non seulement chaque fois que nous percevons un objet, mais encore chaque fois que nous prenons connaissance d'un de nos états, nous devons reconnaître que la pensée se mêle à la perception et à la conscience. Cette pensée ne serait-elle pas ce que les éclectiques ont décoré du nom de raison, et la preuve que la raison n'est pas une « chimère » ne serait-elle point déjà commencée ?

La pensée est ce qui confère l'existence. Et les choses sont, pourrait-on dire, en vertu d'une pensée qui les fixe par delà la sensation qui les constate. Et de même, en passant de l'ordre des choses à l'ordre des êtres qui pensent, autre chose est de constater, autre chose est d'affirmer. On sait les commentaires auxquels a donné et donnera lieu le *cogito, ergo sum.* Y a-t-il syllogisme ? N'y a-t-il pas syllogisme ? J'admets que le problème de logique soulevé à propos de ce célèbre texte ne soit nullement négligeable. Mais ce texte en soulève un autre, et d'une portée plus haute. Si *cogito* est le substitut de *sum* et réciproquement, il n'y a pas syllogisme et les logiciens n'ont plus à intervenir. Mais s'il ne s'agit que d'une constatation de fait, il n'y a plus ni métaphysique cartésienne, ni même « première vérité ». La question est donc de savoir comment il faut comprendre Descartes. Devons-nous comprendre comme si Descartes avait écrit : « C'est un fait que je pense, donc c'est un fait que je suis » ? Devons-nous comprendre comme si Descartes avait

(1) *Psych. et Mét.*, p. 140.

écrit : « C'est une vérité que je pense, donc c'est une vérité que
je suis » ? Entre ces deux commentaires l'écart est considérable.
Et quoi que l'on puisse conclure sur ce qui fut la vraie pensée
de Descartes, on ne peut méconnaître à quel point la seconde
interprétation l'emporterait pour la plénitude et la fécondité du
sens.

Ainsi V. Cousin ne se trompait pas quand il nous attribuait
« des connaissances qui ne dérivent pas exclusivement de l'expérience » (¹). Même il eût dû s'apercevoir que « cette faculté spéciale appelée *raison* » et qui n'est autre que la pensée, intervient
partout où s'effectue en nous le passage du sujet à l'objet.
Percevoir c'est penser, puisque c'est objectiver.

5° V. Cousin se trompait-il quand il investissait les connaissances rationnelles du privilège non pas seulement d'être « vraies
à nos propres yeux », mais encore de correspondre « à des
vérités qui existent hors de nous et dans la nature des choses » ?
C'est à quoi l'on sera peut-être en état de donner bientôt une
réponse. Il convient maintenant de poursuivre la preuve commencée, à savoir que non seulement la pensée, mais encore la
liberté ne sont point des chimères. Or, puisque la liberté dont
il va être question ne saurait être la liberté psychologique de la
volonté ou plutôt de la *volition* ainsi qu'on l'a toujours entendu
chez les éclectiques, il reste que cette liberté, d'essence métaphysique, soit celle de la pensée. Et de la pensée, Lachelier
va s'appliquer à mettre en lumière la spontanéité absolue. Ici
l'on touche à des profondeurs auxquelles les philosophes qui
ont manié la langue française — si ce n'est, je l'ai déjà dit,
Ch. Secrétan — nous ont rarement fait descendre. Sans compter
que les textes sont brefs, ce qui est un avantage pour le lecteur — on aime mieux juger sur des citations que sur des résu-
més — ce qui est un désavantage pour celui qui cite, puisqu'il
ne peut échapper au commentaire et que, pour commenter, trop
souvent le « contexte » manque.

Si la pensée est spontanéité absolue, si la pensée est, dans
son essence, adéquate à l'être, il faudrait être en état de prouver que « l'idée de l'être ou de la vérité se produit elle-même ».
C'est ce qui va être essayé. « Supposons que nous ne sachions
pas encore si cette idée (l'idée de l'être ou de la vérité) existe ;
nous savons du moins, dans cette hypothèse, qu'il *est vrai*
ou qu'elle existe, ou qu'elle n'existe pas. Nous pensons cette
alternative elle-même sous la forme de la vérité ou de l'être,

____

(1) *Psych. et Mét.*, p. 110.

šanš laqüelle nous ne pouvons rien penser : *il y a donc déjà en nous une idée de l'être ou de la vérité.* » Soit. Mais l'objet de la démonstration n'est pas la présence d'une idée ; c'en est la production, et non seulement la production, mais, si j'osais risquer un terme barbare, je dirais l'*autogenèse.* Comment démontrer qu'une idée se produit elle-même ? Ce ne peut être évidemment qu'au moyen d'une prémisse où elle figurera. Mais alors sera-ce une prémisse véritable ? Et y aura-t-il démonstration ? Après tout, il ne faudrait pas se laisser subjuguer par ce qu'on appelle la logique, laquelle n'est peut-être qu'*une* logique, celle d'Aristote. Peut-être s'est-on laissé trop facilement soumettre à son autorité, et, sous ce rapport, la scolastique a-t-elle continué de se survivre. Aristote a dit qu'il est des thèses indémontrables : celles qui expriment ce qu'est une chose, à savoir les définitions. Aristote a dit aussi que la science serait impossible si tout se démontrait, car il y aurait démonstration à l'infini. Or, comme il est impossible à l'homme de parcourir l'infini, d'une part, et que, d'autre part, l'infini n'est pas, puisqu'il n'est pas en acte, la science exige que le démontrable soit suspendu à l'immédiatement évident. Mais Lachelier ne dit pas autre chose. Nous lisons en effet : « Il faut qu'il y ait en nous avant toute expérience une idée de ce qui doit être, un *esse* idéal, comme le voulait Platon, qui soit pour nous le type et la mesure de l'*esse* réel. C'est cette idée qui est, et qui seule peut être le sujet de la connaissance : car elle n'est point une chose, mais la vérité *a priori* de toutes choses, et la connaissance n'est que la conscience que cette vérité idéale prend d'elle-même en se reconnaissant dans les choses qui la réalisent. Maintenant comment cette idée existe-t-elle en nous ? Est-elle, comme les idées innées du spiritualisme vulgaire, un « fait rationnel », une donnée inexplicable de la conscience intellectuelle ? S'il en était ainsi, elle ne serait, sous le nom d'idée, qu'une chose d'un nouveau genre : elle serait peut-être le premier objet de la pensée, mais elle n'en serait pas encore le sujet ,et elle aurait à justifier de sa vérité devant une idée antérieure, avant de s'ériger en *criterium* de la vérité des choses sensibles. *L'idée qui doit nous servir à juger de tout ce qui nous est donné ne peut pas nous être elle-même donnée :* que reste-t-il, sinon qu'elle se produise elle-même en nous, qu'elle soit et que nous soyons nous-mêmes, en tant que sujet intellectuel, une dialectique vivante ? *Ne craignons pas de suspendre en quelque sorte la pensée dans le vide : car elle ne peut reposer que sur elle-même et tout le reste ne*

peut reposer que sur elle : le dernier point d'appui de toute
vérité et de toute existence, c'est la spontanéité absolue de
l'esprit. » (¹)

Ainsi la démonstration dont on nous parle n'en saurait être
véritablement une. Toujours est-il néanmoins que, si l'Etre se
produit lui-même, ne repose que sur lui-même, l'idée sur laquelle nous chercherions à nous appuyer pour en faire sortir celle
de l'Etre, ne saurait différer de cette idée. Elle n'en saurait différer absolument, à coup sûr. Toutefois, il se pourrait que l'idée
d'Etre, qu'on assure être la plus pauvre et la plus vide de toutes,
se prêtât quand même, sinon à une multiplicité, du moins à
une pluralité de points de vue. Il est impossible d'admettre que,
quand on parle, on ne fasse autre chose que prononcer des mots.
Et si l'on fait autre chose que prononcer des mots, quand par
exemple on dit : « L'Etre est », on fait, j'imagine, tout autre
chose que si l'on prononçait deux fois le mot « Etre ». A le
prononcer deux, trois, un nombre infini de fois, on n'appren-
drait rien. Or la proposition : « l'Etre est », encore qu'il y ait
grand embarras à la développer en une périphrase, ne laisse pas
d'être, à quelque degré, instructive. Aussi bien cette formule
exprime-t-elle une relation et implique-t-elle, par là même, une
dualité, non seulement verbale, mais réelle. Revenons au texte
de Lachelier. Soit l'idée de l'Etre dont l'existence se trouve en
question. Dès lors je ne sais si cette idée est ou n'est pas. Dès
lors, par conséquent, à moins que je ne parle sans me comprendre, je conçois et, dans une certaine mesure, je me représente, plus ou moins distinctement, les deux cas, celui de la
présence, celui de la l'absence de l'idée. Admettons que cette
représentation soit tellement confuse qu'il est incertain si, oui
ou non, elle nous est donnée. Admettons même qu'elle ne nous
soit pas donnée. En résulte-t-il que les termes de la question :
« L'Etre est-il ? L'Etre n'est-il pas ? » se réduisent à de simples
termes ? Mais entre l'un et l'autre membre de l'alternative je
n'aperçois pas d'intermédiaire possible. Il faut que, de deux
choses l'une, l'Etre soit ou ne soit point. C'est une nécessité.
C'est donc une vérité. Je puis donc démontrer l'idée de l'Etre
par l'idée de vérité. Ces deux idées sont-elles adéquates l'une
à l'autre ? Pas absolument. Car quand je dis : « l'Etre est »,
quand je le pose à titre d'hypothèse, j'en fais un objet de pensée, une matière. Quand je dis : « il est vrai que l'Etre est ou
n'est pas », je dis quelque chose d'assez différent, puisque j'ad-

____

(1) *Psych. et Mét.*, pp. 157-158.

mets l'éventualité d'un démenti donné à ma première hypothèse. Dès lors je démontre une proposition par une proposition logiquement antécédente. Je démontre l'idée de l'Etre en tant qu'objet de pensée par l'idée de l'Etre « considéré comme forme de cette même pensée ». Soit maintenant à démontrer la prémisse (car on lui peut donner ce nom) : « il est vrai qu'il existe ou qu'il n'existe pas », ou, du moins, soit à lui chercher une garantie. Lachelier ne dit point en propres termes ce que je vais dire. Il nous paraît, toutefois, que la seule garantie de la proposition qui pose les deux membres de l'alternative est une proposition qui lui est identique : « il est vrai qu'il est vrai que... etc. ». (¹) Et c'est ce qui expliquerait ce texte dont l'extrême concision désoriente : « Ainsi l'idée de l'être, considérée comme objet de la pensée, a pour antécédent et pour garantie l'idée de l'être, considérée comme forme de cette même pensée. Dira-t-on que l'idée de l'être, considérée comme forme de la pensée, aurait elle-même besoin d'être garantie par une forme antérieure ? Soit, et c'est précisément ce qui a lieu : car cette idée, dont l'existence est maintenant en question, descend par cela même au rang d'objet de la pensée ; et ce nouvel objet trouve aussitôt sa garantie dans une nouvelle forme, puisque, soit qu'il existe, soit qu'il n'existe pas, il *est vrai*, encore une fois, qu'il existe ou qu'il n'existe pas. *L'idée de l'être se déduit donc d'elle-même, non pas une fois, mais autant de fois que l'on veut, ou à l'infini, elle se produit donc et se garantit absolument elle-même.* » (²)

Quelle est cette idée de l'Etre qui se produit elle même ? Le terme français *être* désigne à la fois un substantif et un infinitif pris substantivement. Pour le vulgaire, c'est tout un. Au regard du psychologue qui constate, la différence entre les deux termes reste verbale. Au regard du métaphysicien qui analyse, il s'en faut que les deux termes soient identiques. Afin d'éviter même les apparences de l'équivoque, substituons au mot *être* les deux locutions grecques εἶναι et ὑπάρχειν. Cette substitution nous offrira un double avantage. D'abord elle nous permettra de mieux marquer le progrès de la pensée quand elle va de l'εἶναι à l'ὑπάρχειν. Tout semblant de tautologie

---

(1) Et notez que dans cette proposition : « il est vrai qu'il est vrai », le second membre n'est pas rigoureusement identique au premier, attendu que le premier membre joue le rôle de *forme* et le second celui de *matière*. Dès lors, il y a mouvement dans la pensée, par suite progrès dans la connaissance, puisque l'on n'a pas affaire à une pure tautologie.

(2) *Psych. et Mét.*, p. 159.

aura disparu, et le jugement nous apparaîtra ce qu'il est dans son essence, à savoir une synthèse, c'est-à-dire — ne redoutons pas le pléonasme — une synthèse du divers. En effet, dire avec Parménide en empruntant la langue d'Aristote : τὸ εἶναι ὑπάρχει τῷ εἶναι, c'est mettre en saillie la dualité des termes, dualité plus que numérique puisqu'elle est tout d'abord « vocale » et par suite verbale, si tant est que deux termes de sons différents ne sauraient jamais être rigoureusement synonymes. Il y a dont progrès de l'εἶναι à l'ὑπάρχειν. A ce premier avantage s'en ajoute un autre : on sait, en effet, que dans la langue grecque, les jugements d'attribution revêtent une double forme grâce à la possibilité de se servir ou du verbe εἶναι ou du verbe ὑπάρχειν. Dans le premier cas, c'est le sujet qui s'énonce d'abord. Dans le second, c'est l'attribut. Il y a là deux mouvements de sens contraire, si l'on peut ainsi dire. Et l'on peut ainsi dire. Même on le doit, à mon avis. Même on est conduit, ce me semble, à se demander si cette distinction n'équivaudrait pas à celle de... l'analyse et de la synthèse. Autre chose serait, en effet, rattacher un attribut à un sujet, autre chose serait extraire d'un sujet l'un ou la somme de ses attributs. Posons le problème, si toutefois il y a problème, et passons outre. L'important, d'ailleurs, est de faire voir qu'en empruntant la langue d'Aristote pour « expliciter » la pensée de Lachelier, j'ai pris soin de m'en faire reconnaître le droit par Lachelier lui-même. Car si l'on continue la lecture, interrompue par cet essai de commentaire, on lit : « L'être est, pourrions-nous dire encore, mais en allant dans cette proposition, contrairement à l'interprétation ordinaire, de l'attribut au sujet : car la pensée commence par poser sa propre forme, qui est l'être comme attribut. » (1) L'Etre comme attribut, c'est le τὸ εἶναι. De quoi puis-je l'affirmer tout d'abord ? Du τὸ ἕν ? J'en aurai peut-être le droit tout à l'heure. J'ai d'abord et incontestablement celui de l'affirmer de lui-même. L'auteur, quel qu'il soit, du *Parménide* ne dit-il pas à plusieurs reprises, de l'*Etre* et de l'*Un*, qu'ils « sont en eux-mêmes » ? Il est donc vrai, et c'est peut-être la première vérité, que celle dont voici la forme : τὸ εἶναι τῷ εἶναι ὑπάρχει. — Alors on retombe dans la tautologie qu'on semblait préoccupé d'éviter !— On l'évitera bientôt. Mais il semble que déjà l'on soit en train d'en sortir, car autre chose est dire : τὸ εἶναι tout court, autre chose est dire : τὸ εἶναι ὑπάρχει... Et la preuve, c'est que, dans le premier cas, l'on n'affirme rien,

(1) *Psych. et Mét.*, p. 159.

et que dans le second l'on affirme. Et la preuve, c'est que, du moment où je dis ὑπάρχει, j'exclus le οὐχ ὑπάρχει. Je fixe une idée flottante : *j'affermis* puisque j' *affirme*. Et ce que j'affirme n'est pas *un* fait, mais une *loi*. Et ce que j'affirme n'est pas *une* pensée, mais *la* pensée. Et ce que j'affirme n'est pas *un* être, mais l'*Etre*, dont l'idée vient de se produire elle-même, non pas du néant, ce qui serait pis que miraculeux, étant contradictoire, mais d'*elle-même*.

Il s'agit maintenant de passer du « fait d'être » à « ce qui est ». Comment effectuer ce passage ? Comment unir l'attribut au sujet, à un sujet qui ne soit plus « l'attribut lui-même pris pour sujet » (¹) ? D'abord il est très certain que ce passage a eu lieu. L'intervalle a été franchi. La pensée s'est faite verbe. L'idée non seulement s'est produite, mais elle s'est réalisée. Nous avons détaché l'idée de l'Etre de la conscience sensible pour la considérer dans sa pureté et aussi, car il faut tout dire, dans sa presque inanité. Mais nous savons qu'elle se réfléchit dans la conscience sensible. Et cela nous le savons, en quelque sorte, sans démonstration. La conscience sensible est un fait : donc l'Etre est. « Non seulement cette seconde idée (de l'être) complète la première, mais encore elle l'explique et la justifie : l'être abstrait va se rattacher, comme à sa racine, à l'être concret, et nous ne pouvons même plus concevoir l'existence que comme une sorte de manifestation de ce qui existe. L'être est, dirons-nous une seconde fois, et nous irons maintenant dans cette proposition, comme on l'a toujours fait, du sujet à l'attribut : *l'être se pose d'abord comme sujet et comme essence, et se manifeste ensuite hors de lui par l'attribut de l'exis-tence.* » (²) Pour qu'il y ait *des* êtres il faut qu'il y ait *de* l'être. Et cela en vertu d'une nécessité logique, de laquelle dériverait une nécessité d'antécédence chronologique. Mais comment démontrer la nécessité de la conséquence ? Je puis bien prouver que si B est donné, A doit l'être. Ce mouvement de *régression* m'est permis. Même il m'est relativement facile. C'est ainsi, par exemple, que je puis, de la considération de la nature vivante, déduire la nécessité préalable de la nature inorganique. Pour que la vie fût possible, il fallait que l'air fût respirable : cela va de soi. Mais ce qu'il s'agit de comprendre, c'est que la vie ait dû être ; ce qu'il s'agit d'expliquer, c'est un mouvement de *progression*.

De deux choses l'une : ou ce mouvement est inexplicable et

____

(1) *Psych. et Mét.*, p. 161.
(2) *Ibid.*, p. 161.

nous serons réduits à constater ce qui est ; ou, si nous parve-
nons à nous en rendre compte, ce ne pourra être que par un
renversement de l'ordre logique. Essayons ce renversement.
Nous pouvons toujours remplacer la proposition : « pour qu'il
y ait des êtres, il faut qu'il y ait de l'être », par cette autre :
« pour qu'il y ait de l'être, il faut qu'il y ait des êtres ». Reste
à savoir si la seconde proposition a un sens. A cela Lachelier
a déjà réponse faite. La thèse sur le *Fondement de l'Induction*,
— dont, puisque la philosophie de Boutroux est sortie, à peu
près en ligne directe, de l'enseignement de Lachelier, il faut
bien dire qu'elle est une illustre et magistrale introduction à
la philosophie de la contingence — a pour but de rattacher la
causalité mécanique à la causalité téléologique, comme à sa
racine, et de chercher dans la finalité la cause de l'efficience.
On sait les pages célèbres de l'*Introduction* de la *Critique du
Jugement*, où Kant justifie l'interprétation téléologique de la
nature et, sans aller jusqu'à le dire en propres termes, recon-
nait qu'elle achève de nous la rendre intelligible. « Le jugement doit donc admettre, écrit Kant, pour son propre usage,
comme un principe *a priori*, que ce qui est contingent au regard
de notre esprit dans les lois particulières (empiriques) de la
nature, contient une unité que nous ne pouvons pénétrer, il est
vrai, mais que nous pouvons concevoir, et qui est le principe de
l'union des éléments divers en une expérience possible en
soi. » (¹) Dès lors il y a lieu de déclarer insuffisante l'explication des choses par le déterminisme des causes efficientes et, par
suite, de ne point s'arrêter, comme en présence d'un insurmontable obstacle, devant ce dont la nécessité logique ne rend point
compte. Ce qu'elle n'explique pas n'en doit point, par cela seul,
être tenu pour inexplicable. Il y a l'eu, conséquemment, de renverser le rapport de causalité, si, par ce renversement, les choses revêtent à nos yeux un aspect nouveau. Et c'est précisément
ce qui arrive. N'y a-t-il pas plus de vingt siècles qu'Aristote
nous disait que, puisqu'on va se promener dans un intérêt
hygiénique, en vue d'un but qu'on vise, mais qu'on n'a point
encore atteint, la promenade qui, en ce sens, est cause de la
santé, peut, en un autre sens, être considérée comme son effet ?
On ne s'étonne point d'une découverte qui remonte à plus de

---

(1) *Critique du Jugement. Introduction*, trad. Barni, t. I, pp. 34-35.
Il est aisé de rattacher à ces pages la seconde partie de la thèse sur le
Fondement de l'Induction, dont on peut dire qu'elle consomme, à un
degré que Kant ne semble pas avoir atteint, l'unité du kantisme spéculatif.

deux mille ans. Et quand on se remémore la théorie aristotélicienne des quatres principes, qu'Aristote appelle aussi du
nom de *causes*, on ne remarque point assez la hardiesse métaphysique dont Aristote fit preuve en adjoignant la *fin* et la
forme au *mouvement* et à la *matière*, et en les appelant *causes*,
c'est-à-dire, en quelque manière, *antécédents*. Et c'est par là
qu'Aristote doit être regardé comme le fondateur de la métaphysique. En effet, si le déterminisme mécanique gouverne le
monde à l'exclusion de tout autre, c'est à la science que doit
rester le dernier mot. Et si la métaphysique doit compléter la
science, ce ne peut être qu'en superposant au mode d'explication scientifique un mode d'explication nouveau.

Cette digression aura peut-être un peu trop duré. Le lecteur,
néanmoins, ne la jugera peut-être pas inutile, s'il se rend
compte de la nécessité qui s'imposait, d'illustrer, par un commentaire tiré d'une œuvre antérieure, les lignes si désespérément concises qui vont suivre et dont, sans le souvenir du
Fondement de l'Induction, le sens nous eût à peu près complètement échappé. « De quel droit l'être se pose-t-il ainsi en lui-
même ? Précisément parce qu'il est l'être en soi, ou ce qui est :
car, si la simple notion de l'existence nous a paru avoir une
valeur objective, combien l'être qui existe et qui est le fondement de cette notion n'est-il pas plus vrai et plus digne d'être ?
Il n'y a point toutefois ici de nécessité logique et rien n'oblige
la pensée à passer de l'existence abstraite, qui est sa propre
forme, au sujet existant, qui donne à cette forme un contenu
distinct d'elle. *Mais la pensée tend par elle-même à dépasser la
sphère de l'abstraction et du vide :* elle pose spontanément
l'être concret, afin de devenir elle-même, en le posant, pensée
concrète et vivante » (¹). Ainsi la pensée veut vivre, et pour vivre,
« pose » l'être. Elle passe de l'abstrait au concret, du τὸ εἶναι au
τὸ ὄν. On pourrait se demander dans quel sens a lieu le *procès*.
Et la question importe. Car si l'être va de la puissance à l'acte,
si l'acte lui est chronologiquement postérieur, c'est de l'abstrait
que le concret va éclore. Autant dire que du néant va sortir
l'être, ce qui est manifestement inintelligible. — Et Lachelier
aurait fort bien répliqué, semble-t-il, que si, comme le voulait Aristote, la fin est une cause, elle agit antérieurement à
sa réalisation. N'a-t-il pas écrit ailleurs : « Ce n'est ... que
dans son progrès vers les fins que la pensée peut trouver le
point d'arrêt qu'elle cherche vainement dans sa régression

____

(1) *Psych. et Mét.*, pp. 161-162.

vers les causes proprement dites ; et, si toute explication doit
partir d'un point fixe et d'une donnée qui s'explique elle-même,
il est évident que la véritable explication des phénomènes n'est
pas celle qui descend des causes aux effets, mais celle qui remonte, au contraire, des fins aux moyens... Sans doute, nous
ne pouvons pas échapper à la loi des causes efficientes, ni
oublier que la fin n'exige les moyens que parce qu'elle les suppose et ne les suppose que parce qu'ils la produisent : et, d'un
autre côté, lorsqu'on voit le point de départ de cette production
prétendue reculer à l'infini devant le regard de la pensée, on est
bien obligé de convenir qu'elle n'est qu'une illusion de notre
entendement qui renverse l'ordre de la nature en essayant de
le comprendre. » (¹) Dans ce mémorable texte, tant de fois cité et
admiré, se trouve en effet le germe d'une métaphysique qui,
malgré les vingt siècles qui les séparent, fait remonter la philosophie de Kant vers celle d'Aristote ; pour appeler cette régression une déchéance, il faudrait oublier que la doctrine de
Leibnitz, pénétrée, elle aussi, d'aristotélisme, s'est pour ainsi
dire incorporé tout l'essentiel de la philosophie de Descartes.
Et Descartes, on le sait, non moins implacablement que Fran-
çois Bacon, proscrivait la recherche des causes finales. Dès
lors, si Lachelier exempte la pensée de toute nécessité qui
la contraigne à s'élever, oserai-je dire de l'être *infinitif* jusqu'à
l'être *substantif*, cette « procession » (²) est toute gratuite. L'ordre logique y est indifférent. Donc, si elle a lieu, ou bien c'est
l'effet du hasard, ou c'est la marque d'un ordre supérieur à
l'ordre logique.

Laquelle des deux hypothèses est la vraie ? Je n'ai plus à me
soucier de l'établir, puisque je me suis rappelé la doctrine du
Fondement de l'Induction. Ce qui atteste que l'ordre des causes
finales n'est pas un ordre imaginaire, c'est qu'en dépit des apparences et du « renversement » dont il vient d'être parlé plus
haut, la finalité, loin de détruire la causalité efficiente, la complète, et non seulement la complète, mais encore l'explique.
« La causalité, voilà, en définitive, l'être idéal ; un temps vide
sous la figure d'une ligne imaginaire, voilà l'être réel ou le
monde. » (³) En effet, puisque l'idée de l'Etre, ainsi qu'on a pu
s'en convaincre, peut se produire logiquement elle-même, et

(1) *Du Fondement de l'Induction*, pp. 84-85.
(2) J'allais me servir du terme *hypostase*. Mais l'hypostase éveille
des images de descente. Et ce sont des images d'ascension, d'élévation,
qu'il faut ici nous représenter.
(3) *Psych. et Mét.*, p. 160.

cela autant de fois que l'on veut, elle est son propre antécédent
logique. Il en est d'elle comme du temps « dans lequel un instant, toujours semblable à lui-même, se précède lui-même à l'infini ». Le temps nous apparaît dès lors comme lié à l'être
comme le συγγενές de l'être. Et s'il n'en est pas l'émanation, il
en est à tout le moins le symbole. Aussi bien, que le temps précède ou suive, il n'importe... Je me trompe, il importe beaucoup, car de l'ordre chronologique il serait malaisé de déduire
l'ordre logique. La réciproque en revanche se déduirait plus
facilement. Dans ces conditions il devient exact de soutenir que
l'ordre logique est premier en soi. Et de même, par rapport à
l'étendue, le temps est premier. D'abord pour être, il se passe
qu'elle soit. Il n'a besoin d'elle que pour s'y réfléchir en quelque sorte. Et encore lui suffit-il de la première de ses dimensions.

Mais l'étendue n'est pas réduite à la longueur : il est des
surfaces. Or les surfaces sont formées de lignes puisque la
surface a la ligne pour élément. La surface, pourrait-on dire
alors, est la raison d'être de la ligne. Or si la ligne seule est
requise pour que la nécessité logique vienne se réfléchir dans la
nécessité mécanique, et pour que la détermination du même
par le même devienne « détermination de l'homogène par
l'homogène, nécessité mécanique, en un mot causalité » (¹), puisque d'autre part la ligne est contenue dans la surface, c'est
qu'elle l'appelle « comme son complément » (²). C'est donc qu'il
est « une seconde puissance de l'idée de l'Etre » (³).

La conscience sensible en est la manifestation. Nous nous
savions déjà dotés d'une telle conscience. Mais en le sachant,
nous ne savions qu'un fait. Nous nous étions constatés sans
nous expliquer. Maintenant nous savons mieux et davantage,
puisque nous savons par les causes. La conscience sensible ne
vient-elle pas d'être recréée, ou plutôt reconstruite, puisque
l'impossibilité de se passer d'elle vient d'être mise en évidence ? Qu'est-ce en effet que la conscience sensible ? C'est celle
« qui réalise la seconde idée de l'être, comme le temps et la
ligne nous ont paru réaliser la première » (⁴). L'Etre, considéré
dans la première puissance, nous est apparu, en quelque sorte,
extérieur à lui-même. Cette expression est défectueuse. Elle
n'est que défectueuse toutefois, et non inexacte. Ne peut-on

------

(1) *Psych. et Mét.* p. 160.
(2) *Ibid.*, p. 161.
(3) *Ibid.*, p. 163.
(4) *Ibid.*, p. 162.

l'appliquer, par exemple, à l'enfant qui n'a pas encore pris conscience de lui-même ? Dans les premiers jours de la vie infantile, la conscience se prépare, mais elle n'est véritablement pas. L'enfant existe, mais bien plus, infiniment plus pour nous que pour lui. Il n'existe qu'à titre d'objet pour d'autres sujets que lui. Il existe, pourrait-on dire encore, à titre de chose. Et c'est cette remarque vulgaire que symbolise, dans les langues anglo-saxonnes, le genre neutre attribué à l'enfant. Ceci est encore une digression, je le sais. Je ne puis cependant oublier qu'en 1865-1866, Lachelier faisait à l'Ecole Normale Supérieure un cours de psychologie dans lequel il soumettait l'être spirituel, avec Maine de Biran d'ailleurs, à une sorte de « loi des trois états ». Dans la première période de la vie, le sujet est absorbé dans l'objet; dans la seconde, il s'en distingue; dans la troisième, il l'absorbe. L'absorption du sujet dans l'objet équivaut à une vie à peu près exclusivement extérieure. Cette vie doit prendre fin. Et de même si, venant de considérer la vie de l'enfant, nous nous attachons aux puissances de l'être, nous devons en discerner deux au moins, puisqu'il faut qu'à la période de raréfaction, de diffusion, succède une période de condensation, de concentration, et que l'être concret se réalise par la vie intérieure et intensive. La sensation va donc naître. Qu'est-ce maintenant que la sensation ? Un indécomposable ? Nullement : « La sensation, quoique simple, peut toujours être considérée comme composée de sensations de plus en plus faibles : elle contient donc virtuellement une diversité simultanée, et cette diversité est figurée à son tour dans la conscience par l'étendue à deux dimensions, ou la surface. Enfin ces deux nouveaux éléments de la conscience sensible réagissent, comme les deux premiers, sur l'idée qu'ils réalisent ; et ce qui n'était en soi que volonté d'être devient, en s'appliquant à la sensation et à l'étendue visible, volonté de vivre, désir ou finalité. Nous achevons ainsi de reconstruire la conscience vivante telle que l'analyse nous l'avait déjà donnée, et nous savons maintenant qu'elle n'a pas moins de valeur objective que la conscience abstraite et mécanique que nous avons construite avant elle. » (¹)

L'idée de l'Etre n'a-t-elle pas plus de deux puissances ? Remarquons qu'il ne nous est encore parlé que d'étendue visible, et que celle-ci n'a pas plus de deux dimensions. Or l'étendue en a trois. Et la troisième dimension n'est pas perçue,

____

(1) *Psych. et Mét.*, pp. 162-163.

encore qu'elle ait tout l'air de l'être. Elle est pensée véritablement. C'est donc que, pour nous rendre compte de la possibilité d'une étendue à trois dimensions, il nous faut faire appel à une puissance nouvelle de l'idée de l'être, soit à une nouvelle conscience. Et d'ailleurs, pour que celle-ci soit, il n'est pas indispensable d'invoquer, comme unique preuve de sa réalité, notre attribution de la profondeur à l'étendue. A cette raison d'autres raisons s'ajoutent, à l'existence diffuse succède l'existence concentrée, ramassée sur soi. Mais outre ces deux modes d'existence, il en est un autre concevable, et par suite réel, car d'où la conception nous en serait-elle venue ? Après s'être concentré, l'être se déploie, il *s'objective*. Ayant commencé par l'objectivité, il s'achève par *l'objectivation*, dont on peut dire qu'elle est la synthèse des deux premiers états. Ce n'est pas ainsi que Lachelier s'exprime. C'est ainsi que j'ai cru le pouvoir comprendre. « Etre, au sens positif de ce mot, être nature ou essence est plus qu'être seulement la notion abstraite et la nécessité logique de l'existence : mais, ce qui est plus encore, c'est d'être supérieur à toute nature et affranchi de toute essence, de n'être, pour ainsi parler, que *soi*, c'est-à-dire pure conscience et pure affirmation de soi. Cette troisième idée de l'être n'est pas moins nécessaire à la seconde que celle-ci ne l'est à la première : car l'être concret est, sans doute, en lui-même vrai et digne d'être : mais qui peut décider qu'il est en effet, sinon une conscience distincte de lui, qui soit, en quelque sorte, témoin de sa vérité et juge de son droit à être ? » (¹) Le degré le plus élevé de l'objectivation n'est-il pas atteint, dirai-je, par un être qui, s'affranchissant de toute nécessité mécanique et de toute nécessité esthétique, si l'on peut ainsi s'exprimer, se pose librement dans son essence et dans ses manifestations. On serait tenté de commenter en s'aidant des belles pages consacrées à Schelling par l'auteur de la *Philosophie de la Liberté*. Et de même que, selon Ch. Secrétan, les profondeurs dans lesquelles s'était engagée la pensée de Schelling renouvelaient celles jusqu'où semblaient avoir pénétré les maîtres de la philosophie grecque, de même ces pages de Lachelier semblent faire écho, non pas seulement à celles qu'ont écrites les successeurs de Kant, mais à celles qui nous sont restées des successeurs de Platon, et du plus grand de tous, Aristote. Je ne sais toutefois jusqu'à quel point Aristote aurait adopté ces expressions de « pure conscience » et de « pure

____
(1) *Psych. et Mét.*, p. 163.

affirmation de soi ». Je ne sais pas non plus si, d'après Lachelier, cette troisième puissance de l'idée de l'être se réalise pleinement en dehors et au-dessus de l'homme. Et comment devons-nous entendre ce passage : « Sa volonté véritable (la volonté de l'être) va plus loin que son désir et ne se repose que dans ce qui est supérieur à son être même, dans la pure action intellectuelle par laquelle elle le voit être et le fait être : la plus haute des idées naît d'un libre vouloir et n'est elle-même que liberté. *Cette idée n'a pas, à proprement parler, d'image sensible* » (¹) ? Comment comprendre ? On serait tenté, au premier abord, de situer cette idée au-dessus du monde et de se figurer qu'elle ne peut se réaliser sans déchoir. Mais, à lire le contexte, il semble bien que cette idée se réalise pleinement dans ce monde et que, dans la doctrine du philosophe français, non pas contrairement, ainsi qu'on inclinerait à le croire, mais peut-être aussi conformément à la doctrine du philosophe grec, « l'idée des idées » ne présente avec celle de Dieu que des analogies lointaines, passagères et, au demeurant, contestables.

Parvenus au terme de l'exposé, nous devons être à présent en état de savoir ce que Lachelier pensait de la théorie éclectique de la raison impersonnelle, et ce qui, à ses yeux, méritait d'en être retenu.

Cousin prétendait « qu'une seule et même raison... d'impersonnelle qu'elle est en elle-même, devient en nous réfléchie et personnelle » (²). C'est ainsi que Lachelier conclut. Cette raison, en effet, pose l'esprit comme existant. Elle justifie le passage du *cogito* au *sum* en donnant au second verbe un sens très différent du premier. Dira-t-on que le *cogito* est affirmé par la conscience sensible, et le *sum* par la conscience intellectuelle ? Du moins serait-on en droit de dire qu'il devrait en être ainsi pour qu'il y eût, de l'un à l'autre terme, un mouvement de pensée véritable. Et s'arroger ce droit équivaudrait à interpréter la sentence cartésienne comme si le *cogito* était un acte de perception interne, et le *sum* un acte de raison. Or, puisque la fonction essentielle de la raison est d'objectiver, attendu que c'est elle qui confère aux objets de la perception sensible l'existence dont il nous paraît à tort que l'expérience suffise pour légaliser la constatation, il reste vrai que, par la raison qui est en nous, ainsi que Victor Cousin s'est plu à l'enseigner et à l'écrire, nous sortons de nous-mêmes. La raison est essentiellement cosmogo-

<hr>

(1) *Psych. et Mét.*, p. 164.
(2) *Ibid.*, p. 167.

nique. Mais tandis que V. Cousin ne croyait pouvoir étudier la raison que dans ses effets, Lachelier essaye de nous convaincre qu'elle peut et doit être étudiée dans son acte, c'est-à-dire dans son essence. Et alors, bien que les partisans de l'éclectisme puissent longtemps hésiter avant d'adhérer à un spiritualisme justifié « dans des termes et par des procédés qui ne sont plus tout à fait ceux de V. Cousin » (¹), il ne saura leur déplaire, croyons-nous, de tenir des mains mêmes de Lachelier la clef d'une énigme, dans la recherche de laquelle il semble bien que, plus d'une fois, ait sombré leur logique. On sait leur incohérente théorie des facultés : tantôt la faculté se concluait des faits et l'on maintenait quand même la division objectivement tripartite des facultés de l'âme ; tantôt la faculté se laissait atteindre dans son principe et comme dans sa racine, et, quand même, on maintenait l'unité, l'indivisibilité du principe pensant. On se contredisait assurément. Mais on ne pouvait se résigner à une théorie nominaliste des facultés de l'esprit. Or, de la dialectique de Lachelier il résulte que, par le « travail de synthèse ou de construction de la conscience » (²) qui vient d'être entrepris, il est peut-être possible d'en dresser la liste complète. « On nous demandera sans doute si la nécessité, le temps, l'étendue linéaire sont des facultés ou de simples objets de connaissance : nous répondrons que ce sont pour nous des actes permanents de la conscience, qui se pose, en effet, comme pur objet ou pure vérité, avant de devenir pensée réfléchie et libre affirmation d'elle-même. Il est d'ailleurs, croyons-nous, de l'essence de nos facultés d'être à la fois les actes constitutifs et les objets irréductibles de la conscience. Les unes, comme la nécessité la volonté, la liberté, sont les principes proprement dits qui rendent possible et vrai *à priori* tout ce qui existe; les autres, comme le temps, la sensation, la réflexion individuelle, les trois puissances de l'étendue, sont ces notions ou natures simples dont parlaient Descartes et Leibnitz et qui étaient, suivant eux, les derniers éléments des choses. » (³) Ainsi l'existence des catégories garantirait celle des facultés; et l'existence des catégories serait indiscutable, puisqu'au lieu de ne faire que les poser, l'auteur de *Psychologie et Métaphysique* a entrepris de les déduire. Car « il faut démontrer les principes et définir *à priori* les facultés; et, d'un autre côté, comment passer, par le raisonnement, d'une forme simple de la conscience à une autre forme

(1) *Psych. et Mét.*, pp. 171-172.
(2) *Ibid.*, p. 168.
(3) *Ibid.*, p. 168.

qui, par hypothèse, n'est pas contenue dans la première ? C'est cependant ce que nous avons essayé de faire en supposant que la conscience, avec tout ce qu'elle renferme, gravite en quelque sorte vers la liberté et l'intelligence. » (¹)

J'ai cru devoir transcrire ce très curieux passage, parce que l'auteur y pose une question laissée sans réponse, et dont la solution, en apparence omise, donnerait la clef de sa méthode. Comment démontrer des principes ? Comment définir *a priori* des fonctions ? On ne le voit guère, à moins que ce ne soit par un artifice et par une métamorphose, purement verbale, du fait en droit . Il y a lieu de se demander, néanmoins, si l'acte qui consisterait, par exemple, à systématiser des données, même empiriques, serait un pur jeu d'esprit. Mais cela ne revient-il pas à se demander si la démonstration du principe d'Archimède, par exemple, n'ajoute rien à sa vérification empirique ? Or si cette démonstration équivaut, et c'est, je crois, l'avis de tous les physiciens, à une sorte de légalisation du fait, comment jugerait-on stérile l'entreprise de Lachelier ? Cette entreprise consistait, si je ne me trompe, à vider la conscience de tout ce qu'elle renferme, à tenter sur chacun des éléments extraits une sorte d'analyse, pour ne retirer en fin de compte que de l'irréductible, puis à reconstruire la conscience, non pas seulement au moyen d'une juxtaposition, mais grâce à une sorte de dérivation. Mais comment, encore une fois, dériver, si l'élément à diviser n'est pas contenu dans ce dont on le dérive ? En considérant la forme la plus simple comme le siège d'une tendance plus ou moins obscure vers un but dont, pour l'atteindre, elle suscite les moyens de sa réalisation. C'est ainsi que, par l'intermédiaire du temps, on peut dériver la ligne de l'idée la plus vide de l'être. Et de cette idée à son tour, on peut dériver le temps par l'intermédiaire de l'antécédence logique. Quant à l'antécédence logique, elle sort de l'idée de l'être par inférence immédiate.

Voilà donc les facultés démontrées. Mais, comment maintenir leur irréductibilité, d'une part, et, de l'autre, l'unité du moi ? Si l'on disait que la fonction crée des organes et que la vie, qui pourrait se définir une fonction de fonctions, crée ses organes qui ne sont autres que les fonctions elles-mêmes, peut-être esquisserait-on une image sur le type de laquelle on pourrait se représenter le rapport du moi à ses facultés. Si l'ordre des causes finales est plus vrai que celui des causes efficientes,

(1) *Psych. et Mét.*, p. 169.

il faut que la liberté soit première en soi, et que par suite, « l'acte par lequel nous affirmons notre propre être » soit, dans son essence, un acte intemporel. Cet acte est donc supérieur aux catégories, puisqu'il en est la raison d'être, et qu'il les exige, non pour être, mais pour exister. Nous ne sommes pour nous-mêmes que « le phénomène de cet acte », ou cette « réflexion individuelle par laquelle chacun de nous affirme sa propre existence ». Mais, *en nous-mêmes*, nous sommes « *l'acte absolu* par lequel l'idée de l'être, sous sa troisième forme, affirme sa propre vérité ». Et cet acte diffère en chacun de nous puisqu'il « se fixe dans notre caractère », puisqu'il « se développe dans notre histoire ». C'est donc bien au spiritualisme que reste le dernier mot et non point au monisme ou au panthéisme. Chacun de nous s'est choisi sa destinée, ou plutôt « ne cesse pas de la choisir ». Mais il est autant de destinées que de personnes. Dès lors, l'acte absolu par lequel l'idée de l'être sous sa forme la plus haute, affirme sa vérité, est un acte qui se renouvelle, semble-t-il, autant de fois qu'il entre dans la vie, non pas de vivants, tant s'en faut, mais de créatures capables de réflexion individuelle. (¹)

Je me suis demandé, plus haut, quelle était la doctrine de Lachelier sur le moi et quel rôle il accordait au *noumène*, si même il lui en accordait un. La réponse est restée en partie évasive et équivoque. Il m'a semblé qu'entre les partisans des noumènes et ceux du phénoménisme, Lachelier prenait une attitude intermédiaire. Ne me suis-je pas trompé ? Il est, dans la *Critique de la Raison pure*, bien des textes dont l'accord a besoin d'être démontré pour être évident, et même a besoin d'être « établi » pour être démontré. Une pensée comme celle de Kant doit toujours être supposée consistante, même là où l'on dirait qu'elle se désagrège, ce qui le plus souvent, d'ailleurs, n'a lieu qu'au regard du lecteur insuffisamment avisé. Peut-être s'est-on trop pressé d'identifier le noumène au pur inconnaissable. De ce que nous sommes privés de toute intuition intellectuelle, il n'en résulte peut-être pas nécessairement que, sur tout ce qu'il nous est impossible de nous représenter, nous soyons réduits au silence. Enfin est-il sûr que, dans l'ordre purement spéculatif, il nous soit interdit par Kant de nous élever au-dessus des catégories ? Qu'est-ce que le « Je pense » dont il est question dans l'*Analytique transcendantale* ? (²) Qu'est-ce que cette unité de représentation que Kant désigne sous le nom

---

(1) *Psych. et Mét.*, pp. 170-171, *passim.*
(2) Trad. Barni, t. I, p. 160.

« d'unité transcendantale de la conscience » pour indiquer la possibilité de la connaissance *a priori* qui en dérive ? Nous sommes à cent lieues du *cogito* de Descartes. Il semble, en revanche, que ce texte de Kant nous achemine vers les dernières pages de *Psychologie et Métaphysique* et qu'au-dessus de la sphère des catégories, Kant en ait aperçu une autre. — Il a donc, en partie, soulevé le voile qui nous dérobe le noumène ? — Non, puisqu'il nous parle de « la *représentation* : je pense». Mais ce que n'a point fait Kant, il semble que Lachelier l'ait entrepris, soit de sa propre initiative, soit en imprimant à la philosophie de son maître une direction analogue à celle que devaient lui faire prendre Fichte et surtout Schelling. Nous ne pouvons nous représenter le noumène sans le convertir en phénomène, cela va de soi. En doit-on conclure qu'il est contradictoire d'essayer, non pas, sans doute, de se le représenter, mais de le concevoir, et de le concevoir par analogie avec... autre chose ? — Quelle autre chose ? — Assurément il la faut chercher en dehors de l'intelligence. Mais la conscience s'étend plus loin, ou plutôt descend plus profondément qu'elle. Elle atteint l'indéfinissable, qui n'est point, pour cela, l'irréel. Nos tendances, nos aspirations, nos appétitions peuvent êtres isolées par l'analyse de la réprésentation de leurs objets, sans être, par cela seul, ôtées de la conscience. L'expression justement célèbre de St Augustin : *amare amabam*, doit sa beauté à la vérité profonde mais rarement aperçue qu'elle nous dévoile. Il est donc vrai, d'une part, que nous ne connaissons rien qui ne soit représentation — c'est là, d'ailleurs, un truisme pur — de l'autre il est vrai que nous pouvons cesser de connaître sans cesser d'avoir conscience. Par suite, il devient légitime de donner à ce contenu de la conscience le nom de volonté.

Pourquoi Lachelier se sert-il du mot « Liberté » ? Parce qu'il en dit plus. Non seulement ce mot caractérise la volonté dans sa source, mais il sert à en établir le « primat ». La volonté précède l'intelligence. Et puisqu'il n'est rien ni au-dessus, ni avant elle, son vrai nom est Liberté. Reste à savoir comment la Liberté fait naître l'intelligence. Lachelier l'a sous-entendu. Il se contente de nous dire que ce qui nous apparaît comme réflexion individuelle est, dans son fond, liberté. Mais comment faire produire par la liberté cette intelligence autre qu'elle ? C'est que précisément elle n'est *autre* que dans un sens tout relatif. Supposez que la liberté se pose, que l'être se fasse existant. Cela ne revient-il pas à supposer qu'il *s'affirme* ? L'affirmation est un *acte* avant d'être une pensée. Voilà ce que, si je ne me trompe, Fichte d'abord, Schelling ensuite, enseignaient à leurs élèves ou disciples. Car elle émane de Schelling, cette belle et profonde définition que, dans sa *Philosophie de la Liberté*, Ch. Secrétan donnait de l'intelligence : « L'intelligence est la réflexion de la volonté sur elle-même. »

IV

Si telle est la seconde philosophie de Lachelier, jusqu'à quel point serait-on autorisé à la distinguer de celle du *Fondement de l'Induction* ? Elle ne la contredit pas : il s'en faut du tout au tout. Outre qu'elle la confirme, on dirait qu'elle la continue. Elle la continue en effet. Et c'est précisément pourquoi je la juge nouvelle. Les dernières lignes du *Fondement de l'Induction* annonçaient une philosophie : 1° capable de franchir les bornes de la pensée et celles de la nature, 2° recourant, pour franchir ces bornes, à un acte de foi morale. Or la philosophie de *Psychologie et Métaphysique* est une philosophie constructive de la pensée et de la nature ; donc elle les dépasse. Mais, pour les dépasser, elle ne s'appuie sur aucune croyance étrangère à l'ordre spéculatif. Qu'il fût possible à l'ascension dialectique d'aller au delà de la pensée sans passer de l'ordre de la raison pure à celui de la raison pratique, voilà ce qu'à s'en tenir à la lettre du texte, ne semblait pas avoir prévu l'auteur du *Fondement de l'Induction*.

Faut-il s'étonner de cette évolution ? On sait ce que devint la doctrine de Kant dans l'esprit des successeurs de Kant. Au lieu d'un démembrement — ce que l'on aurait eu plus d'une bonne raison de craindre, ce que, s'il avait eu lieu, les partisans du déterminisme historique n'eussent point manqué de démontrer fatal — il y eut une coalescence. Et l'on en vint à s'apercevoir que Kant avait fondé ce qu'il avait cru détruire : la métaphysique. Ses successeurs le continuèrent et le complétèrent.

De même *Psychologie et Métaphysique* continue et complète le *Fondement de l'Induction*. Et il le fallait, puisqu'en définitive la doctrine soutenue dans la « thèse » postule les deux premières puissances de l'être, mais néglige la troisième, c'est-à-dire la plus haute, celle dont les deux autres dérivent. La première philosophie de Lachelier était, comme on l'appelait très justement (¹) « un spiritualisme finaliste ». Sa seconde philosophie pourrait se définir un spiritualisme de la liberté, soit un spiritualisme sans épithète.

____

(1) FOUILLÉE. *Le mouvement idéaliste et la réaction contre la science.*

Ce qui manquait à la thèse sur l'*Induction*, c'était une théorie de l'Etre. Lachelier, une fois en possession de cette théorie, lui a subsumé, si l'on peut ainsi dire, sa première philosophie. On se rend compte, dès lors, de l'importance des trente pages qui parurent en mai 1885 dans la revue dirigée par Th. Ribot sous le titre de *Psychologie et Métaphysique*. Je ne sais si tout le monde comprit, dès le premier jour, l'importance de cet événement spéculatif. Je crois bien que le degré de cette importance et aussi sa « nature » échappèrent même aux plus avisés.

D'abord, si l'on eut raison d'attribuer à Lachelier une philosophie nouvelle, on eut tort de croire qu'elle modifiait profondément ses anciennes doctrines. Elle les conservait, au contraire, mais en les approfondissant. Qu'elle les conservât, c'est ce que, s'il est exact, le présent exposé atteste. Qu'elle les approfondît, c'est ce qui résultait ou devait, tôt ou tard, infailliblement résulter de la lecture de l'article.

Ce résultat devait en amener un autre. Les anciens élèves de Lachelier à l'Ecole Normale Supérieure s'aperçurent qu'en aiguillant dans la direction du nouveau criticisme, ils s'écartaient, plus qu'ils n'avaient pensé tout d'abord, de la philosophie de leur maître. En revanche, cette philosophie trouva de nouveaux disciples, très jeunes pour la plupart, mais presque tous ardents, audacieux, bien armés pour les luttes dialectiques, sortis généralement de l'Ecole Normale, où ils avaient reçu les leçons et la direction d'Emile Boutroux.

Chose assez remarquable : Boutroux, dont les doctrines ont avec celles de Ch. Renouvier des affinités indiscutables, n'a préparé aucun disciple à l'auteur des *Essais de Critique Générale*. La philosophie de Renouvier a passé pour une demi-philosophie. Et la raison, c'est qu'elle s'interdit d'être une métaphysique, c'est qu'elle se contente du monde connu, c'est qu'elle pose les catégories. Et, disait-on, elle les pose arbitrairement, puisqu'elle les pose sans les déduire. Il serait trop long, peut-être aussi trop ardu, de rechercher dans quelle mesure la déduction des catégories par Lachelier mérite d'être tenue pour irréprochable. Toujours est-il que Lachelier a tenté une entreprise que Kant lui-même avait jugée nécessaire. Il a incontestablement visé plus haut que Ch. Renouvier. Et en le disant, je n'exprime pas une opinion, je constate un fait. Dans ces conditions, il ne faut pas s'étonner qu'une philosophie dont *Excelsior* semble avoir été la devise, ait été, plus que tout autre, du goût de nos jeunes générations, sans compter, d'ailleurs, les difficultés de l'entreprise, qui, en pareil cas, loin de décourager, excitent et exaltent. Bref, je juge peut-être mal, étant trop près des événements dont je m'entretiens avec le lecteur, mais il me paraît que de l'apparition de *Psychologie et Métaphysique* date le mouvement d'idées dont l'aboutissant fut la naissance de la *Revue de Métaphysique et de Morale*.

Il est aisé dès lors de comprendre quelle importance avait l'article de Lachelier. Non seulement il imprimait aux idées des jeunes philosophes une orientation nouvelle, mais il situait historiquement la philosophie dont il esquissait les grandes lignes. Si j'ai bonne mémoire, pendant toute la durée de son enseignement de philosophie théorique à l'École Normale Supérieure, Lachelier n'eût point accepté, pour sa doctrine, le nom de spiritualisme : il jugeait alors ce terme vague, équivoque, mal défini. A-t-il, par la suite, changé d'opinion ? Il semble que non : car, dans *Psychologie et Métaphysique*, Lachelier donne à la philosophie de V. Cousin, dont il voudrait assurer le salut, de trop rudes entorses pour ne nous la rendre point méconnaissable. Il semble que oui · car c'est pour la cause du « spiritualisme » qu'ouvertement Lachelier travaille. Il présente sa philosophie comme une refonte de l'ancien éclectisme, comme étant la philosophie vers laquelle, inconsciemment, gravitait celle de V. Cousin. Il prend vis-à-vis de l'éclectisme l'attitude d'un réformateur, c'est-à-dire, après tout, d'un continuateur, puisqu'il s'approprie chacune de ses conclusions, puisque si, à chacune de ses conclusions, il cherche des prémisses nouvelles, c'est, loin de vouloir les abattre, pour les relever, les consolider. Souvenons-nous du mot de Lachelier sur V. Cousin : « Il crut avoir, par la méthode de Condillac, démontré la philosophie de Schelling ». Par conséquent, si, à la méthode de Condillac, on substitue celle de Kant ou de ses successeurs, on mettra la philosophie de V. Cousin, c'est-à-dire après tout, peut-être, celle de Schelling, à l'abri des atteintes de l'école psycho-physiologique.

Cette réforme de l'éclectisme est-elle un progrès ? Oui, si l'on admet que c'est toujours un progrès de munir une fonction de ses organes. V. Cousin prétendait atteindre Schelling sans avoir traversé Kant : de là son échec. Lachelier, en 1885, tentait de soumettre le spiritualisme au joug salutaire de sa loi d'évolution historique : de là le succès de sa tentative et la fécondité de son impulsion.

La philosophie de V. Cousin s'est présentée comme une expli-

cation totale de l'âme, de la nature et de Dieu, dans la mesure
où une telle explication nous est accessible. C'est assez dire
qu'il y est fait une part, non point à l'inconnaissable, mais à
« l'incompréhensible ». L'éclectisme craint trop de mal étrein-
dre, aussi n'embrasse-t-il jamais. Toujours est-il que la doctrine des éclectiques est une doctrine de philosophie complète,
spéculative et pratique. En est-il ainsi de la doctrine de
Lachelier ?

Il est dans *Psychologie et Métaphysique* un texte très court,
dont on ne saurait méconnaître la gravité : « Nous accom-
plissons... une destinée que nous avons choisie, ou plutôt que
nous ne cessons pas de choisir : pourquoi notre choix n'est-il
pas meilleur, pourquoi préférons-nous librement le mal au
bien, c'est ce qu'il faut, selon toute apparence, renoncer à
comprendre. Expliquer, d'ailleurs, serait absoudre, et la métaphysique ne doit pas expliquer ce que condamne la morale.» (¹)

Il est donc des problèmes dont la métaphysique ne doit point
se charger. Et comme, d'autre part, la science ne saurait les
prendre à sa charge, c'est apparemment à la foi religieuse qu'il
appartient de les poser et de les résoudre.

Au temps où Lachelier était mon maître de conférences de
philosophie à l'Ecole Normale, j'avais la naïveté de voir en lui
— et je n'étais pas le seul — un philosophe dont les doctrines ne
coïncidaient pas avec les croyances. Il faut convenir néanmoins, qu'au fur et à mesure que le cours avançait,
l'écart entre les unes et les autres allait s'amoindris-
sant. Quand même il nous paraissait subsister. Après
avoir lu *Psychologie et Métaphysique*, je serais enclin
à penser, qu'au regard de l'auteur, la philosophie ne
saurait se donner pour une explication totale. Il est des questions que la philosophie pose, mais que n'éclairera jamais la
lumière naturelle. Aussi comprend-on mieux que jamais maintenant, la conclusion mémorable du cours de 1868 sur la théo-
dicée, conclusion inspirée de Pascal, et précédée d'un admirable commentaire de la mémorable sentence : « Le cœur a
ses raisons que la raison ne connait pas ». Combien de débutants en philosophie n'ont-ils pas abusé de la formule pour
excuser l'incohérence de leurs doctrines ! Chez Lachelier,
nulle contradiction. Il ne nie pas, d'un point de vue, ce que,
de l'autre, il affirme. Il s'aide d'une autre lumière que la
lumière naturelle pour s'avancer jusqu'où celle-ci ne pénètre
pas. Mais on aurait beau jeu à défier le critique qui s'efforcerait

____

(1) *Psych. et Mét.*, p. 171.

d'apercevoir entre la philosophie de *Psychologie et Métaphysique*, d'une part, et la foi chrétienne, de l'autre, la moindre
incompatibilité.

Au temps où j'étais élève de Lachelier, je me plai-
sais souvent à le comparer à Pascal. Mais qui n'a-t-on
point comparé à Pascal, à commencer par Jouffroy, à continuer
par A. Vinet, à finir — provisoirement — par J. Lequier ?
Et puis, peut-être ferait-on bien de se demander une bonne
fois, non plus comment Pascal nous apparaît, mais comment
il s'est apparu à lui-même. Et peut-être s'apercevrait-on qu'il
s'est apparu sous d'autres traits que ceux du philosophe. Or
si, comme il vient d'être dit, il est certains problèmes que
Lachelier entend soustraire à la curiosité du philosophe, il
en est d'autres et un grand nombre, sur lesquels il lui déplai-
rait que le dernier mot restât soit aux sectateurs du sens
commun, soit à ceux du positivisme plus ou moins orthodoxe...
Un peu plus, j'allais toucher à une question indiscrète et me
demander si Lachelier accepterait qu'on lui fît une place
— une place tout-à-fait à part sans doute, mais enfin une place
— dans le groupe de ceux qui mènent, ou sont censés mener,
« la réaction contre la science ». Il est assez probable que, sur
ce point, comme sur bien d'autres, la réponse de Lachelier
ne serait pas du goût de ceux qui l'auraient provoquée, de quelque côté, d'ailleurs, que fût venue l'invitation à répondre.

<h2 style="text-align:center">V</h2>

Je voudrais, avant de me séparer de ces pages si riches, jeter
un dernier regard sur celles qui les terminent. Leur concision
est, peut-être, et même certainement, regrettable, mais on s'est
peut-être aussi trop pressé de les juger obscures.

Et d'abord rappelez-vous la sentence du grand disciple de
Descartes : « Le néant ne peut avoir d'attribut ». Cela veut
assurément dire ce qu'on lui fait dire : à savoir que tout attribut est celui d'un sujet. Cela veut dire, en outre, que l'on atteint
le sujet à travers l'attribut. On sait en effet que la sensation de
l'éclair précède ordinairement celle du tonnerre. Les poètes,
d'autre part, ne viennent-ils pas nous apprendre que des
impressions visuelles de blancheur s'éveillent en nous à l'avant-
garde des objets blancs dont la perception se dessinera plus
tard ? Aller de l'attribut au sujet est donc une démarche familière aux entendements attentifs. Jules Lachelier a donc bien
fait de commencer par elle.

On va, dans la construction du jugement « forme de la pensée », de l'attribut au sujet et du sujet au verbe. Il n'est rien de plus, dans la proposition, que ces trois éléments ; et l'ordre dans lequel l'auteur de *Psychologie et Métaphysique* les fait venir à la conscience réfléchie est bien l'ordre véritable. Observez, en effet, qu'une fois la copule mise en évidence, la proposition peut circuler désormais dans le langage ordinaire. L'esprit lui a, pour ainsi dire, signé son *exeat*, autrement dit son certificat d'objectivation. De là vient que l'être, une fois parvenu à sa troisième puissance, peut se passer de l'esprit au sein duquel il a pris conscience. Libre *de* ses mouvements, et dans *ses* mouvements, si l'être s'affirme, par exemple, d'un objet sensible, il peut successivement s'appliquer aux trois dimensions de cet objet, et profiter de l'occasion pour faire jaillir sur la triplicité de ses puissances un nouveau rayon de lumière. Si la profondeur, ainsi qu'on l'a vu plus haut, traduit l'existence à un degré que n'atteignent pas nos perceptions de longueur et de largeur, si elle exprime cette existence en termes qui la rendent irrésistible aux efforts de tous les pyrrhoniens conjurés, que chacun de nous n'en demande point davantage et, imitant le cynique Diogène, qu'il roule son tonneau en toute sécurité sans lui chercher un autre critère de présence. Les hommes n'en ont jamais cherché d'autres, puisqu'il leur a suffi, pour vivre, de savoir distinguer le rêve de la veille, et par suite, la vérité de sa contrefaçon.

On sait, dès lors, pourquoi l'être et l'étendue, le premier avec ses trois puissances, la seconde avec ses trois dimensions, se meuvent, dans notre esprit, parallèllement l'un à l'autre. Une image sensible, nous est-il dit, manque à la troisième idée de l'être. Là est sans doute le motif pour lequel le parallélisme fléchit, à mesure qu'il se prolonge. Les difficultés du problème risqueront, j'en ai peur, d'en garantir les abords, mais les métaphysiciens n'ont guère travaillé sous les yeux des profanes. Et Lachelier, était, on le sait, de ces métaphysiciens-là. L'occasion se présenterait, il me semble, d'inviter les partisans du kantisme orthodoxe à reprendre le vigoureux travail d'Arthur Hannequin sur *les Principes de l'Entendement pur* dans la doctrine kantienne. Hannequin nous y montrait l'entendement à l'œuvre, mais opérant *en vue* du temps et de l'espace. On serait tenté ici de s'interroger une fois encore sur les liens de l'*Esthétique* et de l'*Analytique transcendantales*. Ils ont été, sans doute, plus affirmés que démontrés par l'auteur du *Fondement de l'Induction* et par celui de l'*Hypothèse des Atomes*. Mais puisqu'ils le furent à deux reprises avec la plus

confiante des énergies, raison de plus pour s'enhardir et se
mettre résolument à l'ouvrage. Il se pourrait, en effet, que
Kant, en travaillant son *Esthétique transcendantale*, eût, sans le
vouloir, sacrifié la dialectique du temps à celle de l'espace.
Depuis Bergson, c'est là une opinion à tout le moins permise.
Il serait possible encore qu'il apparût entre le Temps et le
Nombre des affinités propres à soulever un problème nouveau :
celui de l'annexion du Nombre aux objets de l'*Esthétique transcendantale*. Peut-être cette annexion éclairerait-elle d'un jour
nouveau le lien, encore obscur, mais d'une nécessité absolue,
entre les deux grandes divisions de la première des trois *Critiques*.

Avant d'aborder une autre question, d'importance, à mon
avis, souveraine, je rappellerai que, selon l'auteur de *Psychologie et Métaphysique*, l' « autogenèse » de la notion de l'être, si
l'on peut risquer l'expression, n'est point un caractère aussi singulier qu'il semble. Les éléments *a priori* de la connaissance,
s'ils ne sont pas de purs verbalismes, ne se reconnaissent-ils pas
tous au même signe ? Ce signe n'est autre que la nécessité,
quand on prétend les dériver d'une source étrangère, et trouver, dans les eaux mêmes de cette source, leur présence, leur
action et, par là même, leur efficience ?

En se plaçant au point de vue de Lachelier, on devrait
assurer à la notion de l'être un privilège qui l'élèverait
au-dessus des autres éléments : elle se produirait elle-même, ne
trouverait son point d'appui qu'en elle seule, alors qu'elle servirait de point d'appui aux autres notions. Ce privilège de la
notion de l'être donnera vraisemblablement lieu à de nouvelles remarques. Mais il me paraît essentiel, maintenant, d'insister sur la méthode suivie par l'auteur dans les dernières
pages de son étude. Quelle valeur attache-t-il au juste à cette
notion de l'Etre à laquelle toute la représentation va se trouver
suspendue ?

Je voudrais, tout d'abord, fixer le sens du mot « valeur ».
Depuis la *Critique de la Raison pure*, un nouveau problème
s'est posé : on ne se demande plus seulement d'où nous viennent
les idées, mais quelle valeur il convient d'attribuer aux idées
qui naissent spontanément dans l'esprit, et, spontanément, s'y
organisent. Les principes recteurs de la pensée gouvernent-ils
cette pensée à travers les choses ? Gouvernent-ils les choses à
travers cette pensée ? Le problème est, dès lors, loin d'être
indifférent. Il pourrait bien y aller de tout le criticisme, y compris, bien entendu, le criticisme orthodoxe .Que les principes

aient une valeur objective au sens de Cousin et de son école, ou qu'en la leur attribuant, on veuille uniquement, ainsi que le voulait Kant, étendre leur juridiction à tous les entendements individuels, un disciple de la philosophie éclectique ne manquerait pas d'en conclure, pour le cas où il faudrait adopter la solution de Kant, en faveur du scepticisme. Le problème de la pensée réfléchie appliquée à la notion de l'être ne se pose pas en des termes sensiblement différents. Je veux maintenant savoir ce qu'il faut penser de cet être situé au plus profond de nous-mêmes : est-ce un être vivant ou une abstraction ? Et il faut dire que « nous le portons en nous-mêmes » et non pas que « nous le sommes », car « nous nous inclinons » devant la vérité, nous ne la « faisons » point. Même dans les jours où, la voulant de toute mon énergie, je vais au-devant d'elle, j'ai la claire conscience de n'en être point l'auteur. Et si je ne fais point la vérité, encore moins suis-je autorisé à me confondre avec elle : je ne la « suis » pas.

Puisque je ne suis pas la vérité, comment puis-je communiquer avec elle ? Est-ce par le dehors, ou par ce que l'on nommerait justement le fond de notre être, et qui, en raison de ce qu'il est partout le même en chacun de nous, pourrait s'appeler « le fond de l'être » en un sens universel et impersonnel ? On serait par suite en droit de dire, sans trop verser dans la logomachie, que la réflexion conduit chacun de nous à se « dépasser », sans pour cela le faire sortir de soi-même. Et si l'on objectait le caractère métaphorique, dès lors éventuellement arbitraire, des expressions employées ou usitées à cette place, je répliquerais que toute métaphore, si elle est toujours un « à peu près », n'est pas nécessairement une manière de se figurer les choses au rebours de ce qu'elles sont. Il n'est donc pas indifférent de choisir une métaphore au lieu d'une autre. Et par suite, il y a lieu de se demander si cette « forme » de la vérité ou de « l'être », que spontanément je situe par delà les frontières de ma propre personne, est décidément autre chose qu'un cadre vide, autrement dit, qu'une abstraction. Et c'est ici qu'on se demanderait fort à propos s'il n'y aurait pas lieu de distinguer l'acte d'abstraire des résultats de cet acte. Autre chose en effet est dire que pour se procurer telle ou telle notion, il faut la détacher, pour ainsi dire, d'un ensemble concret préexistant, autre chose est dire qu'on est là devant une pure abstraction.

Que, pour atteindre l'être, on soit conduit à descendre de couche en couche et à creuser au plus profond de soi-même, il n'est rien ici qui étonne. Est-ce une raison d'en induire qu'à

la limite du travail, l'être que l'on découvre ne se distingue pas
de ce vide auquel, chez les Anciens, Démocrite donnait le nom
de « non-être » ? On ne prend point assez garde que le reproche
de « réaliser des abstractions » pourrait bien être le plus injus-
tifié de tous. Il n'est pas de philosophe qui ne s'y expose. Ne
dit-on pas communément que la substance de Spinoza est une
« abstraction réalisée » ? Peut-être a-t-on raison de le dire. Mais
il s'en faut que, tout d'abord, on le sache. De cette opinion,
notre éducation de chrétien me semble responsable. On veut,
chez les Modernes, que rien n'existe hormis les corps étendus,
d'une part, et de l'autre, les âmes conscientes. Or si l'on veut se
mettre en présence d'un pur état de conscience, de combien de
détails ne doit-on pas faire abstraction ? Descartes nous a mis
en possession d'un critérium de vérité. Il n'est tel néanmoins
que pour qui l'accepte, et il est toujours possible de le rejeter.
Mais autre est un critérium de « vérité », autre est un critérium
de « réalité ». Dans ce genre on en est encore réduit à ces
vagues critères de sens commun dont il ne paraît pas que jusqu'à ce jour, la philosophie ait, faute de mieux, renoncé à
faire usage. Et, de ce qu'un tel critère nous manque, il nous
arrive, sans assez d'hésitation, de refuser l'être à tout ce qui
n'est pas « séparable ». On dit couramment, sans s'étonner, non
pas sans doute de l'absurdité de la thèse, mais, à tout le moins,
de son énormité, que les lois de la nature sont de pures abstractions, et qu'il en est ainsi, par exemple, de l'espèce humaine,
comme si ces façons de parler n'impliquaient pas une sorte de
contradiction ! Car il n'est pas défendu d'appeler contradictoire
l'opinion qui consiste à nier la réalité des espèces quand on
affirme celle des individus périssables. Et, pour la défendre, il
est presque enfantin d'alléguer que les espèces n'existent point
à part des individus. Il n'y a vraiment pas lieu de s'arrêter
à ce truisme stérile.

Ce n'est point cela qui est en question, auquel cas, la première venue des marchandes d'olives d'Athènes eût été capable
de discuter avec Aristote. On commence d'ailleurs à s'en apercevoir, depuis la naissance de la sociologie. Personne ne con-
teste que la société n'existe que dans et par les individus,
qu'elle n'en est pas séparable. Rien ne prouve, quand même,
qu'elle n'en soit ni distincte ni différente. La théorie psychologique de l'abstraction n'est peut-être pas à refaire. Mais ce
qu'il faut que l'on sache, c'est que cette théorie psychologique
laisse intact le problème métaphysique ou critique. Il porte sur
la nature des concepts formés par abstraction et sur la réalité

dont ils sont ou ne sont pas les signes. On sait la solution qui prévaut d'ordinaire, et c'est pour m'en être distraitement prévalu à mon tour que, devant cette hardie dialectique de l'être, je me suis longtemps senti perplexe. Avais-je, oui ou non, affaire à un simple jeu d'abstractions ? J'ai maintenant pour en douter de sérieuses et graves raisons.

Deux cas sont possibles : ou l'être dont il s'agit n'est rien de plus qu'un produit artificiel de la faculté d'abstraire, quelque chose comme la possibilité abstraite de penser, ou cet être est la Pensée, non pas abstraite, mais vivante, non pas en puissance, mais en acte. Et il est dans les intentions de l'auteur qu'elle soit cela, puisque Lachelier définit l'homme, « en tant que sujet intellectuel, une dialectique vivante ». Et non seulement il définit, mais il fait suivre sa définition d'une démonstration, puisqu'il cherche à unir toutes les catégories à la catégorie de l'Etre, ou plutôt à les suspendre à quelque chose qui les domine, mais ne soit pas dominé à son tour, si ce n'est par lui-même.

Il en résulte dès lors que l'être dont il est question est tenu de prouver sa réalité par sa fécondité, c'est-à-dire, après tout, par son énergie. Il pose en effet sa propre forme, et là est la première manifestation de son énergie. L'être ainsi posé n'est rien de plus qu'une forme vide, c'est l'évidence même ; mais cela aussi n'est pas moins évident, à savoir, que la source de laquelle cette position dérive, n'est rien moins qu'une abstraction. La dialectique de Lachelier consiste décidément à pénétrer jusqu'au fond de la conscience et même au delà, en traversant au préalable la « conscience sensible », et même, avant cette dernière, une « conscience abstraite et mécanique » que « l'analyse réflexive » vient de nous faire découvrir, pour atteindre à la raison impersonnelle. On sait l'allégorie de la Caverne. Platon ne l'a pas inutilement imaginée. Le rappel de cette allégorie n'est vraiment pas de trop en ce moment puisqu'elle nous fait voir la connaissance s'élevant, en vertu de sa propre spontanéité, de l'abstrait au concret, non par un changement de nature, mais par un enrichissement graduel de son contenu. Lachelier donne presque à son lecteur le droit de reprendre la vieille allégorie, mais en situant dans la caverne légendaire, non plus les hôtes sensibles du monde éclairé par le soleil, mais les hôtes d'un monde intelligible, celui des notions et des idées génératrices et directrices de la connaissance. Une fois engagé dans les profondeurs de ce monde, il ne se peut que l'esprit n'éprouve, selon une heureuse et célèbre expression de

Jules Lagneau, « la sensation de l'obscur ». Mais le propre de l'esprit philosophique n'est-il pas de dominer le vertige dont cette sensation s'accompagne, et d'y amener par degrés l'ordre, l'enchaînement et la lumière ? En effet, il ne s'agit pas seulement de nous montrer les catégories émergeant de la notion de l'être, et, une fois émergées, gravitant autour d'elle ; il faut encore essayer de jalonner de distance en distance la route qui mène au suprême intelligible, c'est-à-dire à « l'idée des idées », la Liberté.

A vrai dire, la route dont je parle et sur laquelle j'aperçois des jalons conducteurs est restée à l'état d'esquisse. L'esquisse, il est vrai, est arrivée à son terme. Le plan de la construction est donc celui d'une construction complète, systématique, et, d'un bout à l'autre, animée d'un même esprit. Trahirais-je la pensée du Maître dont j'ai suivi avidement les leçons à l'Ecole Normale Supérieure de 1867 à 1870, si j'affirmais — comme je l'affirmerai bientôt d'un autre penseur, plus jeune, mais qui, celui-là, au lieu d'une simple esquisse, nous a donné l'équivalent d'un système véritable — que la doctrine prise dans son ensemble est une téléologie, tranchons le mot, une démiurgie de la pensée ?

J. Lachelier ne se trompait pas quand, au moment où il nous montrait l'idée de l'être posant sa propre forme, il déclarait poser, lui aussi, les premières assises d'une science qui, si elle parvenait à se constituer, serait à la fois celle de la pensée et celle de l'univers. Déjà avant les premières lignes du *Fondement de l'Induction*, il avait donné pour épigraphe à son livre le vers de Parménide où le métaphysicien-poète identifie l'acte de penser à l'objet qui en est le résultat. Cet idéalisme absolu n'avait jamais été affirmé avec une aussi belle assurance par aucun philosophe français depuis Descartes et Malebranche. Le cas de J. Lachelier paraît donc bien avoir été unique en France dans les dernières années du dix-neuvième siècle. Que le vingtième siècle arrive, il n'attendra pas dix ans la naissance d'un nouvel idéalisme, celui d'O. Hamelin.

Psychologie et Métaphysique demande à être lu, comme furent méditées, dans le recueillement et le silence, les esquisses des grands maîtres ; on est là, en effet, devant l'esquisse d'une grande doctrine. On ne doit point oublier toutefois, en tenant les yeux et l'entendement fixés sur elle, comment y a travaillé son auteur. Il y a travaillé dans la vigueur de l'âge et dans le plein de son talent. Un témoin de son travail, Félix Ravaisson,

m'a dit de ce travail qu'il dura cinq années, cinq années
pendant lesquelles la main n'a point quitté le papier pour la
toile, ni le fusain pour le pinceau. La sagesse commandera donc
au lecteur, fût-il des plus avertis, de laisser cette esquisse sans
en essayer ni la prolongation ni la conversion en une œuvre
dont l'achèvement, par une main étrangère, serait une entreprise grosse de risques, pour ne point dire de bévues. Je me
résignerai, dès lors, à prendre l'initiative de ce conseil de prudence en le suivant tout le premier. Je rappellerai seulement
que cette belle dialectique, toute de construction et de synthèse, est vraisemblablement animée d'un bout à l'autre d'un
souffle vraiment kantien, et même kantien orthodoxe. Je ne
crois pas, en effet, que Lachelier eût facilement consenti à
réunir l'*Esthétique transcendantale* à l'*Analytique*, car il se fût
laissé aller à confondre la sensibilité et l'entendement. Notre
Maître a si bien tenu à la distinction de ces deux grandes
facultés qu'il se les est représentées coopérant et travaillant
chacune, selon son mode propre, à la constitution de l'esprit.
En effet, à chacune des dimensions de l'étendue, correspond,
selon Lachelier, une des puissances de l'Etre. La première
de ces puissances, source première de la nécessité et de la vérité,
donne naissance à l'ordre logique et à son expression par le
temps et la causalité. A la deuxième puissance de l'être
correspondent la volonté et la finalité, la sensation
et la surface. A la troisième puissance, la liberté,
qui, on le sait, réfléchit sur l'étendue à trois dimensions, sur la réflexion individuelle, et donne naissance à
la raison, c'est-à-dire à la conscience intellectuelle. Je ne jurerais pas que l'ordre des éléments ait été fixé une fois pour toutes
par l'auteur. D'ailleurs, ce qu'il importe de constater avant tout
ici, c'est l'échelonnement de la causalité, de la finalité, de la
liberté, dont on dirait qu'elles viennent, chacune, à son moment
et à son rang, remorquer un groupe distinct d'éléments premiers et irréductibles ; c'est la précession de l'étendue par le
temps, et surtout de l'ordre chronologique par l'ordre logique,
qui a sa source dans le nombre, générateur de la notion d'ordre ;
c'est enfin, et d'une manière générale, l'originalité de ce lien
qui unit l'abstrait au concret et qui atteste dans ce mouvement
de l'esprit l'aspiration à se compléter par une vie d'une
richesse croissante. L'abstraction, ici, loin d'être le signe d'une
nature concrète, dégradée et finalement décharnée, représente
le premier degré d'une existence qui s'élève graduellement vers
la réalité et la vie pour s'achever dans la libre affirmation et

possession de soi-même. Dans une étude qu'on lira plus tard, on reconnaîtra une manière assez analogue de se représenter la connaissance abstraite, non plus sur le type d'une réalité diminuée, comme on le fait trop souvent, mais sur le type d'une réalité commençante. Il en résulte, à mon sens — et cela en conformité aux thèses de Lachelier, sur le déterminisme téléologique — que l'énergie totale de la connaissance s'exerce dès les premières manifestations de l'activité intellectuelle jusqu'au plein achèvement de cette activité. C'est donc l'idée totale d'un esprit en possession de toutes ses énergies élémentaires, qui est l'ouvrière et, pour me servir d'une expression platonicienne, la créatrice de l' « âme du monde », de laquelle l'âme de l'homme participera.

Deux remarques veulent être faites avant qu'il me soit permis de prendre congé de cette belle esquisse. La première portera sur la réunion de deux problèmes malheureusement séparés par la philosophie écossaise : celui de la vérité et celui de la réalité. Et on peut bien dire, en dépit des apparences, que cette réunion, dont Lachelier a pris l'initiative, atteste un juste retour à la tradition cartésienne.

L'autre question — soulevée par le déterminisme téléologique immanent à la nature, dans la doctrine de J. Lachelier, et superposé au déterminisme mécanique qui déjà la gouverne — touche au rôle de la contingence et à la part qui doit lui être réservée dans le système de l'univers. En effet, la loi de la gravitation universelle s'exerce en raison directe des masses et en raison inverse du carré des distances. On peut se demander pourquoi le carré des distances intervient ici et non pas la distance tout court. Le seul fait de se le demander atteste, dira-t-on, le caractère contingent de la loi de la gravitation. A première vue l'hypothèse de cette contingence n'a rien d'absurde si l'on s'attache à la loi, isolément considérée. Là est précisément l'erreur, car si le système du monde astronomique est bien une réalité, la solidarité de toutes les lois de ce monde en est une conséquence nécessaire. Dès lors la nécessité de la conséquence retentit sur le détail des lois cosmiques et conditionne nécessairement chacune de ces lois : chacune de ces lois qui semblait être tout d'abord contingente, s'impose à l'esprit comme nécessaire. Je me hâterai de reconnaître que cette nécessité devant laquelle l'esprit s'incline n'a rien de brutal, ni d'obscur, ni qui enchaîne l'esprit à la manière de je ne sais quelle puissance de ténèbres. C'est une nécessité toute de démonstration, et, par suite, de lumière ; c'est donc une nécessité qui n'a plus droit à son nom puisqu'elle va recevoir le nom de l'intelligible.

J. Lachelier ne s'est point demandé dans quelle mesure un monde, gouverné par des lois intelligibles, pouvait être considéré comme l'expression d'une contingence universelle ; à ce point de vue, les conclusions de la thèse sur le *Fondement de l'Induction* demeurent intactes.

Un des historiens de Leibnitz s'est demandé, si j'ai bonne mémoire, dans quels termes l'histoire parlerait de ce grand homme, au cas où il ne serait resté de lui que la *Monadologie* et le *Discours de Métaphysique*. L'œuvre totale de J. Lachelier n'est guère plus considérable que ces deux écrits leibnitziens. Il n'en a pas moins exercé, sur une part considérable de la pensée française, une influence profonde. Mon espoir, et celui de bien d'autres, est que cette influence ne cesse point de si tôt.

CHAPITRE V

____

O. HAMELIN

I

L' « ESSAI SUR LES ÉLÉMENTS PRINCIPAUX DE LA REPRÉSENTATION ».

L'auteur de cet *Essai*, dont l'apparition marquera une date
dans l'histoire de la pensée française et sera peut-être le point
de départ d'une direction nouvelle de cette pensée, a survécu
cinq mois à peine à son œuvre. Le 8 septembre 1907, O. Hamelin se noyait à Huchet, dans les Landes, en voulant porter
secours à des personnes en danger. Il était chargé de cours en
Sorbonne. Sa mort a été déplorée par M. Alfred Croiset, en
des termes qui font honneur à celui qui les mérita. Le doyen de
la Faculté des Lettres de l'Université de Paris a eu le juste
sentiment qu'en perdant Hamelin, c'était un « grand philosophe » que la France venait de perdre. En lui disparaît un de
ceux qui ne savaient jamais toucher à un problème de théorie
ou d'histoire sans renouveler ou la solution du problème ou,
mieux encore, la position de ses données.

Le livre d'O. Hamelin est un système de philosophie, ou, ce
qui revient assez au même, un essai de construction systématique des « Eléments principaux de la Représentation ». Au cours
de l'ouvrage, le terme *Catégorie* se rencontrera. Au début du
livre, l'auteur s'est gardé du terme, afin de parer à une équivoque. Depuis Kant, le mot *Catégorie* implique, ou est censé
impliquer, la distinction d'une matière et d'une forme. Si cette
distinction est irréductible, le monde devient inexplicable, étant
partiellement irrationnel. Il est une portion de la réalité sur
laquelle la pensée n'a point de prise : le philosophe doit s'efforcer de la réduire ou même de l'abolir. S'il y échoue, la philoso-

phie, entendue au sens profond du terme, est au-dessus des forces de l'homme. — Est-il possible d'espérer un succès complet
dans l'état actuel des sciences ? A une science inachevée doit
correspondre une philosophie inachevable ? — D'accord. Une
philosophie que l'on parviendrait à orienter dans une direction
précise aurait toutefois quelque chance d'être la vraie, surtout
au cas où cette philosophie, déjà essayée dans l'histoire, admettrait une élaboration nouvelle. Si, une fois retravaillée, refon-
due, repensée pour ainsi dire de la base au faîte, cette philosophie d'hier apparaissait consolidée, elle passerait, à bon droit,
pour mériter d'être la philosophie de demain, à plus forte raison
celle du temps présent. Renouvier, par exemple, a posé empiriquement ses catégories. On sait lesquelles : Relation, Nombre,
Espace, Temps, Qualité, Devenir, Causalité, Finalité, Personnalité. Il les a posées empiriquement, car il les a juxtaposées
sans trouver, ni même chercher, la loi de cette juxtaposition.
Vienne un philosophe qui la découvre, ou, tout au moins, qui
nous mette sur la voie : ce philosophe aura démontré, ou,
tout au moins, commencé deux démonstrations : 1° celle d'un
progrès dans la philosophie, autrement dit de la réalité d'une
tradition philosophique : 2° celle de la rationalité du réel,
autrement dit de l'univers. Mis en présence de la doctrine
renouviériste des catégories, O. Hamelin la sent fragile. Il y
regarde de plus près, et change d'impression. A le bien prendre, Renouvier, s'il en avait eu la force, ou plutôt le goût, ne
manquait pas d'un moyen de rassembler ses catégories en un
système. Il a remarqué, avec Kant, que chaque catégorie, le
nombre par exemple, est une synthèse de deux opposés. La
totalité synthétise l'*un* et le *plusieurs*. L'*un* et le *plusieurs* à
leur tour s'opposent mais sans s'exclure : ils s'opposent en se
complétant. Ce sont deux *corrélatifs*. Chaque catégorie, prise en
soi, affecte les allures d'un système. Le renouviérisme n'est
pas un rationalisme : car les catégories s'y trouvent les unes à
côté des autres sans qu'on sache toujours pourquoi. On ne le
sait pas toujours : il arrive qu'on le sache. Renouvier a pressenti
les affinités du Temps et de l'Espace, de la Cause et de la Fin.
C'était donc exagérer que de lui attribuer, ainsi que tout à
l'heure, une position empirique des catégories. Ce n'était qu'exagérer cependant, puisque c'est seulement « à l'intérieur de chaque catégorie » que ses aspirations systématiques ont trouvé où
se satisfaire. Nous voici, par suite, en mesure d'assigner au philosophe qui voudra compléter la doctrine néocriticiste des catégories sa tâche véritable. A moins qu'en désespoir de cause, il

ne se résigne à incliner résolument le néocriticisme vers l'empirisme, il devra étendre au système tout entier la méthode synthétique appliquée par l'auteur à chacune des catégories prise à part. Bref, il devra orienter le criticisme vers une sorte d'hégélianisme, mais d'un hégélianisme où le concept contradictoire sera remplacé par un « contraire », sans quoi la synthèse échouerait irrémédiablement. Supposons que l'essai réussisse. Qu'adviendra-t-il ?

D'abord, les catégories se disposeront en une série unique. Chez Renouvier on ne sait pas toujours comment les disposer : sur la même ligne horizontale, ou sur les degrés d'une même échelle ? Dans son *Premier Essai de Critique Générale*, Renouvier voit bien que la Relation appelle le Nombre. Il le voit sans en apercevoir la raison. De là résulte un flottement dans la doctrine. On ne sait pas, non plus, s'il faut considérer la Relation de telle sorte qu'elle commence la série, ou de façon qu'elle plane sur *la* ou sur *les* séries des lois les plus générales de la Représentation.

Pour que la classification des catégories soit possible unilatéralement — à la manière de la classification comtiste des sciences (¹) — il faut non seulement admettre que chaque catégorie appelle sa complémentaire tout de même que chaque notion appelle son opposée, mais il faut en donner la preuve. Il faut par suite se représenter chaque catégorie comme travaillée par une obscure tendance à se dépasser. Cette aspiration de « l'autre » par « le même » domine le présent ouvrage. Et cependant, rien n'est plus curieux que le soin et le succès avec lequel l'auteur excelle, une fois constaté cet inévitable appétit d'excursion, à le réprimer et à maintenir chaque catégorie à sa place. Il n'est pas de livre plus ordonné que le sien. Et à bien des égards, il n'est pas de doctrine plus vivante, où les abstraits supportent plus difficilement le malaise issu de cette abstraction même.

Enfin, pour que le succès de l'entreprise mérite de n'être pas confondu avec ces succès éphémères que le hasard improvise, il faudra que la rationalité du monde s'étende, si possible, jusqu'aux confins de ce monde, que l'accident n'y ait guère de place, que l'individu, en tant qu'individu, soit un produit de la raison; bref, que l'individu, considéré comme tel, soit une

---

(1) Avec cette différence, toutefois — et elle importe — que Comte *juxtapose* et qu'O. Hamelin *construit*. On sait l'admiration sympathique de Renouvier pour la classification de Comte. Elle s'explique on ne saurait mieux de la part d'un philosophe qui ne croyait pas à une construction possible d'un système des catégories.

espèce à un seul exemplaire. — Hypothèse chimérique ! — Pas tant qu'à première vue l'on se le figurerait. Substituez, en effet, le point de vue de la compréhension à celui de l'extension. Vous en avez le droit. Vous l'avez d'autant plus que la réalité d'un genre ne saurait dépendre du nombre de ses représentants concrets. Quand le Dieu de la Genèse créa le premier homme, il créa le genre humain. La compréhension, dès lors, plus que l'extension, est essentielle au concept. C'est elle qui fait sa richesse. Un genre dont la compréhension s'accroît passe d'une vie moindre à une vie plus riche. De là résulte que le genre, comme le voulait Aristote, est matière, par rapport à l'espèce, autrement dit que seule la méthode synthétique mène à l'être. Elle est donc la vraie méthode du philosophe. Et c'est pourquoi la *Relation* avec ses trois moments sera la première des catégories. Entrons maintenant de plain-pied dans le système.

I

C'est en effet de plain-pied que nous y entrons. Ou, tout au moins, si nous avons à gravir une échelle, nous n'aurons pas à en changer pour atteindre jusqu'à l'être, car c'est à une construction de l'être que nous allons assister. Et nous allons, ainsi qu'il n'y a plus lieu d'en douter, le construire dans le plan de la Relation : l'Etre et le Rapport seront réciproques. Tout être sera la synthèse de deux moments antithétiques. Mais pour que la réalité se laisse construire, il faudra ériger toute synthèse en thèse, puis lui trouver un moment d'opposition suivi d'un nouveau moment de synthèse... et ainsi de suite jusqu'au plein achèvement de l'Etre. Après quoi l'Etre, à la recherche de son contraire, ne trouvera plus que son contradictoire. Neuf degrés restent encore à franchir.

II

L'essence de la Relation se définirait aisément par « l'impossibilité d'être l'un sans l'autre ». Substituons « possibilité » à « impossibilité », nous saurons à quel signe reconnaître « le « corrélatif » du Rapport. Il sera le « discret » par excellence. Or, le « discret » est l'attribut d'un sujet qui est le Nombre. Le nombre se construit par une synthèse dont le premier moment est la « position de l'un ». Reste à déterminer le moment antithétique auquel il ne paraît pas qu'avant O. Hamelin, on ait suffisamment pris garde. Demandons-nous comment on obtient *deux*, et nous nous apercevrons presque aussitôt que c'est par « la position d'*un* en face de *un* », autrement dit par l'opposition d'*un* à lui-même.

Il y a lieu de se demander si le Nombre fait immédiatement suite au Rapport. Kant est d'un avis différent. A l'entendre, tout acte de numération impliquerait un nombrable, ce qui est l'évidence même, mais un nombrable sensible, fourni à l'intelligence par l'intuition. Cette intuition a beau être *a priori* puisqu'il s'agit du temps, ce n'est pas moins, aux yeux de Kant, un élément extérieur à l'esprit. Or, si l'on y regarde de près, ce « nombrable », que l'on va chercher hors de l'esprit, n'étant autre que le nombre, à quoi bon sortir de la pensée quand le pur intelligible suffit à nos exigences ? Au surplus, soumettre le nombre ou, tout au moins, son exploitation immédiate à la préexistance de la sensibilité, fût-ce dans les éléments qui la conditionnent, c'est limiter la juridiction du nombre, en libérer toute une portion du réel, ce à quoi rien ne nous autorise. Ainsi, le Nombre est bien à son rang, et sa nature est purement intelligible.

III

Il doit en être de même de toutes les catégories, à commencer par le Temps, cette synthèse de la Relation et du Nombre, de la liaison et de la dispersion, puisque chaque partie qui se pose y entraîne la négation de la partie posée. Au point où nous en sommes de notre construction synthétique du réel, il nous faut une quantité continue « se développant en une série irréversible » (1). Le Temps satisfait à cette condition. Il satisfait aussi à la condition, pour nous tout aussi impérieuse, d'être une synthèse de deux opposés : car ce que nous appelons *durée*, n'est autre qu'une synthèse, celle de l'*instant*, analogue de l'unité, et du *laps de temps*, essentiellement fluide. Que si les instants ne se comprennent que posés hors les uns des autres par des intervalles, autant dire que le temps est quantité, rien de plus. Renonçons donc, avec Leibnitz, à imaginer une qualité préalable qu'il faudrait ouvrir à la succession pour en extraire le temps, opération d'autant plus facile qu'avec la succession le temps s'y

_____

(1) *Essai*, p. 52.

serait glissé. Peut-être la perception du temps nous serait-elle
rendue difficile, impossible même, si celle de l'espace ne lui
offrait un point d'appui. On aurait tort d'en conclure la préexistence de l'espace au temps. Quant à distinguer, avec Bergson,
deux temps dont l'un serait le « calque de l'espace
imprimé à la surface de la conscience par le contact de la réalité extérieure », tandis que l'autre, durée
pure et qualité pure, serait donné par la conscience, ([1]) on
n'y voit point de raison décisive. Et d'abord ce que Bergson
appelle temps, n'en serait-ce pas simplement le contenu ? Il
conviendrait par suite de descendre d'un degré, de l'ordre psychologique jusque dans l'ordre métaphysique, et de se demander si l'on n'y trouverait pas, sous le riche devenir de la conscience, le temps condition essentielle de ce devenir. En s'exprimant ainsi on ne rétrograderait pas de Bergson à Kant. Car
O. Hamelin entend rester dans l'intelligible pur et, comme Renouvier, faire du temps un concept. Ici encore, Renouvier a
montré une rare clairvoyance. Le malheur est qu'il n'a pas suffisamment justifié son attitude antikantienne. Kant prétend que
le temps n'est pas un concept, car il est dénué d'extension :
erreur. Le Pendant, l'Avant, l'Après sont *autant de notions* que
celle de temps subsume. Dira-t-on que chaque partie du temps
est singulière, que toute généralité en est exclue ? Peut-être.
Reste à savoir si le point de vue de l'extension est le seul auquel
on se doive maintenir. Or celui de la compréhension le surpasse
en valeur métaphysique, et il suffit de s'y placer pour que toute
différence entre les représentations singulières et les autres aille
s'évanouissant. D'ailleurs la compréhension de la notion du
Temps n'est pas nulle puisqu'il s'y trouve le concept de ses
conditions, celui de Rapport et celui de Nombre. Insister avec
Kant sur ce que, dans la soi-disant intuition du temps, le tout
est donné avant les parties, alors que dans le concept ses éléments lui préexistent, serait peine perdue, car d'après la loi
universelle de Relation, la pensée embrasse du même regard
le tout et ses parties. Enfin, la difficulté qui tient à l'infini et à
la continuité du temps, laquelle serait un scandale pour l'esprit
sans la distinction de la puissance et de l'acte, se résout malaisé-
ment dans l'hypothèse de Kant. Elle cesse, il s'en faut, d'être
jugée insurmontable, si l'on substitue au Temps-Intuition, le
Temps-Concept. A ce dernier titre, le Temps pur se résout en
une abstraction et nous n'avons plus affaire qu'à des « limites

_____
(1) *Essai*, pp. 56-57.

abstraites » et à des « intervalles quelconques ». Le Temps est donc un élément absolument original de la Représentation, et purement intelligible.

IV

Il n'en est pas autrement de l'Espace, son antithèse. On aura remarqué la hardiesse d'O. Hamelin qui, rompant avec les vieux usages met l'espace *après* le temps. On serait tenté de le justifier par la simplicité relative du temps, et l'on aurait tort. Pour savoir où situer le temps il faut le poser, ainsi que l'espace, en regard du nombre. Quant au voisinage immédiat de l'espace et du temps, il résulte d'une analogie dont la reconnaissance date vraisemblablement des origines de la réflexion philosophique. L'analogie, chacun le sait, n'exclut pas l'antithèse. L'irréversibilité du temps s'oppose à la réversibilité de l'espace, l'Instant au *Point*, l'Intervalle à la *Distance*. La Droite est la synthèse de la Distance et du Point. Mais, à la différence du temps, l'espace ne se développant pas en une série unique, il conviendra de poser un point hors de la droite, d'où une droite nouvelle, avec l'angle compris, le plan, bientôt après le triangle et, à sa suite, le monde des figures planes. En recommençant l'opération, le monde des volumes apparaîtra, et il ne restera plus à la géométrie, pour être, qu'à passer de la puissance à l'acte. Que l'espace soit une intuition, Hamelin n'a garde d'y contredire : n'est-il qu'une intuition ? D'abord il tombe sous les prises du tact et de la vue, sans cesser, pour cela, d'être le même espace. Or cela ne se pourrait si l'espace, avant d'être *in sensu*, n'était d'abord *in intellectu*. De plus, l'espace n'est dénué, ni d'extension, car il admet « les différences du lieu » déja notées par Aristote (droit, gauche ; haut, bas... etc.), ni de compréhension, car, outre ses caractères propres, il implique le temps, le nombre, le rapport. C'est donc un concept. Et il n'y a pas lieu de s'embarrasser de la distinction kantienne entre « les concepts » et la « construction des concepts ». La vieille distinction entre « concevoir » un triangle et l' « imaginer » pourrait bien n'être que superficielle et se réduire, ici, à une opération que l'on achève, là, à une opération que l'on commence. D'où une simple différence de degré. Il est d'ailleurs assez impossible d'extraire d'une figure construite un élément qui ne soit réductible soit à des concepts, soit à des liaisons de concepts. L'espace dont il vient d'être parlé a trois dimensions. Ne peut-il en avoir davantage ? Peut-être : auquel cas il faudrait admettre que la notion d'espace n'a pas été développée complètement ; faute vénielle après tout. L'espace dont il vient d'être parlé est homogène. Or, on peut lui ôter cette homogénéité et constituer une géométrie non euclidienne, aux théorèmes bien liés. En faut-il conclure que l'espace euclidien n'est pas le véritable espace ? Non. La géométrie est libre de définir à son gré ce qu'elle entend par espace, et d'en tirer des conséquences qui se tiennent. Conclure de là que l'espace initial, tel qu'il lui a plu de le définir ne renferme rien de contradictoire, serait téméraire. Et du moment où l'homogénéité de l'espace se trouve mise en question, il y a lieu de s'appuyer sur les lois fondamentales de la Représentation pour donner la préférence à l'espace d'Euclide et pour le situer, en raison de sa simplicité plus grande, à la base de tout l'édifice géométrique. (¹)

V

Synthèse du Temps et de l'Espace, qui sont bien ses deux moments, attendu qu'ils ne se peuvent saisir que l'un à travers l'autre, le Mouvement se place immédiatement à leur suite dans l'ordre de la quantité. Pour condamner, sans appel possible, les arguments de Zénon d'Elée et, par suite, sauvegarder la réalité du mouvement, on a essayé d'y faire évanouir toute succession, de lui faire un sort comparable au sort de cette durée purement qualitative déjà rencontrée, de concevoir, ou peu s'en faut, le type du mouvement sur celui de la phrase musicale, dont l'unité se perçoit d'autant mieux que l'attention s'y concentre et se détache des éléments sonores réciproquement extérieurs et successifs, hors desquels toute mélodie s'abolirait. Pourtant, l'inévitable moment d'analyse est assuré de venir, et l'on s'apercevra qu'une succession s'évanouissant diffère d'une succession évanouie. Qu'il y ait un devenir qualitatif, O. Hamelin le sait mieux que personne. Mais ce devenir en recouvre un autre qui se passe de la qualité pour être, car, dans l'idée de direction et de vitesse, il n'entre rien que de la quantité. La vitesse, elle-même, où Kant croyait, à tort, voir intervenir l'intensité, ne contient que du temps et de l'espace ramassés dont le déroulement est toujours possible. Le

(1) *Essai*, p. 106.

mouvement, étant essentiellement passage, c'est-à-dire « position intermédiaire », paraît, à ce titre, défier la représentation. Il n'en est rien, au moins du point de vue de l'idéalisme auquel on entend se maintenir. De ce point de vue, le mouvement offre tous les caractères d'une abstraction, soit d'un pur intelligible, directement insaisissable, d'ailleurs, à une expérience qui, loin d'atteindre le devenir, n'a jamais prise que sur le devenu. (¹) Quant à la relativité du mouvement, l'un de ses aspects les plus considérables, elle résulte de ce qu'il est fait de temps et d'espace, et qu'il se définit par le changement des rapports de position d'un mobile. Il a lieu entre des limites, et, quand bien même, rapportées à d'autres repères, ces limites se trouveraient changer, il reste ce qu'il est. La Cinématique n'exige pas autre chose. Mais elle l'exige absolument. Elle ne saurait, en effet, composer des mouvements sans unifier leurs composants. Quant à la « réalité du mouvement », cette expression signifie la nécessité de considérer comme réel tout changement « en égard aux limites entre lesquelles on la pose, et il n'y a rien de plus à chercher » (²).

VI

La dialectique de la Quantité pure est arrivée à son terme. Et cependant le Mouvement figurera en tête du chapitre que nous sommes près d'aborder, et dont voici le titre exact : *Mouvement, Qualité, Altération*. Pourquoi ce titre et d'où vient que parmi les Eléments de la Représentation, certains, à savoir les éléments dont le numéro d'ordre est impair — à l'exception toutefois du premier et du dernier, — figurent deux fois sur la liste ? C'est qu'à la différence des éléments pairs réduits au rôle d'antithèse, ils donnent lieu à un double rapport. D'une part, ils servent de lien entre deux opposés, d'où leur fonction de synthèse. De l'autre, ils échangent cette fonction contre celle de thèse, dans un stade nouveau de la Représentation. La remarque déjà esquissée au début de cette exposition méritait, à mon avis, d'être reproduite à cette place même. En effet, nous voici au seuil du concret — il le semble du moins — puisqu'il va nous suffire d'avancer d'un degré pour rencontrer la Qualité. Or, si l'auteur s'est donné la tâche de construire la Représentation, autrement dit, d'en lier les éléments, c'est

(1) *Essai*, pp. 114-115.
(2) *Ibid.*, p. 118.

comme s'il nous avait fait, entre autres promesses, celle de prouver deux impossibilités : l'une, de réduire la Qualité à la Quantité (¹), l'autre, de la construire autrement que sur une base quantitative (²). D'où la nécessité de promouvoir la synthèse du moment antérieur au rang de thèse, dans le moment qui va suivre.

Le simple se pose comme l'antithèse du composé, attribut dont on peut dire qu'il exprime l'essence des trois catégories qui précèdent. Leur caractère est d'être divisibles et continues, et le mouvement est cela au degré suprême. Il est le composé par excellence, et dès lors, il ne se comprend que par le simple ; lequel, indifférent à la composition, loin de le détruire, le domine. Pas de *quantum* qui n'appelle un *quale*. Deux thèses, limitatives l'une de l'autre, sont donc à établir : la première est que la Qualité implique un mécanisme qui la supporte, que l'intelligible est son véhicule ; la seconde est que l'intelligible est en outre son essence, que la dialectique la pénètre, que la Qualité se doit construire, bref qu'elle est un moment nécessaire de la Représentation. S'il est un mécanisme sous-jacent à la Qualité, sa découverte remonte aux origines de la philosophie moderne. Les Cartésiens ne laissaient « subsister hors de l'âme, que du mécanisme » (³). De nos jours, les tentatives pour résoudre les sensations, pour les regarder comme autant de composés dont les caractères propres s'effacent à mesure que la décomposition avance, aboutissent à une absorption de la qualité dans la quantité. De celle-ci sortirait celle-là par coalescence de parties homogènes. Ainsi, que la qualité ne se puisse passer de la quantité, c'est prouvé, trop prouvé même, puisqu'il s'en élève un doute touchant la réalité de la première.

Il nous faut donc attester cette réalité. Et comment l'attester, le résultat que l'on vient d'atteindre est là pour nous en instruire. La qualité ne sera réelle qu'à la condition de pouvoir être construite. Or si, comme le remarquait Aristote, toute qualité est constituée par des contraires, et cela de l'aveu presque du sens commun, si les progrès de la psychologie contemporaine contribuent à rendre la sensation pure de plus en plus rebelle à l'analyse, autant reconnaître que la pensée se mêle à la

---

(1) Autrement la qualité s'évanouirait, réduite à la condition d'une vaine apparence, et c'est ce qui est impossible dans une doctrine phéno-méniste comme celle d'O. Hamelin.

(2) Autrement la qualité *surviendrait* sans être appelée ni attendue, et alors les éléments de la Représentation ne se pourraient construire.

(3) *Essai*, p. 157.

sensation, ou plutôt qu'elle y est mêlée. Or, la sensation ne saurait être mise en doute. Donc la qualité est bien réelle. Et elle s'ouvre à l'intelligible. Faisons un pas de plus, en effet, et l'intensité se manifestera. Ce « propre » de la qualité, nous offrant un mode d'évaluation qui « serre de près son essence qualitative » (¹), nous fera pressentir, dans toutes ses variations, un passage graduel du même au différent, soit un « processus continu ». Ce n'est pas tout encore. Rappellons-nous, d'une part, l'opposition classique de l'amer et du doux, la détermination synthétique des sons par l'addition d'un aigu à un grave, la « gamme » des couleurs qui n'est pas une simple métaphore, leur contraste qui n'est pas une pure fantaisie, et nous nous trouverons en pleine dialectique. L'auteur eût tiré, sans doute une conclusion analogue « des correspondances sensorielles » nettement aperçues par Baudelaire et dont ce poète, en des pages mémorables de ses essais sur *L'Art Romantique*, a commencé la théorie.

La qualité ne vient donc pas, comme du dehors, se greffer sur la quantité. Peut-être, toutefois, n'est-il pas défendu de recourir aux vieilles images de statue et de socle, mais il faudrait ajouter que la statue émerge de son piédestal, parce que l'une et l'autre seraient non seulement faites d'une même matière, mais encore issues d'un même mouvement de l'imagination. Et il ne faut pas qu'on s'en étonne. En écrivant tout à l'heure que la qualité nous portait au seuil du concret, nous avons eu recours à d'anciennes manières de dire et qu'Hamelin eût, peut-être, en fin de compte, jugées inadéquates à sa propre pensée. Il est exact que, dans cette doctrine, chaque nouvel élément nous rapproche du concret. Il l'est moins, et même il ne l'est pas du tout, qu'avec la qualité nous y touchions presque. La sensation et, par suite, la qualité n'ont d'existence que dans et par l'être. Or, si nous marchons vers lui nous n'en sommes pas encore à notre dernière étape. Il s'en faut de quelques degrés. Le monde où nous sommes, où nous allons encore nous mouvoir et nous avancer, reste encore un monde d'abstraits.

VII

Si la quantité est l'étoffe *sur* laquelle la qualité se détache, il est inévitable que les modes de la première se réfléchis-

---

(1) *Essai*, p. 127.

sent dans la seconde et que celle-là se prête en quelque
manière au mouvement. A ce point de vue, Aristote avait
pensé profondément, plus profondément, oserait-on dire, que
pas un, même parmi les grands modernes, en s'appliquant à
l'Altération, pour la considérer à part. Renouvier, pourtant,
n'avait-il point frayé la route, en admettant une catégorie du
Devenir ? — Posez le Mouvement. Opposez-lui la Qualité.
Faites la synthèse des deux opposés qui précèdent, vous obtenez l'Altération, « phénomène un autant qu'original » (¹). A
son sujet une première remarque se présente : l'Altération,
comme tout genre, admet des espèces, tels que « noircir,
bleuir, durcir ». Ces espèces ne se prêtent guère à la spécula-
tion : force est donc de s'en tenir à la notion générale. Quels
sont les caractères de l'Altération ? La définir à la façon
des substantialistes, soutenir qu'une chose, tout en restant
elle-même, devient son propre contraire, équivaudrait à soutenir une absurdité et à refaire le jeu de l'éléatisme. Gardons-
nous de donner au mot altération, un sens réaliste. Dans
l'altération « deux qualités se succèdent distinguées, par un
intervalle » (²). — L'altération, dès lors, est-elle discontinue ?
— Il ne se peut que l'on change, sans cesser d'être ce que, primitivement, l'on était : l'altération implique une « dénaturation » préalable ; aussi bien, l'on ne voit guère ce qui empêcherait la qualité « de suivre docilement le temps et l'espace
dans leur divisibilité indéfinie » (³). L'altération peut être
continue, elle peut l'être dans le même sens que le mouvement : il est des intervalles qualitatifs constitués eux-mêmes
par d'autres intervalles. Et la continuité de l'altération prépare
son unité. Mais elle ne la réalise point à elle seule, car elle n'est
pas la liaison. Recourir à la substance pour expliquer cette
liaison, serait inutile. La substance n'est-elle point, par hypothèse, exempte du changement ? Elle ne saurait, par suite, en
relier les phases. Le problème, tel que les premiers philosophes
grecs ont tenté de le résoudre, est donc insoluble. Aristote l'a
mieux posé le jour où il a imaginé, entre la privation et la
forme « quelque chose qui n'est pas la qualité future et qui
n'est pas précisément et simplement celle qui est ». En adaptant
la solution aristotélicienne au point de vue phénoméniste, on
sortirait visiblement d'embarras. Etant opposées la privation,
d'une part, et la forme, de l'autre, on remarquerait qu'elles

(1) *Essai*, p. 144.
(2) *Ibid.*, p. 159.
(3) *Ibid.*, p. 162.

s'appellent l'une l'autre, de par leur opposition même. Et cela, le principe de la Relativité l'exige. Ainsi, « par sa nature mobile et comme fluide, le rapport fournit de lui-même le moyen de rendre, sans contradiction, au devenir de la qualité la liaison indispensable de son commencement et de sa fin » (1).

VIII

Un rapport, c'est-à-dire une synthèse, qui, pour venir à l'acte, exige l'abolition du premier de ses opposés, à savoir la « persistance », laquelle est le contraire de la « dénaturation », à son tour condition *sine quâ non* de l'altération, — un tel rapport, dis-je, s'en oppose un autre et dont il est aisé de déterminer *a priori* les conditions. Lesquelles ? Pour le savoir, nous procèderons par antithèse. On vient de voir que l'altération exige l'abolition de la persistance, puisqu'il n'est de dénaturation qu'à ce prix. Mais pour que l'altération ait lieu, il faut, en outre, que la dénaturation soit dépassée. Dès lors, l'altération aura pour antithèse un rapport d'un nouveau genre, constitué par le maintien de ses éléments antithétiques. Connaissons-nous un élément de la Représentation capable de satisfaire à une telle exigence ? Oui : la *Spécification*, synthèse du genre et de la différence, et qui ne saurait être que par leur maintien. — Remarquons, à ce propos, que chacun des éléments qu'il distingue et qu'il amène à son rang, fournit à l'auteur l'occasion d'accentuer un des multiples aspects de sa doctrine très riche et très consistante. Grâce au « développement » de la qualité, nous sommes parvenus à comprendre que l'opposition du sensible et de l'intelligible n'était qu'apparente, tout comme celle de l'abstrait et du concret, sauf au moment où apparaîtra le seul concret véritablement digne d'être appelé tel, autrement dit au moment où l'être se posera et où la Personnalité se constituera comme telle. Le « développement » de l'altération nous a rendue familière une conception phénoméniste du monde, qui, tout comme celle de Renouvier, exige le rationalisme, loin de l'exclure, à la condition toutefois que la raison soit assez bien inspirée pour s'apercevoir de l'inutilité de la substance et de l'impérieuse nécessité d'en finir une bonne fois avec cet encombrant fantôme.

La substance, à la bien prendre, ou bien veut être tenue pour

_____
(1) *Essai*, p. 166.

inerte, auquel cas elle ne sert de rien, ou bien, si elle s'ouvre à
l'action, doit consentir (ainsi eût-on parlé chez les pla-
toniciens) à déposer son essence, soit à disparaître. Le « développement » du rapport de Spécification va mettre aux prises les deux logiques rivales : l'ancienne, qui remonte à Socrate,
celle de l'extension ; la nouvelle, qui tend à être plus encore
qu'elle n'est, au temps où nous sommes, bien qu'Aristote l'ait
pressentie, peut-être même plus que pressentie. Une profonde
et décisive remarque d'Agassiz, mise par Hamelin dans toute
sa valeur, tranchons le mot, dans toute sa splendeur, éclaire ce
qui va suivre. « Si les animaux articulés n'avaient jamais paru
« sur la terre à une seule exception près, celle du homard amé-
« ricain par exemple, aurions-nous simplement à inscrire dans
« nos classifications une espèce de plus ? Non, car cet animal
« est construit sur un type tout autre que celui des Vertébrés,
« des Mollusques et des Rayonnés : il réalise ce type à lui
« propre, d'une certaine manière déterminée qui en laisse con-
« cevoir d'autres possibles ; il a une certaine forme ou allure
« générale ; ses organes présentent l'un ou l'autre des particu-
« larités de structure ; enfin les parties de son corps ont entre
« elles des proportions définies et ce corps présente une orne-
« mentation spéciale. Pour exprimer tous ces caractères d'une
« manière satisfaisante, nous devrons instituer pour notre
« animal unique non seulement une espèce distincte, mais
« encore un genre distinct, une famille distincte, une classe
« et un embranchement distincts. » (1) Voilà qui est clair. Il en
résulte non pas seulement une prévalence de la compréhension sur l'extension, mais encore, si nous avons su entendre,
une notion plus exacte de la seconde. Car, ce qui importe
à l'extension, c'est moins le nombre des exemplaires que celui
des types. Au cas où chaque exemplaire aurait sa marque et
où cette marque ne résulterait pas d'un pur accident, alors,
« mais seulement alors », l'extension d'un genre dépendrait
du nombre des individus compris dans le genre. Demandons-
nous maintenant pourquoi la compréhension a le pas sur l'extension. Du point de vue de l'extension, le genre plane sur
les espèces, il les domine et les déborde. De cette façon de
concevoir le genre à la réalisation de l'universel, il n'y a qu'un
pas, et si l'on prend garde à la façon dont on procède, on
l'aura vite franchi. Car s'exprimer comme ici l'on s'exprime,
ou ériger le genre en individu, n'est-ce pas tout un ? Notez

(1) *Essai*, p. 168.

qu'ainsi conçu, le genre se suffit à lui-même, ce qui est bien près d'être la définition de l'individu. Aussitôt l'espèce, et à plus forte raison l'individu véritable, perdent toute raison d'être, toute intelligibilité. En tout cas, on ne saurait passer du genre à l'espèce, à moins que ce ne fût empiriquement. Changez de point de vue. Placez-vous à celui de la compréhension : le genre devient élément de l'espèce, s'achève, se réalise en elle et par elle. Or, c'est bien ce qui a l'air d'avoir lieu car, dans mainte circonstance, si le genre est présent — et il l'est de par la présence même de l'espèce — les caractères du genre échappent aux prises de la pensée : qu'est-ce qu'un triangle, s'il n'est ni scalène, ni isocèle, ni équilatéral ? C'est un triangle, mais simplement possible, auquel, pour passer de la possibilité à la réalité, il manque la spécification. Le genre ne se suffit donc plus. Pour être, au sens plein du terme, il a besoin de son opposé, la « différence », et c'est à cette seule condition qu'en arrivant à l'être, il arrive en même temps à la pleine intelligibilité. — Revenons maintenant à l'extension. A quelles conditions deviendra-t-elle intelligible à son tour ? A la condition que chaque individu réalise un type, et, pour s'exprimer en platonicien, qu'il y ait une idée des individus, thèse aux apparences paradoxales, mais dont Plotin eut le génie d'apercevoir la vérité profonde. Aussi bien, si la formation de l'individu est le terme de cette échelle de synthèses que nous sommes encore occupés à gravir degré par degré, ne serait-il pas contradictoire qu'à l'avant-dernier échelon, l'intelligible abdiquât au profit du fortuit et de l'accidentel ? — N'est-ce pas inévitable pourtant, si l'individu seul existe, ce qu'Aristote eut la gloire d'affirmer, et s'il n'est pas de science de l'individu, ce que le même Aristote eut aussi la gloire de reconnaître, l'un et l'autre, sans le moindre risque d'être jamais démenti ? — Il faut que ce soidisant inévitable puisse être évité. Il faut que la liberté soit possible, ce qui, au sens où doit être pris le terme « possible », implique sa nécessité d'être et d'arriver à son rang dans le système des Rapports. — Inutile d'ajouter qu'au moment où nous sommes arrivés de notre construction, l'idée d'un univers ordonné qui, à mainte reprise, nous avait traversé l'esprit, commence à s'y installer : en effet, la notion de hiérarchie s'éveille, et, avec elle, la notion de finalité se prépare. Laissez-la se préparer : le moment de son introduction est assuré de venir. Ne la précipitons pas. L'omission de la causalité nous causerait peut-être des embarras dont nous ne sortirions guère, et plus d'un nous convierait vraisemblablement à cette omission, sous

prétexte que, sur notre route, la Succession et l'Altération, déjà
rencontrées et soulignées, contiennent tout l'essentiel de la
Relation causale. Dès lors, la tâche de l'auteur est plus que
suffisamment indiquée : il doit tout d'abord démontrer « l'originalité » de cette relation nouvelle.

IX

Sans la spécification, le monde ne serait pas. Sans l'altération,
il n'aurait pas d'histoire. Le temps a besoin du mouvement
pour atteindre, oserait-on dire, à sa plénitude d'essence. Le
mouvement, à son tour, a besoin de la qualité pour ne rester point à l'état du squelette. Or, affirmer que la qualité est
exigée par le mouvement, c'est affirmer bien davantage encore.
Car, ou la qualité persiste et le mouvement ne joue aucun rôle,
ou il joue un rôle et la qualité disparait. Pourquoi soutenait-
on, alors, que le mouvement ne saurait se passer d'elle ? Un
seul moyen d'échapper au dilemme subsiste : maintenir en
face l'une de l'autre l'altération et la spécification. Ainsi,
les éléments de la Représentation déjà parus se démontrent en
quelque manière les uns par les autres, attendu qu'ils se
présentent comme étant les uns *pour* les autres, chacun
jouant vis-à-vis des antérieurs le rôle de forme, et vis-à-
vis des ultérieurs, le rôle de matière. Il est assez clair, en
effet, que le temps et l'espace sont la matière du mouvement,
que l'altération a pour matière la qualité et le mouvement, etc...
La vérité nous oblige à reconnaître — Hamelin d'ailleurs s'en
était rendu compte avant son lecteur — que la spécificité, ou,
pour le redire, l'originalité de chaque élément n'apparaît point
partout avec le même degré de lumière. Personne, en effet,
ne confondra l'espace avec le temps, pas plus qu'il ne se fera
prier pour distinguer le mouvement de l'un et de l'autre.
Or, et l'histoire le prouve, on a souvent confondu la
causalité avec la succession, et même le bien fondé de
cette « confusion » qui devrait, à ce qu'on assure,
recevoir le ·nom « d'identification », a fait la gloire
de David Hume. D'autre part, et pour ce qui est de l'altération, si l'on se souvient d'Héraclite, il semble bien que l'idée
pure du changement reste, chez lui, bien distincte de la loi qui
règle ses phases, laquelle, chacun le sait, est une des pierres
angulaires de la doctrine. Ceci prouverait, au besoin, que l'altération, même peut-être unie à la spécification, ne donne pas la

causalité. Que l'une corresponde à l'autre, que telle spécification ne se prête qu'à un certain nombre d'altérations, c'est dans l'ordre. Mais cet ordre n'est point celui que l'on constate. En réalité, les altérations susceptibles de se produire dépassent en variété celles qui seraient à prévoir si l'on avait seulement à compter avec les caractères spécifiques des qualités correspondantes. Bref il est, pour chaque partie des choses, une nécessité « d'être, par le fait de ce qui est hors d'elle, autre qu'elle ne serait si elle était seule » (¹). La *cause* est le nom de cette nécessité. L'effet est le changement qui résulte de cette nécessité.

Etant donnée cette conception du rapport causal, quatre caractères essentiels peuvent lui être assignés : 1° la nécessité de l'enchaînement des phénomènes, 2° par un dynamisme, 3° mécanique, 4° rationnel. — Le premier de ces caractères a été contesté. Pourquoi dire : enchaînement nécessaire, et non pas, simplement : succession constante ? D'abord, on peut constater avec Renouvier, que si la causalité n'est que succession, il faudra dire que la nuit est cause du jour. En somme, tous les caractères de la succession et, qui plus est, de la succession constante, sont ici rassemblés. Et cependant, l'image de la causalité, en ce cas tout au moins, ne s'est offerte à l'esprit de personne. A l'égard de la constance, il est permis de penser que la causalité pourrait se passer d'elle. Deux phénomènes qui ne se succéderaient qu'un fois dans le monde ne pourraient-ils être unis par une relation causale ? On ferait bien d'y regarder à deux fois avant de déclarer l'hypothèse vaine, car rien ne prouve, il s'en faut même du tout au tout, qu'il y ait en ce monde autre chose que des successions uniques. (²) Alors il n'y aurait plus de prévision possible ? — Pourquoi ? « La prévision et la prédétermination qui s'identifient, en fin de compte, dans les profondeurs de la pensée, n'ont rien de commun avec la constance de la succession... Un effet est prévisible alors même qu'il ne se produit qu'une fois pour toutes. » (³)

La causalité est, dès lors, indépendante de la constance. Au cas où il en serait autrement, la constance sans exception ne pourrait trouver son explication que hors d'elle-même, « car il est contraire aux notions les plus élémentaires du calcul des probabilités qu'une même séquence de phénomènes se représente sans cesse, s'il n'y en a aucune raison ». (⁴) La causalité,

---

(1) *Essai*, p. 206.
(2) *Ibid.*, pp. 207-208.
(3) *Ibid.*, p. 208.
(4) *Ibid.*, p. 209.

par suite, est le nom d'un enchaînement nécessaire. Reste à savoir si cet enchaînement nécessaire suffit à la définir. Assurément, ceux qui réduisent la causalité à cette nécessité ont raison contre le dogmatisme du sens commun, et contre les partisans des causes transitives. Ils inclinent à voir dans la cause et dans l'effet deux corrélatifs, ce qui n'est pas contestable. D'en conclure qu'en dehors de l'idée de cette corrélation, affirmée nécessaire, la causalité n'implique rien, ont-ils absolument le droit ? O. Hamelin est d'un autre avis. Il distingue la nécessité causale par un contenu qui lui est propre, et qu'il exprime en ayant recours au terme de dynamisme [1]. Expliquons-nous sur ce point.

En premier lieu, l'auteur admet qu'il y a de la réalité dans ce que l'on désigne communément sous les noms de pouvoir et de force ; en second lieu, ou plutôt à titre de corollaire, il affirme que toute relation étant l'expression d'une nécessité, réduire la nécessité de la causalité à celle d'un simple enchaînement équivaudrait à la détruire. Par exemple, expliquer la causalité, à la manière d'Hamilton, en s'appuyant sur ce que rien ne vient de rien, c'est renverser l'ordre des thèses et manquer à s'apercevoir que, pour affirmer l'impossibilité d'une production *ex nihilo*, il faut savoir ce que c'est que produire ou, tout au moins, en avoir comme un pressentiment confus. D'autre part, si , abandonnant la notion de substance, dans l'impossibilité d'y réduire la causalité, on se rejette sur celle de qualité, de manière à voir dans la causalité « une conséquence de l'opposition des contraires qualitatifs », [2] on ne sera guère plus heureux. Car si l'action causale n'était que ce que l'on vient de dire, une altération quelconque ne devrait jamais être déterminée causalement que par une interaction de qualités contraires. Or, il n'en est pas toujours ainsi. Ne confondons pas les supports d'une relation avec cette relation même. Autrement dit, ne croyons point « qu'expliquer consiste toujours et exclusivement à réduire afin de déduire » [3]. Le mot « dynamisme » n'est décidément pas de trop. Peut-être achèvera-t-on de s'en convaincre quand on aura justifié les qualifications de ce dynamisme, à commencer par son caractère mécanique.

On a deviné, j'imagine, que, dans la langue d'Hamelin, « dynamisme » et « mécanisme » ne recèlent aucune contradic-

(1) *Essai*, p. 220.
(2) *Ibid.*, p. 225.
(3) *Ibid.*, p. 228.

tion. Le mot même de mécanisme signifie que la causalité procède du dehors : insistons sur ce premier caractère. On voit tout de suite que les parties de l'étendue qualifiée ne sauraient influer les unes sur les autres, par elles-mêmes et par elles seules. La cause d'un mouvement n'est pas dans le mobile. « Une force est un rapport posé entre deux termes ; elle n'émane pas de l'intérieur de l'un d'eux, elle est entre eux. » [1] Pareillement, si l'on passe au point de vue de la succession, « l'effet tend à se poser comme un tout, la cause comme un autre, celle-ci antérieure, celui-là postérieur et la détermination vient encore du dehors en ce sens que c'est le passé ou, tout au moins le donné, qui fait l'avenir ou le présent ». [2] Si l'on était tenté de répliquer que l'effet pourrait être la cause, à son tour, et exercer une influence sur la cause, il faudrait être assez avisé pour s'apercevoir qu'une telle influence n'aurait rien de proprement causal, et pour craindre de confondre, par là même, les divers degrés de la représentation. [3] La cause, en tant que cause, pourrait-elle ne pas être antérieure à l'effet en tant qu'effet ? Et ne savons-nous point que les parties du temps sont solidaires ? Et ne savons-nous point, aussi, que cette solidarité tient à leur exclusion réciproque ? Il ne se peut donc que l'antériorité de la cause éveille le moindre doute et que sa distinction d'avec l'effet soulève une difficulté d'apparence invincible.

Un corollaire en résulte : l'impossibilité, non point assurément de subordonner le mécanisme à la finalité, mais de l'identifier à elle. Eriger les causes en moyens serait agir comme si l'on oubliait qu' « un moyen qui ne serait pas d'abord une cause ne saurait pas même être un moyen ». [4] Hamelin estime que cette défiance envers le mécanisme pourrait bien avoir son origine dans une théorie, encore en faveur, d'après laquelle la volonté humaine fournirait le vrai type de la notion de cause. Suit une des discussions les plus profondes de ce bel *Essai*, œuvre originale et profonde entre toutes. Chaque année, entre 1871 et 1879, je démontrais à mes élèves qu'il y avait un principe de causalité d'où résultait l'affirmation du déterminisme universel, et que le type le plus parfait de la causalité se trouvait dans la volonté libre. La contradiction était flagrante. Elle s'étalait dans tous les livres classiques de phi-

(1) *Essai*, p. 229.
(2) *Ibid.*, p. 229.
(3) *Ibid.*, p. 230.
(4) *Ibid.*, p. 233.

losophie, et pas seulement dans les manuels. Il va sans dire
que quelques-uns, parmi nous, flairaient la contradiction mais
nul ne s'avisait de la démasquer et de la dissiper. Que l'homme
le plus propre à cette tâche fût Hamelin, nul ne s'en étonnera,
s'il s'est aperçu que l'une de ses qualités les plus éminentes consiste précisément à se passer de grossir les objets pour les
reconnaître distincts, ou, ce qui revient assez au même, à trouver aux faits les plus pauvres en apparence une richesse jusque-
là insoupçonnée. Hamelin reproche donc aux partisans de la
« théorie rationnelle » de la causalité d'avoir cherché la causalité « là où elle n'est pas pure, mais mêlée, et peut-être même,
en dernier lieu, là où elle n'est pas du tout » (¹). A ses yeux, le
cas privilégié de la relation causale ne peut se rencontrer que là
où elle se montre à nu, sans mélange ni de finalité, ni, à plus
forte raison, de liberté, à savoir dans « le phénomène pauvre et
abstrait de la détermination mécanique » (²), où s'atteste une
relation de deux masses. Peut-être, et même sûrement, arri-
vera-t-il à cette causalité de dévoiler son insuffisance. Mais précisément pour être certain de cette insuffisance, il aura fallu
commencer « par prendre le mécanisme en lui-même afin d'en
reconnaître les lacunes. » (³)

Passons à un nouveau caractère de la détermination causale.
Elle est « réelle » en ce sens qu' « elle est dans les choses
mêmes ou du moins qu'elle constitue un rapport qui existe
entre les choses ». (⁴) Cela revient à dire que la causalité est
en vertu de ce qui précède, une relation *sui generis*, et que les
développements consécutifs à la position de ce rapport nouveau lui tiennent lieu de démonstration. Il était utile d'insister sur cette démonstration et de faire comprendre qu'une raison n'est pas nécessairement une cause, et que, si la causalité
s'impose nécessairement à la pensée comme un des outils indispensables à sa propre construction, l'idée de liaison nécessaire,
dont on peut dire qu'elle est l'âme du présent livre (⁵), a moins
de compréhension que l'idée même de cause. C'est ce que l'auteur du *Premier Essai de Critique Générale* pressentait quand il
distinguait le Devenir de la Cause et les inscrivait l'un et l'autre
sur sa table des catégories.

(1) *Essai*, p. 237.
(2) *Ibid.*, p. 237.
(3) *Ibid.*, p. 238.
(4) *Ibid.*, p. 238.
(5) On voudra bien s'apercevoir que c'est une nécessité d'un nouveau
genre qu'Hamelin a tenté de découvrir, si même il ne l'a point découverte. Il y a là une discussion qui viendra à son heure.

Démontrer qu'une raison n'est pas une cause, c'est porter un coup droit à la doctrine d'Aristote, j'entends à celle que le philosophe a soutenue dans les *Analytiques*. Car si « la causalité du moyen terme » est ce qui rend le syllogisme possible, si même, en substituant au syllogisme de l'extension celui de la compréhension, — où la mineure, devenue majeure, énonce le fait sur lequel s'appuie la pensée pour s'élever à la loi — on commence à s'apercevoir qu'en raisonnant on fait un peu plus que piétiner : du moment où la pensée d'Aristote, sa pensée constante, est que le rapport du moyen aux extrêmes se réduit, en dernière analyse, à un rapport d'identité, on ne peut se dissimuler qu'Aristote a méconnu la véritable essence du rapport causal et que la notion d'efficience, ainsi que l'attestera plus tard la *Métaphysique*, lui a véritablement échappé. — Ici se place, en dépit de ces réserves dont il faut louer Hamelin d'avoir accentué la rigueur, un éloge d'Aristote tel qu'Aristote n'en a reçu nulle part ailleurs de plus décisif et de plus fortement motivé. Car si l'auteur des *Analytiques*, sur le point de découvrir la causalité, a rebroussé ou paru rebrousser chemin, comme s'il ne trouvait nulle part un appui pour sa thèse, il a, quand même, découvert « que l'essence de tout processus rationnel est dans la médiation » ([1]). Et le jour où cela fut découvert fut « une grande époque de la pensée ». Hamelin a raison d'écrire : « *Le jour où... etc.* ». Les découvertes de ce genre ont beau être l'œuvre d'une lente et longue préparation, le résultat se dresse un beau jour dans l'esprit du penseur, et ce jour compte désormais parmi les plus beaux, non seulement de son histoire, mais de l'histoire.

Hamelin nous a promis une construction de la causalité exempte de tout appel à la volonté humaine, d'une part, et, de l'autre, de toute réduction plus ou moins déguisée aux rapports précédemment construits. Le moment est venu de tenir la promesse. Et pour la tenir, il faut se contenter des données de la mécanique, en veillant soigneusement à empêcher l'atome ou la matière de se glisser subrepticement parmi elles. Car il serait impossible de réaliser la matière sans réaliser aussitôt l'espace. Mais comment sortir du point géométrique sans être rejeté sur le point matériel et, par suite, sans descendre au-dessous de l'intelligible ? Le problème est de justifier le primat de l'action, d'en tirer l'être comme de sa source, autrement dit, d'obtenir l'être en continuant à se passer de la substance. Pour y arriver, un coup de vigueur est indispensable,

(1) *Essai.*, p. 248.

mais non pas un tour de force ou d'adresse. Il suffit de supposer que le point (géométrique) auquel on va imprimer un mouvement est animé déjà d'un mouvement antérieur, ou bien
encore, il suffit de le concevoir tel qu'il reçoive toujours plus
d'un mouvement. En d'autres termes, soumettez le point géométrique à l'action perpétuelle de la causalité, vous obtenez
l'équivalent intelligible du point matériel, et vous réalisez ce
qui, chez Leibnitz, est resté un rêve : définir le monde sans
recourir à la substance et assurer la parfaite coïncidence de
l'être et de l'action.

Il reste maintenant à tenter une définition positive de la
force et à la réduire à son plus simple contenu. La mécanique
nous en fournira les moyens, grâce aux deux idées inséparables, mais antagonistes, et par là même corrélatives, de *pression* et de *tension*. Mais, sous ces deux idées, s'il est possible
à la rigueur de retrouver la force, comment y retrouver la
causalité, entendons la causalité telle qu'on l'a définie au début
du chapitre ? En remarquant qu'une pression équivaut à
une « négation mécanique » (¹). Une pression qui s'exerce équivaut, oserai-je dire, encore qu'Hamelin ne l'ait pas expressément énoncé, à un jugement qui se prononce, à savoir que « le
point pressé ne doit pas être où il est ». Nous voici dès lors
au terme que notre auteur avait conçu l'ambition d'atteindre,
en ayant préalablement éprouvé la nécessité, puisqu'il s'était
mis dans l'obligation d'établir que la causalité est un rapport
original, que ce rapport est d'essence mécanique et qu'il consiste en une progression.

X

On n'apprend rien à personne en rappelant que la liste des
éléments précités de la Représentation a toutes chances d'être
à peu près partout accueillie sans difficulté. Les matérialistes
mêmes, s'il en reste au temps où nous sommes, et si parmi
eux il s'en rencontre d'avisés, s'apercevront, à la faveur des
raisons d'Hamelin, qu'en dépit des apparences verbales, l'idéalisme et le matérialisme ne sont pas nécessairement incompatibles. Démocrite, au besoin, les aiderait à s'en apercevoir.
— Ceci soit dit pour insister sur l'intérêt « général » du présent *Essai* et pour mettre sur leurs gardes ceux qui voudraient

____

(1) *Essai*, p. 260.

le traiter ainsi qu'au Moyen-Age on traitait le grec. La causalité, non moins que l'espace, le temps et les catégories intermédiaires entre le temps et la causalité peuvent servir de base, — Renouvier l'a dit et en a fait la preuve — à une division et à une distinction des sciences. Mais il est admis chez les savants qu'il faut savoir se contenter des causes efficientes sans leur adjoindre les causes finales.

Nous arrivons, dès lors, à un moment de la doctrine des plus intéressants — pourquoi ne pas aller jusqu'à dire des plus dramatiques, puisque l'auteur, soucieux des intérêts de la science, inséparables à ses yeux des intérêts de la raison, se propose d'établir la réalité, sinon des causes finales, du moins de la finalité ? L'auteur du *Fondement de l'Induction* tentait quelque chose de semblable, lorsqu'il se proposait, par sa propre doctrine, de rapprocher la première et la dernière des trois *Critiques*, celle du *Jugement* et celle de la *Raison pure*. On pourra ici comparer les deux dialectiques, celle de J. Lachelier et celle d'O. Hamelin. Elles sont parallèles puisqu'elles sont orientées pareillement, mais elles restent parallèles, c'est-à-dire, après tout, distantes. O. Hamelin ne fait aucune allusion à cet « intérêt esthétique » de la pensée qui justifiait, dans la philosophie de J. Lachelier, le rôle du « principe des causes finales ». Hamelin pense, ni plus ni moins, que s'il n'y a pas de finalité dans l'univers, et partout dans l'univers, c'est le hasard qui l'emporte.

Alors, que deviennent les raisons de Spinoza contre la finalité, et que faut-il penser du Darwinisme, et que vaut, en général, la doctrine dite « des conditions d'existence » ? Je craindrais de fatiguer le lecteur en recommençant l'éloge du livre à chacun de ses chapitres. Mais, tout en restant persuadé que le chapitre sur la causalité n'est ni ne saurait être surpassé par aucun autre, j'ai conscience de ne rien exagérer en jugeant qu'il n'a rien été dit de plus décisif, ni contre l'antifinalisme de Spinoza, ni contre sa façon, si malencontreusement géométrique, de manier des éléments supérieurs en richesse à ceux du géomètre, ni contre son obstination à ne point s'apercevoir que ses essences sont pénétrées de finalité. (¹) Et ces pages, si étonnantes de profondeur, servent d'introduction au « développement » du rapport de finalité. Ici, tout résumé est impossible. et de la discussion du spinozisme et de celle des doctrines biologiques contemporaines. Hamelin

____

(1) Cf. *Essai*, pp. 264-266 et 282-288.

concède que les expédients à l'aide desquels on parvient à se passer de la finalité, même dans le monde de la vie, peuvent suffire à la rigueur tant qu'on reste sur le terrain de la science. Le savant ne saurait contester la spontanéité inséparable de la vie, mais il lui est loisible de ne pas s'interroger sur l'essence de la spontanéité. Le philosophe, lui, ne peut éviter le problème.

Mais il y a plus. Il y a que la causalité, laquelle est ou peut être interprêtée comme une victoire de la raison sur le hasard, exige l'intervention de la finalité pour assurer cette victoire. Ne parlons donc plus, comme au temps du *Fondement de l'Induction*, d'un déterminisme des causes finales qui se superposerait au déterminisme des causes efficientes. D'abord un but peut être une raison mais n'est point une cause ; en second lieu, c'est la causalité véritable, entendons la causalité mécanique, dont le déterminisme exige l'intervention de la finalité. Sans elle, le monde physique subsisterait à la rigueur. Ainsi pense Lachelier. L'opinion d'Hamelin est que, même le monde physique, sans la finalité, ne pourrait être. Il est deux espèces de hasards : ou le hasard provient d'une lacune dans un enchaînement de causes, ou il résulte du fait de l'indépendances des causes et *ensuite* de leur rencontre (¹). Etant données des causes indépendantes, ces causes agissent nécessairement et leurs effets sont prédéterminés. Qui jugerait leurs combinaisons fortuites se tromperait sur le caractère immédiat de la fortuité. En affirmant qu'il y a fortuité, il ne se tromperait pas, quand même, du tout au tout. Car il s'agirait d'expliquer la collocation de ces causes indépendantes ; or, si elles sont indépendantes, on ne peut, à moins de se contredire, regarder leur collocation comme un effet de la causalité. Et alors on est pris entre deux écueils : celui de nier ce que l'on affirme en même temps qu'on l'affirme, et d'altérer les données du problème à résoudre, celui de le reconnaître franchement insoluble... si ce n'est par un appel à la finalité. Autrement, en effet, si les combinaisons ne sont point fortuites, attendu qu'elles résultent de la situation respective des causes indépendantes, cette situation elle-même reste inexpliquée : d'où l'on est en droit de conclure que « l'idée de résultat pur et celle de détermination causale pure n'excluent pas tout indéterminisme » (²). Un résultat réduit à lui-même ne compte point, ce

(1) *Essai*, pp. 301-302.
(2) *Ibid.*, p. 303.

qui revient à dire qu'une de ses conditions, tout au moins, a été omise. Il s'ensuit que les conditions déterminantes d'un phénomène ne sauraient dépendre exclusivement de son passé. La finalté se présente donc tout d'abord comme une « détermination par l'avenir » (1). Et il faut éviter d'imaginer l'influence de cet avenir à la manière d'une poussée causale. Admettons, ce qui a été reconnu dès l'antiquité, que les corrélatifs soient donnés ensemble (et cela est impliqué dans leur définition) ; admettons en outre, ce qui est, d'ailleurs, la définition même du temps, que toutes ses parties s'excluent les unes des autres ; admettons, enfin, qu'à ce titre, chaque partie du temps soit représentative de toutes, attendu qu'elle les exclut et que « l'exclusion est un rapport » (2) : qu'adviendra-t-il ? Il adviendra que l'organisation du futur se présentera comme possible, puisque ce futur se trouvera être en quelque manière dans le présent et lié à l'organisation de ce présent.

Reste à savoir comment la finalité s'exerce. Elle exige la conscience en ce sens qu'elle l'appelle, mais elle ne l'implique pas. C'est assez dire que si l'on veut chercher la finalité dans la réalisation progressive d'un désir conscient, on la trouve, mais on ne l'obtient pas à l'état pur. L'œuvre d'art est dans l'ouvrier avant d'être dans l'œuvre que sa main façonne. A ce point de vue, toute œuvre est une copie. Or, si l'on s'applique à considérer l'activité intentionnelle consciente (3), on y constate l'intelligence, d'une part, et la volonté, de l'autre. Mais l'une et l'autre ne supposent-elles pas les fins ? L'imagination ne se figure pas aisément une idée capable d'agir par elle-même et de susciter sa propre réalisation. C'est qu'aussi bien l'imagination intervient ici mal à propos, et qu'elle s'obstine à prêter au concept une inertie de laquelle il ne pourrait sortir sans l'assistance d'un agent volontaire. Or, si l'on songe à l'entreprise tentée par l'auteur, ou cette entreprise est chimérique, ou, puisque la représentation se laisse construire, c'est qu'à l'exemple des murs de Thèbes s'élevant à mesure qu'Amphion fait résonner sa lyre, les éléments de la représentation ne sont pas inertes, c'est qu'une obscure tendance à s'organiser les travaille : et il faut bien qu'il en soit ainsi du moment où les essences « s'expliquent et s'engendrent » ( ). Ce n'est donc pas dans une activité dérivée du concept qu'il faut faire rési-

<hr>

(1) *Essai*, p. 305.
(2) *Ibid.*, p. 308.
(3) *Ibid.*, p. 312.
(4) *Ibid.*, p. 318.

der la finalité, mais dans « le concept lui-même comme activité synthétique ». (¹)

Alors, si ce que l'on vient d'écrire est exact, la finalité agirait avant d'apparaître et n'attendrait pas pour s'exercer qu'on
lui eût fait sa place ? Mais si toutes les essences participent de
la finalité, que devient cette hiérarchie des rapports à laquelle
Hamelin ne saurait renoncer qu'en renonçant à sa philosophie ?
La difficulté est sérieuse. Elle n'a point échappé à l'auteur. Il
ne s'y attarde pas, incapable d'ailleurs de s'attarder nulle part,
mais il s'accorde une courte halte. Peut-être la prolongerions-
nous utilement. Peut-être ne trahirions-nous point la pensée
d'O. Hamelin en disant qu'une interprétation finaliste de tout
le système des rapports, par cela seul qu'elle serait préma-
turée, lui serait inévitablement contraire. N'oublions pas que
l'échelle des Eléments de la Représentation est construite à
partir de son premier échelon, nullement du dernier ou même
de l'avant-dernier. Souvenons-nous que la poussee progressive
à laquelle obéit la Représentation, si on veut l'appeler comme
elle mérite de l'être, peut recevoir le nom de « nécessité synthétique », ce nom-là, vraisemblablement, et pas un autre. Que chacun des degrés de la représentation l'exprime, ou nous ne nous
sommes pas fait comprendre, ou c'est l'évidence même. Il
n'est pas moins évident que chaque degré fait saillir un aspect
de cette nécessité, qu'il l'exprime à sa manière. On ne saurait
donc élire un de ces degrés pour lui conférer un droit supérieur
aux autres. Prêter aux éléments de la représentation l'obscure tendance dont on parlait tout à l'heure, c'était donc vouloir que la finalité agît avant d'être, ce qui revenait à faire sur
la doctrine d'Hamelin un contre-sens fondamental. On ne nous
reprochera pas de nous être tendu un piège pour nous en être
garé ensuite. Le reproche serait d'autant plus injuste qu'il
nous est arrivé à nous-même de stationner dans les alentours
du piège : l'écueil n'était donc pas entièrement imaginé.

Ne parlons plus, dès lors, d'une génération des concepts
comme d'un caractère coextensif à tous les moments de la
représentation. Disons seulement qu'au degré où nous sommes, le concept a dépouillé toute inertie, qu'il agit par sa présence en présidant à la collocation des causes et en éliminant,
par cela même, les combinaisons mécaniques assurées de ne
pas aboutir. « La finalité n'est pas la conformité à l'idée : elle
est l'idée, pourvu que, comprenant bien l'idée, au degré où elle

____

(1) *Essai*, p. 319.

est prise ici, on se rende compte que c'est une organisation qui s'invente elle-même, un plan qui se dresse lui-même ». (1)

Ceux qui, comme l'auteur du présent ouvrage, ont eu occasion de réfléchir sur les phénomènes attribués à l'inspiration dans le déploiement de l'activité artistique, ne douteront pas que l'idée ne soit une chose vivante de sa nature, et qu'un plan ne surgisse dans une imagination d'artiste à la manière d'un hôte désiré, attendu, mais si désespérément attendu qu'on a presque cessé de l'attendre. Cela n'empêche point l'inspiration de se refuser à ceux qui se montrent indignes d'elle, parce qu'ils l'attendent en flâneurs, à la façon d'un étranger dont on pourrait, au détour du chemin, bientôt faire la rencontre. L'inspiration veut être méditée, élaborée, préparée. Elle est la récompense d'un effort continu, d'une méditation prolongée, mais d'un effort dont le terme reste à perte de conscience, mais d'une méditation pendant laquelle on ne sait qu'une seule chose, c'est que l'on médite.

Inutile d'ajouter que, si la thèse a été bien comprise, nul ne sera tenté de prêter à O. Hamelin la croyance de certains auteurs à la « contingence » de la finalité. Si « contingent » signifie « surajouté au mécanisme », la finalité doit être dite contingente. Si l'on admet que la science peut se passer d'elle, qund bien même elle s'en passerait, faute de savoir s'en servir, on est autorisé à la maintenir hors des idées directrices de la science positive : rien de plus. Au vrai, la finalité est partout, et elle est partout puisque le déterminisme l'exige. Etre déterministe, c'est adhérer au mécanisme, mais, qu'on le veuille ou non, le mécanisme privé de finalité garde une existence « misérablement précaire et ne retrouve quelque solidité qu'après avoir atteint la forme d'une organisation théologique » (2).

XI

Si la cause et l'action s'impliquent mutuellement, comme, d'autre part, l'idée de fin coïncide avec celles d'organisation et de système, l'idée de « système agissant » coïncidera, semble-t-il, avec la synthèse des deux dernières relations. Et cette synthèse ne pourra plus, comme les précédentes, jouer un rôle double. Elle ne sera point *thèse* après avoir été *synthèse*. Car si l'on cherche au delà de la fin, puisque la fin permet au déter-

(1) *Essai*, p. 324.

(2) [illegible]

minisme de se constituer, la raison paraîtra satisfaite et le système des Eléments de la Représentation achevé. Pourtant, il faut que le « système agissant » soit quelque chose de plus qu'un élément obtenu par simple juxtaposition, ce qu'au premier abord il a l'air d'être. L'opposition de la finalité et de la causalité appelle un dernier moment, elle exige une synthèse réelle, et non simplement verbale. Ici, des difficultés s'élèvent.

Si la causalité et la finalité suffisent à l'achèvement du déterminisme, ce qui résulte d'ailleurs de l'analyse précédente, l'univers, pourrait-on dire, est consolidé ; il est, pour nous servir d'une expression stoïcienne, « composé ». La courbe est close.

Si elle restait ouverte, un élément s'y introduirait, dont l'entrée n'aurait pas plutôt lieu, que tout l'échafaudage s'ébranlerait et ferait, bientôt, plus que menacer ruine. La dialectique veut être prise au sérieux, et il en est d'elle comme du scepticisme aux yeux de Royer-Collard. Sa part est celle du lion. Il faut qu'elle pénètre le monde de telle sorte que rien ne soit en dehors d'elle. Dès lors, il faut que le déterminisme ait son opposé : la contingence. Et le monde devient irrationnel. Voici donc le dilemme : ou l'on s'arrêtera dès que l'on aura fait arriver la finalité à son rang, et l'on considérera le déterminisme comme répondant à la synthèse des deux derniers rapports ; ce qui équivaudra au risque de substituer une synthèse verbale à une synthèse réelle, puisqu'en juxtaposant les termes du rapport, on a obtenu déjà le déterminisme ; ou l'on se mettra en quête d'un troisième moment véritable, et l'on cherchera peut-être en vain.

Oui, l'on cherchera en vain, car au lieu d'un concept synthétique, c'est sur un concept antithétique que la pensée fera sa nouvelle halte. *Déterminisme*, en effet, appelle *Contingence*, son opposé immédiat. Or, si l'on considère le degré de la représentation auquel on est maintenant parvenu, il est impossible que les rapports situés sur ce degré ne retentissent jusqu'aux confins inférieurs du système. Et c'est la mort de la dialectique, et la pire de toutes les morts, puisque c'en est le suicide. La dialectique périt par ses propres armes. Et l'on ne saurait échapper à la conséquence. Ici, ouvrons une parenthèse. Quand parut le vigoureux essai d'Emile Boutroux sur la *Contingence des Lois de la Nature*, Renouvier admira l'œuvre, mais la doctrine l'inquiéta. Plus tard, quand je lui racontai que j'avais été conduit au néo-criticisme par la thèse de Boutroux, Renouvier avoua s'en être aperçu et il insista sur les différences entre la doctrine de Boutroux et la sienne. Il entendait avoir une doctrine rationaliste. Et il ne croyait pas le rationalisme compatible avec une philosophie de la contingence. Tel ne pouvait manquer d'être, et à combien plus forte raison, l'avis d'O. Hamelin. — Mais comment sortir de la difficulté ?

Par la dialectique, mais en satisfaisant à toutes ses exigences. Car si le déterminsme a pour opposé la contingence, il faut faire évanouir cette opposition grâce à une relation nouvelle. Où la chercher ? Où trouver la synthèse du déterminisme et de la contingence ? Dans la liberté, pas ailleurs.

Revenons maintenant à l' « exposition » de la Personnalité, en serrant le texte de plus près (¹). Le « système agissant » sera le dernier et le plus haut degré de la représentation, puisque les deux notions de cause et de fin, juxtaposées, nous offrent déjà, à tout le moins, l'apparence d'une totalité. Le sommet de la construction est donc tout proche. Reste à démontrer que ce sommet est la Personnalité ou la Conscience. Cette preuve n'est pas impossible : car s'il faut que le dernier élément de la représentation satisfasse à la condition de tous les autres, qui est d'être un rapport, la Conscience en est un. De plus, si ce rapport est véritablement dernier, et s'il lui faut quand même un point d'appui. c'est en lui-même que ce point d'appui veut être cherché. Or, cette nouvelle condition est satisfaite puisque la conscience est le rapport de soi à soi . avoir conscience, c'est se rapporter à soi-même. Et l'on peut affirmer que cette définition de la conscience se retrouve partout où l'on a essayé de la définir. Il y a plus. Etant la forme la plus haute de la représentation, la conscience n'a rien en dehors d'elle. S'il en est ainsi, une conséquence est inévitable : c'est qu'il doit y avoir dans la conscience un caractère qui manifeste son « indépendance » et sa « suffisance ». Autant dire que ce caractère n'est et ne peut être que la liberté (²).

Dans cette partie de son œuvre, Hamelin aborde les problèmes dont l'ensemble forme le *Deuxième Essai de Critique générale*. Toutefois, cette seconde « critique » qui, chez Renouvier, mérite d'être considérée à part de la première, dont elle est tout à la fois une continuation et peut-être, — chose plus grave — un remaniement, n'équivaut point chez l'auteur de l'*Essai sur les Eléments principaux de la Représentation*, à un second ouvrage qui viendrait confirmer et compléter le premier. Ce second ouvrage, si Hamelin avait assez vécu pour

(1) *Essai*, pp. 326-sqq.
(2) *Ibid.*, p. 327.

l'écrire, aurait eu vraisemblablement pour objet la « dialec-
lectique descendante », la régression de la pensée consciente
vers le pur Rapport. On peut même, à ce propos, hésiter sur la
nécessité de l'entreprise et se demander ce qu'elle nous eût
appris de nouveau. La pensée de l'auteur était certes assez
riche pour lui permettre de surprendre et de surpasser notre
attente. Mais il faut bien convenir de deux choses : l'une est
que le présent *Essai* se suffit à lui-même ; l'autre est que le
deuxième paragraphe du cinquième et dernier chapitre, en
tout cent cinquante pages, est consacré à un « développement » pareil à tous les autres, si l'on a égard aux thèses et à
la méthode. Une construction dialectique de la conscience
était indispensable, au même titre que celle des autres moments
de la représentation. Et il n'est guère malaisé de prévoir ce
qu'une construction de ce genre, même réduite à une sorte
de schéma, exigeait de précautions et d'efforts. Là est, sans
doute, la partie la plus difficile du livre, en raison de son
extrême densité. Heureusement qu'il est toujours possible de
relire et qu'à force de relire on supplée aux développements
omis (¹). Par malheur, tout essai de résumé serait ici au-dessus de mes forces, et je crois inutile d'épargner au lecteur
l'équivalent d'un programme en une vingtaine d'articles environ, devant chacun desquels il faudrait se contenter d'inscrire
la solution de l'auteur. Nous toucherons seulement à deux
problèmes. Nous examinerons successivement comment se pose
dans la pensée d'O. Hamelin la question du monde extérieur ;
comment, liberté impliquant à la fois déterminisme et contingence, s'appellent l'une l'autre la conscience et la liberté.

Et d'abord le monde extérieur existe. Il est réel, non pas
à la manière d'une chose, inutile d'en faire la remarque, mais
à titre de « terme d'un rapport ». — On va sourire en alléguant qu'une telle réalité est le pseudonyme d'un mirage. —
Libre à qui voudra d'en sourire et, par la même occasion, de
lire sans comprendre. A moins de convertir l'idéalisme d'O.
Hamelin en je ne sais quel nihilisme, et de ne pouvoir se
déprendre, dans l'examen des problèmes de la philosophie, des
vices incurables de l'esprit écossais (celui de Reid, de Ste-
wart et quelquefois de W. Hamilton) on est, j'imagine, assuré

---

(1) Omis délibérément dans un intérêt de composition et de proportion,
peut-être aussi dans un intérêt de clarté : le développement explique
sans doute, mais parfois il disperse. On a eu raison de comparer le livre
d'Hamelin à un « beau poème ». Il n'est, en effet, rapsodique à aucun
degré. Même il est exempt d'épisodes.

que nul philosophe n'est certain de rien plus que de la réalité du moi, qu'il l'est d'une certitude au moins égale à celle de Descartes et, peu s'en faut, du même genre. — Soit, nous sera-t-il répondu ; mais que n'est-il aussi certain de l'existence des corps ? — Il n'est pas impossible que la dialectique nous défende de croire à la réalité du moi comme si nous étions seuls au monde. En effet, poser le moi, c'est lui opposer le non-moi. Mais le moi et le non-moi, s'ils sont dans la représentation, l'un et l'autre, à des titres différents l'un de l'autre — puisqu'ils sont différents en raison de leur antithèse — s'y trouvent en vertu d'une même nécessité. Reid a raison, en un sens, quand il exige la perception extérieure sans l'intermédiaire : idée représentative. Son unique tort, assurément grave, il est vrai, consiste à s'être mépris sur la nature de la conscience, et à l'avoir limitée aux états du moi. Il a sans doute ainsi fait cesser le scepticisme dans lequel il se figurait avoir été précipité par David Hume. Mais, en conférant au monde extérieur une existence qu'il se gardait soigneusement de définir, il a laissé sans solution le problème capital de sa philosophie. Or la réalité distincte du monde extérieur ne fait qu'un dans la doctrine d'O. Hamelin avec la réalité d'un rapport, laquelle implique — cela est de toute évidence — celle de ses termes. Et puisque la position de la conscience équivaut à celle d'une synthèse, le Moi et le Non-Moi y sont compris nécessairement (1).

Si telle est la pensée d'O. Hamelin, il est clair qu'il ne fait que redire ce que Descartes, s'il ne l'a jamais exprimée en propres termes, a toujours pensé. *Cogito, ergo sum* signifie cela ou ne signifie à peu près rien (2). Et l'on peut ajouter que Leibnitz aurait produit vainement sa doctrine des monades, si les philosophes qui la célèbrent s'obstinaient, ainsi que trop souvent il arrive, à en éliminer l'essentiel, à savoir que la monade se suffit à elle-même, étant représentative de tout l'univers. Le jour où Renouvier situait le Soi et le Non-Soi dans la catégorie de la Personne, il avait beau ne se douter point, alors, que plus tard il serait l'auteur d'une *Nouvelle Monadologie*, il restaurait la monade, et cela, dès son *Premier Essai de Critique Générale*. On lui a reproché parfois de s'être arrêté à mi-chemin de l'idéalisme ; et il faut convenir que les pages du *Deuxième Essai* où il est question des « Affirmations premières » (3) ainsi que des

(1) *Essai*, pp. 336-342.
(2) *Ibid.*, p. 329.
(3) Ch. Renouvier, *Deuxième Essai*, t. II, pp. 21-sqq.

« Thèses fondamentales de la Réalité », justifient partiellement
le reproche. Certes, Renouvier se défend d'aller jusqu'à Thomas Reid. Mais nous, au moment de qualifier son attitude, nous
hésitons entre les deux termes : réalisme, idéalisme. Nous pensons, toutefois, que la doctrinne de Renouvier est animée
de l'esprit idéaliste et que, là où la plume a hésité, la pensée
est restée constante. Et nous le pensons par la simple raison
qu'il n'est pas de réalisme en dehors du substantialisme, ce que
Reid, d'ailleurs, avait su comprendre. Reid, instinctivement
d'abord, et délibérément ensuite, confondait l'idéalisme et le
scepticisme. Son double substantialisme le tirait d'embarras.
Dès lors, entre le substantialisme et l'idéalisme, il paraît bien y
avoir dilemme. Au surplus, la difficulté n'est pas de constater
le dilemme. Elle est d'en accepter les conséquences, plus
encore, de ne jamais les perdre de vue quand il nous arrive
une bonne fois de nous incliner devant elles. La vigueur de
l'esprit philosophique pourrait bien avoir pour l'un de ses
critères non pas tant la franchise avec laquelle on adhère aux
thèses idéalistes, que la probité spéculative dont on fait preuve
en se souvenant toujours de les avoir adoptées.

Nous voilà enfin sortis des vieux expédients auxquels ce n'est
point sans remords que nous nous rappelons avoir eu recours
au temps où nous étions jeunes, et où l'acte de foi moral venait
fort à propos opérer le sauvetage du monde extérieur quand
la réalité de ce monde nous semblait compromise. Que faut-il
donc au juste entendre par monde extérieur ? Ce que, depuis
Fichte et Maine de Biran on entend par Non-Moi, c'est-à-dire
« l'autre du Moi ». Il n'est point « l'autre de la conscience »,
ce qui équivaudrait à un pur non-sens. Tout cela était en
germe dans Renouvier mais n'y était qu'en germe.

Passons maintenant aux thèses sur la liberté.
Il est une conception déterministe de la liberté qui consiste à soutenir qu'être libre, c'est obéir à une nécessité comprise et, de plus, à une nécessité dont notre individu est l'unique siège. Or, de deux choses l'une : ou l'on a conscience de
se distinguer de sa propre nature, et alors d'être affranchi de
la nécessité ; ou l'on se sent esclave, et alors rien ne prouve que
l'on soit une source réelle d'action. Ou la spontanéité n'est point
véritable, ou elle suppose l'empiètement de l'être sur le non-
être, ce qui est la définition même de l'acte contingent. Il est en
effet une contingence requise par la liberté qui, loin d'être un
signe d'imperfection, est un signe du contraire. Ou l'être, au

sens plein du mot, n'est pas, et la conscience ne fait en lui que doubler une nature à laquelle il reste soumis, ou il a le pouvoir de s'élever au-dessus d'elle. Bref, la contingence exigée par la liberté implique « que toutes les raisons sont réunies et qu'on s'élève plus haut encore » (¹). D'ailleurs une nécessité « bien comprise » peut-elle l'être autrement que rapportée à son opposé qu' est la contingence ?

Cela ne veut point dire qu'entre la nécessité pure et la contingence pure, on soit tenu d'opter. La contingence pure éveille la notion de puissance nue et indéterminée, par suite susceptible de toutes les dénominations, y compris celle de la volonté. Mais qui ne voit que ce sont là dénominations arbitraires, par suite extrinsèques ? Une contingence, pour devenir volonté, doit au préalable se faire intelligemment consciente : et cela est plus que difficile à comprendre (²). Ici je voudrais, sans risque de méprises, expliciter la pensée de l'auteur. Soit, par exemple, la doctrine de Kant, où le noumène, logiquement antérieur au phénomène, n'est autre que la volonté logiquement antérieure à l'entendement. C'est cette antériorité logique de la volonté qui est, précisément, insoutenable, à moins que le déterminisme ne soit une illusion et rien de plus. Pourquoi cette illusion, dès lors ? C'est ce que l'on ne voit pas. Car si cette illusion est nécessaire, autant prétendre que la liberté, pour se rendre manifeste, a besoin de se renoncer. Raisonner ainsi équivaut à soutenir que la liberté, entendons la liberté réelle, préexiste à ses conditions d'existence. — Non pas d'existence, mais d'exercice dans un monde de phénomènes ! — La différence n'est pas médiocre. Et elle est bien telle dans la pensée de Kant. Reste à savoir s'il y a là quelque chose de plus qu'une intention, et si l'antériorité de l'être à ses conditions n'est pas le vice radical de la célèbre distinction de Kant, entre le Phénomène et la Chose en Soi. A une liberté qui, sans raison plausible, se donne des chaînes, ou, faute de pouvoir s'enchaîner, se procure l'illusion de son propre esclavage, O. Hamelin oppose une liberté qui s'atteste par d'incessantes victoires sur la nécessité, liberté éclose au confluent du déterminisme et de la contingence, synthèse nécessaire de l'un et de l'autre.

On s'étonnera peut-être qu'O. Hamelin ait négligé de combattre les arguments autrefois célèbres en faveur du déterminisme. Il en a certes négligé le plus grand nombre. Après avoir établi — à la suite de Renouvier mais par une autre procédure —

____

(1) *Essai*, p. 381.
(2) *Ibid.*, p. 382.

que l'action libre équivaut à l'action motivée, Hamelin ne pouvait insister davantage. Pour distinguer l'acte du motif « le plus fort », comme on disait il n'y a guère plus de quarante ou cinquante ans, il faut transformer l'action libre, d'une part, et, de l'autre, le motif, en choses, et s'embarrasser, par après, d'expliquer leur interaction. Quant aux autres raisons invoquées par les déterministes, elles n'avaient pas à intervenir. La vérité est qu'O. Hamelin a résolu le problème à sa manière, « après en avoir renouvelé la position ». La vérité est que le dilemme de Renouvier : liberté ou déterminisme, a beau subsister toujours, il convient d'insister sur l'universalité postulée de ce déterminisme, sans quoi le dilemme n'aurait pas lieu. Il convient également d'observer que ce dilemme, sous la forme dernière que Renouvier lui a laissé prendre, ne correspond plus tout à fait à la manière dont la question se présente ici. Peut-être même avons-nous écrit trop vite que le dilemme subsistait toujours. En gros, il est possible. Mais continuer à voir les choses en gros, c'est précisément ce que la dialectique synthétique rend impossible. Car dans un dilemme il n'y a solution que par élimination. Et la dialectique synthétique consiste précisément à ne rien exclure. Elle n'admet point d'actions purement libres. Elle n'en admet que de partiellement indéterminées. On ne saurait donc s'inscrire en faux contre le déterminisme universel, et il serait inexact de soutenir que « quelque chose n'est pas déterminé », puisque nos actions libres, en un sens, le sont. — Elles le sont à un point de vue, pas à un autre ! — Soit. Mais prenons garde : et puisqu'il est question ici d'une différence de points de vue, ne la convertissons pas en une différence de choses, ou de parties d'une chose, ce qui revient assez au même. — Il est désormais incontestable qu'O. Hamelin a renouvelé, par sa dialectique, la position d'un problème passé presque à l'état « d'énigme de l'univers ». Un philosophe des plus avisés, M. E. Chartier, dans la *Revue de Métaphysique et de Morale* (¹), a compris l'importance de ce « renouvellement ». Il lui paraît que, pour la première fois dans l'histoire, la liberté cesse d'être une intruse. Et, que le moment où elle a cessé de l'être pourrait être appelé plus tard « une grande époque de la pensée », si c'est moi qui le dis, c'est qu'en effet, là est le plus beau moment de la dialectique synthétique, celui où elle s'achève, et où, par son achèvement, elle sort avec succès de sa dernière et plus redoutable épreuve.

(1) *Revue de Métaphysique et de Morale*, 1907, pp. 797-820. E. Chartier, *Etudes critiques sur O. Hamelin.*

Parlerai-je maintenant des raisons invoquées pour justifier l'indissoluble union de la liberté et de la conscience ? W. James, dans ses *Principes de Psychologie*, avait inauguré le débat. Il avait défini la conscience : « une agence de sélection ». Hamelin a justifié cette définition, toujours à sa manière, en faisant voir, par des raisons toutes nouvelles, qu'il n'est point de liberté sans possibles ambigus, ni de possibles ambigus sans une conscience (¹). Ajouterai-je que si les biologistes contemporains sont amenés à traiter la conscience comme une quantité négligeable, ce n'est point leur « biologisme » qu'il faut en rendre responsable, mais bien leur déterminisme réaliste ? Certes, il se pourrait que la conscience fût et ne servît à rien ; que l'homme se crût acteur, alors qu'il n'est qu'un spectateur. Cela se pourrait à la rigueur, mais à une condition : ce serait que le monde fût l'œuvre d'une causalité inintelligente. Mais ne savons-nous pas qu'une telle causalité se détruit elle-même, que le hasard est son vrai nom ? Il en résulte manifestement que le déterminisme mécanique, le déterminisme téléologique et la liberté, loin de se faire une opposition irréductible, s'impliquent et s'appellent, et que, par suite, tout antagonisme devrait cesser entre la raison du philosophe et la raison du savant.

La dialectique synthétique, de l'aveu même de son auteur, équivaut à une preuve ontologique. Toute preuve ontologique consiste à atteindre une existence à travers une ou plusieurs essences. Il ne faut donc pas limiter la preuve ontologique à son ancien objet. Et d'ailleurs, si la preuve d'O. Hamelin peut nous conduire jusqu'à Dieu, ce ne sera point tout de suite, ce ne sera point non plus par les seules ressources de la dialectique. La dialectique nous éloigne du matérialisme et du panthéisme : ne nous attardons pas à le démontrer. Elle nous incline au théisme, faute de mieux, et en raison des difficultés moindres que le théisme soulève. C'est assez reconnaître que l'argument ontologique, tel qu'il vient d'être perfectionné, nous met en face de l'Esprit. Une fois l'Esprit achevé, le système des éléments de la représentation se trouve l'être. Mais de quel esprit s'agit-il et de combien d'esprits ? (²) Le philosophe n'est pas à bout de res-

____

(1) Du moment où l'élimination de l'un des deux s'impose, ce ne peut plus être par le jeu naturel des oppositions dialectiques. Il faut un « éliminateur ». D'autre part, si l'on observe que les possibles, même ambigus, sont en quelque manière, n'est-il pas évident que le pur déterminisme ne rend aucun compte d'une telle existence, si pauvre qu'on doive se la figurer ?

(2) A l'égard de la pluralité des consciences, l'argument le plus décisif

sources pour s'orienter dans ces débats : ce sont, toutefois,
débats où la dialectique synthétique, sans cesser de surveiller
la discussion, ne saurait prétendre à la diriger seule. Il est certain que Dieu ne se prouve pas; que, s'il existe, son intervention
dans le monde, tant de fois alléguée, reste l'objet d'une foi gratuite, exempte de raisons démonstratives. Si c'est de lui que
nous tenons l'existence, il semble bien que, depuis qu'il nous a
donné l'être, il nous laisse en face de la nature, travaillant à la
surmonter par la connaissance et l'application progressive de
ses lois, ce qui nous permet d'espérer « le succès final de l'entreprise à laquelle travaille l'humanité » et, au terme de nos
efforts, « le plein et entier épanouissement de la personne
humaine » (¹). Une chose néanmoins est certaine, c'est que
« l'existence par soi, lorsqu'on la prend au sens absolu, l'univers avec son organisation si éperdûment vaste et profonde,
ce sont là de prodigieux fardeaux » (²) pour être portés par
nous seuls. Dieu satisferait à la condition, un Dieu dont la
nature serait conçue à l'image de la nôtre, mais de la nôtre
portée à l'absolu... Le théisme n'est peut-être pas la seule solution possible. Parmi celles qui nous sont offertes, il reste le
« seul aboutissement acceptable d'une philosophie qui définit
la pensée par la conscience » (³).

Nous terminons l'examen du livre d'O. Hamelin à quelque
distance de ses dernières pages. Ces pages, ni en originalité ni
en profondeur, ne le cèdent aux autres. Le lecteur y retrouvera
la dernière philosophie de Ch. Renouvier. En les méditant, il
se demandera si cette dernière philosophie, au lieu d'être le
résultat d'une sorte de conversion ou de révolution plus ou
moins graduelle — car c'est seulement dans l'ordre religieux
qu'il peut y avoir conversion par « catastrophe » — ne serait pas
le fruit naturel de la doctrine commencée dans les *Essais de
Critique générale* et achevée dans le *Personnalisme*. C'est le
problème auquel nous allons nous efforcer de donner une solution.

en leur faveur est celui qui peut être tiré, d'une part, de la liberté nécessaire à l'existence, sinon à l'essence, de l'autre, du plus-être qui résulte
inévitablement de la pluralité des individus. Mais cette pluralité des
êtres et des monades ne saurait être érigée en conséquence nécessaire
de la dialectique synthétique.

(1) *Essai*, p. 460.
(2) *Ibid.*, p. 458.
(3) *Ibid.*, p. 454. Cf. p. 452. « Il n'y a d'intelligible que la relation, et la
relation ne s'actualise que dans la conscience. »

II

LES SOURCES NÉOCRITICISTES DE LA DIALECTIQUE SYNTHÉTIQUE

Si l'on osait affirmer : d'une part, qu'Hamelin s'est donné pour un disciple indépendant de Ch. Renouvier, mais pour un disciple véritable ; de l'autre, qu'il est possible d'exposer et de résumer, en la commentant, la doctrine d'Hamelin, sans dévoiler ses origines historiquement renouviéristes (¹), on énoncerait deux jugements contradictoires. La contradiction n'y est qu'apparente et nous espérons pouvoir le démontrer.

*
**

Commençons par les preuves externes.

1° L'*Essai sur les Eléments principaux de la Représentation* est dédié à Renouvier. La table des matières qui figure en tête du livre reproduit, à peu de chose près (au moins à première vue), la liste de catégories dressées par Renouvier dans le *Premier Essai de Critique Générale*. La liste d'Hamelin et celle-ci commencent et finissent pareillement. De plus, les termes *Représentatif* et *Représenté*, dont jadis on reprochait à Renouvier d'avoir exagéré la consommation, appartiennent au vocabulaire d'O. Hamelin et y reçoivent le même sens.

2° Le jour où il soutenait sa thèse, O. Hamelin, qui n'avait fait précéder son livre d'aucune préface, improvisa l'équivalent d'un avant-propos. Il insista sur les premiers tâtonnements de sa pensée. Il raconta comment Renouvier dissipa ses hésitations ; comment, à la suite de Renouvier, il fut amené à reprendre l'une des parties essentielles de l'œuvre du philosophe. Ce philosophe l'avait satisfait plus qu'aucun autre, sans aller jusqu'à le satisfaire pleinement. C'est donc en vue de continuer Renouvier, qu'O. Hamelin, il y a près de quarante années de cela, s'attelait au travail.

3° Tandis qu'O. Hamelin se mettait à la suite de Renouvier pour achever ce que le maître ne lui paraissait avoir fait que commencer, il eût été intéressant de savoir ce que pensait le maître de la tentative. On nous assure qu'il a été retrouvé dans les papiers d'O. Hamelin une série de lettres de Ch. Renou-

(1) C'est ainsi que l'a exposée M. E. Chartier dans l'article cité ci-dessus, p. 177.

vier. Les lettres d'O. Hamelin doivent avoir été conservées :
elles sont vraisemblablement encore dans les mains de M. Louis
Prat. Peut-être le sujet de cette correspondance est-il celui du
livre futur. Peut-être Renouvier s'y étonne-t-il qu'un disciple,
acceptant les catégories et *ses* catégories, trouve la question
simplement entamée et ne se propose rien de moins que d'achever l'inachevable. Renouvier tenait la déduction des catégories
pour une entreprise chimérique et consciemment (¹), il n'admettait pas une autre déduction possible que la démonstration
syllogistique. Ce n'était donc pas un néo-criticiste orthodoxe
qu'O. Hamelin. Et pourtant Renouvier lui avait confié le sort
de sa *Philosophie analytique de l'Histoire* puisqu'il l'avait
prié de la présenter aux lecteurs de l'*Année philosophique*.
Hamelin lui apparaissait, dès lors, sous les traits d'un schismatique, non d'un hérétique.

4° Quant aux élèves d'Hamelin, à ceux qu'il eut tout d'abord,
au collège de Foix, ils croyaient si fermement au renouviérisme
de leur maître, que je n'ai guère connu de renouviéristes plus
naïvement intransigeants. Le jour où la grande valeur d'O.
Hamelin le désigna, au surlendemain de son agrégation, pour
les fonctions de Maître de Conférences de Philosophie à la
Faculté des Lettres de Bordeaux, il y eut des inquiétudes. On
crut que le choix avait été dicté au ministère par des raisons de
doctrine, et l'on annonça que le néo-criticisme se préparait au
rôle de philosophie officielle. Cela se passait en 1885.

Voilà certes un concours de témoignages d'une signification
claire. « Historiquement », c'est de Renouvier qu'O. Hamelin
procède. Passons maintenant des preuves externes aux preuves internes et n'oublions pas le double aveu d'O. Hamelin :
Renouvier ne l'a point satisfait pleinement. Il l'a satisfait plus
que personne.

*
* *

De ce double aveu deux conséquences se laissent présumer :

1° Renouvier n'est pas un rationaliste pur. — 2° Ses tendances rationalistes sont, quand même, nettement indiscutables.

Que Renouvier ne soit pas un pur rationaliste, c'est ce que
l'on peut supposer, quand on connaît sa théorie de l'affirmation volontaire, celle du *Deuxième Essai de Critique Générale*.

____

(1) « Consciemment », disons-nous. L'adverbe est ici de toute rigueur.
On verra bientôt pourquoi.

Il est permis d'être rationaliste et d'assigner un rôle à la volonté dans le jugement. Mais la thèse de Renouvier est présentée sous une forme trop radicale pour n'avoir pas prêté à bien des méprises, d'une part, et, de l'autre, pour ne pas faire craindre que la doctrine des catégories, telle qu'on la trouve dans le *Premier Essai*, puisse demeurer intacte. Je pense avec Hamelin que l'orientation des deux premiers *Essais* de Renouvier n'est point la même. Le *Premier Essai* est l'œuvre d'un rationaliste : le *Second Essai* fait à l'empirisme une part inquiétante.

Reste à savoir s'il n'est pas trop accordé à l'empirisme, même dans le *Premier Essai*. Telle est mon opinion. Avant de la justifier j'aurai le plaisir de constater que, dès les premières pages, Renouvier se pose en idéaliste, et cela, parce qu'il affirme de la Représentation qu'elle « n'implique rien de plus que ses propres éléments ». Cette satisfaction, toutefois, pourrait n'être pas sans mélange. L'idéalisme, à le bien prendre, n'est-il pas le caractère de toute la philosophie moderne, depuis Descartes ? — Malgré Descartes ! — Oui, mais, quand même, grâce à lui. On nous objectera l'école écossaise. A quoi l'on pourrait répliquer que l'histoire de cette école équivaut à celle d'une maladie de l'esprit philosophique, maladie contagieuse, d'ailleurs, puisque nos éclectiques en furent atteints. Or l'idéalisme tel qu'après Descartes, il s'est développé outre-Manche, coïncide avec l'empirisme : Berkeley, Hume et les deux Mill nous en sont témoins.

« Idéaliste », au sens faible, est très voisin d' « immatérialiste ». On sait la prédilection de Renouvier pour ce mot. Il signifie, et Renouvier s'en est expliqué à mainte reprise, qu'on peut supprimer « la matière » sans être contraint de supprimer « la nature ». Or, si l'on garde la nature, deux partis se présentent : ou bien on la constituera d'éléments sensibles et d'éléments intelligibles, ou bien l'on s'en tiendra aux premiers, après y avoir réduit les derniers. Il est, par suite, deux idéalismes dont l'un peut se concilier avec une doctrine empiriste. Lequel, tout d'abord, paraît être celui de Renouvier ? Le deuxième, si l'on s'en tient aux premiers chapitres du *Premier Essai*. Songez qu'au regard de l'auteur, la Représentation est « bilatérale », autrement dit que si l'*on* ne peut sortir de *la* Représentation, *je* puis, à quelques égards, exclure de la *mienne* certains représentés donnés en même temps que le représentatif. Les choses et les êtres que je ne suis pas sont exclus de l'être avec lequel ma conscience se confond.

Peut-être nous rapprocherons-nous ailleurs du monadisme leibnitzien, auquel l'adhésion de Renouvier est bien plus ancienne qu'il ne s'en est rendu compte, mais ce n'est pas encore ici que seront faits les premiers pas. Ne s'aperçoit-on point, encore un coup, que si la Représentation est « bilatérale », les deux « côtés » de cette représentation s'équivalent ? Le Représentatif, qu'on s'attendait à voir dominer le Représenté lui fait face. Si ce n'est point là de l'empirisme, c'est de la passivité. Mais il y a plus. L'idéalisme de tout-à-l'heure est en voie de s'effriter. Du moment où quelque Représentatif est inféré au lieu d'être simplement donné, il ne faut plus dire que nous sommes enfermés dans la Représentation. Inférer, n'est-ce pas en sortir au sens rigoureux du terme ? Or il nous est impossible d'affirmer nos semblables sans leur prêter une conscience, un Représentatif qui reste en dehors de la sphère de *ma* Représentation. — Encore restera-t-il dans celle de *la* Représentations ! — Quand cela serait, nous n'y gagnerions rien de plus qu'une affirmation assez immédiatement évidente au point de vue du sens commun, et, par là même, assez stérile. Bref, et malgré tout le respect dû au grand nom de Renouvier, on peut lui reprocher, au début de son œuvre, des lenteurs, des tâtonnements, des ambiguïtés.

Ces ambiguïtés se dissiperont-elles au chapitre où il va être traité de l'Analyse générale de la Représentation ?

*
* *

Occupé à définir les catégories, Renouvier néglige, de son propre aveu, la « question », si mal posée, presque oubliée maintenant, de l'*Origine des connaissances* (idées innées, idées « provenues des sens »). Et il croit résoudre suffisamment le problème, en déclarant, d'une part, que l'expérience est essentielle à la Représentation, de l'autre, que, « logiquement, elle est précédée de ce qui rend l'expérience possible, quel que puisse être, à cet égard, l'ordre chronologique des phénomènes ». Renouvier se souvient ici, fort à propos, du *nisi intellectus*. Certes, à parler ainsi, on se dispose à prendre place à côté de Kant, peut-être entre Leibnitz et Kant. Encore obtiendrait-on de quelque empiriste l'affirmation d'un esprit sans lequel il n'y aurait point d'expérience. Souvenons-nous du curieux chapitre de J.-St. Mill sur la réalité des phénomènes de conscience, auxquels les spiritualistes ont puisé tant de fois. Mettre l'esprit ou le sujet avant l'expérience, logiquement avant elle, ce n'est assurément point travailler sans profit, mais ce n'est accomplir qu'une partie de la tâche. Il ne suffit pas d'être assuré que l'on pense. Il faut encore savoir ce que c'est, au juste, que penser.

A l'endroit même où je viens de citer, Renouvier paraît soucieux de rapprocher l'empirisme de son adversaire. Doué, au degré que l'on sait, de la perception distincte des oppositions qui séparent les doctrines, et forcent l'esprit à combattre alors qu'il eût souhaité concilier, le philosophe, momentanément infidèle à ses habitudes, ne surveille point d'assez près ses démarches. Il lui échappe qu'au moment d'opter entre l'empirisme et l'apriorisme, s'il va mettre la main sur le second, ce sera pour le saisir d'une si faible prise, que plus le philosophe avancera dans la carrière, plus sa main faiblira. En voici une preuve nouvelle.

Renouvier, dont on sait la parfaite probité philosophique, et le souci constant d'acquitter ses dettes chaque fois qu'il se découvre un créancier, n'a point oublié Auguste Comte parmi ses précurseurs. Il n'est pas douteux que Renouvier ne doive son phénoménisme à Auguste Comte. Toute réalité se réduit à des phénomènes et à des lois : cette affirmation leur est commune. Une question se pose. Il est ou il peut être conçu des degrés dans la réalité. Phénomènes et Lois ne sauraient être réels, ni au même degré, ni selon le même sens. Si l'on érige en « réalité » ce qu'une philosophie kantienne orthodoxe nommerait « apparence », que fera-t-on des lois ? Seront-elles, oui ou non, autre chose que des « phénomènes enveloppants » ? De plus, faudra-t-il affirmer que nous les connaissons de la même ou d'une autre manière que les phénomènes enveloppés ? En cas d'affirmative, ni Renouvier n'y trouverait à redire, ni un disciple de Comte. Kant, lui, eût fait plus que des réserves, et même il eût protesté.

Si l'on admet que nous connaissons les lois ou par induction, ou par une constatation précédée d'une analyse brève et souvent, pour ne pas dire presque toujours, incomplète, on peut craindre qu'entre ce mode de connaissance et celui par lequel on atteint le phénomène, il n'y ait, après tout, qu'une simple différence de degré. Ici, l'empirisme d'Auguste Comte a dû, chez Renouvier, tenir en échec l'influence de Kant. Et ce n'est point un cas isolé. Dans le premier volume de *La Critique philosophique*, (¹) Renouvier examine la thèse de J. La-

____

(1) *La Critique philosophique*, 1872, I, pp. 361-366.

chelier sur le *Fondement de l'Induction*. Il loue Lachelier
pour la manière dont il a combattu les doctrines de V. Cousin sur les substances et les causes. Quant aux arguments par
lesquels la théorie de Mill est écartée, Renouvier non seulement
les rejette, mais il se reconnaît plus près de Mill que de Lachelier. J'en atteste ce passage : « Les explications de M. Lachelier réussissent à dissimuler, mais non point à bannir de
la question le grave élément de croyance qui se mêle dans l'esprit humain à tout ce qu'on peut alléguer de raisons en faveur
de l'existence réelle du monde externe; ajoutons, et de l'existence des liaisons causales de phénomènes. » (1) Le texte est
capital. Il est, je le sais, postérieur à la *Psychologie rationnelle*,
c'est-à-dire au *Deuxième Essai de Critique Générale*. Et l'on peut
se demander quel accident mortel a bien pu emporter les catégories dans l'intervalle d'un *Essai* à l'autre. En tout cas, de
ces catégories, il n'est plus question dans le présent texte ; et
l'on ne se douterait guère qu'il ait pu en être question dans
l'esprit du philosophe. Nous sommes pourtant en 1872. Or, en
1875, Renouvier fera paraître une seconde édition de sa *Logique générale* (*Premier Essai*) et de sa *Psychologie rationnelle*
(*Deuxième Essai*). Et il laissera subsister intact le chapitre consacré aux lois générales de la Représentation, soit aux catégories. C'est donc que Renouvier n'apercevait pas de contradiction entre le fait d'adhérer aux catégories et celui d'admettre
une théorie du *criterium* de la vérité dans laquelle la libre
croyance absorberait la certitude.

C'est donc aussi — la conséquence n'est-elle pas inévitable ? —
qu'au moment où il croyait marcher dans les pas de Kant, en
faisant droit à la réalité des catégories, il suivait Auguste
Comte, dans la manière dont il se définissait à lui-même la
catégorie et la loi. Il se sert des expressions de Kant, et cela fait
illusion. Il « parle » comme l'auteur de la *Critique de la Raison pure*. Il pense, ou il est bien près de penser, comme l'auteur du *Cours de Philosophie positive*.

Car, pour achever de prouver ce dont nous avons commencé
la preuve, il est curieux de comparer les deux attitudes, celle
de Kant et celle de Renouvier. Aristote, le jour où il décou-
vrait le syllogisme et en énonçait les lois, était-il plus sûr de
faire œuvre durable que Kant ne s'en montrait assuré le jour
où il mettait la dernière main à sa table des catégories ? Kant
savait ou croyait savoir qu'elles sont quatre et pas davantage.

(1) *La Critique philosophique*, 1872. I, p. 365.

Il déplorait, par suite, l'erreur éventuelle, mais indiscutable, de quiconque, dans l'avenir, s'inscrirait en faux contre sa construction. Bien différente est l'attitude de Renouvier : il ne se découvre pas; il ne construit pas; il rencontre. On essaiera de montrer, tout à l'heure, qu'il a fait plus que rencontrer les catégories. La vérité est qu'il les pose empiriquement tout d'abord, et s'interdit de chercher à les déduire, profondément convaincu qu'elles ne sauraient être déduites, car il tient d'Aristote qu'il n'est de déduction que par démonstration syllogistique et que la démonstration ne va pas à l'infini.

Au demeurant, et les deux dernières catégories exceptées, je vois mal ce qu'un positiviste alléguerait contre les catégories de Renouvier. Bien plus, il manquerait de raisons décisives pour les rejeter, s'il s'apercevait qu'elles sont alignées, ou très peu s'en faut, dans le *Premier Essai de Critique Générale*, comme le sont les sciences positives dans la classification d'Auguste Comte. Il n'aurait, somme toute, qu'à s'incliner et à se découvrir, sinon par respect pour Renouvier, du moins par vénération pour la mémoire de celui qui, dans l'histoire humaine, ne reconnaissait que deux « cerveaux » supérieurs au sien : celui d'Aristote et celui de Descartes.

Dans un travail qui date de 1900 sur la doctrine néo-criticiste des Catégories (¹), il m'est arrivé de dire que cette doctrine était « orientée vers l'empirisme ». Je ne disais en ce temps-là qu'une moitié de la vérité. Je disais vrai quand même. La terminologie de Kant a passé dans Renouvier. J'en atteste les expressions : catégories, nécessité, jugements synthétiques *a priori*. Mais chez Kant ces expressions ont leur portée maxima : les catégories viennent de l'esprit, d'un esprit hétérogène à la sensibilité. La nécessité reçoit la naissance dans l'esprit. Et c'est dans l'activité originale de l'esprit qu'il faut aller chercher la source des jugements synthétiques. Je consens qu'il soit possible de modifier la signification de chacun de ces termes : les successeurs de Kant, en Allemagne, ne feront pas autre chose. Mais l'évolution du kantisme aura beau se poursuivre, ces expressions ne perdront rien de leur force première, et cela par cette simple raison qu'avec les successeurs de Kant, Schelling excepté « peut-être », le noumène et l'esprit se rapprocheront si bien, qu'avec Hegel, leur absorption dans l'esprit sera complète. Autrement dit, — pour nous

---

(1) Cf. *Bibliothèque du Congrès international de philosophie*, t. I, Philosophie générale et Métaphysique, pp. 127-146, *Note sur la doctrine Néocriticiste des Catégories*.

exprimer d'une façon néo-criticiste, et pour nous en tenir aux
éléments de la réalité tels que Renouvier les pose ou les constate — le phénomène se retire progressivement devant la loi, de
telle sorte qu'avec Hegel, « réalité », et « idée », et aussi « raison » se confondent : il le semble du moins. Dans une
doctrine radicalement idéaliste et phénoméniste, chez O. Hamelin par exemple, les termes du vocabulaire kantien, sans garder toute leur signification primitive, porteront aussi loin que
chez Kant, si ce n'est même plus loin. Dans une doctrine phénoméniste comme celle de Renouvier, où les phénomènes pourraient, sans contresens, recevoir le nom de choses — je n'ai pas
dit de substances —, où les catégories se constatent, où l'esprit
les pose pour les avoir rencontrées, on ne sait plus si les catégories sont ou ne sont pas des phénomènes. Je me trompe :
qu'elles ne soient pas autre chose et, rigoureusement parlant,
qu'elles soient contraintes à n'être rien de plus, on ne le sait
que trop. Dès lors, on se servira du mot Catégorie puisqu'il
existe, et ce mot désignera des phénomènes enveloppants,
situés à la circonférence du monde et par suite « circonscrits »
sans être « inscrits », pour me servir d'expressions géométriques, alors que tous les autres, inscrits et circonscrits, subis-
sent une relation double, enveloppent et sont enveloppés. Le
terme de « Nécessité », non plus, ne sera pas inutile : on y aura
recours. Mais il prendra le sens de nécessité relative. On doit
convenir que Renouvier n'a pas donné explicitement au voca-
ble Nécessité la signification qu'il reçoit chez les empiristes, où
ce mot n'est que le pseudonyme d'une universalité induite,
c'est-à-dire, après tout, présumée. Il est non moins certain que
cette manière de supprimer la nécessité, tout en l'affirmant,
aurait pu ne pas être du goût de Renouvier. Mais il lui serait
arrivé de signaler le piège, qu'il aurait difficilement évité. Il
faut en rendre responsable la « bilatéralité » originelle de la
Représentation. Si encore c'eût été une bilatéralité « sans phrase » ! Malheureusement, elle est aggravée par le commentaire,
et par un commentaire qui, malgré les intentions de l'auteur,
intronise le sens commun dans la philosophie (¹). Les phénomè-

---

(1) Renouvier, en développant sa doctrine, ne garda point cette « bilatéralité ». Il n'a jamais eu ou saisi l'occasion de s'en expliquer. Mais en
donnant plus tard à sa philosophie le nom de « doctrine de la conscience », il affirma le primat du Représentatif. Mon opinion est qu'il y
a toujours incliné, et cela pour des raisons dont un néocriticiste n'eût
vraisemblablement pas été seul à reconnaitre l'évidence. Mais la thèse
du caractère bilatéral de la Représentation, telle qu'on la trouve dans
le *Premier Essai de Critique Générale*, imprime à l'idéalisme postulé dès

nes sont-ils ou ne sont-ils pas hétérogènes à l'esprit ? Oui, avait dit Kant; et il avait concentré dans l'esprit la nécessité, la catégorie, la loi. Oui, dira presque Renouvier. Kant, toutefois, ne les fait pas venir du même point cardinal de la pensée philosophique : le phénomène résulte d'une interaction de la chose et de l'esprit. Chez Renouvier, il n'est point un résultat. Il est une donnée primitive. Et sur quelque point de l'horizon philosophique que sa pensée s'arrête, elle y aperçoit toujours la Représention, et partout, la Représentation bilatérale.

Décidément, nous ne sortons pas de l'idéalisme empirique. Le vocabulaire rationaliste de Renouvier mérite que l'on en tienne compte, ce qui n'est point à son avantage. Il n'est jamais à l'honneur d'un philosophe de parler autrement qu'il ne pense.

Le Renouvier que nous venons de faire connaître n'aurait pas satisfait Hamelin, ne l'aurait satisfait à aucun degré, n'aurait jamais été son maître. — Il est donc un autre Renouvier ? — Certes; et pour le découvrir, nous n'avons à changer ni de livre ni de sujet.

*
* *

D'abord, il ne serait pas exact de soutenir que, dans la pensée de Renouvier, le nombre des catégories soit purement cardinal. Il a fait plus que les numéroter, il les a ordonnées. Assurément leur « position » est restée empirique. Mais si l'on tentait d'en affirmer la contingence, et à mon avis on le pourrait, le chef du néo-criticisme n'y eût jamais consenti.

Non. Il n'a point arbitrairement dénombré ses catégories. Quand il classera les sciences (1), il se souviendra de son chapitre sur les Lois fondamentales de la Représentation. Comme il avait distribué les catégories, il ordonnera les sciences. Même il imitera, encore d'assez loin, le maître dont il a reçu les leçons à l'Ecole Polytechnique, Auguste Comte. Or, il faut reconnaître que le moment où Auguste Comte classe les sciences

les premières pages un caractère indéniable d'instabilité, de fragilité même. Il n'en sera plus ainsi le jour où Renouvier se sera reconnu monadiste. Ce jour ne viendra pas de sitôt, mais il viendra. Il est venu. L'occasion eût été propice, alors, de reprendre le problème des Catégories. Renouvier, qui s'en était désintéressé, l'a repris dans sa *Nouvelle Monadologie*. On dirait cette fois qu'il en méconnaît l'importance. Car les pages consacrées à ce problème comptent, à mon humble avis, parmi les plus regrettables du livre.

(1) *Deuxième Essai de Critique Générale*, t. II, pp. 139-sqq.

est l'un de ceux où, malgré lui, son empirisme chancelle. Dans cette partie de son œuvre, il se montre digne du grand philosophe auquel il était si jaloux d'être comparé, Descartes. L'esprit cartésien anime la classification comtiste des sciences. Or, ne peut-on pas dire que les catégories du néo-criticisme, si elles ont été « posées empiriquement », ont été classées rationnellement?

Et, plus on y réfléchit, plus il semble que l'influence kantienne ici ait été, chez Renouvier, balancée par un autre. Cette autre ne peut être que comtiste. Est-ce Kant qui aurait situé le Nombre à l'avant-garde de l'Espace et du Temps ? Mais c'est Comte qui a situé les sciences du Nombre à l'avant-garde des sciences de l'Etendue et du Mouvement. Même, si l'on y prend garde, on craint que Renouvier, en ne suivant point Comte jusqu'au bout, n'ait manqué de conséquence. En effet, le principe de la progression du simple au complexe adopté par Renouvier dans le classement des catégories aurait dû amener le Temps aussitôt après le Nombre.

L'influence de Comte sur Renouvier est restée partiellement inconsciente. En l'affirmant, nous risquons une conjecture ; le lecteur appréciera. Au surplus, l'influence dont je parle ne sera point constante. L'auteur du *Cours de Philosophie positive* aurait vertement réprimandé celui du *Premier Essai de Critique Générale*, pour avoir fait une place, non seulement à la Personnalité, mais encore à la Finalité, pour avoir conçu la notion de Cause de manière à sauvegarder éventuellement le libre arbitre humain. C'est qu'en effet les commentaires de l'auteur sur la Catégorie de Personnalité ne permettent plus de méconnaître ni ses tendances rationalistes ni ses tendances idéalistes, et, cette fois, dans la plénitude de l'expression. Si, comme Renouvier l'affirme, la Conscience est la synthèse du Soi et du Non-Soi, tout le Non-Soi est ou doit être dans la Conscience, ce qui est profondément leibnitzien. Au cas où nous dépasserions les intentions explicites du maître, il est tout au moins une de ses thèses dont le rappel s'impose, et que l'on pourrait, en langage exotique, traduire ainsi : « Les êtres sont, au fond, des personnes, ou tendent vers la personnalité ». Et cette affirmation est ici de plein droit. Car l'essence d'une catégorie est précisément de ne laisser échapper à sa juridiction aucune part, si petite soit-elle, de la réalité. Et voilà l'être défini en fonction de la conscience ! L'être d'O. Hamelin ne sera pas autrement défini. Nous ne sommes pourtant qu'en 1854, et déjà un premier coup vient d'être porté à la « Représentation bilatérale ».

Ce qui va suivre importe davantage. Nous allons pénétrer plus avant au cœur même du rationalisme de Renouvier.

La première des catégories est la Relation : ainsi l'a voulu Renouvier et il n'a pu faire autrement que de le vouloir. D'une part, sans doute, affirmer que la Relation est première dans l'ordre des catégories, c'est donner raison à Comte, au philosophe qui a répudié la substance au profit du phénomène et de la loi, c'est-à-dire après tout, du rapport : et Renouvier ne se serait pas élevé au-dessus de l'empirisme s'il n'avait pas essayé davantage. D'autre part, il a fait faire un sérieux progrès au relativisme positiviste. N'a-t-il pas, en effet, soumis la Relation à des « Lois régulatrices », à une sorte de rythme ternaire, tranchons le mot, à une *dialectique* véritable ? En cela, pourrions-nous dire — en empruntant à l'auteur de *Psychologie et Métaphysique,* une de ses expressions les plus heureuses, — Renouvier, ce à quoi un Auguste Comte n'eût jamais consenti, nous élève de la « conscience sensible » à la « conscience intellectuelle » et nous invite à reconnaître une pensée indépendante des choses. Renouvier, pourra-t-on objecter, ne pouvait croire aux choses, étant phénomèniste. Il ne les pouvait admettre au sens littéral du terme. Mais un phénomènisme purement empirique, après avoir aboli la chose, ne nous amène-t-il pas à la rétablir malgré nous ? On réplique que la sensation suppose la conscience, laquelle suffit à la produire. Encore est-il que la sensation reste sur les confins de la conscience, toute prête, au cas où il y aurait des choses, à leur faire écho. La sensation est donc l'équivalent psychologique eventuel de la chose. L'empirisme supprime la chose; mais, en réduisant toute connaissance à l'impression et à l'idée, il nous laisse dans un état nomade et nous renvoie alternativement du fantôme-chose au fantôme-esprit. De là résulterait l'instabilité du phénomènisme empirique et, par suite, la nécessité comprise par Renouvier d'un phénoménisme apriorique, pénétrable à la pensée.

Nul doute à cet égard : on est aprioriste quand on croit à la pensée. Et c'est croire à la pensée que de croire à une règle des Relations. L'idée d'une telle loi ne vient pas des choses. Souvenons-nous des efforts de Mill et de Taine pour dériver de l'expérience les axiomes logiques et transformer, coûte que coûte, une simple vérification expérimentale en une preuve véritable empiriquement établie. Par contre, souvenons-nous aussi de la place d'honneur faite à ces axiomes par l'unique métaphysicien de l'Ecole écossaise, l'honneur de l'école, et, à bien des égards, sa victime, W. Hamilton. On essayera toujours

de raffiner le principe d'identité et ses satellites en essayant de
les ramener à de stériles tautologies. Soutenir que la pensée
ne serait que peu de chose, réduite à ces trois axiomes, et diminuée de ce que l'on appelle, depuis Kant, les principes synthétiques *à priori*, on en a incontestablement le droit. Encore est-il,
qu'à l'égard des axiomes logiques, plaider l'apriorisme est infiniment plus facile que de défendre la cause adverse. Car ce n'est
point dire deux fois la même chose que d'appeler ces axiomes : « propositions tautologiques » et de leur assigner l'expérience pour origine. Penser, ce pourrait bien être « tautolo-
giser » au sens de « grouper sous l'idée du Même ». Et cela n'est
possible qu'au moyen des principes logiques. D'autre part, il
est inexact de soutenir que ces principes ne nous instruisent pas.
Ils ne nous apprennent certainement rien sur les choses,
entendons : rien qui vaille la peine d'être retenu. Quand on
nous avertirait que nous ne percevons pas du rouge là même
où nous percevons du violet et au même moment, on ne dirait
certes rien de faux. Mais il ne serait pas inutile d'être averti
que ce fait (ou soi-disant tel) n'est pas un simple fait, qu'il est
en outre, lui ou un autre du même genre, l'expression la plus
haute de la nécessité. Ce n'est point sur l'affirmation : A est A
que notre attention se concentre. Même, commençât-elle un
effort pour se fixer sur ce jugement, qu'elle ne le continuerait
guère. L'évidence, là où elle est excessive, et c'est ici le cas,
donne facilement congé à l'attention. Il ne s'agit donc point de
répéter sur tous les tons que : « ceci est ceci », ou bien encore
que : « ce qui est, est ». Il s'agit de savoir ce que cela prouve.
Disons mieux : il s'agit de savoir ce qui est requis pour que de
telles affirmations soient possibles. Et si l'on nous répondait :
« Il est requis que l'homme pense », on se donnerait peut-être
encore l'air de parler pour ne rien dire. On répondrait quand
même à la question posée, pourvu qu'en affirmant que l'homme
pense, on entendît le doter d'une pensée distincte de la sensation et capable, avant de s'exercer (antériorité logique), de « poser elle-même sa propre forme ».

La formule que je viens d'écrire est de Lachelier. Elle eût
été suspecte à Renouvier en raison d'un caractère dont la
constatation lui aurait semblé menaçante. Il est, en effet, trop
clair que de deux choses l'une : ou bien l'on admet, avec l'auteur de *Psychologie et Métaphysique*, une volonté antérieure
à la pensée dont, ainsi que le voulait Ch. Secrétan, la pensée ne
serait qu'une réflexion : et alors l'absolu entre dans la philosophie avec la liberté originelle; ou bien l'absolu se fixe sur la pen-

sée, et c'est ce qui arrive infailliblement, ce me semble, dans le cas d'une pensée antérieurement à laquelle il n'est rien, si ce n'est encore et toujours elle. Ceci posé, ne semble-t-il pas que, chez Renouvier, et malgré Renouvier, la Relation participe de l'absolu, en ceci tout au moins, et en dépit de la contradiction verbale, qu'elle est la racine même de la catégorie, attendu que, sans elle, il manquerait à la catégorie, pour être, sa condition essentielle : la pensée. L'apriorisme résulte, dès lors, de la position préalable de la Relation.

A vrai dire, l'analyse de la Relation n'est qu'indiquée dans le *Premier Essai de Critique Générale*. Il faut s'en rapporter au tableau synoptique des catégories pour constater, sur toutes, la domination du rythme ternaire : thèse, antithèse, synthèse. Renouvier lui attribuait pourtant une importance souveraine. Et il s'apprêtait à féliciter Kant d'avoir découvert et généralisé ce rythme. Certes la brièveté du philosophe, du moins en cet endroit, est regrettable. Il y reviendra, au seuil de son dernier et mémorable chapitre. Ici toutefois l'idée des « corrélatifs » émerge, idée qui deviendra plus tard, beaucoup plus tard, le nerf de la dialectique d'Hamelin. Nous sommes donc aux sources mêmes de cette dialectique. C'est là et non dans la *Logique* de Hegel que cette dialectique a pris naissance.

Mais elle ne s'est pas développée· Les catégories de Renouvier sont ordonnées, j'y consens; elles restent juxtaposées quand même. Et alors une question surgit, devant laquelle c'est peu de dire que Renouvier se dérobe, puisque c'est nous qui la posons et non pas Renouvier : « Est-ce nécessairement ou fortuitement que toutes les catégories se soumettent au rythme ternaire ? Est-ce nécessairement ou fortuitement que ce rythme descend, ou monte, de la Relation jusqu'aux catégories qui lui font suite ? »

Et le dilemme ne se résout pas. Car on hésite entre les deux verbes : monter et descendre. Quel est le rapport de la Relation avec les autres catégories ? Comment se le figurer ? Je sais bien que nos deux verbes se réduisent à deux métaphores. Il n'est pas indifférent de savoir laquelle des deux choisir. Dira-t-on encore de la Relation qu'elle « pénètre » les catégories de façon à s'y trouver « comprise » ? Ou qu'elle les domine et les comprend toutes dans son extension ?

Sur ce point, la pensée de Renouvier est restée indécise. Et quand nous aurons constaté qu'entre les Catégories autres que la Relation et cette dernière, il y a « participation », nous ne saurons aller plus avant. Ainsi la doctrine reste flottante, ouverte,

et ouverte de deux côtés opposés, celui de l'empirisme, celui du
rationalisme. Telle était depuis longtemps mon impression puisque j'avais moi-même, dans mon travail de 1900, essayé de
fixer cette doctrine. J'affirmais alors la contingence des
catégories, celle de Relation exceptée, d'une part, et, de l'autre,
je rendais cette dernière participable de toutes. J'ai été désavoué par Renouvier, J'exagérais à ses yeux la part d'empirisme
à laquelle il s'était résigné. En effet et en ce temps-là peut-être,
faisais-je trop bon marché des germes de dialectique et à plus
forte raison de rationalisme enclos dans sa philosophie.

Insistons maintenant, non sur la réalité de ces germes, puisque nous venons d'attester leur présence, mais sur le conflit
qu'ils dévoilent dans le grand esprit qui n'en eut jamais pleine
conscience, entre la direction de pensée aristotélicienne et la
direction platonicienne.

Il est littéralement inexact de rattacher au nominalisme la
théorie des formes telle que nous la trouvons chez Aristote.
Aristote croit aux Idées : il y croit aussi résolument que Platon.
Seulement il les situe au cœur des choses. Contrairement à
Platon, il plaide leur immanence et surtout il combat leur
transcendance avec une énergie sans relâche. Ce n'est point là
du nominalisme.

L'opposition du platonisme et de l'aristotélisme s'évanouirait facilement si l'on persistait à vouloir la maintenir sur le
terrain des Idées. Elle subsiste quand même et elle est profonde.
Brochard y faisait une allusion significative dans son article sur
*La Théorie platonicienne de la participation, d'après le « Par-
ménide » et le « Sophiste »* (1). René Berthelot, dans sa forte
étude sur le *Sens de la Philosophie de Hegel*, la soulignait,
en distinguant la logique hégélienne de la logique péri-
patéticienne, soit la Logique tout court de la Dialectique.

La Logique est l'œuvre d'Aristote; la Dialectique, celle de
Platon. Mais tandis qu'Aristote a porté son œuvre à un point
de perfection tel qu'on l'a pendant longtemps jugée parfaite,
Platon n'a fait qu'ébaucher l'organe de sa philosophie. Il ne
s'est pas avancé au-delà du deuxième moment de l'opposition
dialectique. Aussi la Dialectique s'est-elle attiré les justes dédains d'Aristote, qui n'a voulu voir en elle qu'un art d'osciller

____
(1) *L'Année philosophique* 1907, pp. 1-35.

entre le pour et le contre. Platon eût protesté. Il entendait bien que sa dialectique fût une méthode véritable, un moyen d'aller vers l'inconnu. Il n'apercevait pas, ce dont l'aperception devait faire la gloire d'Aristote, que la médiation est nécessaire au progrès de la connaissance. D'où cette conséquence, inaperçue de Platon, que, dans un procès dialectique, le terme qui s'oppose ne saurait être lui-même qu'un intermédiaire, et . nécessiter un terme nouveau. La dialectique à deux termes, celle de Platon, peut-être renouvelée des Pythagoriciens, n'est donc qu'une dialectique boiteuse. L'auteur du *Sophiste* ne s'en est jamais douté. L'auteur des *Analytiques* s'en est rendu compte. Mais, au lieu de conclure contre la dialectique de Platon, c'est la dialectique tout entière qu'il en a rendu responsable. Donc, à ce point de vue, au point de vue de la méthode, sinon de la doctrine, Aristote reste bien l'adversaire de Platon. Or, que l'on y regarde de près, l'antagonisme s'accentuera. Car si l'on peut, d'un certain point de vue, les appeler « réalistes » l'un et l'autre, d'un autre point de vue, et c'est celui qui, présentement, nous occupe, en regard de l'empirisme d'Aristote, on verra se dresser aisément le rationalisme de Platon. Décidément, le peintre des chambres du Vatican, dans son *École d'Athènes*, donnait à chacun des deux grands maîtres de la pensée grecque une attitude correspondant au caractère de sa philosophie.

Il ne suffit point de croire au syllogisme pour faire acte de foi en la raison. Quant à la dialectique, croire en elle, c'est mettre la raison au centre du monde, bien plus, c'est l'étendre jusqu'à ses extrémités, c'est réaliser le rêve de l'École du Portique en débarrassant le Logos de tout mélange impur. Et c'est par où Hegel, s'éloignant d'Aristote, a paru s'orienter vers le platonisme. Il est, en effet, le vrai Platon des temps modernes. Or, puisque Renouvier refuse de déduire les catégories, sous prétexte que toute démonstration ne va pas à l'infini, et qu'il faut, par suite, constater au lieu de démontrer l'indémontrable, il marche dans les pas d'Aristote, sans s'apercevoir qu'entre les empiristes et lui la distance est bien près d'être nulle. Mais, puisque le même Renouvier soumet ses catégories au rythme de la dialectique, et d'une dialectique pourvue de tous ses membres, car elle est à trois moments, ne marche-t-il pas aussi sur les traces de Platon ? Il est donc, encore une fois, impossible d'accepter la doctrine des Catégories, telle qu'on la trouve dans le *Premier Essai de Critique Générale*. Ou bien l'empirisme doit s'en dégager, ou bien une vraie métaphysique doit en sortir.

**

O. Hamelin — dont ce fut toujours la conviction que, s'il fallait faire à l'empirisme une part, quelle que fût cette part, la philosophie devenait impossible — essaya la tàche de faire aboutir les germes de métaphysique déposés mais non fécondés dans la doctrine néo-criticiste des catégories. Pour avancer la tàche, il s'appuya principalement sur la dernière partie du *Premier Essai* et médita longuement ce texte : « Il est bien vrai que, dans toutes les catégories, l'antithèse est la négation de la thèse, et que la synthèse résulte de cette affirmation et de cette négation tour à tour niées et affirmées; mais on ne doit pas oublier que la thèse et l'antithèse n'on de sens que l'une par l'autre et dans la synthèse qui les unit » (¹). — C'est de l'Hamelin cela, et du meilleur ! — Et pourtant cela date de 1854, et c'est signé Renouvier.

Qu'a donc fait Hamelin de plus que Renouvier ? *Il a enchaîné les catégories*, et, par cet enchaînement, les a organisées en système. Mais, pour chasser de la doctrine néo-criticiste les éléments d'empirisme qui la lui rendaient inacceptable, il s'est servi de la dialectique synthétique dont Renouvier avait limité l'usage à l'intérieur de chaque catégorie prise à part. Il n'est même pas défendu de supposer qu'il a dù, au premier abord, juger l'instrument disproportionné à son usage. Si bien que pour n'en faire rien de plus que Renouvier, ce n'eùt vraiment pas été la peine ni de le concevoir, ni, à plus forte raison, de le forger. Bref, il lui apparut que Renouvier avait manqué de confiance en ses propres ressources et que sa doctrine attendait un continuateur.

« Continuateur » ou « réformateur » ? M. E. Chartier intercéderait pour que l'on accentuât la rupture entre le maître et le disciple. Et les raisons de M. Chartier se trouveraient aisément, pourvu que l'on voulût bien lire entre les lignes — chose aisée à la rigueur — son magistral exposé de l'*Essai sur les Eléments principaux de la Représentation*. O. Hamelin, si j'ai bonne mémoire de notre dernier entretien de juillet 1907, à la Bibliothèque V. Cousin, eût préféré que l'on dît « continuateur ». Et ce n'était point la seule modestie qui lui dictait le choix de l'épithète : car il m'invitait à relire attentivement la *Logique générale* de Renouvier et à mesurer l'étendue de sa dette. J'ai suivi le conseil. J'ai relu. Et j'ai compris deux choses : l'une, que

____

(1) Renouvier, *Premier Essai*, t. II, p. 202.

notre grand collègue ait pu se croire le débiteur de Renouvier au double point de vue de la doctrine et de la méthode, l'autre, que M. Chartier n'ait rien trouvé de foncièrement renouviériste dans l'œuvre d'Hamelin. Les deux opinions restent permises. Et si l'on sait les entendre, on ne s'embarrassera point de la contradiction. Les catégories d'Hamelin, dira-t-on, viennent de Renouvier en droite ligne. — Hamelin les a reproduites. Mais Hamelin les a enchaînées. Mais Hamelin les a soumises à une élaboration qui ne rappelle guère les « développements » de Renouvier, si ce n'est de loin en loin et par intermittence. Il n'est donc entre la juxtaposition de Renouvier et la construction d'O. Hamelin que des rapports de façade. Ainsi conclurait M. Chartier. Bref, il s'agirait de fixer le genre d'influence exercé par l'esprit de Renouvier sur celui d'O. Hamelin : est-ce celle d'une cause efficiente ou simplement celle d'une cause occasionnelle ? A franc parler, j'opterais pour le second membre de l'alternative. Car pour avoir su lire Renouvier comme O. Hamelin y a réussi, pour y avoir trouvé des germes que nul autre ne pouvait apercevoir, il fallait être lui, j'entends qu'il fallait être soutenu par une conviction des plus fermes et des plus hardies. Cette conviction ne fut jamais entièrement celle de Renouvier : et c'est pour cette raison que sa dialectique eut la vie brève et naquit pour ainsi dire anémiée. Ajouterai-je que la conviction dont je parle n'est ni de celles que l'on hérite ni de celles que l'on emprunte à la rencontre ? On en sait l'objet : l'intelligibilité radicale de toutes choses et l'abolition de toute différence autre que purement verbale entre la Pensée et l'Univers.

III

LA DIALECTIQUE SYNTHÉTIQUE EN SORBONNE

J'ai fait connaître les idées et la doctrine d'Hamelin. Je vais maintenant raconter comment les accueillit la Sorbonne.

C'était un lundi d'avril 1907. La Salle de Doctorat, (aujourd'hui salle Louis Liard) était garnie d'assistants. Le public parisien, surtout celui de la rive gauche, aime généralement à voir comment sont faits les maîtres dont il entend prononcer les noms. Les élèves de la Sorbonne étaient sensibles à la précision des idées d'Hamelin; ils pouvaient, aussitôt perçues, les enregistrer sur leur cahier de notes. Quand on peut « prendre tout ce qu'un professeur dit », on se figure savoir ce qu'il pense, être capable de le redire à sa suite, presque de le repenser. Il n'en faut souvent pas davantage pour faire éclore de jeunes sympathies, quand celles-ci ne demandaient qu'à naître.

Des légendes s'étaient formées autour de la thèse. On s'en entretenait à voix basse : on se montrait, assis dans la tribune, un professeur de la Faculté des Lettres de Bordeaux, venu à Paris tout exprès pour honorer de sa présence le maître dont il avait jadis reçu l'enseignement, et dont à Bordeaux même il était devenu, en compagnie d'Emile Durkheim, le collègue le plus immédiat (¹).

Le jury devant lequel Hamelin était appelé à soutenir ses thèses était composé de M. le doyen Croiset, président, Brochard et Delbos pour la thèse complémentaire. La discussion de cette thèse eut lieu sans incident mémorable. Hamelin avait traduit en français le second livre de la *Physique* d'Aristote. M. Croiset discuta certains détails de la traduction. Puis ce fut le tour de la thèse française dont Emile · Boutroux présida la soutenance, assisté de ses collègues G. Séailles et Victor Egger.

La thèse d'Hamelin, s'il fallait en croire les légendes formées autour d'elle, aurait pris naissance avant même que son auteur se fît recevoir agrégé, au collège de Foix, où il avait été appelé au lendemain de sa licence ès-lettres. Il y avait du vrai dans la légende. On disait encore que le sujet de cette thèse presque volumineuse, avait fourni à son auteur la matière d'un enseigne· ment hebdomadaire et que cet enseignement s'était développé pendant vingt-cinq ans. Cela encore était vrai. On disait enfin que la thèse, dont l'auteur venait de prendre place à la table du candidat, n'était rien de moins qu'une théorie de la connaissance prise dans toute son extension et inspirée de Kant. Je ne me rappelle pas avoir entendu chuchoter le nom de Hegel. C'était pourtant de la dialectique hégélienne que relevait celle d'Hamelin. Celle-là, nos étudiants de la Sorbonne ne la connaissaient que par ouï-dire : autant dire qu'ils ne la connaissaient pas.

(1) Ces trois maîtres, Hamelin, Rodier, Durkheim ont enseigné en Sorbonne. Durkheim y devança Hamelin, au moment de la mise à la retraite de M. Ferdinand Buisson dont il devenait le successeur. A la mort d'O. Hamelin, Rodier lui succéda. Déjà malade, il mourut au bout de peu d'années.

L'argumentation de Boutroux fut certes une des plus directes qu'il m'ait été donné d'entendre, une des plus véhémentes aussi; car les justes et francs éloges décernés au penseur et à l'écrivain sur la hardiesse de l'entreprise firent bientôt place à une critique dont l'intransigeance déconcerta momentanément la galerie. On eût dit juge et candidat aux prises l'un avec l'autre, et fermement résolus à ne se point céder. On ne se trompait point, d'ailleurs : ni l'un ni l'autre ne cédèrent. Tandis qu'ils étaient aux prises, je me rappelais le juge, au temps où il était candidat, vers le mois de février 1874, et où il s'entendait dire par le grand Caro : « Vous nous apportez là, Monsieur, une thèse ambitieuse ». Le ton sur lequel cela était dit, n'était en rien, croyez-le, plus aimable que la chanson. A la différence d'E. Caro, ami des modestes, et surtout de ceux qui faisaient profession de modestie, Boutroux encourageait l'audace spéculative et la favorisait, quitte à en souligner l'échec, quand il le jugerait probable. Ici, le jugement de Boutroux sur l'entreprise d'O. Hamelin était celui d'un penseur dont le premier devoir est de se tenir parole, et de parer les coups avec autant de vigueur qu'ils ont été portés. Hamelin, à vrai dire, avait beau ne citer jamais Boutroux dans les cinq cents pages de son livre; Hamelin avait beau faire une place, et combien large, aux avocats de la contingence, il appelait la contingence à son rang, c'est-à-dire à son heure : pas plus tôt, il ne transigeait pas sur le moment de l'appel : « Il soumettrait Dieu aux formalités d'un protocole ! » entendais-je dire dans l'assistance. — A quoi je répondrais volontiers que le conditionnel est ici de trop. Quand on voit, comme Hamelin, le principe de l'individuation dans l'obéissance à une loi singulière et non dans l'affranchissement, on peut, à la rigueur, voir le progrès dans la liberté, mais à la condition d'appuyer cette liberté à un déterminisme préalable. Ainsi la discussion qui se poursuivait entre le juge et le candidat menaçait de durer sans aboutir. Ils prenaient leurs points de départ dans ce que l'on nommerait, ce me semble, sans nul risque d'erreur, les profondeurs dernières de la pensée, sur ces degrés de la connaissance où l'on dirait que siègent, immobiles mais non pas inertes, et toujours prêtes à intervenir, les « natures simples » sur lesquelles Descartes eût aimé retenir l'activité du chercheur et à travers lesquels on travaille à saisir l'être. Hamelin et Boutroux, avides de le saisir, l'un et l'autre, se le représentaient, l'un et l'autre, sous deux aspects antithétiques. L'un aurait volontiers fait sienne la formule de l'être acceptée par Secrétan : « Je suis ce que je veux »,

c'était Boutroux; l'autre, Hamelin, dont la sagacité était constamment sur ses gardes, apercevait, gravitant autour de la
notion de l'être, deux notions adjacentes, celles d'ordre et
d'enchaînement. Quand il remplissait ses fonctions de professeur, il voulait qu'on lui apportât des idées, mais qu'entre ces
idées, on lui fît voir un lien et un ordre. Il n'ignorait pas les
heureuses rencontres dues à l'esprit de finesse, prompt à glisser entre les écueils sans fil conducteur, et, quand même, sor-
tant victorieux de l'épreuve. Mais avide, avant toute chose, de
savoir où il marchait, surtout où il avait marché, il donnait
ses préférences aux chemins que l'on est capable de refaire,
suivant en cela l'exemple du géomètre dont les démonstrations se répercutent inlassables tant que la pleine lumière n'a
point encore jailli. Et l'on peut bien dire que « l'argumen-
tant » et l' « argumenté » — servons-nous des termes d'usage,
— méritaient de rester l'un à l'autre invulnérables, si céder
une partie de ses convictions, c'est, en fin de compte, céder
une partie de soi-même. Le débat ne pouvant prendre fin, il
fallut, bon gré, mal gré, sortir des généralités.

Quand on s'est « constatés », de part et d'autre, il ne reste
plus qu'à combattre, puisque c'est pour se battre que l'on a
pris rendez-vous. La controverse pouvait s'engager autour de
Renouvier. Elle pouvait s'engager autour de Hegel. Hegel
l'emporta, et les idées qu'il inspira aux deux interlocuteurs
intéressèrent l'assistance, et même l'instruisirent. On n'avait
vraiment pas à se plaindre du tour pris par le dialogue. Hamelin avait fait à Hegel, dans son livre, l'honneur de deux pages
claires et denses, où, tout en le prenant pour guide, il déclarait
s'opposer à lui, et disait pourquoi. Tandis que Hegel donnait
aux énergies de contradiction le pouvoir d'animer sa dialectique, Hamelin se récusait devant ces énergies. Le contradictoire de l'Etre n'est-il pas le Néant ? On peut descendre jusqu'à
lui, sans doute, à partir de l'Etre; mais une fois descendu, nul
ne remontera. Alors, de deux choses l'une : ou l'on s'en tiendra
là, et adieu la dialectique, ou l'on ira de l'avant, mais après
avoir changé de moteur. Emile Boutroux se fit l'avocat du
moteur-contradiction ; Hamelin celui du moteur-corrélation.
Des raisons plausibles s'échangèrent, et le résultat n'en fut
vraiment pas négligeable. Si la palme de la hardiesse resta
définitivement aux mains de Hegel — je m'en rapporte, pour
juger ainsi, à l'extérieur d'une discussion où la superbe dialectique d'un Hegel pouvait aisément compter sur l'approbation de la galerie — Hamelin, comme il est d'usage, déposa les

armes. Il ne les rendit point toutefois : c'était l'essentiel. Inutile d'ajouter qu'Hamelin goûtait médiocrement un genre d'exercice auquel ses habitudes d'esprit l'avaient peu préparé. Il tenait, surtout, à faire comprendre, ce qu'il avait voulu tenter, d'une part, et, de l'autre, la souveraine importance de sa tentative. A ce point de vue, il ne laissa de doute dans l'esprit de personne. Au moment dont je parle, la soutenance bat son plein. Boutroux attaque sans désemparer. Hamelin réplique, sans abandonner un pouce du terrain sur lequel il entend demeurer ferme. Boutroux va conclure et il conclura contre l'essai tenté et contre la méthode, dont il déclare franchement que la dialectique lui semble « compromise » Tel est le dernier mot prononcé par Boutroux, en Sorbonne, sur la thèse de son collègue Hamelin, l'un de ses successeurs dans la chaire d'histoire de la philosophie à l'École Normale Supérieure, pour les élèves de deuxième et troisième années (¹).

Avant de continuer, je rappellerai deux choses : la première est que Boutroux avait pris, pour parler à Hamelin, le ton froid et ferme que le candidat eût prit à l'égard du juge, s'il y avait eu interversion de rôles ; l'autre est que Boutroux, quinze jours, après, la soutenance, présenta, pour l'offrir, au nom de l'auteur, à l'Académie des Sciences Morales et Politiques, l'*Essai sur les Éléments principaux de la Représentation*. Il déclara publiquement voir dans ce livre une « manifestation glorieuse » de l'esprit français philosophique. Les termes dont s'est servi Boutroux ont été rapportés à Victor Brochard et à moi par Émile Durkheim, le lendemain même du jour où il les avait entendus... Ils ne diminuaient en rien l'antagonisme qui s'était résolument déclaré en cours d'argumentation. J'entends encore la voix de Boutroux disant à Hamelin : «... Cela suffit pour que le monde soit intelligible. » Et j'entends Hamelin répondant à Boutroux : « Si tel est le monde, je le déclare inintelligible. » Où commençaient, selon Hamelin, les risques d'inintelligibilité ? A l'entrée même de la contingence dans le tissu des lois essentielles à la Représentation. Ces risques, selon Boutroux, étaient inévitables, ce qu'O. Hamelin n'acceptait à aucun degré, lui le défenseur convaincu de l'idéalisme intégral et radical. La contingence pouvait venir, sans doute, mais au terme du *progrès synthétique*, une fois réalisée l'indépendance partielle des

(1) Boutroux y avait eu pour successeur immédiat Victor Brochard, l'auteur des *Sceptiques grecs*, puis Georges Lyon, puis Lévy-Bruhl, puis O. Hamelin.

« être dépendants ». Hamelin, n'en ayons doute, en faisait une condition *sine qua non*. La « pensée qui se pense », celle de l'homme, n'avait place en ce monde qu'une fois prononcés les derniers mots du Verbe créateur. Ici je songe malgré moi, au *Timée* et à sa théogonie démiurgique, comme si, dans la pensée de l'auteur, le nom de « dieu » issu d'un dieu, pouvait s'appliquer à l'homme, et comme si le rôle de l'homme dans l'œuvre démiurgique ne devait point commencer plus tôt.

Après Boutroux, Gabriel Séailles allait prendre la parole. Il ne pouvait manquer de prêter main-forte au maître qu'il avait fait connaître au grand public dans une brève et brillante note de la *Revue Bleue* au lendemain même de la *Contingence des Lois de la Nature* (¹). La pensée directrice de l'œuvre avait gagné les sympathies du jeune écrivain, déjà très attentif au mouvement des arts plastiques, et aux libres créations du génie dans l'art. Déjà Séailles inclinait vers une interprétation du monde qu'il se promettait de demander aux œuvres de la peinture et de la statuaire, plus encore qu'aux résultats du travail scientifique. Ardemment favorable aux idées de Boutroux, Félix Ravaisson avait encouragé, de bonne heure les tendances de Séailles. On attendait donc son argumentation comme celle d'un nouveau contradicteur. L'attaque, si l'on peut ici parler d'attaque, fut très modérée et la riposte le fut encore davantage. Hamelin, visiblement fatigué, s'il tenait à remplir jusqu'au bout son rôle d'avocat de sa propre cause, tenait, d'autre part, à montrer, par la déférence de son attitude, le prix qu'il attachait au jugement de ses collègues. La discussion d'ailleurs a déjà changé de physionomie. Dans l'assistance, les fronts se sont détendus. Séailles se souvient-il de la manière dont, à plus de trente années d'intervalle, il a parlé de Boutroux et de la soutenance de 1874 ? Je m'en souvenais alors, et fort bien. Je relisais de mémoire cette note joliment enlevée, toute semblable à un croquis d'après nature, où l'on voyait d'un côté d'une grande table des maîtres assemblés, devant un candidat, modestement assis, méditant ses répliques. A en juger par le compte-rendu de Séailles, toute l'argumentation de la Sorbonne aurait tenu dans ces sept mots : « Il ne fallait pas faire votre thèse ». Ces sept mots, je les réentendais, tandis que Boutroux développait ses raisons de faire échec, non point au candidat, mais aux idées directrices

(1) *Revue politique et littéraire*, 2 janvier 1875, pp. 638-640.

de son livre. Séailles, lui aussi, s'inquiéta de la manière dont Hamelin concevait la philosophie, comme si, depuis le *Sophiste*, les « énigmes du Sphinx » n'avaient point changé leurs formules. Tout en rendant hommage à la haute inspiration qui en animait les pages fortes — et l'on peut dire que le nombre des pages fortes n'était guère inférieur à celui des pages —, Séailles s'effrayait des rigueurs souvent inexorables devant lesquelles l'esprit de système, loin de désarmer, s'irrite et s'exaspère. Grand lecteur et presque commentateur du maître d'O. Hamelin, Charles Renouvier, à qui lui Séailles avait consacré un excellent livre, l'auteur de l'*Essai sur le Génie dans l'Art* se rappelait Renouvier, alignant ses catégories d'une façon résolument empirique, et ne les classant, on le dirait, que par nécessité de juxtaposition. Séailles se rappelait encore Renouvier donnant libre carrière à la deuxième catégorie dénombrée, apparue presque sur les confins de la Relation. On sait quel sort Renouvier a fait au Nombre, comme si ce nombre, profitant de l'espace ouvert devant lui, allait se porter d'emblée jusqu'aux limites extrèmes du champ représentatif, et déjà se jalonner une sorte d'empire. Cette toute-puissance arbitrairement octroyée au nombre par un penseur, mathématicien d'origine, n'était-elle pas comme une première revanche de cet esprit d'idolâtrie auquel l'auteur du *Premier Essai de Critique Générale* venait si fièrement de déclarer la guerre ? Séailles savait mieux que personne l'énergie dont Renouvier avait fait preuve contre les imaginations captives du « sentiment de la Rationalité ». Séailles enfin, avait vu Renouvier se reprendre, non pas une fois, mais plusieurs, au problème général des catégories et, chaque fois, les proclamer inclassables. En dédiant sa thèse « à la mémoire de Charles Renouvier », Hamelin ne venait-il pas imprimer à la tradition néo-criticiste, une direction contraire à son esprit ? Les positions de Séailles auraient, il me semble, donné à réfléchir, s'il lui avait plu de les prendre. Il eut la bonne humeur de les prendre au conditionnel, mais sans laisser place à la moindre équivoque. En effet, Hamelin recommençait Hegel et ne s'en cachait guère. Donc Hamelin y trouvait des lacunes, des erreurs mêmes, et, qui plus est, des erreurs de méthode. N'était-ce point là comme autant de motifs pour se défier et, tout compte fait, s'abstenir ? Or, non seulement Hamelin ne s'était pas abstenu, mais il avait persévéré, mais il était allé jusqu'au bout, mais il avait conclu, et presque tiré l'échelle ! Hamelin, avec qui Séailles ne discutait réellement pas, oppo-

sait fort peu de dénégations aux affirmations de son deuxième
contradicteur, celles-ci faites d'ailleurs avec autant de bonne
grâce que de franchise. Je voudrais insister sur une remarque
faite à la fin des toutes dernières objections, et qui prouve une
juste intelligence de la « dialectique synthétique ». Gabriel
Séailles souligna, dans cette dialectique, l'originalité de chaque nouvel élément de représentation, d'où résultait le caractère nettement indéductible des catégories. J'ai vu le moment
où l'idée de la contingence allait paraître, au risque d'ébranler
profondément l'échafaudage. Ce moment ne vint pas. Il faillit
venir. J'en eus l'impression, pour ma part, et je n'en fus qu'à
moitié surpris. Le terme d' « originalité » se rencontre en effet,
sous la plume d'O. Hamelin, une fois, au moins, par chapitre.
Et la nature synthétique des liens qui unissent entre autres, le
Temps au Nombre, le Nombre au Rapport, est une exigence de
la doctrine. Alors Boutroux et Hamelin, si distants l'un de
l'autre qu'on dût les apercevoir, n'allaient point jusqu'à se tourner le dos ? Se tourner le dos est certes chose assez impossible
à deux penseurs dont les yeux sont avidement fixés sur le
même univers. Et pourtant, quelle différence dans les yeux
qui regardent et dans le regard de ces yeux ! Ne venez pas
soutenir que la thèse de la *Contingence* nous fait assister à une
pièce où le nombre des actes égale celui des espèces d'êtres
émergeant à la surface du monde. Chez Emile Boutroux, chacun des actes, pris en soi, est une pièce entière. Et l'on n'en
sait absolument rien avant que la toile se lève. Chez Hamelin, c'est un personnage nouveau qui fait son entrée en scène
à chaque chapitre nouveau. Si on ne l'a point vu, on l'a
entendu, répétant son rôle dans la coulisse pour venir le réciter à l'acte prochain. Le Nombre, certes, s'annonce dans le
Rapport, mais il vient justifier son antécédence, au moment où
il se range à sa suite. Toutes les catégories figurent à tour de
rôle dans le même drame où chaque personnage, outre la part
qu'il se taille dans l'action, travaille à en éclairer le cours et à
en faire ressortir l'unité. Ainsi que dans le travail de l'artiste
qui construit une œuvre de théâtre, les contrastes, dans la construction d'O. Hamelin, accentuent les reliefs. Quand on a
réfléchi à la manière dont le penseur élabore la notion de
l'Espace, on se résout à refuser au Temps les dimensions que
plusieurs lui accordent et qui, fût-ce d'une façon purement
métaphorique, ne lui sont dûes à aucun titre. La vérité est que
le nom d'organisme appartient à la pensée quand on la voit se
comporter dans ses démarches avec les caractères que lui attri-

buaient les philosophes dociles à la discipline d'un **Kant** ou d'un Hégel : un Renouvier n'eût certes pas hésité devant le nom ; il a quand même hésité devant la chose. Hésitation circonspecte, sans doute : excessive toutefois. Les deux brillants chapitres qui ouvraient le vibrant *Essai sur le Génie dans l'Art* attestaient chez le jeune auteur de 1885, une ·foi robuste et passionnée dans l'activité synthétique de l'esprit. Si, en 1907, au moment où Hamelin s'essayait à « construire la Représentation », les idées générales du philosophe gravitaient autour du même centre, pourquoi les sympathies qui méritaient au plus jeune, un signe d'approbation de l'aîné, n'ont-elles pas entraîné ce geste ? L'ordre du monde n'exige-t-il pas l'*enchaînement* des « idées fondamentales » ? Autrement, l'univers, selon le mot d'Aristote, ne serait-il pas une rapsodie ?

Qu'il en soit une, on a pu le soutenir jadis dans « le troupeau » des épicuriens, mais avant la rencontre des atomes. Ne nous embarrassons dès lors pas de ce qui n'est pas une opinion de philosophes. Ce qui, par contre, en est une, et dont les avocats sont loin de manquer à la cause, c'est que l'ordre n'est point la rigidité : c'est qu'une nécessité brutale ne serait pas loin de déroger à son essence. Mais là-dessus, les deux juges d'Hamelin, Emile Boutroux, Gabriel Séailles, et Hamelin lui-même, se seraient promptement accordés. Cela revient à rendre la part du feu inévitable; en l'espèce celle de la rapsodie. Aussitôt l'accord cesse : il faut bien qu'on s'explique, car c'est pour cela que l'on a pris rendez-vous. Il ne reste donc plus à ceux qui se sont mis en présence qu'à se poser, autrement dit à s'opposer.

C'est ce qui eut lieu à la soutenance d'avril 1907 où je crains fort que l'assistance n'ait guère compris de quoi il s'agissait ni qu'il y allait de toute la philosophie. Il y allait en effet des conditions, sans lesquelles, non seulement la philosophie, mais encore la science positive ne pourraient être. Le livre ouvert devant les juges et sur lequel ils prenaient le candidat à partie, n'était rien de moins qu'une « somme », au sens moderne du mot. Annoncer, en effet, qu'on se propose de construire la Représentation quand on se réserve d'affirmer et de prouver, par la suite qu'entre la réalité dont chacun parle et celle dont on va parler, nulle différence n'existe qui ne soit purement verbale, c'est se vouer à une tâche dont la durée, si longue qu'elle ait chance d'être, ne le sera jamais trop. Mais quand on sait vouloir, ce que savait Hamelin, on se rend capable de tout achever, même l'humainement inachevable. Cette thèse

dont les malveillants avaient prédit qu'elle ne verrait jamais
le jour, Boutroux l'avait étudiée manuscrite avant d'y faire
apposer le « vu » de la Sorbonne. Et il n'y avait plus qu'à
feuilleter le volume pour s'assurer que l'auteur avait, dès à
présent, le droit de se regarder comme l'écrivain d'un grand
livre, « un livre, disait Victor Brochard, comme il en paraît
tous les cinquante ans ». L'on eût été, quand même, mal venu
à prétendre qu'une thèse de cette envergure réclamait un
jury spécial : comme s'il ne suffisait pas d'être philosophe
pour se faire juge d'une doctrine générale de philosophie !
Chacun des philosophes de la Sorbonne pouvait venir s'asseoir à la table d'examen, et se sentir sur son terrain propre.
Je doute fort, encore une fois, que le public s'en soit rendu
compte. Je doute encore plus qu'il ait prêté à la discussion le
genre d'intérêt que la discussion comportait, en raison de la
grandeur des problèmes et de la valeur exceptionnelle des
esprits conviés à leur examen.

Pas plus qu'on n'a demandé aux académiciens qui votèrent
pour un Henri Poincaré de justifier leur vote par des raisons
mathématiques, ni à ceux qui élirent un Foch, de justifier
leur compétence en critique militaire, pas plus l'opinion ne se
montrera sévère à ceux qui viennent s'asseoir dans un amphi-
théâtre de Sorbonne sans prendre l'engagement de tirer, de ce
qu'ils vont entendre, un juste et profitable parti. L'éducation
de l'esprit public se fait autrement que celle de la jeunesse
dans nos écoles. Là, on apprend parce qu'il faut savoir, afin
d'appliquer de son mieux les règles du bien penser ou du bien
vivre, ou encore celles du métier auquel on se destine. C'est
pourtant à l'école que commence à se former l'esprit public
car on y apprend à devenir citoyen, chose que l'on apprend
sans faire, à aucun degré, geste d'apprentissage. Et c'est par
où le public de nos amphithéâtres, dans les Facultés des Lettres, ne sera jamais un public d'étudiants. Les deux publics
ne s'en rencontrent pas moins aux abords et sur les gradins
des mêmes salles ; des échanges de propos en résultent qui, à
la longue, redressent pas mal d'opinions cueillies de droite et
de gauche et sans souci de coordination. L'étudiant, lui, emprunte ses opinions, mais avec un discernement auquel le contraint l'obligation de retenir. En outre, il sait écouter, ce qui
demande toujours, à quelque degré, une continuité d'efforts.
C'est pourquoi, tout compte fait, il n'y a pas trop à regretter
que les deux publics, celui des étudiants et celui des auditeurs,

aient de fréquentes occasions de se rencontrer. Ajouterai-je qu'il est des moments où le public n'a besoin que d'écouter ou même de voir pour comprendre. Ainsi, par exemple, quand, à la soutenance d'Hamelin, on vit pendant l'intervalle qui séparait la discussion des deux thèses, une longue théorie d'étudiants s'avancer vers le Maître, et lui apporter l'hommage de leur présence, on comprit la valeur de son enseignement et l'on jugea, sans qu'il fût besoin d'autre témoignage, de la fécondité de ses services.

Une jeune fille s'était jointe au groupe, qui avait partagé les travaux et aussi les succès de ses camarades. Ainsi, le Maître attestait par son propre exemple, ce que mettent d'intérêt et de dignité dans une vie intellectuelle, la méditation assidue des textes mémorables de la pensée grecque, et celle des Lois les plus essentielles, ramenées à l'unité du genre, de l'être et du connaître. Hamelin était donc de ceux, très rares, qui savent faire de leur vie, une œuvre. Dès sa jeunesse, au sortir du Lycée, en étudiant le chapitre du *Premier Essai de Critique Générale* consacré à l'*Analyse de la Représentation*, il avait constaté dans l'œuvre de Renouvier, une lacune dont l'esprit même du néo-criticisme lui semblait exiger la réparation. Et, tout jeune, il s'était promis de travailler à cette réparation. Il avait mis un quart de siècle à se tenir parole sans jamais se laisser distraire de son dessein.

Ce dessein, on le connaît. Boutroux l'a jugé excessif. Il le serait en effet si le dernier mot de toutes choses devait constater et consacrer le succès de la contingence. Hamelin ne lui donnait pas gain de cause, puisque, selon une saisissante formule de Proudhon, dans le célèbre livre *De la Justice*, il « adossait » la liberté de l'homme à la nécessité.

Il serait certes intéressant de se demander ce que pensait, ou plutôt, car on est réduit à s'exprimer au conditionnel, ce qu'eût pensé Renouvier de l'essai de son disciple. Pillon n'hésitait point à cet égard : il situait le succès d'une telle entreprise au delà des forces humaines. Pillon n'en venait pas moins, et cela, très peu d'années avant sa mort, de rapprocher l'une de l'autre les idées chères à Boutroux et les doctrines de Mill. Pillon s'était prononcé sur la réalité d'une rencontre dont le hasard ne pouvait décidément pas être l'unique ouvrier. Il eût peut-être reculé à contre-cœur devant les conclusions des deux doctrines, mais, à moins de rompre ses attaches avec la doctrine néo-criticiste des catégories, il eût nécessairement et définitivement reculé. Charles Renouvier lui, malgré la dédicace à Emile Boutroux de sa forte étude sur les *Dilemmes de la Métaphysique pure*, faisait profession, pour ainsi parler, d'ignorer par quels liens les catégories adhéraient les unes aux autres, mais il les éprouvait convergentes et numériquement immuables.

Ainsi Boutroux, d'une part, Renouvier et Pillon de l'autre, opposaient une sorte de *siste viator* aux ambitions d'Hamelin. Hamelin non seulement hésitait à se laisser convaincre, mais il s'y refusait, se donnant gain de cause, non sur les applications de sa méthode, mais sur les bases de cette méthode ; il gardait ses positions et les maintenait avec la dernière énergie. Jeune encore, il avait senti profondément les dangers d'une position simplement cardinale et empirique des lois générales de la connaissance. Ajouterai-je que les dons d'un esprit naturellement géométrique l'avaient conduit d'assez bonne heure loin des voies aux termes desquelles le succès de l'empirisme lui paraissait inévitable. Ne trouvait-il pas, d'ailleurs, de justes encouragements dans les théorèmes de l'*Analytique transcendantale*, où chaque énoncé est suivi de sa preuve. Ainsi Kant défère au vœu de Leibnitz, favorable à une démonstration des axiomes. Etendez maintenant la méthode de Kant au système, supposé réalisable, « des principes de l'entendement pur », supprimez, avec Hegel et Renouvier, la distinction des phénomènes et des noumènes, vous obtenez un phénoménisme universel où le phénomène et la notion se font concurrence, et où s'atténuent graduellement, jusqu'à disparaître, les difficultés soulevées par l'idée d'un système des éléments de la représentation capable d'aboutir.

Revenez au travail d'Hamelin. Mettez-le en regard du *Premier Essai de Critique Générale*. Constatez, d'une part, la diversité extrême des deux méthodes : ici, chez Renouvier, c'est l'analyse que l'on met à l'œuvre. Là, chez Hamelin, c'est la synthèse qui dirige l'opération. Et pourtant ce sont les mêmes éléments ou à peu près, qui, dans un ordre presque identique, président à « l'enchaînement des idées fondamentales ». J'emprunte le titre à Augustin Cournot : je le prête — et combien n'en ai-je pas le droit — à l'œuvre d'O. Famelin. Ainsi, partis des deux points extrêmes de l'horizon dialectique, voilà deux explorateurs qui se rencontrent.

J'avais oublié Schopenhauer, avec sa modeste table des trois catégories : pas si modeste qu'on le dirait tout d'abord. Souvenez-vous que le « Principe de Raison suffisante » adhère au sol de l'entendement par quatre racines d'une résistance éprouvée. N'hésitez donc pas à conclure que, dans l'âge moderne, Kant est le restaurateur de la dialectique, et vous conclurez encore que, si Hamelin, en se mettant à l'ouvrage, prenait le chemin de l'erreur, il le prenait en bonne et illustre compagnie.

Un livre de cette importance, écrit par un ami des idées, semble avoir été fait pour plaire aux amis des idées, et leur servir de guide dans leurs explorations favorites. Eh bien, pas du tout ! Le livre d'O. Hamelin a une portée plus étendue. Les amis des faits le consulteront avec intérêt, et ils y apprendront beaucoup. J'en atteste l'auteur de la *Parole intérieure*, Victor Egger, qui vint prendre la parole après Gabriel Séailles. Je n'ai pas à résumer ses objections qu'il fit courtes et réduisit à leur esquisse. Le moment de « délibérer » allait venir. L'essentiel était moins d'avoir raison contre le candidat que de désigner les éminentes qualités, dont il venait de faire preuve dans son livre, aux amis de l'observation interne. Après quoi la soutenance prit fin. La Sorbonne en a connu de plus brillantes par la richesse et l'imprévu des incidents. Je ne lui en ai connu guère de plus sérieuses ni de plus solides.

<h1 style="text-align:center">IV</h1>

L'ESPRIT GÉNÉRAL DE LA DOCTRINE D'O. HAMELIN

Les pages qui suivent ont pour objet de dégager l'idée de la philosophie, telle qu'on la retrouve, presque à chaque page, dans le livre d'Hamelin. A ses yeux, la philosophie a pour but la construction de la Représentation : pour matière de cette construction, le concept ou la notion : pour méthode de construction, la dialectique. Cette dialectique s'oppose à la dialectique platonicienne qui procède, il est vrai, elle aussi, par opposition, mais sans établir entre les termes opposés aucun lien qui les enchaine.

Chez Hamelin, dialectique signifie à la fois opposition et enchainement. Dès lors, la dialectique apparait comme une source de mouvement et d'énergie dont le moteur est, non la contradiction, comme dans l'hégélianisme, mais la contrariété, agent non pas d'exclusion, mais de synthèse.

Ce mouvement anime les concepts et assure la continuité de leur vie : d'une vie qui se transmet constamment d'une idée à l'idée immédiatement ultérieure. Et c'est pourquoi l'acte essentiel de l'esprit n'est ni la notion ni le jugement, mais le raisonnement.

*
* *

Cette ascension du raisonnement est liée à une autre qui la domine : celle de « la représentation logique au sommet de la représentation théorique ». Au moment où Victor Egger, à la soutenance d'avril 1907, prenait la parole après son collègue Gabriel Séailles, il disait au candidat : « Vous venez de vous révéler, dans votre livre, éminent psychologue ».

Cet éloge, venant d'un psychologue, éminent lui aussi, surprendrait peut-être, si l'on ne savait que la Sorbonne avait jadis songé à s'adjoindre Victor Egger, en ce temps-là professeur à l'Université de Nancy, pour venir faire à l'Université de Paris un « cours de logique ». Liard, qui avait eu Egger comme maître de conférences à la Faculté des Lettres de Bordeaux, partageait, à cet égard, les vues de la Sorbonne. Je rappelle ici le détail, car il prend de l'importance si l'on songe que dans l'*Essai sur les Eléments principaux de la Représentation*, les exigences du psychologue n'ont jamais cessé de faire droit à celles du logicien. Les pages d'Hamelin sur le rôle de la représentation logique à l'avant-garde de la représentation théorique, sont, à cet égard, décisives. Ce sont les pages d'un rationaliste, mais d'un rationaliste, qui, loin d'être inexorable, fait si bien à l'associationisme sa part, qu'il nous montre, pour ainsi parler, la raison à l'œuvre, en train de construire sur le modèle des relations logiques originales, un système de lois présidant, d'abord à l'association des images, ensuite à celle des idées. Nous entrons dès lors dans ce que l'on pourrait appeler la vie psychologique de l'esprit, où s'accusent les traits individuels et distincts des entendements. En relisant les pages où « l'éminent psychologue » s'est montré tel par l'efficace souveraineté des dons du logicien, je songeais au texte de Leibnitz où il nous est parlé des « consécutions » imitatrices de la raison, qui permettent à l'animal de contrefaire l'homme. Je songeais encore, et surtout, à Plotin et à sa théorie métaphysique de la « procession par plérôme », comme si l'activité immanente à la raison donnait de son superflu pour servir à l'exercice d'une activité, moins haut placée dans la hiérarchie mentale, mais assez féconde pour donner du prix à la vie des individus et des sociétés. J'appelle ici l'attention sur le passage qui vise les associations par ressemblance et par contraste. J'attache une importance de premier ordre à l'endroit du livre où, sous la ressemblance, nous est montré, présent et agissant... le « rapport », ni plus ni moins : oui, le rapport, c'est-à-dire l'énergie représentative prise à sa source. Je voudrais qu'un jeune psychologue confrontât ces pages sur « l'unité de composition de l'esprit » avec celles qui, chez Herbert Spencer, ont fait la fortune des *Principes de Psychologie*. Je ne dis point cela pour ôter à la gloire de Spencer, mais pour montrer, par les textes d'O. Hamelin, que l' « unité de composition de l'esprit » est un thème qui peut se plaider sans mener, en ligne droite, à l'évolutionnisme.

— Le rapport, me serait-il objecté, n'est pas la ressemblance. On *sent* la ressemblance ; on *démontre* le rapport.

J'accepte l'objection. Je dis seulement, qu'une fois devenu évident, le rapport éveille souvent une image, par suite une sensation de similitude. Les professeurs d'anatomie insistent volontiers quand ils dissèquent un muscle sur le lieu d'insertion de ce muscle. Tant que la question *ubi* reste posée sans réponse précise, la géographie du corps humain demeure dans la période d'ignorance. Les lecteurs d'O. Hamelin pourront remarquer, dans l'étude des lois de la Représentation, l'importance assignée par l'auteur aux « moments d'attache ». Ce n'est pas assez d'être assuré de venir tant qu'on ignore où et quand l'on sera appelé. Et ceci me remet en présence des idées générales de l'auteur sur la philosophie.

La vivante et curieuse étude de Benedetto Croce sur les parties encore durables de l'œuvre hégélienne, attribue à la définition de la philosophie une importance souveraine : cette définition aurait, entre autres mérites, celui de placer le savant et le philosophe sur deux terrains différents. A ce propos, je vous en prie, ne me répondez point par l'exemple d'Auguste Comte, vous tomberiez difficilement plus mal. Assurez-vous-en après avoir ouvert le *Cours de Philosophie positive*. Le travail d'organisation des sciences, dont il donne l'exemple dans ses *leçons*, n'est rien de moins qu'un beau travail de philosophe, un de ceux qui font le plus d'honneur à la patrie de Descartes ; et ce travail n'a que de lointains et intermittents rapports avec le travail ordinaire du savant. La philosophie de Comte en est donc bien une, avec ses deux organes essentiels : sa dogmatique et sa dialectique. Et cette dialectique, qui plus est, porte, dans une assez longue partie de son *Cours*, les caractères de l'esprit rationaliste, auxquels Comte se montre d'autant plus fidèle, qu'il ne le fait pas exprès. Même, il s'est rencontré des hégéliens pour lui rendre justice et hommage. L'exemple d'Auguste Comte serait, décidément, des plus mal choisis.

O. Hamelin, lui, s'inspire directement de Hegel : mais, loin de se ranger à sa suite, non seulement dans les pages sur la *Méthode synthétique*, qu'il consacre à ce penseur, mais dans les pages 12-17 de son premier chapitre, il accentue ses dissidences : elles ne sont point celles d'un simple schismatique, soyez-en convaincu... Renouvier a beau n'être nommé nulle part dans le livre d'O. Hamelin, si Hamelin ne laisse à personne le soin de tenir le gouvernail de son propre esprit, c'est dans les eaux de Renouvier que constamment il navigue. Il a puisé dans un texte de Renouvier, je l'ai déjà dit, l'idée première d'une dialectique de la contrariété par laquelle il se promet de remplacer celle de la contradiction. Renouvier restera donc le vrai maître d'Hamelin, encore qu'il eût tremblé, si, de son vivant, la témérité du disciple l'avait eu pour témoin. De cela n'ayons doute. Ne parlons pas ici de F. Pillon, dont les avances aux empiristes avaient, à mainte reprise, inquiété Renouvier. Donc et jusqu'à nouvel ordre, Hamelin est seul de son bord, seul répondant de sa doctrine et de sa méthode.

Il y aurait excès de candeur à s'appuyer sur la fréquence des rencontres entre le maître et le disciple pour en conclure que, le disciple ayant corroboré le maître, la cause est entendue et le travail du maître définitivement validé. Un bon pragmatiste, appelé à juger entre Renouvier et Hamelin, devrait se récuser ici. Du moment où ce sont les mêmes éléments de représentation qui, chez les deux penseurs, sortent de l'urne, peu importe, dira-t-on, de quelle urne on les fera sortir. La chose va de soi s'il s'agit d'élections politiques ou administratives. Mais ici, les noms à extraire de l'urne, fussent-ils des noms de catégories, n'intéressent que médiocrement. Le problème porte sur la manière d'amener des noms à figurer dans l'urne. Et de ce problème, on ne saurait trop le redire, Renouvier s'est désintéressé : il l'a jugé insoluble.

Pillon, en cela, ne pensait guère autrement. Il eût classé les catégories d'une autre manière que Renouvier : il l'eût fait quand même avec le ferme propos de montrer à quel point, une fois tombées dans la main de l'homme, les catégories se laissent manier à sa fantaisie. Au surplus, F. Pillon n'était pas attiré par les problèmes démiurgiques. En ces matières, d'ailleurs, chacun consulte ses ambitions et ses forces.

La question est double : il y a celle du démiurge, il y a celle de la démiurgie. On va de l'une à l'autre, de la seconde à la première. Echouer devant la première ne suppose pas nécessairement un échec total antérieur. Pourquoi disons-nous qu'elle ne suppose pas un échec total antérieur ? Parce qu'il n'y aurait pas de science humaine si l'homme ignorait tout de l'organisation du monde : la réponse est d'une évidente pauvreté. Elle n'en implique pas moins une conséquence rarement envisagée, à savoir que dans tout savant travaille un démiurge. Au cas où l'on en viendrait à taxer Hamelin d'ambitions démiurgiques, un seul parti resterait à prendre : tenir la gageure. Hamelin nous en a donné l'exemple.

Le moment est venu d'y insister, et, par là même, de serrer d'aussi près que possible l'idée que ce philosophe a conçue de sa tâche et de sa méthode. En effet, si derrière tout savant se cache — ou transparaît — un démiurge, B. Croce et les hégéliens ont tort : la définition de la philosophie rejoint celle de la science et s'y absorbe. Voyez en effet Auguste Comte : quand il ramène le problème de la gravitation des corps célestes à un problème de pesanteur, ce dernier à un problème d'artillerie (le mot y est), Auguste Comte a beau faire de la philosophie positive et la faire en grand maître, il fait également de la démiurgie...

Dans le mémoire d'O. Hamelin sur l'*Induction* (¹), Auguste Comte est cité en témoignage. L'exemple est tiré de la vingt-huitième Leçon du *Cours de Philosophie positive*, et emprunté, par l'auteur du *Cours* à l'histoire de l'astronomie. Un des grands objets de la Mécanique Céleste est en effet le calcul mathématique des positions successives d'un astre en mouvement. C'est là une opération démiurgique. Voudrait-on savoir maintenant à quelles conditions un calcul d'astronome est tenu de satisfaire pour prendre rang au nombre des travaux philosophiques ? On continuera à lire Auguste Comte et l'on remarquera le soin que met le philosophe à montrer dans l'esprit de l'astronome, l'esprit humain en travail, et faisant œuvre d'esprit humain. On est donc bien près de la différence spécifique qui va permettre au philosophe de se poser en regard du savant. L'astronome est, parmi les représentants de la Science, celui dont le travail peut le plus justement exciter les ambitions du philosophe et les coordonner. L'astronomie, en effet, exige un effort intellectuel dont les résultats s'enchaînent et se conditionnent nécessairement. La différence entre l'astronome et

---

(1) *L'Année Philosophique*, 1899, pp. 39-53.

le philosophe tient donc à la nature des lois examinées.
L'astronome construit la représentation du monde céleste ;
celle-ci se trouve comprise dans un cadre encore plus vaste,
celui de la Représentation : première différence. Autre
différence : tandis que l'astronome exprime les lois de
la Mécanique céleste au moyen du nombre, le philosophe
recourt à un autre élément que le nombre pour exprimer les
lois de la Représentation. Il sort de la science mathématique,
cela va sans dire. Mais la courte inspection qu'il a pu faire du
champ de la science astronomique, lui a dicté une méthode de
recherches. Le constructeur de la représentation sidérale unit
ses données par des liens où la quantité discrète, à savoir le
nombre cardinal, joue le rôle de ciment. Il en résulte un système uni par des cordes de nécessité d'une énergie et, l'on doit
ajouter, d'une synergie invincibles. Mais, où le philosophe ira-
t-il chercher une énergie de liaison comparable à celle que lui
fournit la Mathématique ? L'ordre logique enchaîne, lui aussi,
et c'est dans cet ordre seul que le philosophe doit chercher.
Mais enchaîne-t-il avec autant de force ?

De l'aveu d'Hamelin, oui. Et sur ce point sa conviction n'est
pas discutable. La dialectique synthétique est une énergie de
mouvements qui permet de passer d'une notion à une autre en
vertu de rapports nécessaires entre la notion de laquelle on
part et la notion à laquelle on arrive. Par exemple, c'est en
vertu d'une liaison nécessaire que le Nombre vient se placer à
la suite du Rapport dans le système de la Représentation telle
qu'Hamelin l'a construite.

La comparaison des deux systèmes du Monde, celui de l'astronome et celui du philosophe, qu'Hamelin veut être, me
paraît de tous points justifiée. La plus mathématique des sciences physiques offre à la philosophie un type de « formes » dont
la rigueur ne laisse rien à désirer. Si la nécessité logique ne
peut se fonder sur une base aussi ferme, il faut en faire son
deuil. Ou le système des catégories — que ce soit celui d'Hamelin ou d'un autre, est à la hauteur de l'effort humain — ou la
philosophie abdiquera entre les mains du positivisme.

Nul ne peut dire à l'heure actuelle et au lendemain du livre
des *Eléments de la Représentation* ce que durera l'entreprise.

Un jeune philosophe, M. Chartier, qui a analysé avec presque
autant d'émotion que d'intelligence le livre d'Hamelin (¹), en a
comparé la valeur à celle d'un beau poème. La comparaison, si

(1) Voir, ci-dessus, la note à la page 177.

singulière qu'on la juge, est vraiment à sa place. L'*Essai*
d'Hamelin n'est pas autre chose, en effet, qu'une œuvre cosmogonique. Pour être d'un autre avis, je devrais me déjuger, ayant
déjà rendu hommage à ce que je ne craindrai pas d'appeler les
vertus démiurgiques du livre. Si ce livre n'a pas droit au nom
de poème, le dialogue du *Timée* n'y aurait pas droit davantage.
Il y a bien dans le *Timée* un mythe « de la Création de l'Ame »,
où les Nombres se donnent carrière pour travailler à la construction d'une planisphère céleste. Rien de tel, comme bien l'on
pense, chez Hamelin ; mais la construction de la Représentation, telle qu'Hamelin la conçoit, équivaut à la construction
d'une âme de l'Univers. Car, en dépit des idées éventuellement
inexactes que peut faire naître « l'idéalisme intégral » d'Hamelin, l'existence objective des éléments de la Représentation ne
saurait donner lieu au moindre doute.

*
* *

Il conviendrait maintenant de s'expliquer si possible sur le
caractère synthétique de la dialectique d'Hamelin. Hamelin
entre d'emblée dans la synthèse. Sa méthode de détermination
du sujet futur par l'un des caractères essentiels à l'attribut du
sujet antérieur en est la preuve. Il ne faut donc pas se méprendre sur ce qui fait l'originalité de cette méthode ex abrupto.
Dût-elle éveiller de la défiance, il serait interdit de la travestir
dans un intérêt d'apologie.

Cette réflexion nous conduit à une remarque générale sur la
manière dont l'*Essai* d'Hamelin doit être lu. Les manières de
lire un livre variant en raison composée du livre, de son écrivain et de ses lecteurs, je vais m'en tenir à de simples indications.

Je rappellerai d'abord que les mots de « beau poème » sont
d'un philosophe et s'appliquent à l'œuvre d'un philosophe ;
que ce philosophe, attentif à l'impossibilité « de penser sans
images », s'étudie à réduire, quand il écrit, le rôle de l'image
au strict inévitable, ne séparant guère le travail de la Pensée de
celui du Verbe et sachant mettre le Verbe au pas de la Pensée.
Hamelin y a gagné l'art difficile d'écrire un livre d'environ
cinq cents pages compactes sans y laisser un mot de trop. Cette
remarque est encore de M. Chartier.

Ce livre n'est donc pas de ceux qu'une lente lecture suffit à
imprimer dans les entendements. Il y faut, pour le comprendre
dans l'ordre et l'enchaînement de ses idées, revenir sur les pas-

sages d'importance et distinguer le genre d'importance qu'il convient de leur attribuer. Tantôt, en effet, la page s'applique au « développement » d'une formule résumée au début du chapitre correspondant, tantôt elle figure en manière d'avant-propos au seuil même du chapitre.

Je ne sais si l'exemple de Spinoza a tenté l'auteur, mais c'est là, il me semble, une supposition permise. Dans ce cas il y a lieu de distinguer entre ce qui est pour ainsi parler « théorème » et ce qui est « scholie » ou développement. Quand Hamelin ouvre un chapitre, c'est pour introduire dans la Représentation un élément nouveau et pour l'y introduire avec le cortège des deux notions qui l'encadrent. Ainsi, par exemple, quand il s'agira de faire apparaître le Mouvement dans le champ de la connaissance, il y viendra prendre place en compagnie des deux notions de Temps et d'Espace dont la notion de Mouvement est la synthèse. Dans l'étude de Jules Lachelier : *Psychologie et Métaphysique*, on a pu remarquer l'extrême brièveté des textes consacrés à la formation des concepts générateurs. C'est qu'en effet, quand on a, comme dans un théorème de mathématique, énoncé un lien entre deux affirmations consécutives, en ajoutant la raison qui motive ce lien, il ne reste plus qu'à passer, toujours brièvement, à un autre moment de la preuve, ou bien à prononcer le *Quod erat demonstrandum*. L'exactitude du langage mathématique implique cette concision, source évidente de clarté. Hamelin imite avec succès cette concision, sans toutefois aller jusqu'à la reproduire. Mais il s'en rapproche et il parvient ainsi à rendre sensible, à chaque pas du progrès synthétique, l'unité de la synthèse dont il vient de réaliser un moment nouveau. C'est pourquoi je conseillerais volontiers au lecteur avide de pénétrer dans l'intimité de l'œuvre, d'étudier une à une les « introductions » d'Hamelin, de manière à voir s'élever degré par degré l'échelle de la représentation, et de réussir par ce moyen à embrasser simultanément plusieurs degrés voisins. En effet, il s'agit, non seulement de déterminer les lois du système à construire, mais aussi de mettre en lumière la convergence de ces lois. En commençant par ce genre de travail, on se préparerait à un effort plus laborieux mais auquel on ne renoncerait pas sans rendre à peu près stérile l'effort précédemment tenté. Qu'il s'agisse des introductions ou des développements, la méthode de l'auteur reste constante, et si l'on veut savoir à quel signe il est permis de s'attribuer la juste intelligence de cette méthode, je répondrai que c'est encore à l'aperception d'une suite de liaisons nouvelles. Le droit d'affirmer, chez Hamelin, ne s'énonce jamais sans démontrer sa légalité par un enchaînement. Démontrer n'est d'ailleurs pas autre chose qu'enchaîner. Aussi les « développements » d'Hamelin, en dépit du mot qui les désigne, sont-ils des modèles de concision : j'entends de cette concision qui, sans chercher à dire « beaucoup de choses en peu de mots » (ainsi la définissent les professionnels de la rhétorique), s'interdit avec un égal scrupule l'omission et la répétition d'une idée intermédiaire. Je ne nie point les inconvénients de cette façon d'écrire. Sensibles au lecteur, souvent contraint de relire ce qu'il vient de lire, ils lui imposent une marche à pas comptés, dont le moindre défaut est de favoriser l'attention centrale au dépens de l'attention périphérique, ce pseudonyme de la distraction.

En conseillant de diviser ainsi le travail dans l'étude réfléchie de l'*Essai sur les Eléments principaux de la Représentation*, je parais diminuer la valeur des développements, à l'avantage de ce que, faute d'une meilleur terme, j'appellerai les « thèmes d'introduction ». Il n'en est rien. Je veux seulement mettre le lecteur en garde contre la tentation de lire ces débuts de chapitres avec cette attention détendue que l'on accorde d'ordinaire et, non sans imprudence, aux énoncés de théorèmes. Là comme partout, et plus que partout, les thèmes s'ordonnent et s'enchaînent. Ils s'enchaînent en même temps qu'ils s'ordonnent ; les deux gestes n'en font qu'un. Ainsi doit-il en être, car les éléments de la représentation ne sont point appelés avant d'être élus. Le drame cosmologique auquel on comparerait volontiers le sujet du livre, est un drame cosmogonique, après exil de toute mythologie. Figurez-vous les idées platoniciennes descendant de leur Olympe pour façonner l'âme du monde. Le cortège des idées génératrices de l'entendement peut en effet se comparer, par l'analogie des rôles, à l'âme du monde.

Je voudrais m'expliquer encore sur cet esprit de démiurgie qui, dans la dialectique synthétique d'Hamelin, me paraît animer les notions. Ces notions, dont la connaissance nous serait impossible, sans un appel à la fonction d'abstraire, sont, prises en elles-mêmes, quelque chose de plus que de pures abstractions. On n'exagérerait vraiment point à dire qu'elles vivent car elles se meuvent. Le nombre, par exemple, entre en ligne, appelé par le rapport qui le précède. Il n'est point appelé par la seule relation. Il l'est aussi, dirait-on en langage aristotélicien, par sa propre essence ; traduisez en langage moderne : par sa propre compréhension. La genèse de cette compréhension prend sa source : d'une part dans les éléments dont est faite la compréhension du Rapport ; de l'autre, dans la nature du nombre ; enfin, dans la loi générale immanente au système. Quand Charles Secrétan, parlant de l'esprit, le comparait à un organisme, il se mettait sur la route qu'après lui Hamelin devait suivre. Il n'est vraiment pas nécessaire qu'un organisme existe pour en faire naître un autre. Dans l'ordre de la causalité, cette nécessité s'impose. Mais, pour que le monde devienne intelligible, la détermination par la cause doit s'adjoindre un autre déterminisme. Dans un tout organique, pas une des parties de ce tout ne se peut concevoir existante, sans que l'idée de l'organisme ait présidé à sa construction. Aussi ai-je dit, (¹) dans la *Revue philosophique*, lorsque j'y écrivis sur la thèse d'O. Hamelin que, chez cet auteur, tous les éléments de la Représentation forment une étroite solidarité dans la division du travail.

Une telle conception de la pensée, si strictement organique, ne peut dès lors que gagner aux yeux du lecteur, s'il peut s'en procurer aisément une vue d'ensemble. Cette vue s'accentuera d'autant mieux, et avec une précision de dessin d'autant plus nette, qu'on en aura détaillé les éléments à loisir, comme on peut le faire par exemple dans les cabinets d'esquisses avoisinant les grandes salles des musées d'Europe. Rien ne fait mieux profiter les visiteurs de ces grandes salles que les longues stations dans les antichambres. Les antichambres, chez Hamelin, sont au nombre de onze : autant que de catégories : en tout, vingt-cinq pages environ. Je ne conseillerai pas aux amateurs de beaux vers de les apprendre par cœur ; mais si l'on parvenait à les retenir on n'en serait que mieux en état, j'en sais quelque chose, de les méditer et de les commenter.

Aussi bien, ces stations d'antichambres n'en sont pas. On peut bien dire que chez Hamelin, rien n'est préliminaire. Il en est des chapitres de son livre comme du livre : toute préface en est absente. Se préparer à penser, dans le langage et dans les habitudes d'Hamelin, c'était déjà penser, en d'autres termes, réfléchir, raisonner. Je ne pense pas risquer beaucoup en me figurant Hamelin commentant la célèbre sentence d'Aristote : « la Pensée est la Pensée de la Pensée », et réussissant à dissiper son apparence tautologique. Il serait toutefois paradoxal d'interpréter cette formule comme si elle cachait un raisonnement. Elle n'est certes pas un raisonnement explicite. Mais l'effort

____

(1) *Revue philosophique*, 1909, I, p. 184.

d'esprit qu'elle nous révèle atteste une pensée qui se pose dans un acte unique et total qui, en se posant, s'oppose et, en s'opposant, se saisit et se possède. Le langage ordinaire se refuse à toute distinction verbale entre les moments de cet acte dialectique ; mais l'esprit les distingue, et le désagrément de recourir au même terme pour les désigner n'empêche point qu'on ne les discerne. Il n'est donc pas inexact de soutenir que les trois moments de la dialectique synthétique se retrouveraient dans l'acte éternel immanent au suprème intelligible, car, ne nous y trompons pas, nous sommes ici au moment même où va naitre et se dégager, de la transcendance platonicienne, une autre Métaphysique, celle de l'Immanence. La Métaphysique immanente nait, en effet, avec Aristote, pour se développer largement après lui. Le génitif « de la Pensée », uni au nominatif « la Pensée », me parait être comme le sceau de cette immanence. La Dialectique d'Hamelin pourrait être une dialectique de l'Immanence. Et, ce qui achèverait de la prouver, si la preuve en était nécessaire, c'est la conclusion assignée par l'auteur à sa propre dialectique, au moment où elle vient s'achever sous ses yeux. Il y voit une preuve ontologique de la réalité de l'esprit ; et il a soin de nous avertir qu'en essayant d'aller au delà de cet esprit éventuellement impersonnel, nous sortirions de ce que la logique nous commande impérieusement d'affirmer. Libre à chacun de prolonger son effort : mais qu'il sache que c'est à ses risques et périls. Remarquons, à ce propos, qu'Hamelin reste attaché par sa doctrine au mouvement inauguré par Kant et continué par ses successeurs. Ce mouvement, pour n'être point exclusivement favorable à la Métaphysique de l'Immanence, ne lui en ouvre pas moins les portes de l'histoire et les lui ouvre assez grandes ; on peut en attester les Fichte, les Schelling, les Hegel, dont Hamelin s'inspira librement sans perdre de vue la direction qu'ont imprimée à ses idées celles de Renouvier : Renouvier n'a donc jamais cessé d'être son maitre. Il le rappelle d'ailleurs dans sa façon de penser et d'écrire, par l'importance qu'il attache dans le développement de sa doctrine et de sa discipline aux énergies de liaison. Ces énergies, partout sensibles, le sont avec un surcroit de force et de lumière dans ses introductions de chapitres dont il surveille avec un soin jaloux les articulations. Dans les « développements » consécutifs aux introductions, la pensée se meut plus ample et plus large, mais toujours rectiligne. Le « beau poème » suit son cours sans se permettre d'épisodes. Les énergies de liaison demeurent sinon constamment en acte, du

moins constamment prêtes à se déclancher. Renouvier me
disait qu'à ses yeux, l'idéal d'une pensée de Philosophe serait
de pouvoir se mettre en sorites : elle ne lui semblait avoir de
valeur qu'à cette condition. Je crois pouvoir dire, qu'autant que
Renouvier, Hamelin s'est fait un devoir de satisfaire à cette
condition. Je laisse à de plus jeunes que moi le soin de décider
dans quelle mesure il a réussi.

*
* *

Je laisse également à d'autres le soin de relire à tête très
reposée le morceau inséré par Hamelin dans *L'Année Philosophique*. Là, tout en se gardant de toucher au *Fondement de l'Induction*, l'auteur fait voir qu'on peut ajouter à
Jules Lachelier en consolidant sa doctrine, loin de l'ébranler.
Il fait voir aussi quelle force on donne à la vérité scientifique
quand on se rencontre dans l'explication d'un phénomène avec
un de ceux qui l'ont déjà scientifiquement étudié. Des rencontres de ce genre ne pourraient, disait Hamelin, être le fruit du
hasard, à moins qu'il ne fût fait dans ce monde une place à
l'absurde.

Ceux qui liront l'article d'Hamelin se souviendront, en le
lisant, que, par deux voies toutes différentes, Renouvier et
Hamelin ont dressé sensiblement dans le même ordre une même
table des catégories. Cette rencontre aurait dès lors bien des
chances de n'être point fortuite. Ajouterai-je que dans cet
article sur l'induction, Hamelin a donné carrière à l'esprit
démiurgique qui me paraît avoir constamment inspiré sa Philosophie.

*
* *

Je voudrais donner une nouvelle marque, encore plus sensible peut-être, de cette valeur démiurgique dans les pages où
l'auteur s'entretient avec nous de la *Représentation pratique*.

Le jour où la véritable importance de cet auteur et de son
livre seront comprises — peu importe quand ce jour viendra,
pourvu que ce jour vienne — on découvrira vers les pages 389-
430 une théorie nouvelle de la liberté qui tranche, par son
originalité, sur un assez grand nombre de solutions, même
remarquées. Peut-être l'occasion sera-t-elle propice pour attirer
l'attention sur cet appareil dialectique contre lequel tant de
résistances se font sentir ou prévoir.

Au terme du « progrès synthétique », une notion se dégage,

amenée par la loi même de ce progrès et qui n'est autre que la notion de liberté. Ainsi la liberté descend dans la réalité par la voie du même déterminisme qui a ouvert à toutes les notions antérieures leur chemin de descente. On est, dès lors, conduit à se demander de quelles notions cette notion nouvelle est la synthèse. A ce propos l'on remarquera que la liberté est aussi opposée à la pure contingence qu'elle l'est au déterminisme. Cela revient à faire sortir la liberté de l'une et de l'autre et à voir en cette liberté la synthèse du déterminisme et de la contingence. L'action se présente donc à la fois comme partiellement déterminée et partiellement soumise à l'arbitre humain. La volonté s'exerce en nous en vertu des motifs qui la dirigent et l'éclairent. Et l'erreur serait de croire à la possibilité pour l'homme, de vouloir, en s'appuyant sur le même motif : le *sic* et le *non*. Ainsi entendue, la volonté apparaît comme un pouvoir de détermination soustrait à l'action de la chaîne des causes efficientes.

J'appelle l'attention sur les réflexions initiales de l'auteur, justement préoccupé de combattre l'erreur des déterministes, aux yeux de qui la liberté ne serait autre, dans l'homme, que la conscience des lois nécessaires auxquelles il se reconnaît soumis. La vérité est que la liberté ainsi entendue ne serait alors, selon une vieille et banale comparaison, que l'ombre d'elle-même. La vérité n'en est pas moins, encore, qu'une nécessité comprise est une nécessité sinon annulée (tant s'en faut !), du moins dominée, et par là même surmontée. Cette conscience de la nécessité est donc comme le premier degré, degré indispensable, du mouvement dialectique dont la liberté sortira.

Cette liberté — et l'on ne saurait trop féliciter l'auteur de l'avoir compris — ne comptons pas sur la psychologie pour nous la rendre évidente. L'homme a conscience de ce qu'il fait, non de ce qu'il pourrait faire. Libre, il l'est si la liberté est comprise dans sa nature. Mais il faut qu'un regard attentif, fixé sur ce que comprend cette nature, nous y fasse apercevoir cette liberté. Il faut par conséquent que l'idée de la liberté sorte d'une idée qui nous en apparaisse comme la raison. En un mot il faut que l'apparition de la liberté soit liée à celle de la conscience. L'homme n'est conscient que parce qu'il est dans sa nature d'être maître de ses actes. Si l'on veut que le monde soit intelligible, on veut, par cela seul, les conditions expresses de cette intelligibilité. Un monde d'êtres conscients et, quand même, soumis au plus inflexible déterminisme, serait un vrai scandale logique.

On commence à comprendre pourquoi le monde est, dans
dans son ensemble, un objet de représentation. Il n'est tel que
par la conscience, dont l'homme est la plus haute manifestation,
mais qui s'échelonne au-dessous de l'homme, et dont l'échelle
décroissante comporte un nombre indéfini de degrés. Construire la représentation n'est donc, à le bien prendre, que reconstruire le monde ; et quand on vient dire du livre d'Hamelin
qu'il équivaut à une démiurgie ou même, ainsi que le veut
M. Chartier, à un poème cosmogonique, loin de faire une métaphore, on s'exprime presque littéralement.

J'aurais voulu insister encore sur cette théorie originale du
libre arbitre qui rattache le problème à l'ensemble des problèmes de « cosmologie rationnelle », comme au temps de Kant.
Plus on dessaisira la psychologie d'un problème de surcharge —
et celui dont je parle n'est point le seul — plus on servira les
intérêts de la philosophie.

On remarquera sans doute, au cours de la lecture des pages
d'Hamelin, l'insistance de l'auteur à ne point séparer l'action
libre de l'action motivée. On serait tenté de craindre qu'en
maintenant rivées l'une à l'autre les deux idées d'action libre
et d'action motivée, Hamelin n'ait fait à la nécessité un sacrifice compromettant pour sa cause. Je suis d'un tout autre avis,
mais je me figure sans difficulté les hésitations du lecteur, ayant
jadis passé par les mêmes hésitations. Il semble en effet parfois
qu'une action soit d'autant plus libre qu'elle échappe à toute
raison d'être. Autant vaudrait soutenir à ce compte que le
degré de liberté se mesure au degré d'ignorance de la cause de
nos actes. Il y a là une erreur dont l'imagination, croyons-nous
peut être rendue responsable. Tantôt, en effet, on se figure le
motif sous l'aspect d'une énergie véhémente, d'une part, obscure et opaque, de l'autre. Alors, on se demande où est la liberté
et, la cherchant, on n'a pas de peine à trouver son contraire.
Les choses, il est vrai, ne se passent pas toujours ainsi. Tantôt
en effet, la raison des actes, sur lesquels se projette une vive
lumière, reçoit de cette lumière, en même temps qu'un surcroît de clarté, un crescendo de chaleur et d'énergie auquel
nous cédons en pleine conscience et en toute confiance.
Dira-t-on qu'en de tels moments notre liberté abdique ? Loin
d'abdiquer, elle n'a jamais tenu d'une main plus ferme le gouvernail de notre activité. Relisez donc encore une fois cette
Quatrième Méditation de Descartes et dites-moi si l'évidence
devant laquelle l'homme s'incline quand il se sent partout
inondé de sa lumière, s'accompagne d'un sentiment d'escla-

vage ou d'une claire conscience de libre affirmation. Plus je comprends une évidence, plus il serait absurde de lui résister. Je refuse donc de lui opposer la moindre résistance et ce refus m'apparaît comme un témoignage de mon libre vouloir.

*
* *

Dignes du plus haut intérêt sont les pages où l'auteur insiste sur la liaison des deux notions de contingence et de conscience. Cette fois encore il me faut insister sur leur portée démiurgique. En effet plus on avance dans le livre, plus s'accentue l'esprit téléologique qui l'anime et le pénètre, pour ainsi parler, de part en part. Regardez-y de près, vous aurez vite senti que cet esprit téléologique n'est rien de moins que l'esprit de système ou encore, si l'on préfère, l'esprit de solidarité qui assure à chaque partie d'un tout son retentissement sur le tout. Quand j'expliquais précédemment la manière dont Hamelin essaie de se représenter les origines de la vie mentale, je montrais cette vie mentale se détachant *sur* l'ensemble des lois objectives de la connaissance avant de s'*en* détacher.

On dirait dès lors que la conscience, pour s'éveiller et se maintenir en éveil, a besoin de se faire une vie qui la distingue à ses propres yeux de la vie de l'objet : d'où la nécessité pour se « poser » de « s'opposer ». Aussi comprend-on cette sorte d'ombre portée sur la conscience de l'individu par un entendement impersonnel et objectif d'où vont naître les lois individuelles de l'association des images, et non pas seulement ces lois, mais encore leurs multiples réfractions dans chacune des consciences individuelles. Si l'on disait ici que l'auteur s'est librement inspiré du *Timée*, non plus cette fois au moment où se crée l'âme du monde, mais à celui où va se créer l'âme de l'homme, on dirait une chose qu'on ignore. La conjecture me paraît quand même permise et j'en cours le risque.

J'arrive maintenant à une question plus grave encore, et qu'il faut savoir regarder en face. Je l'ai réservée délibérément, mais avec l'intention d'y revenir. Il était sage, en effet, de discerner entre le problème de la démiurgie et le problème du démiurge, car il fallait éviter de brouiller les idées. On se souvient de notre grand Laplace et de la réponse qu'il est censé avoir faite au Premier Consul après la publication du *Système du Monde*. « Si je n'ai point parlé de Dieu dans mon système, c'est que je pouvais m'en passer ». Le Dieu dont s'est passé Laplace, celui de la Bible, est le Dieu dont s'était passé tout le dix-huitième s'ècle français. Il serait quand même assez difficile à l'auteur du *Système du Monde* de soutenir qu'en établissant l'unité et l'harmonie de ce monde, il n'a pas rendu un hommage involontaire à la réalité de l'esprit. De cet esprit, l'auteur de l'*Essai sur les Eléments principaux de la Représentation* regarde le système de ces éléments comme une preuve ontologique. Reste à savoir si cette preuve ontologique de la réalité d'un esprit, source de l'ordre du monde, autorise à séparer cet esprit de l'ordre dont il est l'esprit. Laplace n'avait pas cru que cette séparation lui fût permise, et c'est pourquoi il était sincère quand il avouait s'être passé de Dieu. Si Aristote était encore des nôtres, il démontrerait à Laplace que lui, Laplace, ne s'est pas passé de l'Intelligible, car il l'a situé au centre du monde. La démiurgie de Laplace est, par excellence, le type de cette démiurgie sans démiurge dont j'ai parlé. Celle d'Hamelin fait une place au démiurge et même à l'Etre suprême, qu'elle distingue du monde. Malgré les réserves dont s'entoure le théisme d'Hamelin, il n'est pas douteux que ce théisme n'ait ses préférences: la preuve qu'on en pourrait donner, je la tire du soin avec lequel l'auteur esquisse une conception, à la fois brève et ferme, d'une nature divine entendue « dans les limites de la raison », et résolue à ne dépasser point ces limites. La robuste sincérité d'Hamelin lui défendait de se taire sur les sujets « ajournés par la mode » quand il était parvenu à coordonner et à fixer ses idées. On lira donc, avec autant de curiosité que de profit, les pages consacrées à la « réalité première » et au problème, presque unanimement abandonné par les philosophes, des attributs de Dieu. Il est trop clair que, si Dieu ex·   de quoi nous n'avons décidément aucune preuve, il serait   core plus téméraire de méditer sur sa nature et sur son g·   ernement du monde. Il n'est nullement certain, par conséa   nt, que nous ayons des devoirs envers Dieu. D'autre part, .. est généralement admis par les moralistes des écoles attachées à la tradition kantienne, que, maîtres de diriger notre entendement, nous sommes tenus de le diriger de telle sorte que la contradiction avec soi-même lui soit épargnée. On peut, dès lors, se désintéresser des attributs de Dieu: il est plus difficile de se désintéresser des contradictions auxquelles on se trouverait exposé, si, en s'imaginant les déterminations de la nature humaine portées au plus hant degré, on laissait chacune de ces déterminations atteindre son degré suprême sans s'inquiéter de son retentissement sur les autres déterminations. La prudence spéculative la plus élémentaire nous conseille de nous arrêter dans nos méditations cha-

que fois que le pied nous manque ou que la puissance des ténèbres nous apparaît plus forte que notre bon vouloir. Il n'est pas
nécessaire d'être un professionnel de la philosophie pour ne
jamais penser au delà de ce que l'on est capable de comprendre; il suffit pour cela d'être homme et d'observer les justes
convenances dans l'accomplissement de son métier d'homme.
Par exemple, si épris que l'on soit d'un concept tel que celui
de toute-puissance divine, si épris, d'autre part, que l'on soit
d'un concept comme celui de la création, il faut éviter, pour ne
pas laisser sa pensée se dissoudre dans le verbalisme, d'affirmer en même temps la création et le maintien d'une toute-puissance divine demeurée inaltérable une fois la création accomplie. Dieu n'est peut-être pas « soumis aux catégories », ainsi
que je l'ai jadis entendu soutenir à un jeune candidat à l'agrégation, mais une des raisons qui justifient la croyance à un
esprit divin n'est-elle pas encore cette croyance à l'esprit et
au système des éléments de la représentation. Si l'on reprenait
goût à ces problèmes d'origine, sur lesquels, à défaut de certitude, il serait possible de rassembler et de coordonner des clartés, on s'apercevrait qu'un rajeunissement des preuves de
l'existence de Dieu n'est pas impossible et que la vieille preuve,
dite des vérités éternelles, pourrait espérer un retour de crédit.

Mais il importe par-dessus tout, à mon avis, de remarquer
le rôle assigné, d'après Hamelin, à l'espèce humaine dans la
conduite des affaires du monde. Ce rôle pourrait bien être celui
d'un conducteur responsable, « d'un Dieu issu d'un Dieu »,
comme le voulait encore l'auteur du *Timée*, d'une sorte de
démiurge par délégation et, selon une idée chère aux Stoïciens,
d'un collaborateur de la raison divine. Ici, j'en ai conscience,
je vais au-delà de la pensée d'Hamelin, mais je me reproche-
rais d'aller contre sa pensée. L'essentiel était de faire connaître aussi exactement que possible cette pensée étudiée à travers
une œuvre de grande envergure, et de dégager l'esprit général
d'une doctrine longtemps et longuement préméditée.

DEUXIÈME PARTIE

PAGES DE DOCTRINE

CHAPITRE PREMIER

CONTINGENCE ET CATÉGORIE

J'ai montré ailleurs (¹) comment je fus amené à séparer les deux alternatives : empirisme ou rationalisme — contingence ou nécessité. Elles ne sauraient être situées dans le même plan. Ce sont, en effet, les rationalistes, Kant en tête, qui ont soulevé le problème de la contingence, non point malgré l'ordre sans lequel le monde serait inhabitable, mais en raison même de cet ordre. Voilà qui promettait un résultat inattendu, assez inattendu même, pour qu'il fût sage de n'en point avancer l'échéance. J'entrevois, en effet, une dissociation possible, probable même, de deux concepts ordinairement associés, et que Kant, au moins dans sa première *Critique*, tenait pour inséparables. Il ne séparait pas, en effet, la nécessité de l'*a priori*. Avait-il raison ? Là est le problème.

Il n'en est guère de plus général. A ce degré de généralité, ce n'est plus seulement des « lois de la nature » qu'on veut savoir comment elles s'affirment, si c'est apodictiquement ou d'une manière simplement assertorique. Les lois physiques se constatent à mesure que les phénomènes se répètent. C'est assez l'ordinaire. Mais toutes les lois, sans exception, se « découvrent ». Les Catégories, semble-t-il, échappent à cette condition. Toutefois, pour y échapper, ne leur faudrait-il pas une sorte de dispense ? Ces catégories ne sont-elles point lois à un titre plus éminent que les autres ? Raison de plus, insisterait-on d'un autre côté, pour que leur contingence servît de caution à celle des autres lois. On le voit : la question est pressante. Elle l'est d'autant plus que les lois dont la contingence se plaidait il y a quarante ans, sont précisément, je ne dirai point celles, mais *de* celles qui touchent à l'ordre des Catégories. Que faut-il donc penser de la contingence des Catégories, et que signifie cette contingence ?

(1) *Revue Philosophique*, 1916, II, pp. 105-134. *Contingence et Rationalisme.*

I

Ceci d'abord, et telle était l'interprétation de Brochard en 1879 (¹) : qu'un esprit gouverné par des catégories contingentes aurait pu s'adapter, soit à des catégories contraires, soit encore à des catégories différentes des nôtres, soit enfin à plus de catégories qu'il n'est d'usage de nous en reconnaître. Brochard, au temps où il travaillait sa thèse de l'*Erreur*, ne supposait certainement pas résolu un problème dont il avait mesuré l'importance. Mais quand il s'arrêta devant ces trois hypothèses, il parut s'exprimer comme si la liste des catégories était définitivement close. Admettons-le pour un moment, et commençons l'examen des trois suppositions par la plus extrême.

Imaginons un esprit que ses catégories obligeraient à penser au rebours de notre esprit. Ce n'est pas chose facile. Je sais ou crois savoir ce que penser veut dire. Je sais ou crois savoir ce que signifie *contraire* ou *à rebours*. Et je n'en suis pas plus avancé. Remplacerai-je : « à rebours » par « sens dessus dessous » ? J'essaierai de me figurer la fameuse maison où l'on entre par le toit. J'y parviendrai sans peine et je n'en tirerai aucun parti. Ici toit, maison, sol, tout me manque. — Penser avec des catégories contraires, serait-ce donc ne pas penser du tout ?

Epicure vient heureusement à mon aide. Son monde ne serait pas sans les atomes. Rien qu'avec les atomes, il ne serait pas davantage. Pour que le monde soit, il faut que les atomes se rencontrent. Un moment fut donc où ils se mouvaient isolément sans se toucher ? Je n'en sais rien, mais cela devient imaginable. Les atomes vont leur train, on ne sait depuis quand. On admet que c'est depuis toujours. Si c'était depuis toujours, autant vaudrait soutenir, qu'avant la rencontre des atomes, il n'y avait point de causalité. Ne dites point alors qu'il est impossible à l'imagination de forger un esprit à l'aide de catégories contraires aux nôtres. Car si vous hésitez à vous rendre, j'appellerai les dieux à mon aide, non pas ceux de l'Olympe peut-être, ceux d'Epicure, dieux fainéants, si jamais il en fut. Et je supposerai, contrairement à Epicure, ces dieux éternels. Ils auront donc vu les atomes animés d'un mouvement sans trêve, et n'y étant pour rien, ils n'auront point su pourquoi. Voici que le spectacle change. Ils voient les mouvements changer de vitesse et de rythme, ce qui produit des contacts. Et cela fait naître les

____

(1) Brochard, *De l'Erreur*, Paris, Alcan, 1879, pp. 92-93.

choses, les vivants, les hommes. Encore une fois, les Dieux aŝ-
sistent à ce spectacle, ne peuvent se l'expliquer, car ils n'y sont
pour rien : mais à mesure qu'ils regardent, ils se souviennent.
Et comme ils se souviennent, ils prévoient. La notion de causalité perce. Et voici qu'ils pensent en vertu de la loi de la causalité après avoir pensé, pendant des siècles, à l'encontre de cette
loi. Je ne prétends certes pas que l'hypothèse soit d'un abord
engageant. Elle est même, peut-être, assez près d'être absurde; elle ne l'est pas rigoureusement. Regardez-y encore, et souvenez-vous. Ne vous est-il jamais arrivé de dire : « Si cela était,
il y aurait des faits sans cause » ? Vous l'avez dit, encore que
cela vous ait semblé impossible. Cela, qui ne peut pas être, vous
n'en venez pas moins de le concevoir. Il y a plus.

Le pouvoir de nier peut, en effet, s'étendre à tout, jusqu'à la
négation même. Parménide en est un témoignage. C'est ce
qu'Aristote a su comprendre le jour où, construisant l'échelle
des oppositions, il mit à son sommet l'opposition contradictoire.
C'est ce que Descartes a dû constater pendant l'épreuve du
doute méthodique. On était sobre de confidences au siècle de
Descartes : Descartes surtout, qui n'écrivait que pour l'instruction des autres. Or, si l'on divise le doute méthodique en ses
moments principaux, on peut en détacher le moment où s'é-
branlèrent les vérités qui devaient, un jour, porter le nom
des vérités éternelles, Je sais qu'elles résistèrent mal à l'ébran-
lement, qu'elles chancelèrent. Et le moment n'en devint que
plus tragique. Car c'est au pied de la lettre que doit être pris
ce pouvoir de douter de tout dont l'expérience fut, chez Descartes, certainement décisive.

Je passe à la deuxième supposition : plus de catégories contraires, mais des catégories simplement différentes. Que va-t-il
advenir ? Sans avoir la fantaisie d'un Wells, laquelle ici, vraiment, ne serait pas de trop, on n'est point à court d'imagination. Voici donc un personnage semblable à l'homme qui vient
tomber parmi les hommes. Voulez-vous que ce soit l'ange de je
ne sais plus quel conte, apportant du ciel les catégories toutes
neuves ? Elles n'ont servi à aucun des nôtres. Elles n'en seront
pas moins, croyons-le, fort mal accueillies. Pour essayer de
penser avec ces catégories-là, ne faudrait-il pas tout d'abord
se mettre la tête à l'envers ? Et nous voilà rejetés sur l'hypothèse précédente. Heureusement notre angélique personnage
est doué d'une patience surhumaine et d'une éloquence, elle
aussi, presque divine, le tout greffé sur une volonté de convaincre capable de désarmer les hommes, même devant l'absurde.

Vous alliez, tout à l'heure, esquisser un haussement d'épaules;
et voici que vous écoutez, comme si, dans ce qui vous est dit,
vous retrouviez ce que vous alliez dire. Maintenant qu'il a
parlé, vous vous en retournez chez vous en hochant la tête,
résigné à remanier votre table des catégories, qui vous avait
semblé complète, et à l'accroître d'un nouveau convive. Ainsi
vous aurez passé de la troisième hypothèse à la seconde, pour
descendre de la seconde à la première : peut-on penser avec
plus de catégories que nous n'en avons ou croyons en avoir ?
On était persuadé du contraire, et l'on se laisse persuader à
rebours... Je ne raconte là rien d'imaginaire. Dans l'histoire
des sciences et de la pensée les choses ne se passent guère autrement.

Les trois hypothèses de Brochard ne sont donc, chacune prise
à part, qu'un moment d'une seule et même conjecture. J'y ai
discerné trois phases, et, si l'ordre de ces phases est bien tel
qu'il m'a semblé, c'est à la supposition la plus violente que,
d'emblée, l'on se porte. Cette supposition, on ne la fait point
volontiers ; on la fait par contrainte. Et l'on y résiste, croyez-
le. Et si vous m'avez vu devenir plus accommodant, ne pensez-
pas que je me sois rendu. C'est l'adversaire qui m'a fait une
concession (¹). Une politesse en valant une autre, j'ai accepté.
Après tout, c'était sagesse. Oui, c'était sagesse, puisque les catégories qu'on me propose, loin de donner la chasse aux
anciennes, vont réagir sur elles, à la façon d'un corps qui,
réagissant sur un autre, fait sourdre de nouvelles énergies.

Il n'y a pas à s'y tromper. Les trois suppositions de Brochard, philosophe et logicien en 1879, si elles s'étaient offertes,
en 1886, à Brochard philosophe et historien de la philosophie
grecque, nous auraient valu une réponse sensiblement moins
improvisée et, de beaucoup, plus instructive. Peut-être même
aurions-nous eu une quatrième hypothèse, celle d'une pensée
faisant effort pour ne penser qu'elle-même, sans nul recours aux
catégories. Telle paraît bien avoir été la gageure de Parménide.
L'histoire lui a-t-elle donné tort ? En partie seulement, si même
ce n'est pas trop peu dire. Les prétendus « sophismes » de
Zénon d'Elée, disciple favori de Parménide, tiennent encore
en haleine nos dialecticiens du temps présent. Il y a plus.
L'effort de Parménide pourrait bien être le premier signe d'une
direction de la pensée, dont les arguments célèbres contre le

---

(1) Où est la concession ? Dans l'aisance avec laquelle l'adversaire
m'a permis de quitter une position intenable pour une position simplement difficile.

mouvement et la pluralité marqueraient la deuxième étape; le *Sophiste* en serait la troisième. La dernière et la plus glorieuse daterait seulement de Kant et de cette distinction des phénomènes et des noumènes dont la critique cherche encore le sens et la portée. Qu'est-ce, en effet, que le phénomène ? Chacun le sait ou le croit savoir. Qu'est-ce que le noumène ? Ce qui resterait à la pensée quand les Catégories n'y seraient plus ? Ce qu'était la pensée quand les Catégories n'y étaient pas encore ? La pensée, direz-vous, n'était point davantage. La pensée, non, sans doute, mais la Volonté de Pensée ne la devançait-elle pas ? N'est-elle point son antécédent logique, condition de l'ordre logique, antérieure et supérieure à cet ordre ? « Penser sans catégories », pris au pied de la lettre, ne signifie rien; et il ne faudrait pas prendre tant de peine pour s'en apercevoir, si l'on ne devait s'apercevoir en même temps que la formule admet un autre sens, et qui s'applique à la pensée se préparant à naître. Je ne me trompais donc pas en ajoutant aux hypothèses de Brochard une quatrième supposition encore plus radicale et plus excessive que les siennes. Elle porte plus loin que la Contingence des Catégories, puisqu'elle porte sur le foyer où elles se concentrent... Mais regardez-y donc ! A travers la contingence de la pensée, ne voyez-vous pas transparaître la contingence du monde ? Ici l'on doit s'arrêter.

On s'arrêtera donc et l'on ne regrettera point cette excursion dans le champ des possibles. On la regrettera même si peu, que les trois suppositions de Brochard, consécutives à la doctrine de la Contingence des Lois de la Nature, si elles étaient vraies, fonderaient cette doctrine. A parler franc, l'auteur des conjectures précédentes, alors qu'il croyait dégager simplement les corollaires d'une philosophie remontait en réalité jusqu'à ses principes. Pour que la Contingence des Lois de la Nature soit née viable, il faut que la Contingence des Catégories se puisse soutenir. Car les lois dont on s'est plu à faire ressortir la contingence ont un bien autre champ d'application que celles de la nature physique ou chimique. Remontez au delà de ces lois, que trouverez-vous ? Elles encore, toujours elles, à moins qu'elles n'aient leur source dans l'acte d'une volonté créatrice. Rien ne s'y opposerait d'ailleurs. En attendant, je sais ce que je voulais savoir et que, bon gré mal gré, la thèse de la Contingence des Lois de la Nature équivaut à celle de la Contingence des Catégories.

II

La contingence s'affirme de l'être et des manières d'être :
1° de celui-là quand, tout en existant, il eût pu ne pas être;
(peut-être jugeons-nous mal quand nous le disons d'un sujet
quelconque. Le fait est qu'il nous arrive de le dire). — 2° de
celles-ci, quand, d'un sujet nécessairement existant, les qualités
qui s'en affirment peuvent lui manquer sans l'abolir.

Si l'on se souvient de ce que j'ai dit ailleurs, on me rappel-
lera que, la loi du devenir s'appliquant à l'homme — et l'on ne
voit guère comment l'homme y échapperait — tout en lui apparait pour la première fois. En d'autres termes, il n'est point un
seul de mes états qui ne m'ait surpris par sa présence. Hier, je
ne me soupçonnais pas capable d'être ce que maintenant je suis.
Sous mon aspect d'hier, je ne me faisais point l'effet d'un être
appauvri ou diminué. Aujourd'hui n'est pas hier, sans doute,
mais « pourrait être » comme hier (1).

Certes, quand on aura mis en regard l'un de l'autre le contingent et le nécessaire, on aura laissé croire qu'ils se montrent en
même temps. Ils s'éclairent l'un par l'autre. Mais ils se montrent l'un après l'autre, et c'est le contingent qui, de beaucoup,
précède. On objectera que la notion de contingent implique
celle de possible, que cette dernière ne saurait s'improviser.
Le possible participe de l'être et du non-être : de l'être quand
il se réalise, du non-être, quand il passe. Donc l'être est une
chose, et la nécessité en est une autre. Les deux idées, peut-
être, se réuniront un jour : plus tard. Elles ne s'en laissent pas
moins concevoir séparément. Il semble, en effet, que la notion
de ce qui existe devance celle d'un fondement de l'existence.

(1) On vante le goût du nouveau naturel à l'homme. On néglige la
crainte du nouveau naturelle à l'enfant quand l'enfant a vécu assez
pour s'attacher à ses habitudes. Il s'y attache à proportion que le
cours de la vie, en s'accélérant, lui impose des dépenses d'énergie en
excès sur ses disponibilités actuelles. L'enfant fatigué n'aime pas qu'on
le dérange, et toute perception qui soudainement se détache sur la toile
de fond formée par ses perceptions quotidiennes et coutumières, lui
arrache une plainte ou un cri. L'enfant n'apprend à s'ennuyer qu'à la
longue ; et ce dont l'absence le fera souffrir demain, si cette absence
dure, lui serait peut-être, aujourd'hui, nettement indésirable. Ce sont là
des faits : et le proverbe *ignoti nulla cupido* les résume. Ainsi tout
« nouveau » est pour l'enfant source d'étonnement. Quand les occasions de s'étonner se multiplient à l'excès, un malaise peut s'ensuivre :
malaise qu'il faut éviter de prendre pour un ennui précoce, malaise
vraisemblablement physique, issu d'un trouble dans la cœnesthésie
normale, d'un sentiment diffus de lourdeur ou de pesanteur, peut-être
même précurseur de troubles plus profonds et plus graves.

Et si ce fondement est appelé à se dédoubler, nul n'est tenu de le concevoir, d'emblée, sous l'opposition du possible et du nécessaire. J'ai nommé tout d'abord celui des deux termes qui semble précéder. J'en atteste le temps que mirent les hommes à ne plus confondre le miracle avec l'ordre quotidien. « Miracle », ne vous y trompez pas, ne signifie point toujours : contraire aux lois de la nature. Ajouterai-je, et ceci n'est pas à négliger, que l'hylozoïsme, dont toute trace a disparu chez les peuples cultivés, régnait, presque sans partage, aux débuts de la pensée grecque ? L'homme peuplait l'univers de dieux, à plus forte raison, de vivants. La notion de contingence suivit ainsi d'assez près la notion d'existence.

Cela devait être, s'il est vrai qu'il y ait commencement, sinon à tout, du moins à tout ce qui devient. Vous lirez dans la *Contingence des Lois de la Nature* que le Principe de Contradiction s'introduisit d'une manière contingente. Autant dire que la pensée s'aperçut d'elle-même, un beau jour, sans savoir comment elle se trouvait là. Deux conclusions en deviennent inévitables : l'une est que la contingence, ainsi qu'on vient de le voir, s'affirme de l'être et de la manière d'être, sans que les deux contingences s'entraînent mutuellement et infailliblement; l'autre est que la contingence d'origine ne saurait se confondre avec la contingence d'apparition. La première admet des limites et de l'intermittence : la seconde ne souffre point d'exception.

De là résulte l'obligation de soumettre tout jugement à une épreuve d'origine (¹) et de ne point s'en tenir à sa façon d'apparaître. Souvenez-vous, en effet, de Locke. Il n'aperçoit point la confusion sur laquelle repose sa critique des idées innées et confond les deux contingences. Leibnitz flaire le sophisme, le dévoile, et cherche un critérium pour éviter qu'on ne confonde. La valeur du critère est encore en question. Vous ne conclurez point, avec certitude, de la contingence d'apparition, la contingence d'origine : mais si vous voyez surgir la nécessité tout à coup, vous l'inviterez à produire ses titres. Brochard mettait en doute l'impératif catégorique de Kant en s'appuyant sur

---

(1) Par « épreuve d'origine » j'entends celle qui, dans tous les cas où elle réussit, nous permet de statuer sur la fonction dont un concept dérive. Est-ce une fonction de la conscience sensible ? Ou bien le concept est-il l'œuvre de la conscience intellectuelle ? Souvenons-nous du *nisi intellectus* qui vient corriger, après coup, la formule attribuant toutes nos idées à la seule activité de la sensation. Cette correction prouve qu'on est d'abord trompé par l'universelle contingence d'apparition.

le silence de toute l'antiquité grecque. La raison n'est peut-
être pas décisive. Elle l'était à ses propres yeux, et l'on y regarderait à deux fois avant de la juger dénuée de force ([1]).

On vient de dire ce que c'est que Contingence. Qu'est-ce maintenant que Catégorie ?

III

On sait rarement quand un problème « se » pose. On sait
seulement, ou plutôt l'on croit savoir « quand on le pose »
pour la première fois : c'est le premier moment. Un second
moment succède : on s'étonne d'avoir été le premier à poser la
question. Troisième moment : la surprise décroît et cesse ; on
s'est trouvé des précurseurs. Mais pour s'apercevoir que d'autres ont frayé la route, il faut généralement, soi-même, y avoir
marché et même, parfois, effectué un assez long parcours. La
raison en est, probablement, qu'en se posant, on s'oppose. On
éprouve des résistances. Tout à l'effort pour les vaincre, on
regarde droit devant soi. Le temps de regarder en arrière se
fait attendre. Il viendra néanmoins à peu près infailliblement,
s'il arrive, comme c'est assez l'ordinaire, qu'on se lasse d'être
seul à faire le chemin. De là vient qu'Aristote s'est trouvé des
devanciers, ce qui ne l'empêcha point, tout en se situant sur
leur prolongement, de les regarder, même ses prédécesseurs
immédiats, de très loin, sinon de très haut. Il a certes inauguré
la doctrine des Catégories. Le premier, en effet, il les rassembla
et les distingua des Oppositions. Mais il ne distingua que ce qui,
sans avoir été mis à part, avait été préalablement mis en évi-

---

(1) En effet l'impératif catégorique de Kant doit son nom à un
caractère qui se passe de toute culture intellectuelle préparatoire. Kant
ne voit nullement dans cet impératif, un privilège réservé aux justes ou
aux saints. Il lui assigne pour siège toute conscience raisonnable. Même
il n'est pas loin de voir, dans la bonne volonté, un état d'âme à portée
de toute âme naturellement droite et moralement éclairée. Dans la
pensée de Kant, sa morale était d'inspiration philosophique, j'allais dire
« laïque » ce qui n'aurait pas grand sens, l'esprit laïque n'ayant jamais
abdiqué chez les peuples d'éducation protestante et ne s'opposant point
à l'esprit religieux. Il n'y a donc pas à se représenter Kant comme
autrefois Descartes « mettant à part les vérités de la religion ». En leur
donnant une place, il ne les introduisait pas comme du dehors au
cœur de la philosophie. La religion avait sa place à l'intérieur même
des frontières de la raison : on sait laquelle, et si la vraie pensée de
Kant est demeurée obscure, il faut s'en prendre aux difficultés du
sujet, nullement au désir de garder pour lui seul une partie de ses
« secrets ».

dence : de quoi Platon s'était chargé, et, avant Platon, Pythagore. Laissons les dix oppositions pythagoriciennes, plus intéressantes par l'effort que par les résultats, et arrêtons-nous devant le *Sophiste* et le *Parménide*. Il semble qu'au moment du *Sophiste*, Platon soit venu à bout d'une tentative dont le *Parménide* constatait et presque consacrait l'échec. Pourtant, dès la seconde thèse du *Parménide*, on assistait déjà à un défilé de concepts à travers lesquels perçaient les futures catégories d'Aristote et leurs oppositions futures. Sans doute, la similitude des termes aide au rapprochement des idées [1] et je ne voudrais rien ôter à l'originalité d'Aristote. Encore faudrait-il la voir où elle est. L'originalité d'Aristote est, non pas d'avoir découvert les Catégories — Platon l'ayant mis sur la voie — ni d'avoir découvert les Oppositions — c'était depuis longtemps chose faite — mais d'avoir rattaché les Oppositions aux Catégories et formé un continent de ce qui était encore à l'état d'archipel. Elle est également ailleurs. Rappelez-vous les dix catégories : l'être ; le combien ; le *quale* ; le « par rapport à quoi » : l'*ubi* ; le *quando* ; la manière d'être situé; l'avoir; l'agir; le pâtir. Je traduis par des adverbes, là où je trouve des adverbes, par des verbes, là où j'en rencontre, par des questions, là où le texte en pose. Je voudrais me tenir en garde contre toute inexactitude d'interprétation. Il me paraît, toutefois, qu'Aristote a mis en évidence l' « activité » essentielle de l'esprit, son « mouvement » vers les choses. A ce point de vue, les contemporains d'Aristote ont pu l'opposer à Platon. On dirait plus justement, aujourd'hui, qu'Aristote continue son prédécesseur et le complète. Hormis l'existence distincte des Idées dans le monde l'intelligible, Aristote n'a rien retranché au platonisme.

Cherchera-t-on maintenant quel genre d'existence Aristote attribuait aux catégories : s'il les posait empiriquement, ou en vertu d'une nécessité consciente ? Le plus sage serait d'admettre qu'Aristote ne s'est point ainsi questionné. D'une part, fidèle au postulat de toute la philosophie grecque, il jugeait impossible de penser ce qui n'est pas. Il croyait fermement que l'esprit se pose, à propos de tout sujet, un nombre fixé de questions fondamentales. Etant donnée, d'autre part, la maniè-

---

(1) Les étapes de la discussion, dans la seconde thèse du *Parménide*, se succèdent avec une rapidité souvent éblouissante où y entame des discussions presque aussitôt rompues qu'engagées. Il n'est pourtant pas difficile, à travers les notions et les jugements qui s'ébauchent, de reconnaître le principe d'identité en quête d'une formule et à la recherche de ses conditions, telles : l'identité, la diversité, le nombre, le temps..., etc.

re dont Aristote oppose l'accident à l'essence, il est impossible
de lui prêter la moindre disposition d'esprit favorable à la contingence expresse des dix Affirmations suprèmes et irréductibles. D'une nécessité immanente à la pensée et à la pensée
seule, l'idée a pu lui traverser l'esprit mais sans y demeurer.
Ainsi l'exigeait un réalisme, dont la polémique contre les pla-
toniciens, n'entraînait aucunement l'abandon. Comment, au
surplus, Aristote eût-il dérivé les catégories du Νοῦς dans une
philosophie où Dieu, source de ce Νοῦς dont il est, peut-être,
substantiellement indiscernable, ignore le monde et n'en est pas
l'auteur ? Enfin, si l'on voulait arracher au Stagyrite une réponse à une question par lui négligée, celle qui précisément nous
occupe, peut-être suffirait-il de rappeler qu'il affirma l'éternité
du monde et dota de l'existence nécessaire les êtres éternels.
Nécessaires dans l'ordre de l'être, les catégories n'en garderaient pas moins, dans l'ordre du connaître, une origine adven-
tice.

Or, dans la pensée moderne, depuis Descartes, c'est l'ordre
du connaître qui prévaut. En quoi, pour me servir d'une comparaison mémorable, le décret nominatif de l'Eternel qui
appela Descartes à l'existence dut en impliquer un autre, signé
le même jour, exécutoire seulement après un siècle révolu.
Continuateur de Descartes, en génie comme en doctrine rival
d'Aristote, Kant fit sa part à la réalité, mais après avoir hermé-
tiquement imprimé sur elle le double sceau de l'esprit. Et c'est
ainsi que l'ancien « sujet » de la connaissance en devint « l'a-
gent ». Chez Kant, la matière du connaître n'est pas plutôt
en vue de l'esprit, qu'elle se dépouille, passez-moi le mot, des
pieds à la tête, ne gardant rien, à l'existence près, de ce qui
lui appartenait en propre. Même, lui en resterait-il quelque chose, nul n'en serait averti, car sur tout ce qui provient d'ailleurs
que de l'esprit, l'esprit a, par deux fois, fortement et impérieusement, marqué son empreinte. Souvenons-nous que l'Entendement ne saurait se passer du travail préparatoire de la Sensibilité, que l'œuvre de celle-ci précède logiquement la sienne.
L'objet n'a point disparu, loin de là, si tout en a disparu. Mais
il n'en garde que cette « réalité objective », dont on s'est trop
pressé de dire que Descartes et Kant l'avaient entendue au rebours l'un de l'autre. On sait ce que sont et font les catégories
kantiennes : à elles seules elles ne feraient cependant point
qu'il y eût quelque chose à connaître. Il faut, en effet, pour cela,
que quelque chose existe. Leur pouvoir ne va pas jusqu'à changer le non-être en être. A cela près, je ne connais à ce pouvoir

pas de bornes. Bien autrement dociles à l'empreinte de la réalité
se montraient les catégories d'Aristote, puisque avant d'être
affirmées par la pensée, elles étaient affirmables des choses et
se dirigeaient vers l'esprit qui allait à leur rencontre. La théorie épicurienne de la vision n'est, à le bien prendre, qu'une
lourde et naïve application de la théorie aristotélicienne de la
connaissance (¹). Ainsi, deux conceptions de la catégorie se
dressent l'une contre l'autre. Laquelle choisir ?

Si l'on répond : « la plus récente », je me sentirai dans l'embarras. Imaginez, en effet, qu'une philosophie se soit produite
en vue de nous ramener le vieux réalisme d'Aristote, et qu'elle
soit née après Kant : l'écarterez-vous sous prétexte d'ancienneté ? Comme si l'âge d'une doctrine se pouvait compter sans
égard à ses plus récents adeptes ! Ces adeptes sont de notre
temps; leur nombre n'est, en rien, négligeable. Ainsi l'auteur
de *Matière et Mémoire* me semble rejoindre les philosophes
écossais, et j'en ferais volontiers un réaliste. J'en ferais un autre
d'Emile Boutroux; un autre encore, de Renouvier, malgré son
juste renom d'idéaliste. Ne croit-il pas au monde extérieur pour
des raisons voisines de celles de Reid et, s'il rejette son « per-
ceptionisme », ne lui donne-t-il pas gain de cause sur presque
tous les autres articles (²) ?

Ne disons donc point des catégories d'Aristote qu'elles ont
vécu. Même au sens où les prenait Aristote, elles vivraient encore. Entre elles et les catégories de Kant, le choix reste libre.
Les catégories d'Aristote sont nécessaires, au sens le plus vague
du mot, parce qu'elles s'étendent à tous les sujets : celles de
Kant sont universelles, parce que, strictement nécessaires, elles
expriment et attestent le rôle souverain, exclusif même de la
pensée. Les catégories d'Aristote, par contraste, en deviendraient contingentes. Dans l'opinion de celui, qu'en pleine
Scolastique, on nommait « le Philosophe » tout court, *Philo-
sophus*, elles ne l'étaient pas. Il n'en est pas moins à peu près
impossible aujourd'hui, de prendre position à côté d'Aristote,
sans faire front, de près ou de loin, aux catégories de Kant.
Elles ne sont point les mêmes. Il y a plus. Elles ne sont point
catégories au même titre. Le nom « d'affirmables » leur reste ;

----

(1) Il en faut chercher les origines dans la période anté-socratique,
au moment d'Empédocle.

(2) Me sera-t-il permis de rappeler à ce propos l'obstination dont je
fis preuve au moment de *Croyance et Réalité*, en m'entêtant à écrire
« Réalisme » là où Renouvier s'attendait à rencontrer le terme de sens
contraire « Idéalisme » ? J'étais alors sous l'influence presque immédiate du *Deuxième Essai de Critique Générale*.

les sources de l'affirmation diffèrent. Peu s'en faut qu'elles ne s'opposent et que, par ce contraste, la table d'Aristote ne nous achemine, encore une fois et presque malgré nous, à la contingence originelle des catégories.

Je n'en dis point davantage. J'en suis toujours aux gestes avant-coureurs de l'affirmation ferme. Mais comment négliger ces gestes, et surtout, comment en méconnaître la portée ? Comment ne point apercevoir, quand on interroge, et à la manière dont on interroge, la réponse ou que l'on sent, ou que l'on souhaite voir venir ? Me serais-je mis l'esprit en mouvement si son mouvement n'allait nulle part ou qu'il me fût impossible de savoir où ? J'ai cru, je crois encore au succès possible, ou d'un rationalisme de la contingence, ou d'un rationalisme appuyé sur des bases plus larges que celles des axiomes logiques. Je ne m'en dirai certain qu'après avoir tenté sur les « Lois fondamentales de la Connaissance » une épreuve pareille à celle que Boutroux tenta sur les « Lois de la Nature ». Et je me guiderai sur le maître dont la doctrine touche de plus près à celle que je voudrais défendre, en lui empruntant sa table des catégories. Renouvier la dressait, en 1854, dans le *Premier Essai de Critique Générale*, et pendant une carrière qui a duré de 1854 à 1903, il ne l'a guère sensiblement modifiée. Cette table a été fort intelligemment rapprochée de celle d'Aristote et je sanctionne ce fécond rapprochement (¹). Quand Renouvier posait le problème des lois fondamentales de la Représentation, il ne se trouvait pas, ainsi que Kant, en présence d'un travail accompli, dont le commentaire se prépare à démontrer l'excellence. Il travaillait et cherchait, prenant le lecteur à témoin. Il travaillait en dehors de tout système, non toutefois sans l'espérance d'en bâtir un pour son propre compte. Sa liste des catégories n'est certes point le décalque de celle d'Aristote. Mais le nombre des éléments discernés, y est sensiblement égal : il ne s'en faut que d'une unité. D'autre part, si l'on s'attachait aux catégories dénombrées, on noterait une différence, tout à l'avantage du philosophe moderne. Pour la rendre sensible, je dirai qu'Aristote s'est réglé sur les parties du discours telles que le grammairien les discerne, tandis que Renouvier a suivi, d'assez près, la classification naturelle des sciences. Je fais allusion à celle d'Auguste Comte, très supérieure au travail d'Ampère, vrai chef-d'œuvre de complication et presque de confusion, malgré une étonnante richesse de dé-

(1) Cf. Eugène DUPRÉEL, *Essai sur les Catégories*, Bruxelles, Lamertin, 1906.

tails. J'ai soutenu la thèse d'une influence très certainement lointaine, indirecte, inconsciente, réelle pourtant et, j'y
tiens, effective sinon efficace, d'Auguste Comte sur Renouvier.
Je ne change point d'opinion.

Quelle méthode suivrai-je? Préparé à défendre la contingence
des Catégories, je me suis promis, sans doute, et pour commencer, de garder les Catégories. Redirai-je que leur contingence
est provisoirement acquise, si celles des « Lois de la Nature » est
suffisamment établie ? Tout bien considéré, le sort de ces dernières ne saurait se décider, si l'on voulait, à toute force, en séparer
le sort des Catégories. Tôt ou tard, celles-ci cèderaient la place
à celles-là qui deviendraient les catégories de la nouvelle doctrine. La question de contingence est donc supposée résolue.
Reste à se demander si ces catégories de la philosophie nouvelle,
comme on vient de les nommer, auront droit à leur nom et à
leur rang de catégorie. On m'invite à leur contester ce droit. On
me rappelle que l'abolition de la nécessité en implique la dé-
nonciation. A cela je réplique, en invoquant le second caractère reconnu par Kant à la catégorie : l'universalité. Or, si les
Catégories restent universelles, pourquoi ne resteraient-elles
point Catégories ? Mais vont-elles pouvoir rester universelles ?
En vérité, je ne puis accepter sans discussion la solidarité des
deux faillites (¹). Ai-je raison ou tort en essayant de réveiller
une discussion assoupie sinon close ? Tout est là.

J'aurais tort, si l'universalité et la nécessité, en dépit de ia
distinction des noms, s'appliquaient à un seul et même caractère. L'universalité ne serait alors que la façade de la nécessité.
Je vais donc explorer cette façade sous ses différents aspects,
et m'assurer qu'elle peut, d'elle-même, et sans nul ciment intermédiaire, pénétrer dans le sol. Je traiterai la nécessité comme
une valeur dénuée de crédit. Je la traiterai comme si elle n'avait
jamais eu d'histoire et je me reporterai, en esprit, au lendemain du jour où J.-St. Mill dota la philosophie moderne de
son *Système dc Logique*. Ce système n'est autre qu'une chaîne
de positions défensives contre la notion de nécessité. On y voit
l'universalité tissant sa trame et travaillant pour son propre
compte, non plus à dissoudre les principes, ainsi qu'au temps
de David Hume, mais à les consolider et à les affermir. Le positivisme est déjà né; et l'on peut comparer le *Cours de Philosophie positive* au développement d'une charte. Que faut-il et
que suffit-il à la science pour que cette science naisse, vive
acquière et grandisse ? Cela, Auguste Comte le devait savoir

____

(1) Des deux « faillites » : celle de la nécessité, celle de l'universalité.

mieux que personne. Or, loin de désavouer Mill qui voulait être de son école, il l'accepta parmi ses adhérents, je n'ai point dit ses adeptes. Je tiens Auguste Comte pour un des génies rationalistes les plus fermes de l'histoire. Mais sa fidélité à la loi des trois états lui imposait l'obligation de faire bonne garde autour du rationalisme classique, complice des métaphysiciens. Aussi l'a-t-on vu, lui qui devait déclarer le pur empirisme « stérile », permettre à la loi de causalité universelle de descendre au niveau de la loi de Mariotte. J.-St. Mill avait donné la permission. Auguste Comte la contresigna.

N'essayons donc pas, en fait de royalisme, de nous montrer plus strict que le roi. Acceptons de soumettre à un commun droit les lois du monde physique et jusqu'aux lois de toute la nature, catégories y comprises : appliquons, sans arrière-pensée, à la philosophie, le régime de la science; ne faisons fi, ni du témoignage des faits, ni du témoignage des hommes; et, sans nous effrayer à l'avance de ce que les Catégories seraient exposées à perdre, réduites à une universalité simplement octroyée, attachons-nous à l'avantage qu'offrirait une enquête sur chacune des catégories et sur les notions adjacentes dont la présence à tous les esprits serait l'effet de leur commune présence. A défaut de l'opinion du sens commun, toujours insaisissable, pourrait se dégager ainsi une « opinion prévalente » sur le prolongement de laquelle s'engageraient les débats de l'avenir. En fait, aucun philosophe ne travaille autrement. Il commence, comme tout le monde a commencé, non en bâtissant sur un sol nouveau, non pas même en empruntant au vieux sol des matières nouvelles, mais en travaillant sur les travaux d'autrui. Ce n'est point la méthode que Descatres s'est vanté de suivre. C'est celle que Pascal assignait à tout homme voulant faire son métier d'homme, qui est de continuer l'histoire humaine.

On va donc remettre sur la sellette la Contingence des Lois de la Nature mais en conduisant autrement l'interrogation et en produisant directement les arguments ou plutôt les faits favorables à l'universalié des catégories. Chemin faisant, comme bien l'on pense, on essaiera d'obtenir, pour chacune d'elles, une définition communément admissible. Autrement, mieux vaudrait se taire tout de suite, car les idées se brouilleraient à peine apparues, et sombreraient vite dans le chaos. L'essentiel, si l'on sait s'en rendre compte, n'est pas toujours d'atteindre le but; il est, quand on le manque, de pouvoir dire ce qui s'en est manqué, de combien et pourquoi. L'essentiel est encore, si l'on

est resté à trop longue distance du point visé, de regarder ailleurs
que devant soi, à droite, à gauche, en arrière même. Je ne sais
plus à quel philosophe contemporain d'Amérique revenait en
mémoire le chapitre du Livre de Samuel, ou Saül nous est montré « cherchant ses ânesses et trouvant un royaume ».Notre
philosophe ne pensait à Saül, que pour espérer de ses efforts
momentanément compromis un succès semblable. « Tout
arrive ».

Il n'y a plus désormais qu'à se mettre en route et à stationner
devant chacune de ces catégories alignées dans le *Premier Essai
de Critique générale*, en se conformant à l'ordre d'alignement (¹).

IV

1° L'universalité de la Relation ne semble guère contestable.
L'affirmer n'est-ce pas énoncer un truisme ? Parler c'est « rapporter »; comprendre, c'est « apercevoir des rapports ». Enfin
« l'homme pense ». Spinoza érige cette affirmation en axiome.
Il n'y voit pas seulement un fait universel, mais une vérité.
Ce n'en est pas moins un fait universel, et si bien constaté,
qu'on perdrait son temps à en prolonger l'expérience.

Sur la liste des catégories qui nous guide, la Relation tient
la même place que l'Etre sur la table d'Aristote. Cela ne veut
point dire que, partout et toujours, le $\tau\grave{o}$ $\epsilon\tilde{\iota}\nu\alpha\iota$ se ramène au $\tau\grave{o}$ $\check{o}\nu$.
En d'autres termes, la substitution au participe présent du sim-
ple infinitif atteste un véritable changement de front. Je ne saurais en négliger la remarque. Je ne saurais non plus en développer les conséquences. Elles portent trop loin pour ne pas excéder les bornes d'une longue parenthèse.

Mieux vaut insister sur le rang d'avant-garde assigné au Rapport, et, par conséquent, sur la souveraineté, dans la proposition, du terme qui en exprime l'essence : le verbe ou la copule.
Qu'est-ce en effet que le verbe ? On dirait volontiers qu'il exprime la pensée : erreur, il exprime l'action. Et le terme dont le
rôle est celui du sujet a le verbe pour père. Un sujet se définit
par son usage, par ses effets : la foudre est ce qui fulgure. Aussi

(1) Voici cet ordre d'alignement donné par Renouvier, je crois,
pour une classiffication simplement *cardinale*. Mais « cardinal » ne
signifiant pas « fortuit », l'auteur s'est préoccupé de suivre un ordre,
sans doute l'ordre le meilleur, sinon le plus rigoureux : « 1° Relation,
2° Nombre, 3° Position, 4° Succession, 5° Qualité, 6° Devenir, 7° Causalité, 8° Finalité, 9° Personnalité.

P.-J. Proudhon a-t-il rencontré juste, le jour où, dans son livre de la *Justice*, il s'est écrié, comme en face d'un monde soudainement découvert : « L'idée naît de l'action et retourne à l action, à peine de déchéance pour l'agent. » Avant lui, Faust, logicien d'une suite d'idées impeccable, dès qu'il a écrit « Au Commencement était le Verbe », se reprend et se corrige « Au Commencement était l'Action ». Regardez-y de près, à votre tour, et il vous paraîtra qu'en remplaçant le τὸ ὄν par le τὸ εἶναι infinitif du présent ἐστί, Renouvier reconnaît directement la primauté, dans la proposition, de ce qui en lie les termes, et prend position à la source dont la pensée dérive, laquelle n'est autre que la nécessité de vivre et, pour vivre, d'agir ou de faire.

Au problème de la Relation se rattache celui de la Relativité. Au temps où nous sommes, la Relativité de la connaissance se laisse admettre sans effroi. On ne l'entend point, il est vrai, partout de même. Et s'il fallait, pour se mettre à l'unisson, reculer jusqu'à Protagoras, on rencontrerait d'insurmontables résistances. Quand on aime la dispute pour le plaisir de mettre des idées en conflit, rien n'est intéressant comme d'essayer des variations sur le thème dont le célèbre sophiste a fait la célébrité. L'homme est évidemment la mesure de toutes choses, car il juge de toutes choses par rapport à lui. Et il juge de toutes choses par rapport à lui, attendu que le premier service rendu à l'homme par l'intelligence humaine est un service défensif. L'intelligence est, avant tout, un instrument de lutte et de victoire. Je ne sais si l'homme pense parce qu'il a une main. J'affirme que son adresse est l'effet de son intelligence. Mais la formule de Protagoras signifie encore ceci : à savoir que l'homme juge exclusivement par ses sensations. Or, ne jugeant que par elles, il serait constamment exposé à se contredire. Contre Protagoras, l'antiquité ne trouva rien de mieux que de faire porter la connaissance sur de véritables « choses ». Les Idées, prenons-y garde, ne fondaient la science qu'à la condition d'être hors de nous. L'antiquité s'échappa ainsi du labyrinthe dans lequel le sophiste avait tenté d'emprisonner la pensée. Les idées-choses ont cessé de vivre. Mais elles nous ont permis d'échapper au scepticisme, et tout en y échappant, d'appuyer sur un fondement solide la thèse de la Relativité. Oui, certes, l'homme, depuis Kant, est redevenu la mesure de toutes choses : en un sens tout nouveau, car il est un Entendement humain régi par des lois constantes, expression de l'espèce humaine, proprement dite, et qui élève l'humanité au-dessus de l'individu.

« La Relativité de la Connaissance » signifie encore autre chose. Non seulement je ne connais que « relativement à moi », mais encore je ne connais que des relatifs, soit des notions en rapport à d'autres notions. Bref les « supports » sont implicitement exclus de la connaissance et les substances sont proscrites. Le sont-elles partout unanimement ? Pas encore. Le nombre des suffrages s'accroît de plus en plus. Le pronostic est favorable : la substance fait de moins en moins parler d'elle. Et c'est bon signe : rien de plus, cependant.

.

2° Donner une place au Nombre parmi les idées présumées universelles, c'est admettre que tout est nombre, mais en attachant à cette opinion un sens différent de ce qui fut ou passe pour avoir été l'opinion de Pythagore. Quand Pythagore soutenait que « tout est nombre », il le disait au sens d'Héraclite, par exemple, affirmant que « tout est feu ». Il est possible, en effet, que le Nombre se mêle à tout, pénètre partout, qu'il y ait là un affirmable que tout sujet s'attache ou s'annexe. Si l'on se permettait d'en conclure que les êtres et les choses sont des nombres, on raisonnerait à la manière d'un sophiste.

Qu'est-ce d'abord que le Nombre ? Si, comme on l'affirmait tout à l'heure, le verbe est le vrai père du substantif, j'aurai le droit de définir le Nombre en me réglant sur ce que l'on en fait. On s'en sert pour compter. Le Nombre, dirai-je alors, c'est ce qui permet de compter.

Qu'est-ce que compter ? C'est, par exemple, dire : « un, deux, trois, quatre..., etc. » en évitant d'omettre une seule de ces émissions vocales ou d'en modifier l'ordre. Est-ce donc réciter une nomenclature ? Oui. C'est encore autre chose, attendu qu'on ne parle pas pour le simple agrément d'agencer des syllabes ou de dessiner des signes. Tout signe se rapporte, soit à un objet, soit à un signe d'une autre espèce, indice d'un être, d'une chose ou d'une partie de chose. Toutefois, quand on apprend à compter, on s'exerce à prononcer des noms correspondant à des signes graphiques, à montrer chacun de ces signes en lui donnant son nom. On distingue, en arithmétique, la numération écrite et la numération parlée. On peut les apprendre séparément. Tel, qui sait compter, peut ne savoir point lire. Quand on ne sait point lire, cela ne sert à rien de savoir le nom des lettres. L'ignorance de la numération écrite, elle, n'empêche point de compter. Quel est donc l'essentiel de la numération et, pour bien compter, que suffit-il ? De savoir qu'*un* vient avant *deux*, que le signe *trois* se place entre les signes *deux* et *quatre*. Mais que fait-on chaque fois que l'on compte ? Ne fait-on rien de plus ? Autrement dit, à quoi sert de compter ? Observez la lavandière comptant son linge. Elle récite la série des nombres et, à chaque énonciation, elle prend un objet dans un tas pour le ranger parmi des objets semblables. Compter c'est mettre de l'ordre : on compte pour « former des ensembles », des groupes.

La numération, dès lors, confine à l'addition. Par suite, le dénombrement équivaut déjà à une opération arithmétique. On compte afin d'ajouter un ou plusieurs objets à un ou plusieurs objets préalablement séparés et groupés. Mais en même temps que l'on opère sur des choses, n'opère-t-on pas sur des nombres ? Dire « un, deux, trois » revient à dire « un et un font deux ; deux et un font trois ». On ne s'en aperçoit qu'en y réfléchissant, si vite que l'on s'en aperçoive. Il y a donc là deux actes distincts. J'en atteste la numération écrite. Écrivez en chiffres arabes : 1, 2, 3, 4, 5. Écrivez ensuite, en chiffres romains : I, II, III, IV, V. Observez que la seconde série ne reproduit point exactement la première. Pour la traduire en chiffres arabes, il faudrait écrire : 1; 1 + 1; 1 + 1 + 1; 5 — 1; 5. Les jeunes Romains qui s'exerçaient à la numération écrite, s'exerçaient en même temps à l'addition et à la soustraction. De plus, il leur était permis de rattacher les schèmes numériques aux images sensibles que ces schèmes résument. Ils ne pouvaient dénombrer graphiquement, ni sans grouper, ni sans ordonner. La numération écrite des Romains, sensiblement inférieure à celle des Arabes pour l'aisance et la rapidité des opérations, lui est, en effet, de beaucoup supérieure, en raison des clartés qu'elle vient répandre sur la nature et les origines du dénombrement. On y serre de plus près le rapport de ce dénombrement aux opérations les plus élémentaires de l'arithmétique, et l'on y voit émerger le Nombre du chaos sensationnel primitif dont il s'est vraisemblablement dégagé. De ce chaos est antérieurement sortie la dyade du Grand et du Petit, dont le rôle ne commence qu'au moment où l'Unité agit sur elle.

J'ignore si le Nombre va pouvoir s'étendre à tout. Il ne m'en apparaît pas moins, déjà sous l'aspect d'une loi de synthèse dont les éléments sont l'Un et le Multiple, et dont le résultat est la conversion d'une diversité confuse, pseudo-qualitative, en une diversité quantitative homogène. Le Nombre devient ainsi le générateur de la quantité discrète, sans laquelle la quanlité continue s'ignorerait comme telle. Il est donc le père de la Quantité. Comment, en effet, répondre à la question « Combien ? », si l'on n'a, ni dans l'esprit, ni dans la mémoire l'idée d'aucun nombre ?

Les nombres sont entiers ou fractionnaires. L'idée de fraction, a-t-on dit, trouble la notion de nombre : pas jusqu'à l'en rendre mortelle, il est vrai. Elle la trouble néanmoins. Ne puis-je, en effet, faire *un* avec *deux* si, pour reformer le nombre *un* préalablement fractionné, j'en dois réunir les deux moitiés ? Au cas où les beaux jours de la sophistique seraient appelés à renaître, la notion de Nombre donnerait lieu à de brillantes et interminables joutes.

Aux difficultés que suscite la notion de Nombre dans les jugements mathématiques où, figurant en tête de la copule, le Nombre a rang de sujet, s'ajoutent celles que soulèvent les jugements où il tient la place de l'attribut. Soit, par exemple, la proposition : « Socrate, Glaucon, Adimante sont Athéniens ». J'ai le droit d'en tirer trois propositions de même attribut, et de dire : « Socrate est Athénien, Glaucon est Athénien, etc. ». Mais le droit d'affirmer que « Socrate et Glaucon sont deux », n'implique point celui de dire : « Socrate est deux ; Glaucon est deux ». Ici l'absurdité est flagrante (¹).

Peut-être serait-il sage d'ajourner la question de savoir de quoi est fait le Nombre. Le Nombre est un moyen, un instrument. L'essentiel est de s'en bien servir. Et donc, tout peut-il, ou ne peut-il pas se compter ? Sachons cela d'abord. Peut-on déterminer, par exemple, le nombre des habitants de la terre ? celui des insectes ? celui des astres ? Chose étrange : on répondra « oui » aux deux premières questions. A la troisième, plus d'un « non » sortira de l'urne. Témoin ce mémorable texte de mon Maître Lachelier : « C'est une propriété remarquable, quoiqu'on ne l'ait peut-être pas assez remarquée, de la sensation visuelle de nous donner, non une étendue actuelle et d'une grandeur déterminée, mais une sorte de matière d'étendue, susceptible indifféremment de toutes les grandeurs, et dont la moindre partie peut à son tour se dilater à l'infini. Jusqu'où s'étend notre vue, lorsque nos yeux se tournent vers le ciel ? Virtuellement, à l'infini ; actuellement, à une distance, pour l'enfant nouveau-

---

(¹) J'ai l'heureuse surprise de trouver une remarque du même genre dans le très beau livre de Louis Couturat sur la *Philosophie des mathématiques*. Ce n'est pourtant pas Couturat qui me l'a inspirée, mais mon ancien maître de l'Ecole Normale, J. Lachelier, après une lecture attentive de son étude sur *La Proposition et le Syllogisme*.

né, de quelques centimètres ; d'une centaine de mètres, peut-être, pour l'enfant de deux ans ; de cinq à six kilomètres, pour l'homme fait qui ignore l'astronomie ; à une distance déjà beaucoup plus grande pour un grec instruit du temps d'Aristote ; à la distance, pour nous modernes, à laquelle le calcul place les étoiles les plus lointaines que nous puissions apercevoir. Et combien de détails visibles renferme une portion de surface donnée ? Très peu si nous regardons négligemment et de loin : beaucoup si nous la regardons de près et attentivement : beaucoup plus encore si nous la regardons à la loupe et au microscope : une *infinité à la rigueur* » (¹). C'est qu'en effet, on peut compter, soit avec la main, soit avec les yeux. Et c'est sous le regard que l'infini se déploie. De plus, s'il faut y aller regarder pour savoir combien il y a d'astres, ce ne peut être qu'à l'aide d'un critère. Mais quel est donc ce critère ? A quel signe reconnaître, passées certaines distances, que l'on fixe deux étoiles et non une seule ? Un enfant se risquerait à le dire. Son témoignage ne prouverait qu'une chose : l'ignorance du témoin.

Je reprends la question : tout se peut-il compter ? Unique siège du Nombre, l'intelligence le travaille, mais ne s'y assujettit point. Et si l'on assure, d'autre part, que la sensation ne lui est point réfractaire, ce n'est qu'au prix de postulats ou de conventions dont le succès ne semble plus répondre aux espérances des premiers jours. On mesure, il est vrai, l'action dynamogène de la joie, les effets physiques déprimants de la tristesse : l'art du médecin peut en tirer d'utiles indications. La philosophie, à son tour, en tirerait, pour son propre compte, car elle sait, mieux aujourd'hui qu'autrefois, poser le problème de l'universalité du nombre. Elle sait, en effet, que, de lui-même, le Nombre est sédentaire, qu'il s'exerce sur ses propres combinaisons et, par là, s'enrichit incessamment de propriétés nouvelles. Hors de chez lui, le nombre s'applique partout où on lui en assure les moyens. Cela dépend de la matière qu'on lui destine et de la manière dont on la lui prépare. Pris en lui-même, le Nombre est ou paraît être la moins universelle des catégories. Car cela seul se compte dont les éléments forment une pluralité séparable, ou se prêtent à une séparation artificielle. Un peu de force et d'adresse y suffisent parfois. De lui-même, le Nombre ne s'étend point à tout, et plus, dans la série des sciences, on s'éloigne des mathématiques, plus on le dirait appelé à un rôle accessoire. Il n'est pas universel. Il pourrait

---

(1) J. LACHELIER, *Etudes sur le Syllogisme*, pp. 147-148.

être « universalisé ». Mais l'importance de ses services pourrait décroître en raison inverse de son champ d'extension. On est loin d'être fixé sur la valeur des statistiques dans les sciences morales et sociales. Ce n'est point le tout d'aligner des chiffres et d'obtenir des nombres, et les pourcentages sont fertiles en mystifications.

* *

3° L'universalité de l'Espace offrira, j'imagine, moins de difficultés. Les êtres incorporels échapperaient à sa juridiction. Mais on n'en connaît guère. Et dans le monde où l'homme s'agite, la question *ubi* paraît bien se poser à propos de tout. Autre n'en est pas moins l'universalité d'un questionnaire : autre, celle d'une notion. Et peu importerait de savoir qu'une catégorie a reçu le nom d'Espace, si ce nom ne devait être que « le nom d'un nom ».

On sait qu'Auguste Comte, en fondant la Religion Positive, afin de ne point déranger ses nouveaux fidèles dans leurs vieilles habitudes, leur remplaça la trinité du symbole de 395 par une autre dont les trois personnes (??) étaient le Grand Etre ou l'Humanité ; le Grand Fétiche ou la Terre ; le Grand Milieu ou l'Espace. L'Espace est, en effet, un grand milieu. Si divers que les corps semblent, fussent-ils profondément indiscernables et radicalement irréductibles, le fait seul de baigner tous ensemble dans un même espace autoriserait à les ranger sous une idée commune.

Ainsi la spatialité est la condition à laquelle tout corps est tenu de satisfaire pour jouer son rôle de corps ou de matière ; toute matière a un siège, et n'est matière qu'à la condition d'avoir un siège. L'expression, décidément heureuse, de Grand Milieu, ne signifie pas autre chose.

L'Espace ne fut point toujours traité comme une « quantité pure » (¹). Il l'est maintenant. Cela veut dire que l'opinion courante est spontanément défavorable à un espace purement conceptuel. Nos façons ordinaires de parler expliqueraient cette défaveur. Si les corps sont réels, et nul n'en doute, comment ce qui les contient ne le serait-il pas ? Ce soi-disant réel se définira,

____

(1) Il le « devient » avec Aristote, mais sans l'être complètement encore puisqu'il est des directions de l'espace *préférées* par certains éléments et qui, comme telles, semblent « qualitativement » se distinguer des autres.

dès lors, par ce à quoi il sert, par sa fonction. On le nommera un « contenant », un « milieu », et l'on se déclarera satisfait. A ce point de vue, l'Espace de l'*Esthétique transcendantale* ne laisse rien à désirer. Qu'il soit un phénomène ou un noumène, peu importe, du moment où il reste objet d'intuition.

L'Espace, disait Aristote, est formé de parties ayant une position. La question *ubi* s'adresse aux corps déjà situés ; elle s'adresse également à ceux que l'on ordonne. Les deux adverbes *ici* et *là* sont essentiellement adverbes de lieu. Ils relèvent directement, non du corps, mais de l'Espace. Les corps « participent » ainsi de la quantité. L'Espace *est* une quantité et n'est rien d'autre. Est-il le contenant de l'étendue ou celui des corps ? Le sens commun distingue. Il n'est pas sûr que ce soit avec raison. Mais que l'Espace appartienne à l'ordre des quantités, le nom latin de l'étendue en est la preuve. Qu'on le décompose, on en verra sortir l'idée de tension extérieure, de tension vers le dehors, de quelque chose dont le propre est d'être hors de soi-même et doit ce qu'il a d'être à la juxtaposition de ses parties. Supprimez ces parties par la pensée, vous abolissez aussitôt l'Espace. Il vous reste la « quantité supprimée » : supprimée au sens littéral du terme, c'est-à-dire rien.

On s'entendrait, croyons-nous, entre profanes, philosophes et savants, pour attribuer à l'Espace : 1° les trois dimensions et les six directions cardinales, sans parler des directions intermédiaires, en nombre inassignable ; 2° la contiguïté *ou* la continuité. — Je souligne la particule disjonctive, la distinction spontanée du contigu et du continu n'étant, ni des plus aisées, ni des plus familières. La vue, d'ailleurs, en facilite la confusion ; — 3° la divisibilité indéfinie. On aurait beau diviser par la pensée l'Espace en éléments de plus en plus infimes, ces éléments se dilateraient à vue d'œil dans tous les sens, et ce serait toujours à recommencer ; 4° l'extension indéfinie, corollaire de la propriété précédente. — On voudra bien remarquer qu'ici nous disons « indéfini » et non pas « infini ». C'est qu'ici encore, la majorité des esprits ne fait point la différence et que le sens commun s'en désintéresse.

A ces caractères positifs de l'Espace, il conviendrait d'en adjoindre d'autres que l'on exprime d'ordinaire par des négations. Tout le monde sait, en effet, ou croit savoir que : 1° l'espace n'est point mobile. Non seulement il ne l'est point ; mais il est, de toute nécessité, dispensé de l'être ; autrement il rendrait le mouvement impossible ; 2° l'Espace n'est point une qualité des corps. On a pu se demander si le contenant n'influait pas sur le contenu. Et les analogies de l'expérience devaient conduire à imaginer l'Espace sur le type d'un vase rempli d'eau, imprimant sa forme sur le volume d'eau contenu. Il a donc fallu rectifier la notion d'Espace, en lui refusant toute forme, toute limite, mais en le reconnaissant indispensable à la configuration et à la limitation des corps. L'Espace « fonde » l'une et l'autre, bien que, tout en les fondant, il s'en distingue ; 3° enfin, condition essentielle de tout ordre, l'Espace n'est pas l'ordre. Il l'est si peu, que le désordre, sans lui, deviendrait impossible. Mettre du désordre revient, en effet, à mettre devant ce qui était derrière, en bas ce qui était en haut.

Les profanes qui ont, eux aussi, leur « esprit humain » comme les philosophes, font appel aux catégories, à commencer par celle d'Espace, l'une des plus quotidiennement usitées. L'usage instruit, mais il ne nous apprend, d'ordinaire, que ce qu'il coûterait trop d'ignorer. C'est ainsi que le profane ignore si l'Espace est infini ou indéfini. Jamais il ne s'est posé la question. Les attributs de l'Espace se règlent, semble-t-il, sur ces « attributions » ; et si, parmi ces attributions, il s'en glissait de contradictoires, le vulgaire n'en saurait rien. C'est donc au philosophe qu'il appartient d' « accorder » ces attributs entre eux. Et ce n'est point toujours chose facile. On s'entend mal sur la question de l'infini, ou même on ne s'entend point du tout. Ceux que leur nature d'esprit incline à voter contre l'infini actuel sacrifieraient parfois, de gaieté de cœur, la continuité et la divisibilité de l'Espace, se risquant, même, à dresser contre « l'Espace de l'imagination », celui de tout le monde, je ne sais quel « Espace de la Raison pure »...

On connaît les thèses de Parménide. Au nombre de ces thèses, figurent le caractère sphérique de l'Etre et son indivisibilité. Pareillement Spinoza assurait à la Substance une étendue infinie et indivisible. J'ai peut-être, sur la question, une opinion « particulière ». Loin de protester contre Spinoza et Parménide, je les justifierais plutôt. Je ne mets certainement pas en doute la divisibilité de l'Espace. Occupé par les corps, il doit être, *a fortiori*, occupable, divisible par conséquent. Toutefois, si je ne le percevais occupé, par suite, divisé, ne le préjugerais-je pas indivisible, en raison de son homogénéité même ? Celle-ci résulte de l'indifférence des éléments : je me trompe, elle n'est autre que cette indifférence même.

Je voudrais n'avoir rien à dire de l'Espace des savants : il paraît différer de celui des profanes. Il en diffère d'ailleurs, et même profondément. Non que cette différence ait passé à l'état de dogme, il s'en faut de beaucoup. Mais les discussions sur l'Hyper-Espace ont fait assez de bruit pour condamner la géométrie euclidienne à porter un nom propre, et la « philosophie de la règle et du compas » à se défendre contre les « nouveaux géomètres ». Je n'ai guère voix au chapitre. Je rappellerai seulement, à ce propos, ce que tout le monde sait : que le théorème sur le carré de l'hypoténuse peut se démontrer, à la fois, par l'arithmétique et par la géométrie ; que les deux démonstrations se complètent sans se confondre, attendu que les puissances du nombre et les dimensions de l'étendue peuvent se correspondre sans être « du même genre ». Tout nombre peut se multiplier par lui-même un nombre de fois illimité. Cela peut conduire au problème de l'infinie multiplicité des dimensions de l'Espace. Cela peut aussi jeter le trouble sur la notion très claire de dimension, très claire assurément... si l'on ne va point au delà de la troisième. Quant à la difficulté soulevée par la superposition des figures dont on se propose d'établir la coïncidence, j'admettrais volontiers, que dans un univers de fluides, on n'eût jamais songé à « porter » un triangle sur un autre. Le transfert eût peut-être coûté au triangle son essence, et, par là même, sa définition. — Ici j'ai quelque peine à chasser de mon esprit le souvenir de Descartes faisant dépendre de l'arbitre divin les vérités de la géométrie. Car, dans un monde de corps fluides, ces vérités nous seraient étrangères. D'une physique différente, une géométrie différente serait très probablement issue. J'observerai toutefois, ici, que le géomètre, quand il « porte » un triangle D E F sur un triangle A B C, ne se voit point accomplissant un transfert. Il s'est représenté, tout d'abord les deux triangles distincts, « en vue » l'un de l'autre. Il se les représente maintenant superposés. On soutiendrait fort bien que les deux intuitions se succèdent ainsi que deux tableaux successivement regardés, sans image motrices intermédiaires. L'acte II du drame s'est terminé sur un départ. L'acte III commence par une arrivée. Le voyage s'est fait pendant l'entracte. Autrement dit, il ne s'est point fait. Le soi-disant mouvement, à l'aide duquel je place le second triangle sur le premier, est deux fois absent. Il l'est de la réalité, car je le suppose. Il l'est de mon imagination, car je ne me le « représente » pas. Est-ce se représenter un mouvement que de s'en donner les deux points extrêmes er négligeant tout l'intervalle ? Car je franchis d'un bond l'intervalle de la puissance nue à l'acte. Et par conséquent je supprime « l'acte du possible en tant que possible ». Autant dire que, de mon mouvement fictif, je garde les antécédents et les conséquents, en laissant de côté le reste. Ici naît une difficulté. J'ai peut-être mal choisi mon exemple. Si je m'étais donné le cas de la tangente au cercle réalisée par le mouvement d'une sécante, je n'aurais pu, cette fois, éviter les images motrices. En est-on sûr et a-t-on oublié le quatrième argument de Zénon ? Le mouvement de la flèche volante lui paraît inconcevable. Il l'est en effet, si le temps se compose d'instants indivisibles ; car alors, le mouvement ne peut s'obtenir que par une addition de repos. Or quand je considère la sécante, j'envisage ses positions successives, ses « positions », autrement dit « ses repos », tant il est vrai que l'idée du déplacement des corps, en géométrie, reste aussi étrangère que possible à l'idée du mouvement proprement dit !

Je touche à un autre problème, d'une portée plus générale encore, et dont pourrait dépendre le sort, sinon du rationalisme, à tout le moins de la rationalité de l'Espace. La thèse d'une pluralité d'espaces différents, tous également possibles, conduirait à celle de leur origine contingente. Et l'espace du sens commun n'aurait droit à aucun privilège. Vainement on essaierait de disputer à la contingence certains attributs soidisant intangibles et inattaquables. S'entêter gratuitement à les déclarer tels, ne serait-ce point travailler contre les thèses dont on espérait assurer le succès ? (¹)

Ainsi le nom d'Espace convient à une synthèse d'éléments, destinés à remplir une fonction commune, et garantis, par cette destination, contre tout excès d'incompatibilité ou d'incohérence. Aujourd'hui comme hier, demain comme aujourd'hui, nul ne pose ni ne posera la question *ubi* sans orienter spontanément sa représentation, dans la même direction que ses semblables. Tous sauront de quoi chacun parle et s'entendront sur une pluralité d'énoncés assurément restreinte, loin toutefois, croyons-nous, d'être négligeable.

Divisés sur ce qu'il faut penser de l'Espace et lui attribuer, si toutefois on le réserve à des usages plus nobles que l'usage quotidien, les philosophes, au cas où ils n'auraient d'autre ambition que de régler cet usage, échapperaient-ils à tout ris-

(1) On traiterait l'espace comme Descartes a traité la matière en lui octroyant des attributs premiers imprescriptibles et des attributs seconds d'origine éventuellement contingente. La distinction, ici, pécherait par la base. Les qualités secondes des corps ont un caractère *sensationnel* qui les oppose aux autres, où l'on ne sort point de l'ordre *conceptuel*.

que de dissentiment ? S'accorderaient-ils, par exemple, sur les
propriétés de la matière et la relation à l'Espace de chacune
d'elles ? La « Position » est une loi générale qui implique la
localisation de la matière sans entraîner celle de toutes ses
propriétés. Chacun de nous en fait l'expérience. Le monde
extérieur se traduit en nous par des sensations que nous ne
jugeons, ni toutes extérieures, ni toutes au même degré. Pour
qu'il en fût autrement, il faudrait qu'Aristote n'eût point distingué les sensibles communs des sensibles propres, et que la
distinction, par Descartes, des qualités premières et des qualités secondes des corps ne lui eût pas survécu. Or, si l'on va au
fond de cette distinction célèbre, on s'aperçoit que les qualités
premières impliquent l'étendue, tandis que les qualités secondes, à première vue, en sont indépendantes. En y regardant de
plus près, on est tenté de se reprendre, et de reconnaître à la
représentation de l'étendue, sur celle des couleurs et des formes visuelles, des droits de moins en moins contestables. J'ai
soutenu ailleurs que les sons musicaux viendraient, sous
l'influence des progrès de l'orchestration, se « situer directement » dans une étendue autre que l'étendue linéaire, ce fantôme du temps. Je prétends encore aujourd'hui que l'art
d'écouter s'apprend comme celui de regarder. Or, on ne sait
pas toujours interpréter sur un tableau noir les figures que
l'on y perçoit. On « voit » sur un même plan ce qu'il faut
« regarder » dans un espace à trois dimensions. Pareillement,
quand on écoute une œuvre symphonique, on éprouve, si l'on
ne sait pas « distribuer » ses sensations sonores, une impression de cacophonie parfois insurmontable. Cherchez au contraire à « écouter dans l'espace » et l'impression cessera. Les
choses ici se passent comme si on lisait un dialogue sans savoir
qu'il est deux interlocuteurs. Tant qu'on l'ignore, on n'y comprend rien. Mettez des tirets : tout devient intelligible. Je ne
saurais insister davantage, il y aurait d'ailleurs trop à dire,
mais la portée générale de la question ne saurait échapper. Si
l'Espace est, comme le soutenait Kant, une forme de la Sensibilité, toute la Sensibilité en relève. Pour qu'elle en relève
tout entière, l'espace sonore doit se faire une place à côté des
espaces visuel et tactile.

L'espace tactile, depuis Platner (et Leibnitz), a perdu, chez
les philosophes, pas mal de clients. Il ne me paraît inadmissible qu'à une condition, et elle est exorbitante, d'autres diraient extravagante, car elle ne serait satisfaite que si — comme
je me rappelle en avoir, un jour, entretenu Renouvier — il

n'était point d'aveugles. Je considérai l'espace visuel comme
étant, au fond, plus véritable que l'espace tactile. N'est-il point
l'espace unanimement usité ? (¹) Mais comment ne le point
refuser aux aveugles, puisqu'ils sont aveugles ? Et comment,
puisqu'ils sont hommes, laisser « une forme *a priori* de la Sensibilité » à la merci d'une distraction de la nature ? Je me tirai
d'embarras en imaginant un clairvoyant à qui l'on maintien-
drait les yeux fermés aussitôt après sa naissance. Ce clairvoyant verrait, puisqu'il a de bons yeux, et verrait noir, puisqu'il les a fermés. Il verrait quand même, et n'en saurait rien,
ne sachant point davantage ce que voir signifie. Ouvrez-lui les
yeux : il distinguera le noir des autres couleurs, et le reconnaîtra. Or, quelle est la situation de l'aveugle ? Ne peut-elle se
comparer à l'état d'un voyant, mais d'un voyant d'une seule
couleur, incapable de la « sentir », faute de la pouvoir « discerner » ?

Je finirai par, ou plutôt sur un autre problème d'un intérêt
moindre. Il était à la mode au temps de la Scolastique. Schelling l'a repris, non sans profondeur, dans sa *Philosophie de la
Révélation*. C'est le problème de la nature des Anges. Pascal,
en bon chrétien, se représentait l'homme composé d'un ange
et d'une bête, composition qui, à ses yeux, faisait de la vie un
drame de tous les jours. Les mystiques auraient là-dessus leur
mot à dire, et l'on pourrait les laisser parler. Je ne prétends
point qu'ils jouissent d'une santé parfaite, Pascal ayant reconnu, avec une profondeur saisissante, que la maladie est
« l'état naturel du chrétien », mais je soutiens qu'ils nous don-
neraient à méditer sur les frontières de la catégorie d'Espace,
et la possibilité, pour l'âme humaine, de la dominer. Je ne suppose point, d'ailleurs, que l'universalité attribuée par le sens
commun à l'Espace en souffrît sérieusement. Chacun continuerait d'y situer les étendues et comme, en ce bas monde — c'est
le cas ou jamais de lui donner ce nom — rien n'existe hors de
la nature, tout y revêt un corps et se trouve toujours quelque
part.

4° L'universalité du Temps s'établirait sans discussion, s'il
ne s'agissait que de la question *quando*. Rien n'y échappe :

(1) On sait les arguments de Lachelier contre l'espace tactile. A
l'entendre, les distances perçues par l'aveugle seraient des « distances
de temps ». Et l'on aurait quelque peine à le mettre en doute si les termes d'*avant* et d'*après* relèvent de la succession, avant de s'appliquer
à la position.

absolument rien. Mais si l'on tient à maintenir les droits d'une
raison qui ne veut pas abdiquer malgré la contingence éventuelle de ses éléments et de ses principes, on n'évitera point de
discuter, fût-on résolu à discuter le moins possible. Je prétends,
en effet, que si les philosophes, contrairement à leurs habitudes, se décidaient, une bonne fois, à mettre en commun leurs
opinions communes, ils en verraient assez rapidement croître
le nombre, et s'étonneraient de se trouver d'accord sur autre
chose qu'un simple emploi de mots. Certes le problème du
Temps est de ceux sur lesquels les esprits se divisent. Encore
ne se divisents-ils qu'à partir d'un certain point, assez distant,
il me semble, de celui ou le problème se pose.

Fugit irreparabile tempus. Nous savons tous par cœur l'hé-
mistiche virgilien. Et si nous en essayions la paraphrasé, fût-ce
entre philosophes, il faudrait nous résigner, tôt ou tard, sous
peine d'extravagance, à traduire à peu près tous, comme si nous
avions copié les uns sur les autres. On allèguerait vainement une
distinction, à mon sens purement verbale, entre la nature du
temps et ses attributs. Ajouterai-je, qu'au sens ordinaire du
mot, le Temps n'a point de « nature », ce qui ne l'empêche
point d'avoir des attributs ? La vie s'écoule dans le temps. Le
Temps, sans lequel on ne peut vivre, ne vit point. Nous le
savons instable, nous le savons irréparable. Qu'en voudrait-on
savoir de plus ?

Il faudrait s'en remettre à l'imagination du soin de nous en
instruire. Or, en s'y prenant de son mieux, l'imagination s'y
prendrait fort mal, imitant le dessinateur ou le peintre, obli-
gée, pour figurer le mouvement, de le détacher sur de l'immobile. Essayez de l'image du fleuve. Observez, à ce propos,
qu'Héraclite recourait à cette image pour se représenter le
Devenir et que le Devenir n'est point le Temps. Observez qu'un
fleuve a un lit, des rives, des environs : à quoi servent ici ces
supports immobiles ? Nécessaires à la représentation du fleuve,
ils sont vraiment de trop dans la représentation du Temps.
Voulez-vous d'une autre image ? L'œuvre du Temps simule,
dit-on, presque à s'y méprendre, le mouvement d'une faux
s'abattant sur tout ce qui passe. Mais qui tiendra la faux ? Un
vieillard maigre et long, aux bras décharnés, aux gestes mécaniques ? Voilà bien des détails inutiles au symbole. Allons !
Supprimons le faucheur ! Soit, mais plus rien ne fauche. — Le
Temps fuit, le Temps passe. On n'est point dans le Temps
comme dans le lit d'un cours d'eau desséché. Ses eaux nous
emportent et ce ne sont jamais les mêmes vagues qui nous

roulent. Comment donc s'y prendrait un peintre pour « figurer » ce détail, le plus essentiel de tous ? L'imagination n'a décidément aucune prise sur le Temps. — Vous en doutez toujours ? J'essaierai encore, non sans avoir mis préalablement l'imagination à la diète. Je remplacerai, en effet, la toile du peintre par le tableau noir du mathématicien. J'y marquerai un point, et ce sera tout. Vous allez voir que ce sera déjà trop. Car il faut que le point se meuve, condition *sine qua non*. — Je vais, me direz-vous, le déplacer. Et je marquerai à un autre endroit du tableau sa nouvelle place. — Je vous en défie. « Fugit », a dit Virgile. Il a dit aussi « irreparabile ». Or, si vous retrouviez votre point autre part, il ne serait plus irréparable. Vous auriez donc en lui le plus pauvre et le plus pitoyable des symboles. Que faire alors de ce point ? Lui donner l'ordre de disparaître, et de susciter, par sa disparition, un autre lui-même. Cela défie toute représentation.

Je ne puis me « représenter » le Temps. J'essaierai de le « penser ». La tâche est peut-être impossible. J'en atteste un vieux professeur que j'ai connu jadis, et dont c'était la coutume, avant de définir le Temps, d'en faire chercher la définition par les élèves. Les idées se brouillaient vite et quand leur confusion touchait à son comble, notre savant tirait sa montre et disait : « Voilà le Temps ! » Chacun éclatait de rire sans trop savoir pourquoi. Peut-être chacun voulait-il se persuader, une fois de plus, qu'il ne confondait pas l'horloge avec l'heure.

Aristote ne les a point confondus, mais il les a réunis ; il en a fait deux inséparables. Le Temps, disait-il, est quelque chose du Mouvement : un nominatif dont le mouvement serait le génitif. Mais le mouvement peut se concevoir animé de vitesses différentes, il est lent ou rapide. Le Temps, lui, se meut uniformément. Et c'est en fonction du Temps que le lent et le rapide se mesurent. Dès lors le Temps se comporte vis à vis du mouvement comme un nombre. Il est « le nombre du mouvement, selon l'avant et l'après ».

« Avant », « après », ne sont-ce point des adverbes de lieu ? Ils se rapportent, dans l'usage, au Lieu et au Temps. Auquel des deux d'abord ? A la catégorie du lieu, répondrai-je, si je m'en réfère à la composition du livre Δ de la *Physique*. C'est la continuité du lieu qui fonde celle du mouvement, et c'est la continuité du mouvement qui fonde celle du Temps. C'est donc le lieu qui ouvre la marche. Par suite, l'opposition de *l'ici* et du *là* prépare celle de *l'avant* et de *l'après*.

Toutefois, au même livre du même ouvrage, l'espace reçoit des corps étendus et mobiles, si bien, qu'en dernière analyse, l'*avant* et l'*après* du lieu se reconnaissent pour condition le mobile, non pas seulement en tant que ce mobile est une étendue, mais en tant que cette étendue est un mobile. Il paraît bien, dès lors, que d'une part, l'*ici* et le *là*, de l'autre, l'*avant* et l'*après* ne relèvent point de la même catégorie : la seconde des deux « oppositions » descend, pour ainsi parler, dans la première, remorquée par le mouvement.

J'arrive au Présent, ou plutôt au Maintenant, sur lequel Aristote insiste en un chapitre fécond et original (¹). Il le définit : une Continuité du Temps συνεχεία χρόνου, une différentielle du temps, dirait H. Lotze, une synthèse « de limites et d'intervalles », disait Renouvier, réunissant la grandeur et le nombre, la discrétion par la limite et la continuité par l'intervalle. Le νῦν d'Aristote comprend deux éléments dont est l'instant, mais il ne se réduit pas à l'instant. Le présent dont il parle est ce que Ch. Secrétan nommera le « présent psychologique », distinct du « présent métaphysique, pure limite et limite mobile (²). Il semble que le Maintenant d'Aristote annonce à s'y méprendre « l'instant d'écoulement » de Krause, mélange d'être et de non-être, pur élément du Temps, élément mais non pas limite, ce qu'est l'instant, analogue du point.

Comme ce dont il est la limite, l'instant change toujours. Il est ὁ μή ἐστιν ὑπομένον (³) instable et irréversible. De ces deux attributs, le second, corollaire du premier, ne peut se concevoir que rapporté à son contraire, soit au pouvoir reconnu à l'espace d'être parcourable dans les trois dimensions et dans les six directions cardinales (⁴). La route d'en haut, disait Héraclite, est la même que la route d'en bas. Pour aller du Pirée à Athènes ou pour en revenir, une seule route suffit. Le Temps, lui, se contente d'une seule direction, mais, sur sa ligne, les billets de retour sont inutilisables. D'où la célèbre sentence d'Héraclite : on ne repasse jamais deux fois le même fleuve. Ainsi le *fugit irreparabile* de Virgile est, dans sa ferme concision, d'une impeccable exactitude. Quand on l'a compris, on

---

(1) *Physique*, l. IV, ch. XIII.
(2) J'extrais cette distinction d'un livre à peu près introuvable : le *Précis de philosophie* de Ch. Secrétan, recueil de « sommaires ». Secrétan faisait un cours général de philosophie aux élèves du Gymnase de Lausanne et c'est à eux qu'il destinait ce recueil de sommaires, parmi lesquels il se rencontre mainte page forte ou profonde.
(3) *Catégories*, ch. VI 5 a. 27.
(4) Sans oublier le nombre inassignable des directions intercalaires.

sait du Temps ce que chacun de nous en sait, ce qu'il est essentiel d'en savoir : qu'il passe et ne revient pas, et que cette contrefaçon du futur, qui est le passé du conditionnel, est vraiment de trop dans la conjugaison de nos verbes. Elle ne sert qu'à l'imagination.

Ce qui nous rend si lourd le poids du passé, et qu'atteste, toujours dans la conjugaison des verbes, la stérile présence du mode optatif, est-il à la charge du Temps ? On l'y met, je le sais : ne se trompe-t-on point ? Lotze [1] imagine un être indépendant du Temps et cherchant à se figurer comment il s'apparaîtrait à lui-même, s'il pouvait se procurer l'illusion d'y être soumis. Il aperçoit la série de ses états de conscience étalée devant lui comme sur une vaste fresque. Cette fresque, il la divise en trois. Au lieu d'un tableau, c'est un tryptique qu'il s'exerce à regarder de droite à gauche. Dans le cadre de droite, des formes indécises, à peine esquissées, un peu moins vagues en allant vers la gauche. Dans le cadre du milieu, tout est net, mais les dimensions du cadre tranchent, par leur exiguïté, sur celles des deux autres. Dans le cadre de gauche, toujours à partir de la droite et en suivant la direction senestre, des formes et des teintes de plus en plus vagues et pâles. C'est là, encore une fois, tout ce qu'il est possible de tenter pour imaginer l'inimaginable par excellence... Voici que la lumière joue : les images se meuvent : des formes s'avancent dans la partie gauche du cadre de droite. Dans celui du milieu, les formes, se mouvant vers la gauche, passent insensiblement dans le cadre voisin, tandis qu'en y arrivant, elles se dégradent. Puis elles disparaissent sans retour. Vous allez encore, je gage, vous y laisser prendre et m'assurer que vous avez enfin là une image du Temps...

Erreur ! Vous avez pris pour la succession, son contenu : le Devenir. Et c'est pour vous être rejeté de la forme sur la matière, qu'il vous a été permis d'appeler l'imagination à l'aide C'est le Devenir que vous déchargez des méfaits dont il est seul responsable, pour en charger le Temps, dont il est vrai que toutes les parties incessamment se remplacent, mais pour être remplacées par des éléments homogènes. L'instant présent M ne diffère que par son rang dans la série de son antécédent M — I et de son conséquent M + I. Le Temps, dites-vous encore, est vorace et se jette comme un affamé sur sa proie ? Nouvelle erreur. Sa faux s'abat régulièrement sur tout ce qu'elle rencontre ; le Temps est omnivore, donc indifférent.

____

[1] *Métaphysique*, § 118.

Voilà ce que j'affirme, ce que vous affirmerez à votre tour, ce que chacun vous affirmera. Et vous continuerez, j'en ai peur, à déclarer le Temps inconcevable ! Il n'y a ici d'inconcevable qu'une tentative désespérée pour enfreindre la loi du concept. On acceptait tout à l'heure qu'il fût impossible d'imaginer le Temps. Si le Temps était objet d'intuition directe, on pourrait s'en offrir la représentation totale, le dresser devant soi dans son être et dans ses modalités. Or c'est ce qu'on vient de démontrer impossible. Mais s'il est dans la nature d'une intuition de pouvoir être embrassée tout d'un coup, d'être, en quelque manière, saisie dans son ensemble, rien n'oblige le concept à se comporter comme un « percept ». C'est même la tendance à traiter les concepts géométriques comme de simples percepts qui permet de leur attribuer momentanément des propriétés incompatibles avec leur définition. On veut que ces propriétés sautent aux yeux et l'on se dispense de raisonner pour les établir. Le concept ne se livre jamais du premier coup. Il exige une analyse lente et graduelle, et sa reconstruction, œuvre de patience, doit se faire par degrés. Vous prétendez le Temps vide inconcevable parce que vous n'y voyez rien, dites-vous ? Je vous crois ! Vous n'y verriez quelque chose qu'au prix d'un vrai miracle. Il n'y a rien à y voir. Il faut qu'il n'y ait rien à y voir.

C'est donc un problème de concept qu'il va falloir aborder, en essayant de montrer, tout au moins, qu'*a priori*, il n'est nullement inabordable. On vous demande d'ouvrir la notion du Temps, d'en dégager, à mesure, une à une, patiemment, péniblement même au besoin, les parties essentielles, comme qui dirait leurs atomes apparents ; puis les ayant isolés, de les confronter. Le nombre en est, sans doute, extrêmement restreint. La tâche n'en deviendra, sans doute aussi, que moins difficile ; jamais ni trop facile, ni trop prompte, toujours aride d'ailleurs. On a tout d'abord extrait de la notion de Temps une fois ouverte, celle d'instabilité. On vient d'y adjoindre celle d'irréversibilité, sans oublier celles de continuité, d'homogénéité et d'indéfinie divisibilité, que l'on a reconnues les ayant préalablement aperçues à l'intérieur même du concept d'espace.

Tels sont les éléments dont est faite la notion d'un temps dans lequel il ne se passe rien, d'un temps vide, au sens littéral du terme. Essaierez-vous de jouer sur les mots, et de soutenir que la notion d'un temps vide est une notion vide de tout ce qui, de près ou de loin, semble pouvoir s'affirmer du Temps ? Autant vaudrait soutenir que je viens d'aligner des termes exempts de toute signification véritable (¹). Autant vaudrait confondre l'impossible et chimérique résultat d'un effort lui-même impossible, avec le résultat, certainement accessible, d'un effort permis, et dont vient d'être donnée une preuve à la Diogène. Sans doute, j'ai dû raréfier le Devenir, l'épuiser même, pour en extraire le Temps ; sans doute aussi, pour attester la présence du Temps et la réalité de son cours, j'ai imité l'anatomiste injectant une matière liquide et colorante dans une veine dont il importait de faire saillir le trajet. Autrement dit, j'ai laissé provisoirement le Devenir travailler sur la trame du Temps. Puis j'ai supprimé l'étoffe, ne gardant que le canevas Ce canevas est précisément le Temps vide, un concept auquel ne correspond nulle image mais qui n'est point, tant s'en faut, un néant de concept.

Je passe de la notion commune de Temps et des notions élémentaires qu'elle implique, à la manière dont le Temps « s'éprouve en nous », pour ainsi dire. Chacun de nous croit à la réalité du Temps comme à la sienne propre. C'est donc qu'il s'en attribue l'expérience. Il est un vers de Victor Hugo sur lequel Renouvier s'arrêtait volontiers et, qu'en s'y arrêtant, il admirait :

« Et je ne sentais plus ni le temps ni le nombre. »

Si la rime l'eût exigé, le poète eût laissé « l'espace » remplacer « le nombre ». Mais il eût été, de beaucoup, moins bien inspiré. Le nombre n'est pas le Temps, pas plus que le Temps, « nombre » sous quelque rapport, n'est *le* nombre. Ainsi ces deux concepts ont des éléments qui les rapprochent. Admettez, en effet, que, pour cheminer le long du Temps, le nombre soit un guide préférable à l'espace. On a dit, justement, la série des nombres irréversibles (²). Elle l'est à la façon d'un escalier.

(1) La différence, déjà soulignée par Bossuet, au premier livre de la *Connaissance de Dieu et de soi-même* entre l'Imagination et l'Entendement, est certes d'une application difficile. En tout cas, nous déclarons ordinairement inconcevable ce qui ne peut être pensé sans images. On sait d'ailleurs qu'Aristote voulait que, partout, l'imagination assistât la pensée. Peut-être faudrait-il distinguer entre l'éveil des images et celui des simples tendances correspondant aux différentes espèces de l'imagination.

(2) Höffding, *La Pensée humaine, sa forme et ses problèmes*, Paris, Alcan, 1911, § 78, pp. 124-125. Höffding remarque qu'on peut compter dans les deux sens de 1 à 8 et de 100 à 92. On *retrouve*, en effet, la série de 1 à 8 quand on *redescend* de 100 à 92. Mais quand on dit de la

On peut monter, on peut également descendre la série des nombres, pourvu que l'on se résigne à « repasser » sur des nombres déjà nommés. Et c'est pourquoi la série des nombres est, comme le Temps, unilatérale. Elle l'est dans l'ordre de la coexistence. Supprimez la coexistence en gardant l'unilatéralité : vous avez le Temps, dont le nombre est l'image immobile.

Le Temps est né. Sur la Dyade du Grand et du Petit s'en est greffée une autre : celle du Lent et du Rapide. Elle a donné le Mouvement. Mais regardez de plus près, à l'endroit où la première dyade se prépare à émettre son nouveau rameau. Des signes avant-coureurs d'une activité originale se montrent. Là se dessinent les traits du Temps, mesure du mouvement qu' se prépare, et à quoi le mouvement se destine à servir de m sure... Mais je travaille dans l'abstrait. Et il me tarde d'en sortir. Au moment même où j'écris, Camille Chevillard, salle Gaveau, va diriger la *Symphonie Héroïque*. Il donne le signal d'attaque. Tout son orchestre a les yeux sur lui. Le signal est donné. La symphonie commence. Les yeux se baissent. Chaque musicien suit son texte, à moins qu'il ne regarde ses doigts. Et Chevillard s'anime, comme si le mouvement de toute sa personne était le mouvement même de l'orchestre et de l'œuvre. Il marque « les temps » afin de parer aux défaillances éventuelles. On peut, en effet, se perdre, quand on fait sa partie dans une exécution symphonique. Il suffit, pour cela, de jouer momentanément par cœur, c'est-à-dire les yeux distraits du texte musical. Aussi la présence du chef d'orchestre est-elle à peu près indispensable. Je dis « à peu près », car, une fois le signal du départ donné, les musiciens, partis tous en même temps, arriveraient d'eux-mêmes à destination tous ensemble, soit à la dernière note du dernier temps de la dernière mesure. Or il y a là un fait d'expérience auquel on ne réfléchit pas toujours assez, à l'image duquel, si l'on y réfléchissait davantage, on lierait étroitement la conclusion qu'il comporte. Cette conclusion n'est autre que la reconnaissance d'une aptitude à peu près universellement humaine : la capacité de diviser également la durée, et de la diviser sans métronome. Il est certain que ce que l'on divise ainsi n'est pas un pur canevas sur lequel nul dessin ne se détache. On divise en même temps tapisserie et canevas, et la preuve qu'on le divise, je la trouve dans l'unanime reconnaissance d'un même pouvoir et dans les résultats unanimement

série des nombres qu'elle est irréversible, on donne à entendre que, pour trouver, à chaque pas, un nombre nouveau, on doit toujours aller dans le même sens.

attribués à son exercice. Chacun de nous, directement ou indirectement, peut s'en offrir le témoignage.

Kant n'avait donc pas entièrement tort d'attacher au concept du Temps ce qu'il appelait du nom, probablement assez impropre, d'Intuition. Aussi a-t-il manqué son intuition du « Temps ». Il ne l'a manquée toutefois, que pour l'être allé chercher dans l'étendue. Le sens de l'ouïe, que Kant n'interrogeait guère, l'eût autrement satisfait, car il est plus près du Temps que de l'Espace. Si donc il y avait en nous quelque chose qui, sans avoir droit au nom d'intuition, en tînt le rôle, c'est du côté de l'ouïe qu'on le devrait chercher. L'ouïe ne me parait point opérer seule. Le sens kinesthésique s'en mêle, et il le faut compter au nombre des diviseurs du Temps. L'ouïe me semble toutefois être son plus grand diviseur, celui qui sépare le plus grand nombre d'éléments. — Pour achever ma preuve, je regarderai Chevillard imprimant à sa baguette des mouvements égaux, « sans se croire tenu de lui faire parcourir d'égales étendues ». Si je bats une mesure à quatre temps, j'irai, pour marquer le troisième temps, de gauche à droite, pour le quatrième, de haut en bas. C'est la direction du geste qui seule, ici, compte ; un chef d'orchestre uniquement soucieux d'égaliser les temps, se contenterait de mouvoir le plus régulièrement possible la main ou l'avant-bras. S'il lui arrive de faire de grands gestes, c'est pour adapter sa mimique aux exigences, non, encore une fois, de la mesure, mais du rythme et de l'expression. Je sais des chefs d'orchestre qui battent le rythme et non la mesure. Ils sont très intéressants à regarder, car ils divisent inégalement la durée. Mais ils n'en sont pas moins les diviseurs du même dividende. — J'ai parlé du chef d'orchestre. Il a son pareil, je n'ai point dit son égal, dans le tambour-major. Quelle est la fonction de ce militaire ? Il joue de la canne, en guise de baguette, afin de régler le mouvement des multiples baguettes subalternes dont le choc fait vibrer la peau des tambours. Et que font les tambours dans un régiment ? Ils font marcher au pas ceux des soldats qui n'en ont point l'habitude. Ce n'est certes point chose difficile. Les enfants marchent au pas sans qu'on le leur enseigne. Ils se l'apprennent les uns aux autres. Comment l'apprennent-ils ? En regardant les soldats qui marchent et s'excitent à marcher au pas en vociférant : une ! deux ! Enfin — et ce va être ma dernière question — pourquoi les fait-on vociférer ? Parce que cela réussit, et si cela réussit, c'est que l'on arrive à diviser plus sûrement le Temps en mettant les deux sens, le sens de l'ouïe et le sens kinesthésique au service l'un de l'autre. Ainsi l'intuition du Temps nous fait défaut, attendu que nous ne le voyons point couler, mais on l'écouterait presque quand il passe et on le « sentirait » passer. Kant s'est donc trompé de moitié, mais seulement de moitié, quand il a voulu nous gratifier de l'intuition du Temps (1).

Pour avoir le sentiment du Temps, il faut savoir s'en évader. Les êtres vivants peuvent s'en évader, à la condition, toutefois, de n'être pas réduits « à la volonté fixe d'une état fixe », et tel paraît bien être le lot des vivants qui bordent les frontières de la vie. On peut se demander si, sur de tels êtres, le Temps parvient à mordre. Il ne prend point à leur égard l'attitude d'une bête de proie. Celle d'un rongeur lui suffit : j'en attesterai les érosions génératrices d'avalanches. Le Temps mesure ses effets aux résistances qu'il rencontre. Il n'en triomphe jamais complètement; mais là où il montre les dents, et les enfonce dans les chairs, il en emporte des lambeaux disputés à la mémoire. La mémoire, disait avec profondeur Ch. Secrétan, « tue » le Temps. Elle n'y parvient jamais d'une façon complète. Là où elle réussit, c'est en consentant à la loi d'effacement progressif, et en s'accommodant d'une nécessité d'oubli. inexorable tout d'abord, bienfaisante à la longue : le poids de la vie en deviendrait trop lourd. Mais ne vous méprenez pas sur ce que fait en nous la mémoire. Elle travaille à l'encontre du Temps, et, ne pouvant lui ravir nos états, elle en prend le décalque, un décalque grâce auquel notre vie s'allonge dans la durée, à égale distance d'un temps où tout passe et d'une éternité où tout plane. Dira-t-on du moi qu'il échappe à la loi du Temps ? J'en donne ici la preuve. Qu'il y échappe « absolument » ? J'y ajouterais, si l'on ne s'en pouvait passer, la preuve du contraire. La mémoire, elle aussi, s'use ; elle laisse pâlir ce que le Temps lui a tout d'abord abandonné, subissant, elle aussi, mais à contre-cœur, la nécesité de faire place à de nouveaux venus. Une seule chose, dira-t-on, échappe au Temps : la cœnesthésie, fondement sensible de notre identité personnelle. — Faites-en aussi votre deuil. La cœnesthésie est la « pédale » de notre vie intérieure. Mais ce rôle de pédale est sujet à des intermittences La vie intérieure est comparable aux divers mouvements d'une suite symphonique. C'est même de la diversité de nos mouvements intérieurs

(1) Je n'ai rien dit de la notion du mouvement uniforme si unanimement « acceptée ». On ne la démontre pas. On la postule. Et l'on constate qu'elle « réussit ». Pourquoi ? C'est ce que je viens de me demander. Et j'espère y avoir répondu.

qu'est venue, aux natures humaines douées musicalement,
l'idée de projeter cette diversité dans celle des éléments sonores.
Si la sonate a plus d'un mouvement et plus d'un rythme, c'est
parce que la vie intérieure, elle aussi, varie selon le rythme et
selon le mouvement. Le Temps serait-il donc universel ? Marchant toujours du même pas, nos horloges l'attestent, il mord
sans déchirer, déchire sans anéantir. Tout ce qu'il paraît épargner porte ses cicatrices. Mais le tissu cicatriciel est un tissu
réparateur et compensateur. Le Temps fuit irréparable. Mais
où il a passé, l'on répare ; où il a ruiné, on parvient à rendre ses
ruines imposantes et belles, en attendant qu'elles aussi péris-
sent. Le Temps vient donc à bout de tout. Mais les vivants, qui
ont appris à le combattre, le surmontent, et, le surmontant, en
partie lui échappent. L'homme dont la philosophie fut l'expression la plus constante et la plus adéquate de la manière dont il
ne cessa, sa vie durant, de s'apparaître à lui-même, n'a-t-il pas
écrit : « *Experimur nos esse æternos* » ?

Est-il vrai que chacun de nous se sente éternel ? Chacun de
nous, non. Quelques privilégiés savent retenir leur souffle plus
longtemps que les autres. Il doit s'en rencontrer, parmi les
maîtres de la vie intérieure, dont la méditation prolonge le présent, et le prolonge jusqu'à en éliminer tout ce qu'il contient
de fluide. Notre mémoire est une première ligne de défense contre le Temps. Elle en triomphe au prix de concessions sur lesquelles, l'habitude faisant progressivement silence, l'oubli
s'étend pour toujours. Mais derrière cette ligne, une autre se
développe, dont l'appel à l'indéfectible sentiment de notre identité répare les brèches, autant de fois qu'il y est fait appel. Ce
sentiment là s'éteindrait sans la mémoire. Je ne suis pas sûr,
qu'à le mettre entièrement à la charge de la mémoire, on ne fît
tort à la vraie conscience ; Royer-Collard n'a peut-être pas eu
entièrement raison de dire : « On ne se souvient que de soi-
même ». On ne se souvient que de ses propres états. Et l'on
s'en souvient d'autant mieux que l'on s'en distingue. Est-on
certain, d'autre part, que la capacité de méditer sur ce qui ne
passe point soit chose entièrement imaginaire ? En fin de
compte, pour se dire que tout s'écoule, ne faut-il point résister
à l'écoulement, et savoir que l'on y résiste ?

Lentement et laborieusement obtenus, les résultats qui précèdent donnent moins que l'on espérait. Toutefois, si l'extension du Temps s'arrête à la limite passée par laquelle l'esprit
s'échappe, si l'universalité de l'espace n'a d'autres bornes que

celles de la matérialité, si le nombre peut espérer un champ d'application de plus en plus vaste, etc., c'en est assez, semble-t-il, pour n'avoir pas marché en vain. Le problème de la contingence, inutile de le redire, s'est effacé devant celui de l'universalité ; c'était, si l'on s'en souvient, dans le programme. La contingence des catégories, fondée sur celle des lois de la nature, réduisait à la seule universalité le double caractère assigné aux catégories. Ayant cessé d'être nécessaires, elles devaient, sous peine d'abolition, rester universelles. Rappellerai-je, d'autre part, que la contingence d'apparition, là où elle se prolonge, crée, en faveur de la contingence d'origine, une présomption de plus en plus forte ? Quels signes autoriseraient la présomption contraire ? Vous cherchez une démonstration mathématique : si vous la manquez, vous aurez pris pour le vrai, pis que le faux, l'absolument impossible, l'absurde. Si vous la trouvez, vous passez d'emblée du problématique dans l'apodictique par dessus l'assertorique. Le mot de Pascal : « Tu ne me chercherais pas si tu ne m'avais trouvé », n'a de valeur et de vérité que dans l'ordre de la foi. Partout ailleurs, l'homme souvent cherche, selon le dicton populaire, midi à quatorze heures, et l'absurde prend parfois le masque de l'immédiatement évident. La contingence d'origine ne succède point toujours à la contingence d'apparition. La nécessité d'origine peut tout aussi bien se greffer sur elle. On sait que la contingence d'origine porte tantôt sur le sujet et les attributs d'un sujet, tantôt sur ses attributs ou même sur quelques-uns seulement, tantôt enfin sur le sujet seul. On ne se contredirait pas en refusant d'accepter un théorème après rejet des définitions préalables, rejet toujours permis à la rigueur, si l'on devait en croire Renouvier. Il faut constamment faire à la contingence sa part : j'entends qu'il convient de lui fixer de justes bornes, même dans tous les cas où elle paraît s'imposer. Car si, comme il est naturel, elle marque profondément de son empreinte ce dont elle se saisit elle ébranle également ce dont elle approche. Et, plus les débats où son sort va se décider se prolongent, plus elle en profite. Il n'en faut pas moins toujours compter sur des retours de fortune toujours possibles. Les méthodes rationnelles gagnent de plus en plus de terrain, et l'on s'étonnerait que ce fût pour le plus grand profit de la contingence. Mais c'est ce que l'on verra mieux plus tard.

*
* *

5° L'universalité de la Qualité semblerait aisément au-dessus de toute preuve. Définissez-la comme il vous plaira. Faites de la

Qualité une propriété inséparable de tout jugement : ne va-t-il pas aussitôt de soi que tout jugement sera négatif ou affirmatif ? Préférez-vous à la définition des logiciens celle d'Aristote : « J'appelle qualité ce qui fait qu'une chose est dite de telle ou telle « manière » ? Ne va-t-il point sauter aux yeux qu'il est impossible de parler à qui ne parle ni de quelqu'un ni de quelque chose, et que la présence des manières d'être atteste celle d'un être ? Avec la Qualité on entre dans le réel. Pour que l'extension de la Qualité ne fût point sans limites, il faudrait borner le réel, autrement dit concevoir le néant, comme s'il était quelque chose et, par là même, le revêtir d'attributs, le « qualifier ». Donc la Qualité est universelle...

Il est certes vrai que nul jugement ne se passe d'attribut. Si le nom d'attribut convient à *ce que* l'on affirme, et le nom de sujet à *ce dont* on l'affirme, il faudrait, pour empêcher la Qualité d'être universelle, que l'homme fût capable de penser sans juger. L'homme en est certainement incapable. Les logiciens, pourtant, ne se font point faute de distinguer deux sortes de jugements. Aux propositions dont les éléments portent sur des qualités, ils opposent celles du type mathématique. Quand je dis que deux fois deux *égalent* quatre, est-ce comme si je disais que « quatre » est l'attribut du sujet « deux fois deux » ? Non. Soit, par exemple, le jugement : Pierre est malade. Malade est l'attribut ; Pierre est le sujet. Le jugement, sous cette forme, énonce un fait momentané, incontestable cependant. Je vais convertir le jugement et je dirai : « Malade est Pierre ». Si j'ai exprimé l'attribut tout d'abord, on s'étonnera de mon inversion verbale. Si, au lieu d'une simple inversion verbale, j'ai visé une véritable conversion logique, j'énoncerai une erreur. Au contraire, je puis dire à volonté : « Deux fois deux égalent quatre » ; ou « quatre égale deux fois deux ». Dans l'un et l'autre exemple, je puis distinguer ceci *que* j'affirme, de cela *dont* je l'affirme. Les ressemblances ne vont pas plus loin. Et, plus j'y réfléchis, moins je suis sûr que le rapport d'attribut à sujet s'étende à l'ordre des figures et des nombres. Le langage de la Qualité s'y applique « à peu près » et n'en rend que plus « commode » le maniement des figures et des nombres. Il est douteux que l'on y sorte de l'à peu près. Il est, en effet, certain que tout jugement de la forme : A est B, est formé de trois éléments : une copule et deux membres. J'allais dire « deux sujets », en quoi je me serais trompé, si, pour qu'il y ait sujet, le voisinage d'un attribut est nécessaire.

Il faudrait donc retrancher à la Qualité tout le contenu des propositions mathématiques. Et l'on réduirait sensiblement, ainsi, l'extension de la Qualité. De quoi l'on prendrait son parti peut-être assez vite, en raison du vaste champ de concrets sur lequel la Qualité semble, au premier abord, tout au moins, exercer un double droit de présence et d'action. Je ne sais si l'on doit accorder à H. Lotze que la réalité est plus riche que la pensée, car, ce surplus de richesse, n'est-ce point la pensée qui le lui octroie ? Et si elle le lui octroie, d'où l'aurait-elle tiré, sinon d'elle-même ? Je sais néanmoins que tout ce qui est *de* la qualité, s'il n'est point vivant, est un candidat à la vie, que le monde des figures et des nombres est un monde d'abstraits. Rien n'empêchera dès lors la Qualité de se prétendre universelle. Et elle le serait à un double titre : d'abord, personne ne lui refuserait ce caractère ; de plus, chacun le lui reconnaîtrait à tout propos et à toute occasion.

La Qualité tranchera, dès lors, sur les éléments qui la précèdent. Peut-être ira-t-on jusqu'à vouloir *qu'elle les* précède ; car, en pensant au nombre, au temps, à l'espace, à la relation même, surtout à la relation, on en vient à se demander s'ils n'attendent point que la Qualité soit, pour être à leur tour. Ne dit-on pas communément : « il n'y a pas de nombre, mais seulement des objets nombrables ; il n'y a point de temps, mais seulement des êtres et des choses qui passent ; il n'y a point de relations, en dehors de ses termes, pas plus qu'il n'est de fraction sans numérateur ni dénominateur » ? L'espace seul résisterait à l'épreuve. Il paraît donc que le sceau de la réalité appartient à la qualité. Mais il s'agirait d'en avoir la preuve. Les profanes s'en diraient volontiers certains ; les profanes, non les philosophes.

L'autorité d'Aristote, toujours considérable, même quand on s'est fait une loi de ne jamais l'accepter sans contrôle, ne suffirait guère, j'en ai peur, à vaincre les résistances. La physique essentiellement qualitative a vécu. Et l'on ne se tromperait guère en pensant que la physique moderne, si elle doit beaucoup à Démocrite ou même à Pythagore, ne doit pas grand' chose à celui qui permit à Epicure de venir gâter Démocrite, je parle d'Aristote, dont la physique qualitative fut, peut-être, le fruit le plus regrettable d'une tendance, partout prédominante, à situer l'être le plus loin possible du genre. On peut approuver la tendance et déplorer la physique qui en est résultée. Aristote, en effet, sentit profondément le péril auquel Platon était venu exposer la pensée : le péril de « réaliser des abstractions ». Il a lutté contre ce péril, au point de se préparer dans les âges futurs un renom immérité de nominaliste. Car il est resté, croyons-nous, bel et bien réaliste. Et ce ne fut point à son corps défendant.

Il eut, à un degré que l'on dépasserait difficilement, le sentiment de la réalité concrète et vivante, et il en donne l'impression presque à chaque ligne du chapitre où il analyse la Qualité. D'abord, et malgré la défense dont l'initiative lui revient, il ose, car il s'agit d'un élément premier, faire entrer le défini dans sa propre définition. Puis dans le choix de ses exemples, il ne perd jamais de vue l'espèce humaine : j'en atteste le pluriel masculin τίνες (¹). J'en attesterai encore sa distinction des capacités permanentes et des simples attitudes. L'exemple tiré des formes et des figures ne viendra qu'en dernier. Il est donc vrai : au moment de la première rencontre, rien, plus que la Qualité, ne mérite les épithètes de simple et d'irréductible. Donnez-vous la relation, donnez-vous le nombre, l'espace, le temps : vous serez tenté de laisser ces abstraits au niveau les uns des autres, alors que vous dresseriez la Qualité en face, et sensiblement plus haut, comme si vous aviez affaire à une nature tranchant sur tout le reste par ses traits essentiels. Nul ne fera autrement, s'il cède à ses impressions. On aurait tort d'y céder, peut-être. Peut-être aussi, aurait-on tort de n'en point tenir compte.

Irréductible et, comme telle, indéfinissable, la sensation, véhicule de la Qualité, présente, à première vue tout au moins, les caractères d'un élément, et j'ajouterai, sans craindre le pléonasme, d'un élément simple. Le choc sensationnel a tous les caractères d'un « primitif », ainsi qu'on s'exprimait au temps de Victor Cousin. Pourtant, si j'examine, je discerne, dans ce soi-disant irréductible, des symptômes de séparation prochaine. Hors de moi, situé dans l'étendue, je perçois ce que j'appellerai bientôt la « qualité sensible », élément étranger par lui-même à cette étendue qu'il occupe : étranger, sans doute, si deux mètres de rouge ne sont aucunement plus rouges qu'un millimètre. Ainsi se distinguera, graduellement, ce que je perçois de ce qui m'affecte. Ce qui m'affecte se rattachera pourtant encore à la Qualité. L'un et l'autre dérivent d'une source commune : car plus je domine l'affection, mieux je perçois. Dans ce que je perçois et m'aliène, je note des variations incessantes et incessamment modulées. Mon organisme paraît bien y être pour quelque chose, et même pour beaucoup. Car, tout en percevant, je réagis par le plaisir ou la douleur. Il n'importe. Je me vois, en même temps, sur la scène et derrière le théâtre. Sur la

(1) *Catégories*, ch. VIII, au commencement. « La qualité est ce qui fait que nous dirons que certains (τίνες) sont de telle manière ».

scène, puisque j'ai devant moi, à droite, à gauche, un spectacle que je décrirais au besoin ; dans la coulisse, puisque le spectacle m'émeut, et que mes changements intérieurs répondent à ses changements. — Ces changements, que sont-ils, au juste ? Cela dépend des jours. En général, je me distingue de mes propres états. Je me sens le même et, consciemment, je persiste, alors que mes états se succèdent. Mais ils ne se succèdent point toujours pareillement. Tantôt, c'est l'état A qui remplace l'état B. Tantôt, c'est un état du type + A ou — A. Tantôt, c'est une simple différence de degré ,tantôt c'est une différence de nature. Je ne dis rien que ne sache vérifier le premier venu. Je n'en soulève pas moins un problème. Car, si la différence d'intensité ne s'explique point par elle-même, si, tout en restant le propre de la Qualité, celle-ci la reçoit d'ailleurs que d'elle-même, il faut en prendre son parti et, en dépit de toute soi-disant évidence sensible ou psychologique, remettre en question l'essence irréductible de la Qualité.

Or je ne puis nier que la différence de degré, passé un certain niveau, ne produise la différence de nature ; car je sens ma douleur différente de ce que je la sentais tout à l'heure, et je suis absolument sûr qu'elle n'a point diminué. Je souffre autrement et je souffre davantage. Aurais-je donc une certaine expérience de la Quantité ? Et, quand je ne devrais m'en attribuer qu'une expérience vague, en serais-je moins assuré, pour cela, de « reconnaître » certains états tout en leur attribuant pour la première fois leur degré d'intensité actuel ? Je ressens ce que j'éprouve sous les espèces du Plus et du Moins, du Même et de l'Autre, et j'avoue ne m'être pas encore rendu aux objections des adversaires très éclairés de la quantité intensive.

Dirai-je alors que la Quantité travaille dans le sous-sol de la Qualité ? Je m'y résoudrai peut-être, non sans confesser qu'en me tenant de tels propos, je suppose résolu un problème des plus graves, celui de la réalité de la quantité, et en même temps des plus généraux ; je parle du problème déjà rencontré de la réalité et de la valeur objective des notions dites abstraites. Qu'est-ce, au juste, que l'abstraction ? On en sait seulement ceci : c'est que l'acte d'abstraire consiste à étaler, pour ainsi dire, des qualités dont l'état normal est de se ramasser et de se concentrer suivant une loi de concentration et presque de « contraction » définie, loi qui est le véritable substitut de la vieille substance. L'abstraction décompose et, après décomposition, juxtapose ; elle découvre et elle isole les éléments dont la durée est faite. Elle procède analytiquement, anatomiquement. Mais personne n'a mis en question la fécondité de l'anatomie : personne n'a mis en doute la nécessité de la connaissance des parties quand on veut arriver à la connaissance du tout. Personne enfin ne s'est avisé de réduire les organes ainsi décomposés et juxtaposés à l'état de pur non-être, ou de souffle vocal. Vous ne sauriez remettre en place ce que vous avez pris tant de soin pour défaire, et ce que vous venez de défaire ne resservira plus. A qui la faute ? A vous certes. Mais est-ce à vous, en tant que vous avez défait ? Est-ce à vous, en tant que vous ne sauriez refaire ? Si des deux membres de l'alternative, c'est le second qui prévaut, prêtez-vous, momentanément, la capacité qui vous manque. Les organes sont remis en place, l'organisme reprend vie. Prétendrez-vous les avoir ressuscités par miracle, ou bien ne jugerez-vous pas, contrairement à votre opinion précédente, que vous vous êtes cru en face d'organes morts, tandis que vous aviez affaire à des parties organiques provisoirement neutralisées ? Ne préjugez donc rien touchant la nature de l'abstrait. L'abstrait, dont vous faites un substantif, n'est qu'un participe passé neutre, trace de l'opération psychologique nécessaire à sa mise à nu. Il n'est pas plus un simple *flatus vocis* que tel ou tel autre mot du vocabulaire, et, parce qu'il vous faut parler pour penser, vous n'en distinguez pas moins l'acte de penser du mouvement de vos lèvres proférant des paroles inutiles.

Le problème, n'en ayez doute, est ici à sa place, et le sort de la notion de Qualité est lié à celui des notions abstraites dont la Qualité pourrait bien sortir : telles les notions du *même* et de *l'autre* ; telles les notions du *plus* et du *moins* dont il me suffit de réaliser le mélange pour obtenir l'intensité. L'intensité n'apparaît qu'avec la Qualité. Il ne s'ensuit peut-être pas que, si la Qualité est susceptible d'intensité, elle la tienne de son propre fond.

De ce qui précède, on serait tenté de conclure que la Qualité a sa place à l'avant-garde des conditions de la connaissance, que ses caractères la mettent tout au moins au niveau des catégories. Encore voudrait-on être sûr que c'est un problème « d'échelon » qui se pose, et non une question « d'échelle ». La Qualité est-elle, n'est-elle pas une catégorie ? — Que serait-elle alors, me demanderez-vous ? — Elle serait, vous répondrai-je, ce dont les catégories s'affirment, et elle jouerait, à leur égard, un rôle éventuel de sujet. En cas d'affirmative, les abstraits antérieurement désignés et analysés ne seraient autre chose que ses conditions. Mais qui empêcherait les Catégories de s'affirmer les unes des autres ? Croyez-vous que l'interdiction d'Aristote doivent rester sans appel ? Il reconnaît aux Catégories des rapports qui permettent de les affirmer « analogues ». Il leur refuse de se comporter comme des genres. En quoi il s'est peut-être trop avancé.

D'autres difficultés se préparent et qui vont atteindre, avec la catégorie du Devenir, leur plus haut degré d'acuité. Le Devenir, auquel je dois une halte, a d'ailleurs une histoire des plus instructives et que l'on aurait tort de négliger.

⁂

6° Le Devenir a fait la gloire d'Héraclite. On le surnommait l'Obscur, chez les Grecs, et Socrate ne jugeait point le surnom immérité. Les modernes savent moins à quoi s'en tenir, car il ne reste, sous le nom d'Héraclite, que des fragments d'une composition incertaine. Or, quand on ne peut situer un texte, on n'est jamais parfaitement sûr de le comprendre. Héraclite a suscité des commentateurs, et sa doctrine aurait été opprimée sous la masse énorme des commentaires, sans la patience des interprètes à bien dépouiller les textes avant de les surcharger. Il n'en est pas moins encore intéressant, presque divertissant, d'opposer Héraclite tel qu'en son histoire Brandis le résume, à celui dont Schleiermacher avait tenté d'unifier le système en donnant à la thèse de l'Ecoulement Universel le pas sur l'élévation du Feu au double rang d'élément et de principe. A l'Héraclite de Brandis, on opposerait fort bien celui de Zeller contre lequel se dresserait l'*Herakleitos der Dunkel* de Ferdinand Lassalle, en attendant celui de Pfleiderer, sans oublier les féconds chapitres de Gomperz et, chez nous, de Paul Tannery (¹). Il y aurait donc un livre à faire sur les livres inspirés par les restes d'Héraclite. L'auteur de ce livre n'est peut-être pas encore né. Il viendra, soyez-en sûr, et, tout en opposant « son » Héraclite à celui de ses devanciers, il prétendra faire revivre l'Héraclite de l'histoire, celui qu'il aura vu sortir de ses propres fragments.

A travers ces fragments, un poète se révèle, dont il se pour-

___

(1) Brandis a traité d'Héraclite dans une histoire de la philosophie ancienne qui n'a pas été traduite en français et dont la lecture peut encore servir malgré l'ancienneté de l'ouvrage. — Le mémoire de Schleiermacher est sensiblement plus étendu et les contradictions, au moins apparentes, de la pensée du philosophe sont discutées. — L'*Herakleitos* de Lassalle accentue jusqu'à l'exagération les similitudes de l'héraclitéisme et de l'hégélianisme. C'est l'œuvre d'un avocat brillant et convaincu.

rait que la sensibilité eût inspiré la doctrine : une sensibilité ardente et frémissante, où toute diversité se traduit en contrariété, et toute contrariété en contradiction. On en a fait un « physiologue » ionien, épris des façons de parler d'un « théologue », et médiocrement soucieux d'être compris de tous. Que son génie, d'une rare vigueur, ait fait impression sur des Athéniens de la grande époque, que son langage les ait déconcertés par la hardiesse des formules et un goût très peu grec, en tout cas nullement athénien, de l'affirmation excessive, on peut le supposer. Soyons certains aussi que ce philosophe-poète aux visions impérieuses, fut saisi avec une égale violence par les deux aspects les plus opposés du Devenir, l'aspect du phénomène et l'aspect de la loi. Il ne sut ni ne voulut les subordonner l'un à l'autre. Car il ne se fut pas plutôt installé dans son centre de perspective, qu'il se sentit emporté par son mouvement et s'aperçut que, selon une parole célèbre, ce centre n'était nulle part.

Il n'est, en effet, nulle part, si le Devenir est partout. Mais laissez fermenter la notion de Devenir dans un esprit de philosophe, ce philosophe ne l'aura pas plus tôt décrété universel, qu'il érigera cette universalité en loi. Il voudra que le soleil d'aujourd'hui se lève là où se serait levé le soleil d'hier, s'il ne s'était éteint dans l'Océan. De là sa mémorable sentence sur les Erinnyes « qui sauraient bien trouver le soleil pour le citer en justice au cas où il passerait les bornes assignées à son cours ». Il est dès lors vraisemblable que la pensée d'Héraclite a franchi ces trois étapes : universalité du devenir ; nécessité du devenir ; régularité du devenir. Le philosophe porta donc la main sur l'idole du théologue, afin de l'assujettir aux conditions que doit remplir tout élément (¹). Le Feu qui est partout, le Feu qui est tout, le Feu qui est éternel, va s'éteindre et se rallumer ; il s'éteindra et se rallumera « en mesure », docile aux exigences d'une raison ; et en la respectant, il s'obéit à lui-même (²). Et c'est ainsi que les trois idées de l'écoulement universel, du feu universel, du logos universel viendront se fondre et se concentrer sur un sujet unique.

Le devenir de Hegel n'est pas moins célèbre que celui d'Héraclite. Il procède de l'être et du non-être, et fait partie, comme

(1) Cf. le chapitre consacré à Héraclite par Rivaud dans son riche travail sur le *Devenir* depuis les origines de la pensée grecque jusqu'à Théophraste.

(2) En s'éteignant, il ne fait que changer d'aspect. Son extinction, dès lors, ne porte nulle atteinte à son éternité.

eux, des premiers nés de l'absolu : ne disons point des premiers nés du monde, car le monde se prépare et nous serons longtemps encore à parcourir les chantiers où la nature se forge. Elle se forge, pour ainsi parler, dans l'avant-être. Et c'est pourquoi, dès que le Devenir émerge, loin de lui donner des tuteurs et des gardiens, telles les Erinnyes d'Héraclite, Hegel lui donnera des coadjuteurs. Il en fera procéder les deux générateurs de la qualité, soit la qualité avec ses opposés propres, l'*autre* et le *même*. Le poète du Devenir ancien et le dialecticien du Devenir moderne, suivant apparemment deux méthodes contraires, empêchent le Devenir d'abuser en débordant, et de dissoudre l'univers par l'excès de son pouvoir d'invasion. Hegel l'aide à s'épanouir, en lui annexant deux concepts : celui du « quelque chose » et celui de son contraire immédiat. Les deux penseurs travaillent, semble-t-il, à l'encontre l'un de l'autre, mais en vue d'un résultat commun : faire rentrer dans l'ordre ce qui, de soi, est la négation de l'ordre, et soumettre l'ennemi des lois au joug de la Loi. Laissons à d'autres le soin de décider si le Devenir procède du ταὐτόν et du θάτερον, ou si c'est le contraire. Après tout, le temps n'est point encore né, d'une part, et de l'autre, l'ordre logique, son devancier, s'il comporte de l'avant et de l'après, est-il, comme l'ordre chronologique, sa future image absolument irréversible ? On n'en déciderait qu'à la suite d'une longue enquête sur les rapports des deux méthodes d'analyse et de celle de synthèse. Autant dire que la question resterait peut-être en suspens. L'essentiel est de se remémorer la situation presque tragique du Démiurge au moment du *Timée*, où il rencontre, à l'état libre, tel un cheval de course affranchi de ses liens, l'ἕτερον du *Sophiste*. Le Démiurge ne sait que faire de cette πλανωμένη αἰτία sans laquelle le monde ne pourrait être, par la laquelle seule, si nul principe intercurrent ne venait le sauver du désastre, l'univers s'abolirait. Voilà bien une catégorie, si toutefois c'en est une, pour laquelle on demande un conseil judiciaire. Soyez d'ailleurs sans inquiétude. Renouvier y pourvoira. Aussitôt que le Devenir aura manifesté son vouloir vivre, il appellera le temps qui l'empêchera de précipiter son cours ; le principe de contradiction qui interdira aux formes contraires du Devenir d'occuper, au même instant du temps, une même portion de l'étendue ; quant au « principe du nombre », il est depuis longtemps à l'affût, au cas où, dans l'ombre du Devenir, se serait tapi, on ne sait trop comment, l'infini actuel. N'en ayons doute : c'est le même drame qu'au siècle d'Héraclite, et c'est le même dénouement.

Et c'est le même dénouement, parce que le Devenir est aux prises avec le même dilemme, et qu'il lui faut choisir entre la dignité de catégorie et... l'universalité. J'hésiterais à énoncer l'alternative si l'histoire ne me servait ici de caution : mais j'ai mentionné des événements et des événements contre lesquels ne prévaudraient point les plus subtils commentaires. Je sais, d'autre part, que, contre le fait, il n'est point de droit qui tienne. Je prévois donc une conclusion à l'approche de laquelle je manquerais de sincérité si je feignais la surprise, et j'entrevois presque, en ce moment, dans l'universalité de l'extension, un critérium de catégorie éventuellement précaire et fragile.

*
* *

7° Schopenhauer distinguait trois catégories, pas plus : l'espace, le temps, la causalité. Si la liste semblait trop courte, on y remédierait, peut-être, par l'appel de catégories sous-entendues, adjacentes ou marginales. On se promettrait donc autour des catégories de Schopenhauer une discussion fertile. Je ne m'y engagerai point, ne voulant retenir de cette table très — et vraisemblablement trop — réduite, que l'inévitable présence de la causalité, catégorie universelle, des plus anciennement admises, et à l'autorité de laquelle il semble que rien n'échappe. De toutes les « vérités premières », j'en chercherais vainement une autre dont le crédit surpassât la sienne. Et s'il se trouvait des philosophes pour lui disputer leur créance, il ne se rencontrerait pas un homme de bon sens pour la lui refuser. Le vulgaire aurait donc éventuellement recours aux philosophes, s'il voulait être fixé sur la signification du principe ; il s'est passé des philosophes pour l'admettre et y croire fermement.

L'homme de bon sens qui, chez tout philosophe futur, devance le penseur, faisant du principe de Causalité un usage presque perpétuel, il importe de savoir, tout d'abord, ce que chacun de nous entend, au juste, chaque fois que l'appliquant, il l'énonce. Je vais donc choisir le premier exemple venu. Je me suppose occupé à ma table de travail. J'entends dans la pièce voisine mon piano qui résonne. Je vais voir ce qui se passe ; je trouve l'accordeur, que j'avais prié de venir, armé de sa clef et à l'ouvrage. Me voilà fixé sur ce que je voulais savoir, et je reprends mon travail. Ainsi, sous sa forme la plus élémentaire, la Causalité exprime la nécessité d'un antécédent, peu importe lequel, et peu importe aussi son point d'attache.

Le sens commun recherche les couples et néglige les groupes. Il exige qu'un changement n'arrive jamais seul et s'en tient là. C'est à partir du point où il s'arrête que commence le travail de la pensée. L'esprit entend ramifier et non pas simplement accoupler. Il prend au sérieux l'exigence qu'un changement n'arrive jamais seul et se laisse conduire, de proche en proche, au dogme de l'enchaînement des Causes. Or ce dogme heurte de front la croyance en ma propre Causalité, car la Causalité que je m'attribue n'est point une chimère ; autant de fois je l'exerce, autant de fois je dois rompre la chaîne des causes. Et voilà l'idée de Cause en lutte avec le principe de Causalité !

Le conflit est sérieux, éventuellement interminable. Il n'est pas seul de son espèce. S'il nous avait plu, au moment de la qualité, d'examiner le problème, il nous occuperait vraisemblablement encore. On sait, en effet, ou l'on est censé savoir, que toute qualité implique un sujet, lequel sujet, disait-on naguère, est une substance, c'est-à-dire une chose, et non un simple phénomène ou agrégat de phénomènes. Le Principe de Substance est, soi-disant, un obstacle à la dispersion et à la dissolution des êtres. Or, on n'en a pas plutôt fixé la formule, qu'on se trouve devant une affirmation consacrée par la science positive, celle de la permanence quantitative de la matière, acceptée et défendue par Kant, et dont le monisme ou le panthéisme paraît bien l'inévitable fruit. L' « idée » de substance, telle que je la trouve en moi, conduit à la pluralité des substances. Le « principe de substance » dissout cette pluralité. Passons au principe des causes efficientes et la difficulté renaîtra. Peut-être m'en désintéresserai-je, en souvenir du conseil de Bossuet, et tiendrai-je « fortement les deux bouts de la chaîne ». D'une part, je ne sacrifierai point ma causalité à l'enchaînement des Causes, de l'autre, j'accepterai cet enchaînement, puisque les savants m'y invitent. Mais, plus j'y songe, plus je me sens contraint à ces deux affirmations vraisemblablement contradictoires, et cela dans mon propre intérêt. Quand je veux faire acte de cause libre, j'ai besoin de prévoir, et donc de croire à la chaîne des causes, presque à l'universel déterminisme. Je dis « presque », n'étant une cause, à mes propres yeux, que dans la mesure où je puis échapper à ce déterminisme. Je ne saurais toutefois y échapper seul, si j'ai des semblables, chose dont je n'ai jamais douté. Les difficultés sont donc loin de s'aplanir. Et je n'ai encore rien dit des droits de la conscience morale. Si je m'en rapportais à Kant, tout s'arrangerait, il est vrai. Je distinguerais, dans tout être, le point de vue de l'être et celui du phénomène. Mais je dois savoir ce que c'est qu'un être, puisque j'en suis un. J'aurai donc voix au chapitre, la distinction des phénomènes et des noumènes pouvant se contrôler chez l'homme. Or, il s'en faut que le contrôle ait donné partout des résultats favorables. L'homme-noumène n'est jamais complètement sorti de la doctrine de Kant. Il n'a guère émigré.

Au surplus, le « conflit de la science et de la conscience » n'est pas né d'hier. Il durera tant que la critique de la causalité divisera les philosophes, c'est-à-dire, j'en ai peur, tant que la philosophie durera. Je n'apprendrai rien à personne, en lui rappelant que la philosophie se confond généralement avec la recherche des causes, recherche à ne point confondre, me dit-on, avec celle des lois. Ceci se disait encore au temps où je faisais mes classes. On ne le dit plus aujourd'hui, car, depuis Auguste Comte, les lois sur lesquelles le savant travaille et les lois sur lesquelles le philosophe médite n'ont peut-être point le même degré de généralité. Cela seul, au fond, les distingue. Du côté des savants, il est vrai, l'on cherche et l'on trouve, tandis qu'ici, côté des philosophes, on cherche toujours.

Essaierai-je d'écarter le « conflit des deux raisons théorique et pratique » ? Je n'en serai guère plus avancé. Il me faudra, tôt ou tard, définir la Cause. Je crois savoir ce que je dis en m'octroyant, avec Pascal, la « dignité de la causalité ». Et quand je pense à l'enchaînement des causes dont résulte l'ordre du monde, je ne veux ni sacrifier leur liaison, ni sacrifier à l'enchaînement des phénomènes leur Causalité. — Oubliez-vous donc la vraie Causalité qui est cet enchaînement même ? — Je l'oublie si peu que je proteste ! Admettre un enchaînement de causes, revient à supprimer les causes. Pascal reconnaît que tout ce qui, à un point de vue, est « causant », apparaît « causé » d'un autre point de vue. Je l'admets. Encore voudrais-je être sûr que Pascal fait bon marché des causes, et j'en doute. — Au nombre des théorèmes démontrés par Kant dans l'*Analytique transcendantale*, le théorème de « l'Action réciproque » tient une place dont l'importance le cède si peu à celle de la Causalité universelle qu'il l'implique, et presque la commente. Le Devenir a beau être irréversible, l'ordre dans lequel il se développe assigne à chacun de ses éléments sa place et son moment. Si B vient à la suite de A, qu'importe ? L'essentiel n'est-il point que B et A fassent — c'est le cas où jamais de l'écrire — « cause commune », qu'ils soient, selon une parole célèbre, deux « événements d'une même histoire ». Les termes dont se sert Pascal vont-ils en devenir hors d'usage ? Pascal, en cet endroit des *Pensées*, s'attache décidément plus à l'enchaînement des causes qu'à la « dignité » de la causalité.

La nature semble pourtant être quelque chose de plus qu'un défilé d'images cinématographiques. Et les savants ne font profession de croire à l'enchaînement des causes, que pour assurer à la science un capital en espèces sonnantes et non en papier-monnaie. Mais comment affirmer, d'une part, qu'il est un enchaînement des causes, et venir, de l'autre, aussitôt après, rejeter les sujets de cet enchaînement ? La contradiction pourrait bien n'être que dans les mots. Si les termes de cause et d'effet, loin de s'appliquer à des entités, ou à des choses, s'appliquent à des phénomènes dont ils énoncent les rapports, toute difficulté cesse. On supprimerait la chaîne si l'on essayait d'en supprimer les anneaux. Si l'on garde les anneaux, rien n'oblige, en les situant chacun à sa place, à ne leur attribuer qu'un seul rôle ou qu'une seule relation. Qui parle de chaîne, et, par suite, de chaînons, n'évite pas d'assigner à chacun de ces chaînons un rôle double. Faire la chaîne dans un incendie, c'est suivre son voisin de gauche et, inévitablement, précéder son voisin de droite. A ce point de vue, savants et profanes s'entendraient donc assez vite.

— Pas si vite, encore une fois, qu'on inclinerait, maintenant, à le croire. La recherche des causes n'est pas encore, à l'heure actuelle — je parle des causes efficientes — taxée de stérilité. J.-St. Mill, un des classiques du principe de causalité, ne s'est jamais compromis au point de paraître vouloir résoudre les anneaux dans la chaîne. Le contraire, sans doute, lui eût vraisemblablement paru moins chimérique. Il n'a guère négligé la Cause en la sacrifiant à l'enchaînement des causes. Même il a fait droit, jusqu'à un certain point, à l'objection de Reid. Il n'a point contesté que si, dans la notion de Causalité, tout se réduisait à la succession constante, on aurait peine à ne point faire de la nuit la cause du jour. Il a compris, tout empiriste qu'il était, l'originalité du rapport et, par là même, du concept de Cause. Et pour éviter de noyer la Cause dans l'océan sans rives de l'universelle Causalité, Mill s'est préoccupé de fixer l'action causale. Parmi les antécédents d'un phénomène, il en est un, entre tous, auquel il doit d'apparaître. Mill eut le tort de le nommer « inconditionnel » ; il n'en eut pas moins raison de le vouloir discerner. Il fit un sort à l'antécédent immédiat, car le chaînon immédiatement antérieur a toutes chances d'être le chaînon de déclanchement, celui qui a mis le feu aux pou-

dres, celui sans lequel rien n'aurait sauté. Etes-vous sûr, en
y réfléchissant, que « celui sans lequel rien n'aurait sauté » soit
un singulier ? Si j'en faisais un pluriel, me tromperais-je ?
Sans doute il fallait mettre le feu aux poudres. Mais celui qui
est allé chercher la poudre n'est-il pas aussi celui « sans lequel
rien n'aurait sauté » ? Et celui qui a veillé sur la poudre, en
vue de la maintenir sèche, n'est-il pour rien dans l'explosion ?
La responsabilité est partagée, et le cas de flagrant délit, ni dans
l'ordre de la nature, ni dans l'ordre judiciaire, ne prouve ce
qu'on est parfois trop pressé de lui faire prouver. J'en atteste le
is fecit cui prodest, comme d'une part, si l'intérêt était un
mobile d'action partout infaillible ; comme si, de l'autre, chacun était tenu de faire, pour la sauvegarde de ses intérêts propres, le plus pitoyable des calculs ! Il n'y a décidément pas à
dire : le conflit signalé en commençant se déplace à mesure que
l'on s'applique à l'apaiser. Il change incessamment d'aspect.
C'est d'ailleurs généralement ainsi que l'on dure.

Le temps est encore assez près de nous où l'on discutait, entre
savants et philosophes, la portée du principe de la Conservation
des Forces vives, soit du produit $\frac{1}{2}mc^2$. Si l'on s'en tient aux
strictes exigences de la science positive, la « dignité » de la
causalité humaine n'en reçoit nulle atteinte, à condition, toutefois, de limiter l'extension du principe. Les philosophes
seraient avides de soustraire les actions de l'homme au joug
du mécanisme. Ils n'en sont pas moins les premiers à comprendre qu'un principe tel que celui de la Conservation des Forces
vives à toutes chances de s'appliquer à la nature tout entière,
l'homme y compris. La seule façon de sauver la liberté humaine
consisterait à réduire le « principe » aux proportions d'un « postulat », le « postulat », à celles d'un « point de vue », à oublier
le postulat scientifique quand il s'agit d'interpréter les actes de
l'homme, à s'en souvenir quand on se retrouve en face de la
nature extérieure. On sauverait à la fois le principe et le libre-
arbitre en laissant à la charge de la philosophie les frais du double sauvetage.

« Si l'on croit que quelque chose de différent du devenir, un
objet, une chose en soi peut-être cause, contenir dans son propre être la raison des changements en soi et dans les autres
choses, on lui attribue une force comme qualité individuelle qui
alors constitue dans l'essence des choses cet élément auquel
appartient la causalité propre. Mais l'hypothèse d'une telle force
contredit non seulement le concept a priori, mais toute l'expérience ». Et l'auteur de *Pensée et Réalité* d'où ces lignes sont

extraites (¹) s'appuie, tout franc et vigoureux métaphysicien qu'il est, sur Hume et Th. Brown pour affermir son assertion. A. Spir admet que l'on connaît seulement, de la Causalité, ce qu'elle présente d'uniforme dans les successions de phénomènes. Il en conclut que la racine de la Causalité, loin d'appartenir à l'être individuel, réside dans un élément qui la lie à ses effets. Ce n'est là qu'un *placitum*, une opinion de philosophe. Mais cette opinion rejoint celle de Kant. Ainsi savants et profanes, en matière de Causalité, garderaient leurs positions respectives, sinon hostiles, du moins adverses, positions d'attente en somme, signe irrécusable d'une double difficulté de s'entendre et sur l'universalité de la notion et sur la valeur du principe

8° Il reste deux catégories dont la prétention à l'universalité est de date récente. Renouvier les a introduites d'autorité, non toutefois sans motifs ni sans raisons spécieuses. Mais il savait que Kant, au moins dans sa première *Critique*, avait passé la Finalité sous silence... la Finalité et, à plus forte raison, la Personnalité. Voilà deux catégories dont la clientèle apparaîtra restreinte. Occupons-nous d'abord de la Finalité. Je dis qu'elle a peu de clients et j'en donnerai deux raisons : d'abord tous les philosophes sont loin de lui avoir fait une place ; en second lieu, il est plus facile de décréter la Finalité universelle que de la justifier.

Je n'ai pas à rappeler qu'une cause agissant pour des fins n'est pas nécessairement une cause finale : j'imiterai même la sagesse d'un contemporain, et proscrirai volontiers le mot de « cause finale » comme formé de termes contradictoires. Je noterai combien il est difficile de saisir l'œuvre de Finalité en dehors de la nature vivante. Alors, quand je parlerai d'une nature régie par la Finalité, j'aurai l'air d'énoncer un principe en formant simplement un vœu, le vœu que la Finalité soit universelle ? Admettons provisoirement le vœu et renonçons provisoirement au principe. Former un vœu ne dispense généralement pas de savoir sur quoi le vœu porte. Or, on peut bien regretter que toute la nature ne soit pas vivante. mais on perdrait son temps à souhaiter qu'elle le devint. L'économie de la nature pourrait exiger la présence de corps bruts, assimilables, non semblables, aux vivants, indispensables aussi. Je n'insistera'

(1) A. Spir, *Pensée et Réalité*, traduit par A. Penjon. Paris, Alcan. 1896, pp. 428-429.

pas. J'affirmerai seulement les limites du monde biologique. Or, si l'on se souvient de Kant dans la *Critique du Jugement*, si l'on se souvient aussi de Comte dans le *Cours de Philosophie positive*, au troisième volume de ce *Cours*, on remarquera la coïncidence parfaite des deux notions de Finalité et de Vie. La doctrine dite « des conditions d'existence » ne vaut que par la Finalité qui en a tissé la trame. Je fais appel, sur ce point, à l'intelligence et à l'attention du lecteur, ne pouvant ici en dire davantage. On a déjà rapproché Kant et Comte et l'on n'exagérera point le service rendu par la *Critique du Jugement*, je ne dis pas seulement à la pensée philosophique, mais à la pensée scientifique ; car depuis cette troisième *critique* de Kant, les deux problèmes n'en font qu'un, la vie se définissant par la Finalité et la Finalité, dans son mode d'agir, se comportant comme la nature chaque fois qu'un vivant s'annonce et se prépare. De là vient l'hommage, profondément significatif, étant profondément involontaire, rendu par Auguste Comte à la Finalité. Nul, plus que lui, ne s'étant montré accessible, sensible même, le mot est ici bien à sa place, aux caractères propres de la vie, peu importaient désormais les coups qu'il destinait aux causes finales : l'arme était mouchetée. Voilà ce dont Auguste Comte ne s'est jamais douté. Et l'on pense bien que si, pour ouvrir les yeux du lecteur, on comptait sur ceux des positivistes, il faudrait commencer par les leur dessiller. L'essentiel est qu'Auguste Comte ait reconnu ce qu'il entre de rationnel dans les fonctions biologiques, et distingué soigneusement cette rationalité de la rationalité mathématique. Une telle distinction ne tendait à rien de moins qu'à faire une place à la contingence. Auguste Comte semble bien la lui avoir faite. Et s'il s'est parfois embarrassé dans ses explications pour accorder cette contingence à une fatalité dont il ne voulait, à aucun degré, affranchir la nature, c'est qu'en poussant ses explications plus loin, il eût craint de rétrograder vers l'état métaphysique, le plus redouté des « trois états ».

Le problème de l'Universelle Finalité ne se posera-t-il donc plus ? Il se posera, mais avec les risques inséparables de toute affirmation insuffisamment garantie. En tout cas, nul de ceux qui le poseront ne nous ramènera, soit à Bernardin de Saint-Pierre, soit à l'auteur du *Traité de l'existence de Dieu*. On s'interrogera sur la démiurgie de l'univers sans s'inquiéter de son démiurge et l'on séparera utilement les deux problèmes. — Qu'entendre par la démiurgie de l'univers ? L'ordre du monde ? Cela sans doute, mais la finalité est plus que l'ordre. L'ordre n'est pas le système, et la finalité l'implique. D'autre part, admettre le « système » du monde, fût-ce en un sens que, très probablement, Laplace eût désavoué, c'est, loin de restaurer l'ancien hylozoïsme, n'en réparer que la façade. L'entreprise tentait, il y a près d'un demi-siècle, l'auteur du *Fondement de l'Induction*, quand, par la généralisation de la Finalité, au-dessus de l'unité de série, il élevait l'unité de système, et faisait dominer l'universel mécanisme par l'universelle contingence. Ici la philosophie, qui a déjà beaucoup osé, ne saurait avancer sans trop de risques. La théologie est d'ailleurs toute prête à prendre la suite. Non qu'il faille, de parti-pris, écarter son intervention. Même il est salutaire, chaque fois que la croyance joue son rôle, de bien s'assurer qu'elle le joue. Au surplus, la théologie n'aurait point à regretter de n'être pas intervenue plus tôt. Le philosophe ayant fait une partie de la tâche, le théologien travaillerait sur des éléments mieux élaborés, par là-même sur des données moins fragiles.

*
* *

9° Pas plus qu'ils ne sont tous des vivants, les êtres ne sont tous des personnes. Si donc la Finalité et la Personnalité ont rang de catégories, et, sur ce point, l'opinion de Renouvier reste toujours la même, ce n'est point l'expérience qui justifiera ce rang. Renouvier ne pouvait renoncer à la Finalité, puisqu'il entendait ériger la Personnalité au sommet des catégories. Et s'il ne voulait pas renoncer à la Personnalité, c'est qu'il voulait garder intacte sa définition de l'Etre. J'ai dit plus haut de la Relation qu'elle tenait, sur la liste de Renouvier, le rang de l'être sur la table d'Aristote. C'est vrai si l'on a égard au numéro d'ordre. Mais si Renouvier, en numérotant ses catégories, a voulu essayer davantage, et il n'est pas douteux que tel ait été son dessein, ce n'est plus la Relation qui viserait à remplacer l'οὐσία d'Aristote, c'est la Personnalité. Dans la doctrine néo-criticiste, l'être se définissant par la représentation, se définit par la conscience. Or, jamais il ne sera question d'élever tous les êtres à la dignité de la personne : ce serait donner à la vérité la plus coupable des entorses. Que signifie donc ce rang de catégorie donné aux attributs de la Personne ? Il signifie d'abord ce que l'on vient de dire : à savoir que l'Etre se définit par la Conscience. Toutefois la conscience peut se concevoir en l'absence de la personnalité. Mais là où la Personnalité se pose, elle s'oppose ou, tout au moins, elle se polarise.

En regard de ce qui est elle et d'elle, la personne *situe* ce qui
n'est, ni elle, ni sien. Situer, en dernière analyse, ne signifie
pas autre chose que faire, dans ses propres états, une part qu'on
se réserve, une autre qu'on se refuse, celle-là même qu'on
localise. A ce moment, la Relation, forme de toutes les catégories, atteint son degré le plus haut. Et elle ne l'atteint qu'après
s'y être graduellement élevée d'échelon en échelon. J'aurais le
droit de dire « de catégorie en catégorie », car j'aperçois, à
travers les catégories, ce que l'on m'apprit jadis à nommer les
« facultés de l'âme ». Aussitôt je comprends ce que voulait dire
Aristote quand il appelait l'âme le « lieu » des formes. « Le lieu
des catégories » aurait pu dire Renouvier, en explicitant la pensée d'Aristote. Un « lieu » peut se comparer à une source. On
peut aussi le comparer à un foyer. Et l'on ne saurait entre les
deux images improviser un choix... Mais d'autres questions
plus immédiatement pressantes vont nous retenir, le moment
étant venu de résumer et de conclure.

IV

Si les Catégories et les « Facultés de l'âme » ne diffèrent pas
essentiellement, et c'est là une thèse à défendre, la vieille comparaison subsiste qui jadis avait cours, et consistait à voir,
dans les catégories, autant de jalons et de poteaux indicateurs
destinés à maintenir l'esprit sur sa route royale. Les fonctions
psychiques, on vient de le dire, sont des catégories, et, par suite,
les catégories, à leur tour, deviennent des fonctions psychiques,
ce qui les rend accessibles au développement et au progrès. Il
y aurait donc une « vie » des catégories ? Il y en aurait même une
histoire, et le conditionnel serait ici de trop. La philosophie, en
effet, a une histoire, dont celle des catégories forme, pour ne
rien dire de plus, un des plus importants chapitres, et se confond, en partie du moins, avec celle de l'Entendement humain
Tout le monde, sans doute, ne fait pas de philosophie. Ceux qui
en font s'attachent, pour la plupart, à d'autres problèmes. Il
n'importe. De même qu'habitants de la terre, nous gravitons
tous autour du soleil, de même, c'est autour de la question des
Catégories que toute doctrine de philosophie gravite. Aux raisons qui précèdent, d'autres raisons ne manqueraient pas de
s'ajouter, si je faisais apercevoir, sous la diversité des catégories, la diversité même des sciences.

Voyez, en effet, Auguste Comte. Lui auriez-vous proposé d'admettre les catégories ? Autant eût valu, n'est-ce pas, l'inviter à une rechute dans l'état métaphysique. Il s'est gardé de la rechute, et n'en a pas moins laissé venir sous sa plume l'expression aristotélicienne de « catégorie ». Rationaliste d'instinct, et le mot « instinct » est ici le mot exact, il pressentait, entre un système de sciences et un système de catégories, une liaison des plus étroites. Il n'a pas essayé ce qu'avait entrepris Kant. Il eût pu l'essayer et le faire aboutir, si ses desseins n'avaient point traversé son génie. Ses desseins étaient de fonder le positivisme, et de diriger contre l'esprit critique le principal de son effort. Mais, pendant qu'il soutenait cet effort, l'esprit critique perçait en lui de distance en distance, non sans faire parfois de larges et fécondes brèches à travers lesquelles s'ouvraient, presque à perte d'horizon, les plus vastes perspectives. Relisez la deuxième leçon du *Cours de philosophie positive*, en prenant votre temps, et en multipliant vos haltes : vous vous demanderez si jamais s'est exprimée une foi plus robuste en l'intime, profonde et universelle rationalité. Auguste Comte n'en aurait pas moins chassé de son église les amateurs de constructions systématiques. Car il visait au « bilan » du savoir humain et tournait systématiquement le dos à sa « construction » proprement dite. Son ambition était de fermer l'inconnu et de se désintéresser le plus possible de l'inconnaissable immédiat. Renouvier, qui se défendait de marcher sur ses traces, l'a suivi de plus près qu'on ne l'a dit et qu'il n'eût permis de le dire. Lui aussi se désintéressait de l'inconnaissable. Et si vous lui aviez demandé comment il a posé ses catégories, il vous aurait affirmé qu'il s'est défendu de les déduire. — Alors il les a posées empiriquement ? — Répondant à sa place, je dirais oui, et j'invoquerais l'inévitable contingence d'apparition. Car s'il ne l'a nommée nulle part, cette contingence d'apparition, il y a fait droit plus que personne. Et s'il ne l'a point expressément distinguée de la contingence d'origine, il en a éprouvé la différence, nul n'ayant cru, plus fortement que Renouvier, à la nécessité des catégories. Cette nécessité l'obséda presque dans ses incessantes polémiques. En cela, certes, il dépassa Comte, même il le dépassa d'assez loin. Peut-être eût-il pu le dépasser encore d'une plus grande distance.

Je devrais maintenant, semble-t-il, avouer l'échec de mes démarches. Plus je me suis avancé vers les concrets, moins j'ai réussi. J'ai manqué presque partout l'universalité que je m'étais promise et j'en viens à craindre d'avoir mal posé le problème.

Mais comment l'aurais-je mal posé ? N'ai-je pas pris les savants pour guides, respectueux de leurs exigences ? Evitant de surenchérir, ne les ai-je pas, de loin, suivis dans leurs laboratoires, admirant leur fertile lenteur et leur esprit de décision ? Ne les ai-je pas vus conclure à la suite d'observations en petit nombre, et conclure universellement, quand même ? Peu leur importe le nombre des témoignages : la qualité seule les retient. Après tout, je ne vais pas non plus arrêter les passants dans la rue pour demander à chacun d'eux s'il croit au principe des causes efficientes. Je ne l'en inscris pas moins sur la liste des votants pour : même je me suis arrogé le droit d'omettre une liste de votants contre.

Je sais fort bien que tout homme est mortel. Je crois le savoir d'expérience. Et pourtant cette expérience, si toutefois je me la puis attribuer, porte sur un nombre infime d'exemples. Alors que je devrais considérer ma propre mort comme simplement probable, je la tiens cependant pour certaine. Il est même peu de vérités dont je me figure être plus certain. Pourquoi ?

Je n'y vois qu'une réponse possible. C'est que la mortalité humaine est beaucoup plus qu'un simple fait. Quand je dis que je suis mortel parce que je suis homme, j'établis entre la notion « homme » et la notion « mortel » un lien des plus étroits. L'une appelle autre. Tout à l'heure je me figurais énoncer un fait. Erreur : j'énonçais une loi.

Qu'est-ce qu'un fait ? Qu'est-ce qu'une loi ? Un fait est l'énoncé d'une simple coexistence : ceci est cela. « Jean sans Terre s'est assis sous cet arbre ». Carlyle a beau me jurer, ce dont je ne doute guère, que cela est vrai pour toujours, les effets du hasard le sont aussi, et n'en restent pas moins l'œuvre du hasard. Une loi porte assurément, elle aussi, sur une coexistence, mais elle la sous-entend nécessaire, si bien que les éléments unis par une loi semblent impliqués l'un dans l'autre. Dans toute coexistence de fait, on doit constater séparément la présence de chacun des coexistants. Dans toute coexistence régie par une loi, c'est chose inutile. On peut donc affirmer deux fois que l'homme est mortel et ne pas dire chaque fois la même chose. Tout jugement de quantité universelle peut s'interpréter soit en extension, soit en compréhension. Je n'ai pu attribuer aux catégories l'universalité du premier genre. Du moins je ne l'ai pu sans pas mal de réserves. Si j'avais essayé de leur attribuer l'universalité en compréhension j'aurais, peut-être, mieux réussi.

Ce genre d'universalité, en tout cas, semble devoir s'affirmer, comme disait Descartes, par une inspection de l'esprit : on s'y épargne les enquêtes interminables, et l'on a des chances de pouvoir affirmer à coup sûr. Supposez, par exemple, que je sache, d'une manière ou d'une autre, peu importe, la valeur double du carré construit sur la diagonale d'un carré donné. Supposez-moi, de plus, ignorant le fameux théorème de Pythagore. Donnez-moi maintenant un triangle rectangle : je ne serai peut-être pas incapable d'énoncer le théorème en question. Il me suffira, pour cela, de généraliser le rapport de la diagonale aux côtés du carré, généralisation à laquelle me conduira un examen attentif du triangle rectangle. Les naturalistes qui se sont aperçus les premiers que les poissons étaient vertébrés ainsi que l'homme, se sont servis de leurs yeux, sans doute ; mais plus que leurs yeux, leur réflexion les guida. Ne désespérez donc plus d'une universalité directement insaisissable. L'universalité de compréhension vous y conduira plus sûrement et plus vite. Si l'idée de mortalité fait en quelque sorte partie de la notion de l'homme, je voudrais bien savoir comment en posant celle-ci, vous éviteriez de poser celle-là.

Certes on peut démontrer l'universalité d'extension par l'universalité de compréhension... quand on l'a établie. Comment l'établir ? Et si l'on nous la fait espérer à la suite d'une confrontation de concepts, encore faudra-t-il être assuré contre tout démenti éventuel de l'expérience à venir. L'universalité en compréhension nous donne cette assurance... jusqu'au jour où un fait imprévu s'avisera de la compromettre. Je sais parfaitement la banalité de mes propos. Et je n'empêcherai point que d'autres les répètent. Le problème de l'induction passe, tous les dix ans environ, pour être décidément résolu : ce qui revient à dire que, de dix ans en dix ans, on s'aperçoit qu'il ne l'est guère.

Me voilà donc rejeté sur mes résultats insuffisants, hors d'état et d'envie de reprendre l'enquête. C'est un fait que je n'ai point réussi. De cela je suis sûr. Mais cela ne m'avance guère si j'ai manqué le but en ignorant pourquoi.

N'ai-je point reconnu précédemment que les catégories avaient une histoire, et qu'elles avaient mis du temps à s'établir ? Si j'en concluais qu'elles ne sont pas encore établies, ne conclurais-je point l'évidence même ? J'ai consenti jadis, à les déclarer contingentes, parce que je les ai vues résister à l'épreuve des axiomes logiques. La vérité est, depuis Boutroux, depuis Brochard — deux rationalistes — qu'elles y résistent. La vérité est encore qu'on ne saurait pourtant, à leur égard, pen-

ser comme bon nous semble. La vérité est enfin que, pour
penser, à leur sujet, ce qu'il nous plairait de penser, il faudrait
que toute évidence du non-contradictoire fût un effet de la
lumière naturelle et qu'il nous fût impossible de séjourner dans
l'absurde. Or, nous pouvons y séjourner sans nous en douter :
nous pouvons y séjourner même, en nous en doutant presque,
sans parvenir à prendre notre absurdité sur le vif. Songez que
le physicien, quand il fait du principe d'Archimède une démonstration rationnelle, déclare en état d'absurdité qualifiée
quiconque s'avisera de mettre désormais ce principe en doute.
Or, il est pas mal de démonstrations de ce genre que l'avenir
tient en réserve. Nous sommes donc absurdes à notre propre
insu, et le cas du cercle carré est un cas décidément exceptionnel.

Plaignez-vous maintenant de la triste condition faite à l'esprit
humain : il ne saurait poser d'autorité les catégories ! C'est
entendu, et Renouvier n'a sans doute jamais voulu dire autre
chose quand il a pris son parti de les poser empiriquement.
L'étrange serait de vouloir obtenir un système parfait et complet des éléments de la connaissance dans une humanité dont
la science incessamment progresse. Qui avance à chaque pas
est certainement parti, mais n'est très certainement pas arrivé.
Les problèmes posés les premiers n'ont, de ce chef, aucun titre
à être les premiers résolus. On les a posés avant tous les autres
en raison de leur généralité même, et parce que leur position
n'impliquait, ni que l'on eût beaucoup vu, ni que l'on eût
baucoup retenu. Mais si, pour les résoudre, il fallait presque
avoir tout vu et tout retenu, les questions premières deviendraient les questions dernières : on les nomme d'ailleurs à
volonté, l'un ou l'autre.

Puisque les sciences évoluent, il est de toute nécessité, que
les catégories évoluent comme elles. Ce qui n'évolue pas dans
les catégories, c'est la question posée au moment de leur émer-
gence ; ce qui ne change pas, c'est le signe-interrogatif, c'est
l'enseigne, oserai-je dire. Il y aura toujours un espace, il y aura
toujours une géométrie. Il y aura toujours le temps, il y aura
toujours une mécanique. — Ce n'est point tout. En partageant le
sort des sciences, les catégories comme les sciences, seront, au
cours de leur histoire, sujettes à des crises plus ou moins longues. Les linguistes nous ont appris que le langage avait ses
maladies. Les sciences pourraient, elles aussi, passer par des
périodes de trouble pendant lesquelles leur acquis antérieur se
trouverait compromis. A la veille d'une grande découverte dans

le champ des idées, il se peut que le sol de la science se soulève et tremble. J'en atteste la sophistique grecque à la veille de Socrate. Et quand le sol s'est apaisé, les esprits tremblent encore. : j'en atteste la philosophie de Thomas Reid qui offre étrangement l'aspect d'un lendemain de catastrophe. Qui sait s'il n'arrive pas à ce qui toujours passa pour vrai, de s'assombrir momentanément dans un crépuscule, en attendant la réapparition du jour ? Qui sait si les Lois de la Nature, et les Catégories à leur suite, n'ont pas pris momentanément un masque de contingence destiné à tomber demain ? On serait libre de le prétendre : encore faudrait-il éviter de le soutenir gratuitement. On est toujours tenté de se façonner un avenir à son gré : encore faudrait-il éviter de se laisser surprendre par un avenir étourdiment taxé d'invraisemblance, le jour où cet avenir deviendrait le présent.

Les réflexions qui précèdent donnent à nos résultats une portée inattendue. On voulait des catégories universelles et l'on ne pouvait leur assurer qu'un haut degré de généralité. Mais si ce haut degré s'est presque partout laissé atteindre, même dans les conditions les moins favorables, il ne faudra plus regretter d'avoir travaillé pour rien. Loin de se préparer à l'abdication prochaine des catégories, pour cause d'universalité manquée, l'on devrait se préparer au renouvellement de leurs titres et les maintenir plus que jamais en fonction.

Oui, plus que jamais, si l'on sait, non seulement, résumer ce qui précède, mais en dégager l'esprit. Reportez-vous aux débuts de l'enquête ; remettez-vous en face du nombre. Il vous déconcertait par sa docilité, par son indifférence — ne retenez donc pas le mot « inertie » ; vous l'avez sur les lèvres ; allez jusqu'au bout de votre impression. — Le nombre est généralisable ; un peu plus vous le jugerez universalisable et, quand même, vous feriez bon marché d'une « universalisation » qui vous semble factice, en échange d'une universalité spontanément offerte et spontanément éclose. Et parce que cette universalité là vous manquait, vous étiez tenté d'abandonner la partie. Voilà où vous en étiez au début presque de l'enquête et vous vous êtes cru hors de la vraie route !

Vainement essaierai-je de vous remettre et de me remettre, avec vous, sur le droit chemin. Ce serait en effet une peine inutile... par la bonne raison que nous y sommes. Et c'est ce dont j'aimerais vous persuader. Laissons là le nombre et les concepts purs : je vous y ramènerai plus tard. Je voudrais vous remettre en mémoire un bel et grand texte, un de ces textes sur lesquels mes contemporains s'arrêtèrent étonnés des vastes perspectives soudainement ouvertes. Je ne parle point de la préface de l'*Histoire de la Littérature anglaise*, où une exécution trop parfaite dissimule les éléments d'appui, mais de ce qui en est comme la maquette : la préface du premier volume des *Essais de Critique et d'Histoire*. Il en faudrait tout citer: je la résume. Ne soyez pas, nous dit H. Taine, comme des étrangers dans la vie. Tandis que vous la vivez, regardez les autres vivre : regardez longuement, patiemment, sympathiquement. Regardez et notez d'un trait bref. Quand vous aurez mis bout à bout un certain nombre de ces traits brefs, prenez-en deux et comparez. Vous vous apercevrez bientôt que la présence de l'un entraînait celle de l'autre. Et si vous continuez l'expérience, vous verrez, à chaque étape, les mêmes signes de solidarité apparaître. Vous aviez une série : vous avez un système.

Je viens d'opérer sur mes semblables et j'ai compris ce qu'il fallait entendre par l'unité d'une somme de caractères, source de l'unité de caractère. Je sortirai maintenant du genre humain pour regarder « les choses », les choses, c'est-à-dire les corps et les propriétés des corps. Je noterai ces propriétés et je verrai dans un corps inorganique, une chose qui se meut, se refroidit ou s'échauffe, s'obscurcit ou s'éclaire. J'observerai qu'en s'arrêtant elle s'échauffe, et je m'en souviendrai. Instruit par les leçons antérieures, je me poserai cette question : ne s'échauffe-t-elle point parce qu'elle s'arrête ? Il se pourrait. Si c'était oui, comment le saurais-je ?

Je le saurais si je parvenais à « mesurer » le changement. Il s'est perdu du mouvement. Il s'est gagné de la chaleur. Ceci est un fait : quelque chose a disparu, quelque chose est apparu. Je réfléchis alors que si je pouvais faire disparaître et en même temps faire apparaître, mais par le même mouvement, presque par le même geste, j'apprendrais du nouveau, un nouveau que d'ailleurs je prévois. Lequel ? L'identité foncière du disparu et de l'apparu, non point pour nos yeux, car, au dire d'Héraclite, ils sont les pires témoins de la vérité, mais pour l'esprit. Que va-t-il donc falloir obtenir pour donner satisfaction à l'esprit ? La découverte de l'équivalent mécanique de la chaleur, ni plus ni moins. Alors je saurai ce qu'Héraclite soupçonna le premier dans l'histoire, qu'autant il se transforme d'eau en air, autant il se transforme d'air en eau, j'aurai le secret du *Logos*. Autrement dit, j'affirmerai l'unité radicale de toutes choses. Et qui me donnera les moyens de l'affirmer ? La mesure, c'est-à-dire le nombre.

Et c'est pourquoi, plus le nombre se généralise, plus s'enrichit la notion de l'univers. Car c'est le nombre qui nous le rend intelligible. On s'est mépris sur sa prétendue indifférence. Elle n'était qu'un masque : le masque de l'intransigeance. Le nombre sait attendre : comme s'il savait qu'à l'heure dite rien ne lui résistera. *Discite justitiam moniti.* En d'autres termes : Comprenez ce que l'histoire enseigne, et comprenez ce qu'il fallut attendre de siècles pour que Carnot vint donner raison aux pressentiments d'Héraclite, comprenez, en un mot, que l'univers a une histoire, que l'univers *est* une histoire.

Et parce que l'univers est une histoire, on peut se demander si l'*a priori* véritable et véritablement fécond, loin d'être celui qui s'improvise dès que l'on y pense, n'est pas celui dont la connaissance s'acquiert à la suite d'une longue et progressive initiation. La question est posée. On va s'efforcer d'en esquisser une réponse.

CHAPITRE SECOND

NÉCESSITÉ MÉDIATE ET NÉCESSITÉ IMMÉDIATE.

Il est des notions que leur généralité protège contre les hésitations du jugement. L'esprit les accepte avec une aisance dont notre précipitation est souvent la cause. Précipitation toujours théoriquement évitable. Descartes nous convie aux revues générales dont l'assurance où l'on est de n'avoir rien omis est le critérium ordinaire. Pareillement, on a l'esprit tranquille quand on est sûr d'avoir pris « toutes ses précautions contre l'accident ». Mais quand on vient de prononcer à haute et intelligible voix ces mots : « toutes ses précautions contre l'accident », on reste sourd à cette parole intérieure qui vient ajouter à voix très basse les deux mots : « toujours possible ». Oui, l'accident est toujours possible. — En théorie, répliquera-t-on. — Erreur. C'est en théorie, seulement en théorie, que, ni l'erreur ni l'accident ne sont possibles. En pratique l'un et l'autre le sont toujours. L'impression de sécurité se refuserait toujours à qui voudrait inspecter à loisir le détail des parties d'une preuve, car il sait ce détail infini et, par là même, cette inspection humainement inachevable. Interdisons-nous, en conséquence, les jugements de totalité, parce que, s'ils sont vrais, ils ne le sont que pris en bloc, autrement dit, perçus par des yeux qui ont tout vu ... sans rien regarder.

La confiance inébranlable de Descartes en son critérium de vérité est le résultat des habitudes de son propre esprit, esprit de mathématicien et de géomètre à qui les « revues générales » et les « dénombrements parfaits » sont toujours possibles. L'exactitude rigoureuse des définitions mathématiques a pour effet l'évidence lumineuse des résultats. Encore faut-il avoir pris « toutes ses précautions » contre l'oubli d'une donnée importante, au moment de la « revue générale » et cet oubli est, encore une fois, toujours possible. Pour assurer une règle contre une exception impossible, il faut que cette impossibilité résulte d'un jugement *à priori*, ce qui suppose un esprit maître de ses

définitions initiales, et donc un esprit de géomètre ou de mathématicien.

Je songe en ce moment à deux mathématiciens, adonnés pendant leur jeunesse à la pratique des calculs ordinairement regardés comme arides et ardus. Ils furent, l'un et l'autre, camarades
à l'Ecole Polytechnique aux environs de 1840. L'un était Renouvier, l'autre Jules Lequier ; le moins célèbre des deux, Jules
Lequier, n'était, au dire de Renouvier, en rien inférieur à l'autre. Je leur emprunte à tous deux un exemple du cas dont je
parlais en commençant, le cas d'un esprit capable d'accepter,
sans broncher, sur la foi de l'évidence, une vérité universelle, et
de sentir cette même vérité vaciller sous ses yeux, une fois
dépouillée de sa généralité verbale et appliquée à un objet singulier.

Voici Jules Lequier. — Dans le fragment célèbre de la *feuille
de charmille* il nous parle d'une feuille qu'il lui arriva de détacher de sa branche, et de l'effroi qui tout d'un coup le saisit.
Effroi métaphysique, on peut bien le dire, car il fut provoqué
moins par un geste de la main que par la portée des conséquences métaphysiques de ce geste. Libre de laisser une feuille de
charmille attachée à la branche dont elle dépend, — ou de la
détacher de cette branche, — Lequier s'émeut soudainement de
la puissance dont il vient de s'apparaître revêtu. Cette puissance
de commencer un acte n'est-elle pas exorbitante ? Introduire
un mouvement dans la série vraisemblablement predéterminée
des mouvements de l'univers, n'est-ce pas jouer au démiurge
contre l'unique et vrai démiurge ? N'est-ce pas jouer le rôle de
Satan contre celui de Dieu ? Allons plus loin : n'est-ce pas encore « faire de la vérité » ? Et le caractère exorbitant de l'acte
prend un double cachet d'impiété et d'absurdité. Si j'ai librement mis la main sur cette feuille de charmille que j'ai envie
de prendre, il deviendra éternellement vrai que je l'ai prise, et
si l'acte de prendre dépend de moi, je m'apparaîtrai, de ce chef,
créateur d'une vérité éternelle. Décidément, cela ne se peut.
Tout, dès l'origine du monde, doit avoir été prévu ; et non seulement prévu, mais préordonné. Pas de libre arbitre chez
l'homme.

Après Jules Lequier, voici Renouvier. Renouvier s'attache à
l'idée de déterminisme et regarde son chien qui frétille. Aussitôt l'image d'un déterminisme réglé dans les moindres détails
se dresse devant lui. Quoi donc, se dit-il, voilà un chien qui
s'ébat, dont la queue frétille. Admettrai-je que les moindres
mouvements de cet animal s'accomplissent en ce moment sous

mes yeux de par une loi dont la formule m'échappe, mais dont
la nécessité devrait me faire sentir son joug ? Je ne sens pas
cette nécessité. Donc la loi du déterminisme universel a bien des
chances d'être une loi imaginaire. Examinée dans ses moindres
conséquences, elle se dresse devant la raison et n'est pas loin de
la confondre. Donc pas de déterminisme sans exception dans
l'ordre physique ou mécanique. La contingence a beau être taxée
d'irrationalisme, il est des instants où, malgré moi, je la décla-
rerais volontiers raisonnable. Si tout est prédéterminé, le
papillon qui vole autour de la rose obéit à un moment de
la nécessité universelle qui s'exprime par son bourdonnement
et par ses ébats. Voilà qui frise l'absurde. Autant dire : voilà
qui n'a décidément pas le sens commun !

Ces deux épisodes me sont revenus à la mémoire parce qu'ils
attestent, à un rare degré d'évidence, une infirmité de notre intelligence derrière laquelle on craint d'apercevoir une loi ; car, si
l'action de cette loi n'est pas constante, les troubles dont elle est
l'occasion, quand elle se manifeste, donnent singulièrement à
réfléchir sur les irrégularités éventuelles de notre vie consciente.
Lequier est sur le point de renoncer au privilège de disposer de
soi-même, par l'excès des avantages qu'elle comporte et la gravité des responsabilités encourues. Renouvier, lui, plus de sang-
froid, éprouve un je ne sais quel sentiment de surprise amusée
quand il songe que dans un univers aux détails absolument prévus et prédéterminés, les apparences des mouvements sponta-
nés de la vie s'effacent devant les exigences d'une inflexible
nécessité. Le philosophe comprend cette nécessité : il est sur le
point d'y voir « un des éléments de l'ordre du monde, inséparables de ce monde ». Et pourtant le murmure de la parole intérieure se refuse à témoigner en faveur de cet ordre. Il semble
par moments que les suites par trop plaisantes, pour ne point
dire franchement ridicules, de la conception déterministe méri-
teraient de faire échec à la conception.

Que conclure de notre double exemple ?

Une constatation devant laquelle l'observateur se préjuge
désarmé, mais contre laquelle il ne faut point que la réflexion
désarme, c'est un fait que la vie intérieure peut se comparer à
un orchestre, mais à un orchestre où les instruments ne se prêtent pas volontiers aux trop longs silences. Quand ils se sont tus
trop longtemps, ils se font entendre sans avertir, et par la seule

raison que leur silence a trop duré. Je fais allusion ici aux silences du sentiment, à la faveur desquels la réflexion travaille. Si, d'aventure, les silences s'interrompent, le fil de la réflexion, à son tour, est rompu. Tout semble devoir être repris à partir du commencement, et devant l'inutilité pressentie de la reprise, l'intelligence a peine à se ressaisir.

Oui, les conséquences attachées par Jules Lequier à l'idée du libre arbitre sont bien telles qu'il les aperçoit, pour ainsi dire, dressées devant lui, presque menaçantes. Oui, le prédéterminisme universel est éventuellement impliqué dans le déterminisme. Je ne sais pas, de science certaine, ce qu'il en est ; je sais du moins, en cas d'affirmative, à quelles conséquences on se trouve conduit. Je viens, à l'instant même, de tremper ma plume dans l'encre : voilà un mouvement de ma main que j'ai fait sans y penser. Si ce mouvement a été prévu et préordonné par l'auteur des choses, j'ai beau en sourire, j'ai quand même tort d'en sourire : un haussement d'épaules serait ici de trop. Ayons le courage de le reconnaître : le sentiment a beau intervenir, malgré lui, peut-être aussi, malgré nous, il se mêle de ce qui ne le regarde pas. J'entends ce qu'on me réplique : « Mais si nous n'y pouvons rien ? » — Erreur. Nous y pouvons beaucoup au contraire. — Les faits, insiste-t-on encore, sont des faits. Dans le cas présent, on les comparerait justement à des forces contre lesquelles, au dire du vieux proverbe, « il n'est pas de résistance ». Ne résistez donc pas à cette force si vous vous trouvez là comme devant une muraille au travers de laquelle on ne passe pas. La vérité, pourtant, est que l'on y passe quand même.

Assurément l'on y passe, pourvu que l'on sache rester sourd aux intercurrences troublantes de la vie émotive. Les conflits entre le sentiment et le jugement peuvent toujours, en fait, se terminer par un ajournement *sine die* du jugement. Le tout est de savoir si la question de droit est ici négligeable, et si, tragique ou comique, selon les cas, l'effroi des conséquences est ou peut devenir une cause légitime d'arrêt dans l'enchaînement logique des représentations. C'est ici que le mot de Leibnitz revêt un sens profond. « Il entre du moral jusque dans le géométrique », disait le philosophe. Il avait raison, car il donnait à entendre que la morale, comme la géométrie, doit savoir se montrer intransigeante (¹). Ce n'est pas la logique seule qui nécessite nos affirmations, la morale se joint à elle pour nous y « obliger ». Que l'on y réfléchisse : le pouvoir octroyé à

(1) Cf. L. Dauriac. *Croyance et Réalité*, premier fragment, *l'Axiome et la Croyance*.

l'homme de laisser ses idées suivre ou suspendre leur cours est un privilège dont l'exercice ajoute à notre dignité.

Ce qui va suivre donne encore plus à réfléchir.

*
* *

Quand la science la plus élémentaire nous apporte des précisions sur les trois états de la matière, dont chacun représente un moment dans l'évolution des êtres inorganiques, l'imagination a peut-être le droit d'intervenir et de se forger, dans l'intérêt de la recherche, ce que Bergson appellerait « une hypothèse de travail ». A la faveur de cette hypothèse, on imaginerait trois étapes dans le progrès de nos idées vers la cohésion. La dernière étape serait celle où l'idée nous apparaîtrait avec la consistance d'un bloc solide dont le contact résiste et provoque, dans la main qui a voulu prolonger son mouvement, une légère impression de refoulement. Il n'y a pas à dire : une impression de répulsion nous semble partout liée à l'impression de résistance. Qui nous résiste nous repousse. C'est là de la psychologie la plus élémentaire, j'allais dire la plus quotidienne.

Quand l'esprit arrive à se représenter une idée générale au double point de vue de son extension et de sa compréhension, il se trouve devant un objet qui, pour être le fruit de son propre effort, n'en revêt pas moins l'apparence d'un donné objectif, sur l'existence duquel le sujet n'a plus aucune prise, et dont il peut désormais se désintéresser. On dirait l'état solide de l'idée parvenue à son terme. Le dernier coup de rabot a été donné à la barque. On peut désormais la laisser aller sur l'eau.

Supposez qu'en voyant la barque se mouvoir, elle nous semble hésiter à suivre le courant ; l'idée ne nous viendra-t-elle pas de la séparer momentanément du milieu qui vient de la recevoir, soi-disant pour toujours, et de l'examiner de près, une fois encore, pour y retravailler une dernière fois de nos propres mains ? Que de fois n'arrive-t-il pas que l'on acquière un instrument de travail, parce qu'il nous semble « bien conditionné » — c'est le mot courant dont se servent les ménagères. — Au maniement de l'objet acquis, on s'aperçoit que quelque chose ne fonctionne pas comme on se souhaite, et on le reporte à l'atelier afin que, de nouveau, on l'examine. On met l'objet « en observation », presque comme si on le traitait en malade ou en convalescent.

Il en est de nos idées comme de l'instrument de travail, pris ici pour terme de comparaison. On éprouve le désir de retirer ses

idées de l'usage courant pour leur faire subir une éventuelle
retouche. On remet ainsi la main à l'ouvrage. Alors qu'advient-
il ? Il advient que, dans la notion soumise à un examen nouveau
et momentanément retirée de la circulation, un phénomène se
manifeste, comparable à une sorte de tremblement. On prête
à l'idée je ne sais quelle agitation moléculaire, comme si elle
retournait à l'état fluide, presque liquide : on se reproche la
confiance avec laquelle on l'avait traitée : et l'on fait, malgré
soi, c'est bien le mot, « machine en arrière ».

Revenons maintenant à Charles Renouvier et à Jules Lequier
au moment de leur double recul. L'impression de « l'exorbitant » les a saisis et tenus en arrêt, l'un et l'autre, au mépris
d'une évidence logique dont il faut savoir accepter les suites
après en avoir, de sang-froid, accepté les points de départ. La
logique exige que l'on aille jusqu'au bout, et le consentement de
la volonté est, ici, moralement obligatoire. Tel est le vrai sens de
la plus « tragique » des six *Méditations* de Descartes ; je parle
de la mémorable entre toutes, la *Quatrième Méditation*.

Quand le souvenir se reporte sur ces pages, on s'étonne des
« doubles emplois » devant lesquels n'a pas reculé le génie d'un
Descartes. Il aurait pu conférer à l'homme un entendement cap-
tif de la vérité, esclave de son propre destin. Descartes a préféré laisser l'homme maître de son propre jugement. Même dans
les cas où notre sécurité gagnerait à ne faire que consentir ou
contresigner, le philosophe a pensé qu'il était plus conforme à
la vérité, plus digne aussi de cette vérité, peut-être, que l'homme
n'abdiquât point. S'incliner librement devant la vérité, si c'est
là, pourrait-on dire, faire une inutile dépense de volonté, c'est
aussi ce que l'on appelle « vouloir ce que Dieu veut », et donc
participer à l'œuvre démiurgique (1).

Il est des anticipations de la perception. Kant l'a bien vu, et
son respect de la vérité scientifique l'a empêché d'y voir autant
d'illusions de l'orgueil. Les amateurs de psychologie aiguë pren-
draient peut-être un excès de plaisir à discerner les détails de ce
phénomène, assurément complexe, où le regard ne craint pas
toujours assez de se faire complice, lorsqu'il devrait rester spectateur. Il n'en arrive pas moins, souvent, qu'en présence d'un
phénomène où nous apercevons un signe d'ordre, nous nous
déclarions satisfaits, comme si notre attente venait d'être remplie. D'où l'illusion rétrospective d'une attente ressentie. De la

---

(1) N'en pas conclure que Descartes ait obéi à un sentiment religieux
quelconque. Il a écrit sous la dictée de sa conscience philosophique.

vérité découverte à la vérité ratifiée, la distance, parfois, est courte.

Les états de conscience dont s'accompagnent les opérations logiques telles que celles d'abstraire et de généraliser, sont d'un abord difficile; et, dans la pratique de l'enseignement, les deux théories psychologique et logique de l'abstraction et de la généralisation empiètent l'une sur l'autre. Aussi ne s'aperçoit-on ordinairement point d'un fait, dont l'évidence me semble indéniable, à savoir que la doctrine nominaliste des idées générales n'est pas autre chose qu'une description de psychologue. Il s'agit, par exemple, de décrire comment on s'y prend pour généraliser : on perçoit d'abord une pluralité d'objets, ou plutôt on éprouve une pluralité de sensations ; on les confronte ; on discerne des états identiques en pluralité, d'autres retiennent notre attention par l'impossibilité à peu près invincible où nous sommes de les unir à un détail analogue, etc. Au terme de cette suite d'états, nous marquons d'une étiquette verbale, commune, les éléments assimilés. De là à dire que la notion générale est un simple signe prononcé par la voix et rien de plus, la distance est assez insensible. Et donc, psychologiquement parlant, le nominalisme est ou paraît inattaquable ; mais il reste à déterminer la valeur logique de l'opération, et c'est un tout autre problème. Il serait aisé d'ailleurs, de trouver dans les écrits de Hobbes les traces d'un confusion pareille. Nul ne contesterait en effet, que, plus s'éloigne l'homme que nous regardons, plus il nous est difficile de dire, non seulement quel il est, mais encore à quelle espèce de vivants cet individu appartient. On en conclurait assez vite, si l'on allait de ce train, que les bêtes abstraient, généralisent et raisonnent. C'est d'ailleurs à cela que le philosophe anglais entend nous conduire, et c'est précisément où il faut distinguer d'avec l'activité raisonnable, les consécutions machinales des bêtes imitatrices de notre raison. L'habitude remplace la raison : un poète l'a dit avec une assurance qu'envieraient les philosophes, si les philosophes, ce qui n'est pas toujours le cas, n'avaient pris les devants. Ainsi, dirait un philosophe, dont on se réserve d'examiner la doctrine, « la représentation psychologique » peut accompagner la représentation logique, sans nous autoriser à n'y voir qu'une seule et même espèce de fonctions. Une fois que l'on s'en est rendu compte, on voit émerger l'idée générale d'une contingence possible des lois de la nature. L'habitude naît de la répétition et favorise la répétition des actes qu'elle régit, chez les êtres soumis à son empire, soit, au moins, chez tous les vivants. Un problème ici se pose. La soumission à des habitudes est-elle la même chose que la soumission à des lois ? Dira-t-on, par exemple, sans exagération, ou même sans erreur, que le vol de l'oiseau résulte d'une habitude ? Le vol de l'oiseau serait, dès lors, assimilable à la natation du chien. Cela, le peut-on soutenir sans cotoyer le paradoxe ? Par suite serait-il défendu à un observateur pénétrant, soit à un observateur capable de penser, de lier le vol de l'oiseau à des raisons plus profondes que celles dont résulte l'aptitude des chiens à se maintenir sans plonger à la surface de l'eau ?

Déjà, semble-t-il, nous voyons s'ébaucher une différence appelée à s'accentuer, celle de la part qui revient à la seconde nature, l'habitude, et celle de la part qui doit être maintenue à cette contrefaçon de « première coutume » qui est, ni plus ni moins, la *natura rerum*. N'en déplaise à Pascal, qui, d'ailleurs, en cet endroit des *Pensées* élève un simple doute, et ne s'y arrête guère (1). Ceci soit dit en dehors de tout adhésion donnée ou refusée aux idées transformistes. Si l'habitude travaille de manière à faire naître, chez le vivant, des attitudes qui, à la longue, engendrent des lois véritables, à bien plus forte raison la nature première fait-elle naître des nécessités dont elle est le principe : celles dont a parlé Montesquieu dans la définition célèbre des lois : « rapports nécessaires qui dérivent de la nature des choses ».

Il ne faudrait cependant pas se représenter, dans l'habitude et dans la nature, deux énergies destinées à se contrecarrer l'une l'autre. Elles peuvent se tenir mutuellement en échec jusqu'au gain définitif de la partie par un des adversaires ; elles peuvent concourir à une fin commune. Enfin l'âpreté de la lutte, loin de décourager les antagonismes en présence, peut les exaspérer avec succès. Le *struggle for life* dispose de moyens dont la force et le degré déjouent les prévisions.

*
* *

Le moment approche, si même il n'est déjà venu, de se reporter au chapitre précédent et de s'interroger, une dernière fois sur la manière dont se forment en nous les jugements universels. Qu'ils se forment en nous, c'est un fait, et ce fait s'accompagne

---

(1) Après avoir constaté le caractère de « seconde nature » attribué à l'habitude, l'auteur poursuit : « J'ai grand peur que cette nature ne soit elle-même qu'une première coutume ». Ne nous arrêtons pas à notre tour, devant un rapprochement où, selon toute vraisemblance, la plume a couru plus vite que l'esprit.

le p'us souvent de l'anticipation d'un droit. Au terme de notre série de recherches immédiatement antérieures, je citais un texte des *Essais de Critique et d'Histoire* où se marquent fortement les traits d'un génie synthétique. On y voit Taine prenant des notes sur les hommes et les choses, puis confrontant ses notes, puis les rassemblant, puis enfin, établissant entre les éléments qui leur servent de matière, des rapports de causalité. Parti du fait que très souvent, le phénomène A et le phénomène B s'accompagnent, Taine se refuse provisoirement à mettre cette double présence sur le compte du hasard. « Entre A et B, se dit l'auteur, il doit y avoir partie liée. Croyons-le, jusqu'à preuve du pour ou du contre et réglons nos démarches futures en vue de cette recherche ». Si je reviens sur ce texte extrait d'une préface à des morceaux destinés aux historiens et aux critiques, soit à des travailleurs de l'art, c'est pour faire sentir chez ce grand ami de la vérité que fut Taine, outre le goût du fait par lequel il était capable de se laisser emporter, l'énergique sentiment de la loi. Taine m'a fait souvent penser à Claude Bernard, et je n'ai, de cela, nul repentir, au contraire. En réalité ces deux grands amateurs de faits ne les aimaient nullement pour leur seule matière. Ils eussent été, l'un et l'autre, de faux érudits. Et le savant Gergonne (¹) en eût tiré la preuve de la manière dont s'y prennent les savants qui se préparent à découvrir. Ils s'y prennent parfois d'une façon plaisante ou bizarre. Peu leur importe. C'est leur idée de derrière la tête qui les fascine, comme s'ils l'avaient devant les yeux. Taine, entre autres, était parfois sujet à ce genre de fascination. Ceci soit dit, non à la charge du grand penseur, mais en faveur de la fameuse « idée directrice » célébrée par Claude Bernard et qui est le vrai nerf de la science expérimentale. C'est le cas de se rappeler les mots du fameux « papier » cousu à la doublure du vêtement de Pascal : « Tu ne me chercherais pas, si tu ne m'avais trouvé » (²).

Que sommes-nous conduits à penser des signes d'activité coordonnée et vraisemblablement démiurgique, qui se manifestent dans le cours de la nature ? Comment interpréter ces signes ? Autant de questions incertaines, obscures même, mais sur lesquelles il serait exagéré de confesser une totale ignorance. Les

(1) Cf. Hamelin, *L'Année Philosophique* 1899, *sur l'Induction.*
(2) Quand j'étais à Montpellier, le recteur Gustave Chancel me parlait souvent de la candeur de son collègue et ami, Béchamp, le chimiste de la Faculté de Médecine ; Béchamp se plaisait à dire et, par conséquent, sans doute, à croire, que Lavoisier avait devancé ses découvertes par son génie d'anticipation.

esprits de la hauteur et de la valeur d'un Taine ou d'un Claude
Bernard lisent pour ainsi dire à livre ouvert dans le « grand
livre du monde ». Ce que leurs yeux y voient est un exemple de
la manière dont il faudrait savoir s'attacher à la marche d'un
phénomène pour se mettre en état de le reproduire au cas où,
par je ne sais quelle impossible grâce, on en acquerrait le pouvoir. Il est juste de rendre hommage à de tels esprits ; il serait
imprudent de s'attribuer les moyens permettant à leurs interpré-
tations de réussir. Ces moyens échappent au grand nombre, car
le grand nombre a souvent des yeux pour ne point voir, ou, du
moins, pour ne s'étonner que de tel ou tel détail dénué d'importance, alors que l'étonnement fécond est celui que doit exciter
l'ordinaire, dont les vrais secrets nous deviennent transparents.
Ils le deviennent, non pas seulement pour ceux qui savent regarder, mais pour ceux qui savent « rapporter, c'est-à-dire lier,
tant en vertu d'associations fréquentes, qu'en raison de caractères qui, si distants qu'on les perçoive, expriment néanmoins
une condition commune, quelque chose comme une même
pensée démiurgique ? Jules Lachelier, semble-t-il , n'était
pas d'un autre avis, quand, au début du *Fondement
de l'Induction* il remarquait la soudaineté des fruits
portés par un seul fait « bien observé ». Qu'est-ce
donc que bien observer, sinon mettre d'emblée la main
sur les conditions auxquelles le fait doit son existence ? L'homme n'en a point toujours le pouvoir : ce n'est pas la question.
Ce qui doit nous rendre attentifs, c'est qu'un tel pouvoir se rencontre chez l'homme. Il s'y rencontre, et il n'est point rare
que dans la vie d'un même homme, il s'exerce plus d'une fois
Il y a donc, ici, mieux à faire qu'à bénir le hasard. Ne le char-
geons pas d'un miracle, dont nous le rendrions inutilement responsable. Rendons au contraire justice à qui de droit, j'entends
à l'attention méditative dont le rôle, loin de consister à ne perdre de vue aucun détail, consiste précisément à isoler des éléments accessoires, ordinairement et immédiatement percepti-
bles, les facteurs essentiels. Ici la multiplicité des éléments
importe moins que la fonction : et l'on est justement conduit à
penser que la rencontre par le calcul d'une quantité, vérifiée
constante, nous élève au-dessus de la simple constance, car elle
nous y élève à fortiori et nous met, par suite, en face du nécessaire. On présume le nécessaire en présence de l'universel, mais,
à vrai dire, c'est par le raisonnement du nécessaire que l'universel s'atteste : rigoureusement parlant, l'universel n'est point
affaire d'expérience, et c'est par où la connaissance dont le

concept se laisse construire, dépasse en valeur celle dont le concept se laisse seulement inférer. Aussi, en matière de certitude scientifique en est-on réduit le plus souvent à une probabilité indéfiniment croissante dont on préconçoit et préadopte la limite (¹).

N'arrive-t-il point, cependant, à la probabilité, même indéfiniment croissante, de céder la place à la certitude ? Quand Tycho, notant les positions de la planète Mars, conclut que, dans sa révolution autour du soleil, Mars décrit une ellipse, il conclut dans le mode apodictique, et il a raison.

Remémorez-vous ici les pages lumineuses de la vingt-quatrième leçon du *Cours de Philosophie positive*. Là Auguste Comte n'hésite pas à reconnaître que les liens de la mécanique céleste et de la pesanteur terrestre devaient être prévus pour être découverts. La vérité ne se serait jamais offerte si l'hypothèse n'était venue lui frayer la voie. Mais elle est venue, et c'est d'une vérité nécessaire que la science s'est enrichie. Un surcroît de lumière en jaillit aussitôt sur « l'harmonie du monde »; et cela, je ne le fais pas dire à Comte dont « la démiurgie sans démiurge » prêterait assez inutilement à sourire, mais le ton qu'il prend en cet endroit de son œuvre, et qui est celui de la sécurité dogmatique la plus entière, ne saurait lui être sérieusement reproché. Quant aux émotions tragiques d'un Jules Lequier devant les suites du libre arbitre, elles ne méritent pas plus d'en affaiblir la croyance, que les remarques ironiques de son camarade et ami Renouvier ne devraient encourager les rieurs à sa négation. Niera-t-on le progrès des sciences chimiques sous prétexte que ces progrès se traduisent par des hécatombes humaines ? Le cours de nos représentations est indépendant de l'usage qu'il nous plaît d'en faire, et ne saurait en être affecté. N'oublions pas que le monde est « la maison de Jupiter » et que, dans cette maison, rien n'est vil. Le mot de Pascal sur les « instants de niaiser » auxquels nul esprit n'échappe, doit ici nous servir d'avertissement. Aussi bien l'opération par laquelle l'entendement généralise, accessible à la direction de notre volonté, doit faire appel à cette volonté pour s'épargner les allées et venues le long des sentiers inutiles. Je ne sais plus quel auteur écrivait que si les larges avenues qui mènent au royaume de Dieu ne sont pas interdites au sage,

(1) La certitude, écrivait dans les *Annales de la Faculté des Lettres de Bordeaux*, mon ami très regretté Victor Egger (vers 1878 environ), est la limite préconçue et préadoptée de la probabilité indéfiniment croissante. Et il parlait en ces termes de la « Certitude scientifique ».

il doit soigneusement se tenir à l'écart des buissons qui les bordent. Autant de buissons, autant de labyrinthes. Ajouterai-je — et ceci n'est point à négliger — que nos concepts généraux, une fois formés, tiennent des mésaventures en réserve à ceux qui s'attardent aux détails de leur extension ? Leur véritable rôle est de devenir pour d'autres notions sous-jacentes comme des centres de gravitation. Autant avouer que, dans le travail d'élaboration auquel l'entendement se livre, c'est le point de vue de la compréhension qui doit surtout l'emporter (1).

Une précaution est indispensable : veiller à la force du lien qui unit les différentes parties de la compréhension et s'assurer du degré auquel la perte de ce caractère menacerait la notion générale dans ses raisons d'existence : et donc s'assurer de l'universalité par la nécessité.

Il n'est qu'un moyen d'établir l'universel : l'appuyer sur le nécessaire. Les travaux d'approche, dont le chapitre précédent porte les traces, exigeaient, pour être utilisés, toute une nouvelle série de démarches : celles que je vais maintenant entreprendre, auxquelles les pages immédiatement précédentes serviront de Préface.

I

La Nécessité, disons-le tout d'abord, s'affirme de tout ce qui, d'une manière ou d'une autre, ne peut pas ne pas être. On lit, en effet, au livre Δ de la *Métaphysique* d'Aristote : « On appelle nécessaire : 1° ce sans quoi on ne peut vivre; 2° ce sans quoi un bien ou un mal ne pourrait se faire ; 3° la violence, ou ce qui contraint la volonté et résiste à la persuasion; 4° ce qui ne peut être autrement qu'il n'est; ainsi les choses éternelles sont d'une nécessité absolue; toute autre nécessité est dérivée de celle-là; 5° la démonstration qui tire également sa nécessité de la nécessité des prémisses » (2). Je ne retiendrai de ce πλεοναχῶς λεγόμενον

---

(1) Une question se présente : déterminer une idée générale sous le rapport de l'extension, est-ce dénombrer tous les individus dont elle est éventuellement affirmable ? Non, un tel dénombrement ne serait pas exempt de puérilité, et n'ajouterait pas un atome à notre savoir. Il ne s'agit pas de savoir combien il y a d'individus marchant sur quatre mains au pays des singes, mais en combien d'espèces ils peuvent être groupés. D'où il suit que l'extension d'un genre a pour mesure le nombre de ses espèces, l'une de ces espèces fût-elle réduite à un seul exemplaire.

(2) Félix Ravaisson, *La Métaphysique d'Aristote*, t. I, p. 119.

que les définitions quatrième et cinquième. Elles assignent, à la nécessité, pour siège, un jugement ou un raisonnement. Or, il n'est de raisonnement que par le jugement. Le jugement est donc, pour ainsi parler, le lieu de la nécessité logique. Je n'en distinguerai pas moins deux manières d'affirmer nécessairement. Ou bien l'on se contente d'énoncer le jugement nécessaire : par exemple on dira que deux quantités égales à une troisième sont égales entre elles; ou bien l'on appuie le jugement que l'on veut démontrer nécessaire sur deux autres jugements d'une nécessité préalablement reconnue : on dira, par exemple : A est C, car B est C d'une part, et, de l'autre, A est B. C'est là de la logique courante, et de la plus rudimentaire. J'en sortirai bientôt pour comparer ces deux types de nécessité. Je ne me demanderai pas lequel de ces deux types implique l'autre ; nul doute à cet égard. Mais il ne s'ensuit pas que l'examen de la nécessité médiate ne doïve venir qu'en second lieu. Evidemment le nécessaire « par soi » prime le nécessaire « par autre que soi ». Il le prime, en autorité, d'abord, et en dignité. C'est ce qui lui vaut son nom d'ἀξίωμα que les latinistes du moyen-âge traduisaient littéralement par le mot *dignitas*. On sait comment Pascal a fait droit à cette prééminence et qu'il n'a pas craint de dessaisir la raison au profit du « cœur ». Il attribuait au cœur le sentiment des trois dimensions de l'espace, et il estimait que ce fût un privilège de ne pouvoir tout démontrer. Certes, quand je viens d'énoncer l'axiome de tout à l'heure, je n'ai plus qu'à me croiser les bras en attendant l'adhésion de ceux à qui je parle. S'ils me la refusent, je leur réserve un haussement d'épaules. Tel est, en effet, le cas des évidences immédiates : elles sont soudaines, foudroyantes ; nul recours contre celui qui ne s'est pas laissé foudroyer.

Il est permis, dès lors, tout en laissant à la nécessité immédiate son droit de préséance, de reconnaître à la nécessité médiate l'avantage d'une sécurité que n'accompagne point toujours l'énoncé d'un principe. Pascal, lui-même, s'en est rendu compte, puisqu'il nous recommande de n'imposer, sous le nom d'axiomes, que des vérités reconnues telles. S'il fait la recommandation, c'est qu'elle était à faire. On entend énoncer tous les jours, sous le nom de « vérités de sens commun », une foule de généralités douteuses. Et l'on est sans recours contre ceux qui les répandent. Il paraît décidément plus facile de faire réussir un faux axiome qu'une fausse démonstration. Et cela, je le soutiendrais volontiers, contre Herbert Spencer ; car si, pour démontrer, l'esprit s'élève, de degré en degré, d'une proposition

à une autre, il fait autant de pas qu'il monte de degrés. Mais il
les fait sous mes yeux. Et l'on sait, qu'en pareil cas, un témoin
devient un juge.

On insiste, et l'on me rappelle que la nécessité d'une proposition médiatement évidente est une nécessité par délégation,
suspendue, dès lors, à celle de ses principes immédiats. Je
répliquerai en demandant une démonstration du *postulatum*
d'Euclide. — Vous la savez impossible ! — Je la sais impossible ; je sais aussi que, si je persévérais dans mon exigence,
vous auriez peut-être mieux à faire qu'à vous fâcher. Vous es-
sayeriez de me donner jour sur les vastes perspectives ouvertes
à tout esprit consentant au postulat. Vous me montreriez toute
la géométrie compromise par son rejet. Au besoin, vous insis-
teriez sur la proposition qui démontre, dans le cas de deux
droites parallèles, la double perpendicularité de la ligne tra-
cée perpendiculairement à l'une d'elles. D'une manière générale, si je me refuse à l'admission d'un théorème proprement
dit, vous prenez la craie et me faites voir que j'ai tort de contester le théorème ; et non seulement que j'ai tort, mais qu'en per-
sistant dans mon tort, je me rendrais absurde. Or, si mon absurdité s'étendait à la négation des axiomes, votre haussement d'é-
paules ne m'en guérirait pas. Leibnitz s'en doutait bien, lui qui,
contrairement à Pascal, voulait que l'on entreprît de démontrer toutes les propositions, même les axiomes. Et Kant faisait
droit à la demande de Leibnitz, quand, dans la *Critique de la
Raison pure*, il rattachait les « Axiomes de l'Intuition » à un
Principe et en détaillait la Preuve. Et le mot « preuve » est ici
à sa place. Donnez-lui le sens que les calculateurs lui attachent,
quand ils font la preuve d'une opération. Pareillement, n'est-on
pas en droit d'affirmer que la découverte du syllogisme par
Aristote est venue légaliser sa découverte du principe de contradiction (¹) ? Il serait donc vain d'observer la coutume paresseu-
se d'énoncer les axiomes et de se taire... Il serait sophistique,
par contre, afin d'éviter de se taire, de renverser l'ordre logique des thèses en faisant comme qui dirait reposer sur le sol le
sommet de la pyramide : on aurait l'air de démontrer le principe par ses conséquences. C'est pourtant ainsi que les calculateurs procèdent, quand ils vérifient leurs opérations. Pourquoi
s'interdire de les imiter dans leurs démarches ? Et pourquoi

---

(1) C'est même une question de savoir si, comme on se le demandera
bientôt, plus en détail, toute une partie du livre Γ de la *Métaphysique*
n'est pas consacrée à une sorte de démonstration du principe de contradiction.

redouter, si l'on sait s'y prendre, de donner le change à ceux qui nous lisent, s'ils sont, à la fois, intelligents et avertis ? Il ne s'agit pas, encore un coup, de contester à l'axiome son juste rang de « primitif ». L'antériorité logique du principe, une fois admise et comprise, veut être maintenue inébranlable. Mais il ne lui est pas défendu d'être comprise et, pour l'être, de se laisser « illustrer ». Ne sait-on pas qu'une vérité dénuée de toute application, n'en serait pas une ? Et si on le sait, comment oser croire que l'on perd son temps à présenter une vérité comme le premier anneau d'une longue chaîne, chose impossible si vous n'en faites point saillir, au besoin même, résonner les chaînons? N'entendez-vous pas dire que « la vérité est une » ? Cela ne signifie point qu'une seule proposition suffit à la résumer, cela signifie que toutes les vérités se tiennent et que le monde est régi par une solidarité de lois. Telle est la présomption qui domine la science. Et la science consiste précisément à faire de cette présomption une vérité appuyée sur ses preuves. Ce n'est point chose toujours facile. La science a ses jours fastes ; elle a aussi ses jours néfastes, ses lendemains de grande découverte, où l'on croit s'apercevoir que le fait nouveau, soudainement apparu hier, met en péril toute la science d'avant-hier. Puis l'orage se dissipe et la lumière vient ,à son retour, dégager un des anneaux de la grande chaîne qui jusque là s'était dérobé aux regards. Il est donc toujours possible et toujours permis à la pensée de se prendre à l'un quelconque des chaînons et de se mouvoir dans la direction de son choix, progressive ou régressive. L'essentiel est de se mouvoir et, sinon de démontrer, du moins de vérifier les principes par les conséquences. L'esprit humain se sent faillible et il ne reprend confiance qu'en revenant sur ses pas et en s'assurant que la suite des nœuds était bien résistante.

Mais quand on veut juger de la solidité d'un nœud, il n'est que de regarder comment s'y prennent ceux qui nouent. Savoir, c'est faire. Comprendre la nécessité, ce n'est décidément pas être apte à formuler des propositions que l'on dicte : de cela le premier venu peut se montrer capable, et le droit de la force a précisément pour caractère de ne se justifier jamais : comprendre la nécessité, c'est être en état de nouer un jugement à un autre jugement et, par conséquent, de raisonner.

*
**

Le moindre débutant en philosophie sait que tout syllogisme, sous peine de n'en être pas un, est tenu de conclure par la force de la forme, autrement dit par la force du lien, laquelle est censée indépendante des éléments liés. Si l'on a fait de l'algèbre ou de la géométrie, on sait fort bien qu'il est possible de raisonner correctement sur des exemples informes, pourvu que l'on s'en rapporte aux propriétés impliquées dans la définition générale de la figure. Et cette définition, même inexprimée, intervient toujours dans la démonstration. Toute démonstration développe la définition d'une figure ou d'un nombre. Et la propriété mise en lumière est générale, commune aux nombres ou aux figures du genre des exemples inscrits ou tracés. Il est de l'essence de tout démontrable d'être nécessaire, d'où résulte la possibilité de conclure, à la fois, médiatement et nécessairement. Toute conclusion, dès lors, s'appuie sur un ensemble de médiateurs désignés sous le nom classique de « moyen terme ». Et, du moment où le nombre particulier sur lequel on raisonne, n'entre pour rien dans la démonstration, et que les éléments de la démonstration prennent leur source dans le genre du nombre et de la figure, l'énergie qui rend la démonstration possible apparaît nettement ce qu'elle est, celle d'une véritable forme.

Le monde sur lequel le géomètre travaille est peuplé de figures : la matière y est réduite à des contours, soit à des lignes de circonscription dont les propriétés s'enchaînent, la connaissance des unes impliquant celle des autres, sans qu'il y ait lieu de s'en procurer, *de visu*, le témoignage. Ceci posé, je vais droit à la double fonction de généraliser et d'abstraire, et j'annonce tout d'abord mon dessein : unir la présence de cette double fonction à celle des fonctions mathématiques, et montrer que, loin d'être des « opérations secondaires » de l'esprit, comme on a voulu longtemps le faire croire, elles répondent à l'essence de la raison et expriment cette essence.

En effet, l'abstraction, d'une part, et la généralisation, de l'autre, sont des outils entre les mains de l'homme, mais des outils à fabriquer des concepts. Les concepts sont donc nos œuvres. Et parce qu'ils sont nos œuvres, leurs propriétés le sont aussi. L'extension et la compréhension des concepts sont le fruit de notre travail. A nous de nous y prendre de telle sorte que le travail ait été bien fait.

Peut-être se le rendrait-on plus facile en allant faire un tour au Jardin des Plantes. On s'arrêterait, je suppose, devant la fosse aux ours, et l'on passerait ensuite dans la salle des singes. On constaterait, chose assez indiscutable, que chacun des ours a son aspect, sa physionomie, son individualité : remarque qui s'appliquerait plus aisément encore à chacun des singes. Et l'on n'en constaterait pas moins, comme toujours, qu'un singe est toujours un singe, un ours toujours un ours. Cela veut dire, chacun le sait, qu'un singe, n'importe lequel, ressemble plus, infiniment plus, à n'importe lequel des autres singes, qu'à un ours. Essayez maintenant d'exprimer la différence du singe à l'ours. Je vous en défierai, si vous n'avez d'autre témoin que vos yeux. L'ours et le singe, à part le caractère commun d'animal, vous frapperont surtout par leurs traits différents. Et vous leur aurez fait tort, à votre propre insu, d'une ample richesse de similitudes. Il en est des êtres encore plus que des choses : à n'en juger que la façade, on les connaît fort mal.

Achevez maintenant votre visite, car vous avez assez vu. Oui, vous avez assez vu, pour ce que je voulais aujourd'hui vous apprendre, attendu que, selon le mot d'Arlequin, c'est partout comme ici, partout comme au Jardin des Plantes. Vous en doutez ? Observez que, vous et moi, nous nous parlons. Nous nous parlons et nous comprenons. La raison qui nous fait nous comprendre est l'usage des mêmes noms communs. Et vous savez, qu'à part les prénoms et les noms de lieux, il n'entre dans les dictionnaires que des noms communs applicables à une pluralité indéfinie, soit d'individus, soit de rapports : d'une part, les substantifs, les adjectifs, les pronoms, les verbes ; de l'autre, les adverbes, les prépositions, les conjonctions.

Seulement ce sont les grammairiens qui ont fait les dictionnaires, et ce sont les observateurs des êtres vivants qui ont tracé les plans des jardins botaniques et zoologiques. Mais quand il n'y avait ni jardins zoologiques ni dictionnaires, comment s'y prenait-on ? On préparait du travail aux naturalistes et aux grammairiens futurs. Et tout le monde s'y mettait, enfants et grandes personnes. Chacun travaillait, il est vrai, comme dans une chambre noire, sans se regarder travailler. Et c'est pourquoi l'on répond à ceux qui demandent comment faire : « A quoi bon, puisque c'est fait ! » Autant vaudrait donner à un enfant un jeu de patience en lui disant ce que les enfants détestent s'entendre dire : « On regarde, on ne touche pas » !

Or c'est toucher que je veux, et non point regarder. Je veux toucher pour défaire et refaire. J'entends parler d'abstraction, de généralisation : j'entends dire que les idées générales ont une extension et une compréhension, après quoi l'on se ferait un cas de conscience d'oublier que cette extension et cette compréhension travaillent l'une au rebours de l'autre. J'ai appris cela quand j'étais presque enfant. Je n'en ignore pas moins pourquoi l'homme abstrait et généralise. J'ignore, de même, la vraie portée de l'extension et de la compréhension. Je sais seulement que les fonctions auxquelles ces propriétés se rapportent sont exclusivement humaines. L'animal en est privé. Mais l'homme commença vraisemblablement par être animal avant d'être homme ; il s'est appris à dépouiller progressivement la pure animalité. Il s'est appris à devenir homme : à parler, à convertir ses sensations en idées, à soumettre ces idées à la double loi de l'extension et de la compréhension.

Je voudrais, si possible, reconstituer les éléments de ce travail. Et l'on me propose de tomber *in medias res* ! Auguste Comte, je le sais, ne fit pas autre chose. Les intérêts du positivisme l'entraînèrent à sacrifier ce qu'il faut bien appeler de son vrai nom, les droits de la vérité. Ainsi la question n'est point d'affirmer les genres, les espèces, les noms communs, d'observer, dans l'usage des noms communs, les règles prescrites. Elle porte plus haut : pourquoi des genres ? des espèces ? des noms communs ? pourquoi la hiérarchie des espèces et des genres ? Car telle est la matière sur laquelle travaille la nécessité médiate ou de démonstration.

Une école de philosophie qui, s'il fallait en croire Taine, s'est à peu près immobilisée devant l'Infini et ses rapports avec le Fini, ne pouvait décemment laisser ce grand problème au niveau du problème des espèces et des genres. N'est-il pas d'un intérêt plus immédiat de savoir que penser de l'Infini ? Du point de vue du sens commun, nul doute à cet égard, d'autant plus que le sens commun n'ayant affaire qu'aux individus, une fois qu'il sait, d'une manière ou d'une autre, où les aller chercher, n'en demande point davantage. L'intérêt d'une question comme celle qui divisa naguère les docteurs de la scolastique en *réaux* et *nominaux* ne saurait toucher que les philosophes. Mais si ces philosophes, une fois réflexion faite, s'apercevaient que les problèmes soulevés par la raison ne peuvent être séparés de la « querelle des universaux », il faudrait bien en prendre son parti, et s'attacher, coûte que coûte, à une question « d'histoire ancienne ». Et c'est pourquoi les philosophes qui ont voulu, à la suite de Kant, ramener l'attention sur les catégories ont rendu un véritable service. Kant hors de France, en France et à la suite de Kant, Renouvier, se sont acquis des droits à la gratitude de tous les esprits. Kant, lui, s'est contenté d'ouvrir la porte, en attendant la *Critique du Jugement* dont le projet, au moment de sa première *Critique*, n'était pas conçu. Il a inscrit la *Qualité* sur sa table des Catégories. C'était déjà quelque chose. Il était réservé à Renouvier de faire voir que c'était beaucoup. J'en atteste les pages difficiles, mais fécondes, consacrées à la catégorie de *Qualité* dans le *Premier Essai de Critique générale*.

Il serait toutefois inexact de prêter à l'éclectisme une indifférence qui ne fut point la sienne. On n'est pas impunément l'éditeur d'Abélard, et l'on s'arroge, de ce chef, le droit d'avoir son mot à dire touchant les espèces et les genres. Mais on est encore moins impunément Victor Cousin, et, quand on veut soutenir l'honneur d'avoir mis la raison humaine face à face avec l'Infini, on ne saurait la laisser déroger. Et elle dérogerait en devenant la source des notions d'Espèce et de Genre : autant vaudrait renoncer à distinguer le fini de l'infini, d'une part, autant vaudrait, de l'autre, renoncer à confondre sa propre cause avec celle du sens commun. Dans l'esprit de tout bon éclectique, le réalisme ne cessa jamais d'être un défi au bon sens. Quant au nominalisme, il ne cessa guère d'en être un autre, attendu qu'il pouvait conduire au sensualisme, répudié, comme chacun sait, par la raison commune. Le conceptualisme, dont Abélard passa pour l'inventeur, devint, interprété par l'école éclectique, un moyen de tout concilier. On fit reprendre aux genres et aux espèces le chemin du ciel, mais en les arrêtant à hauteur de tête humaine. On les logea dans l'esprit, . en chargeant ces idées d'alléger l'effort de l'homme et de lui procurer une connaissance des êtres et des choses radicalement impossible dans toute autre condition. — Alors les idées générales seraient des idées innées d'une autre sorte ? — Ne confondez point, disait-on, les « idées innées » avec les « facultés innées ». Ne soutenez pas que l'idée « du cheval » ait rien de commun avec l'idée « de la substance ».

L'une est perceptible ou, du moins, n'a dans son contenu, rien que de perceptible. L'autre ne tombe pas sous les sens. C'est assez dire que les produits de la raison discursive ne sauraient être confondus avec ceux de la raison spontanée. Les idées abstraites et générales ne sont donc pas dans l'esprit. On peut les y amener, toutefois, mais il faut qu'on le fasse, et telle est l'office de la fonction de généraliser et d'abstraire. Vous voyez bien que ce n'est point la raison qui, en nous, abstrait et généralise, et que, comme disait Chrysale, le raisonnement n'est point la raison ! Au besoin, l'on insisterait et l'on nous inciterait une dernière fois à ne point porter atteinte à la raison en y faisant entrer ce sur quoi les facultés du fini travaillent, et dont la sensation a tissé l'étoffe.

Il serait dur, et peut-être injuste, de voir dans ce qui précède une série de périphrases destinées à couvrir une inexplication. Je crois bien, quand même, qu'il ne s'y trouve rien à vrai dire, rien, si ce n'est la reconnaissance d'un fait incontesté : le fait que l'homme abstrait et généralise, et que, s'il était privé de ces deux « opérations », il vivrait dans une ignorance à peu près complète. N'oublions pas que l'éclectisme s'est formé au confluent de je ne sais quel spiritualisme intempérant, disait-on, importé d'Allemagne, et d'un spiritualisme beaucoup moins intempérant et, par là même, beaucoup plus rassurant, venu d'Ecosse, où l'on pratiquait une méthode inaugurée par Locke : elle consistait à ériger autant de facultés que l'on croyait avoir distingué de groupes irréductibles de faits ou d'états de conscience. Aussi est-il arrivé à Victor Cousin, tout en adhérant au conceptualisme, de parler du concept en termes assez vagues. A-t-il voulu dire que les idées générales étaient dans l'esprit comme une entité moindre se trouve contenue dans une entité plus grande ? En a-t-il fait des choses ou des actes ? Il ne les a pas étudiées d'assez près pour nous permettre de définir son attitude, et sa doctrine est restée flottante.

Me voilà décidément rejeté au seuil du problème, sans trop regretter le temps perdu, puisque les discussions précédentes viennent de dégager ce seuil, et qu'en même temps, j'ai appris des survivants de l'éclectisme comment on réussit à démolir, de ses propres mains, son propre ouvrage. On n'y eût pas demandé mieux que de laisser venir le concept sans en exiger de passeport. Peu importait d'où il vint puisqu'on l'avait là, disponible, et que, d'ailleurs, on ne s'en pouvait passer. Et l'on se serait passé d'en savoir plus long, si la nécessité d'enseigner n'en eût imposé une autre, celle d'affronter le problème dont on vient d'esquisser l'histoire. Car, dans l'école de Victor Cousin, l'histoire de la philosophie ne fut jamais étudiée pour elle-même. Et je crois bien que le chef de l'école éclectique fut, dans l'école, le seul que la question des universaux ait momentanément occupé. Il rejetait les *universalia post res* favorables au sensualisme, et n'inclinait vers les *universalia in rebus* que sous bénéfice d'inventaire. Il savait assez de philosophie, car il en savait beaucoup, pour avoir éprouvé la solidité du réalisme platonicien. Et le système des Idées lui paraissait d'autant plus solide que, l'interprètant à travers les néo-platoniciens, il rattachait à l'intelligence divine l'ensemble du monde intelligible. Victor Cousin ne recula donc point au moment de se prononcer, ce n'était pas dans ses habitudes. Ce qui était plus dans ces habitudes, c'était, tout en prenant le ton de l'homme qui affirme, de donner, par ce ton, plus d'importance aux accents qu'aux formules et, par là même, d'ajourner *sine die* le prononcé du jugement. (1)

***

Il ne reste décidément qu'un parti à prendre : se mettre résolument en face du concept, et savoir au juste, si possible, à quelle réalité le « mot » correspond. Est-ce à la réalité d'un fait ? à celle d'une loi, ou plutôt d'une méthode ? Cette méthode n'est-elle pas précisément celle que met en œuvre la raison proprement dite, en son essence, toujours, à quelque degré, discursive ? Et s'il faut encore répondre affirmativement, l'examen des fonctions discursives de la pensée ne réussira-t-il point à mettre en pleine lumière l'unité de sa méthode, si bien que, loin d'applaudir au vers trop unanimement célèbre des *Femmes Savantes*, on serait tenté de le leur emprunter pour les contredire en concluant que :

Raisonner est l'emploi de toute la *Raison*.

J'accorderai, en commençant, au nominaliste, qu'il peut essayer d'abolir le concept, et je le laisserai, sans la moindre inquiétude, porter ses coups. Je doute qu'il en porte un seul véritablement mortel. Il aura, en effet, beau faire, aussitôt supprimée la compréhension essentielle au concept, il se verra bientôt contraint de la rétablir. Vous avez, dites-vous, fait bonne justice du concept ? Je ne partage point votre sécurité, car, de votre propre aveu, vous avez remplacé le concept... — Par le *flatus vocis* ? — Erreur ! Vous l'avez remplacé par le nom général. Même, sans y prendre garde, vous avez exaucé l'un de

(1) Je tiens de M. Charles Jourdain l'anecdote suivante. Invité à se prononcer, à l'occasion de la *Vie de Jésus*, sur la nature du Christ, Cousin s'écria : « On me donnerait le choix entre monter sur l'échafaud et déclarer que Jésus n'est pas le fils de Dieu... Hé bien ! Je monterais sur l'échafaud. » C'est ce que Victor Cousin appelait se prononcer. Et il s'est souvent « prononcé » de cette manière sur des questions, il est vrai, moins brûlantes. — Je crois bien me souvenir qu'il inclinait vers un réalisme dont l'entendement divin serait le siège. Je ne me rappelle pas qu'il ait généralisé le problème et qu'il l'ait posé dans toute son ampleur. Mon premier maître de philosophie, Emile Charles, attaché à la doctrine de V. Cousin, qu'il suivait, d'ailleurs, avec la plus entière indépendance, insistait peu, dans ses leçons, sur l'importance du problème et s'en tenait à une solution inspirée de Th. Reid : les êtres et les choses ont des similitudes et des différences. L'esprit naît avec la faculté de « concevoir » les unes et les autres en s'aidant de la double perception externe et interne. Les deux facultés, la raison impersonnelle, d'une part, et l'abstraction-généralisation, de l'autre, y travaillent chacune selon sa méthode.

mes vœux en négligeant l'extension de l'idée générale, extension sur le sens et la portée de laquelle les opinions s'opposent. Ainsi vous attribuez au nom le pouvoir de connoter d'autres noms, et vous soumettez ce pouvoir à des règles variables, sans doute, à vrai dire, nullement capricieuses ou arbitraires. J'accepte votre connotation. Je note maintenant que, si vous avez donné la chasse à l'idée générale, il n'en doit plus rester rien. En d'autres termes, il n'en doit plus rester que le mot, soit le *flatus vocis*, la matière sonore. A ce compte, dès que j'ai prononcé le mot, j'en viens d'épuiser l'usage. Or c'est ce que l'observation dément, car le mot me sert à rassembler, à séparer, bref à comparer. Mais je n'y insiste pas et j'arrive à une autre difficulté, pour moi, je l'avoue, fort embarrassante, pour vous, inextricable, c'est le moins que je puisse dire. On connaît l'ambition des logiciens nominalistes, et l'on ne saurait trop l'encourager, s'ils prenaient les moyens les plus propres à la satisfaire : rapprocher la logique de la réalité qu'elle est censée nous rendre accessible, et dont, véritablement, elle nous éloigne. Le concept a disparu, telle est mon hypothèse qui, pour vous, n'en est plus une. Alors qu'avez-vous mis à sa place ? La chose ou, si vous préférez, la sensation. Et c'est de la sensation que le mot pourrait devenir évocateur. Il évoquera donc les propriétés de la sensation : ce qui ne l'empêchera point, tout en les évoquant, de les exclure. Car le mot n'a, par lui-même, aucune des propriétés de la sensation. L'idée, affirmait A. Spir, dans un mémorable chapitre de *Pensée et Réalité*, n'est pas ce qu'elle représente : l'idée du rouge, n'est pas rouge, l'idée de l'orange n'est pas amère. Le mot est donc inapplicable à la sensation : du moins il ne lui est pas directement applicable. Et vous ne le pouvez réduire à n'être qu'un pur élément sonore. S'il n'avait que sa fonction vocale, il ne servirait plus à rien, du fait même de servir à n'importe quels usages. Voilà donc le nom revêtu de propriétés, négatives peut-être, réelles néanmoins; et je voudrais savoir où il les a prises. D'une part, il représente quelque chose, et l'on ne peut se passer de lui, pour cette raison. De l'autre, il n'est pas ce qu'il représente. D'où lui viennent donc ses propriétés ? A quelle source est-il remonté pour les revêtir ? En y regardant de plus près, je l'apercevrais revêtu de la dépouille du concept. Je ne risquais décidément pas grand'chose en renonçant au concept pour vous plaire, assuré que j'étais de me le faire rendre de gré ou de force !

Taine dans un fort beau « livre » *De l'Intelligence*, n'a-t-il pas fait au concept une guerre sans merci ? La guerre est sans merci, j'en conviens. J'hésiterais pourtant à la reconnaître victorieuse. Taine s'est pris pour l'empiriste qu'il voulait être, sans réussir à l'être au degré voulu. Il s'est débarrassé de l'idée, en lui fermant brusquement l'accès de sa doctrine. J'aurais voulu que, pour se tenir parole, il eût traité la « tendance » avec la même brutalité. Or c'est tout le contraire. Il l'accueille, il l'accepte, et bientôt il ne s'en pourra plus passer. Je sais bien qu'il l'empêche, aussitôt entrée par la petite porte, de s'installer trop à l'aise, mais il ouvre cette porte toutes les fois que l'on y frappe. Cela ne dure qu'un instant, je le sais encore, mais prenez-y garde : cet instant est un instant-durée et non point un instant-limite, ce qui est déjà trop. Je sais enfin que Taine s'interdit de décrire le travail de la tendance, qu'il reste au dehors comme s'il s'agissait de regarder fermenter, dans une cornue transparente, une préparation chimique quelconque ; les mots « d'agitation », de « bouillonnement » lui viennent à la plume, et il a eu raison de ne les point retenir ; et même je lui donne raison, un peu plus, sans doute, qu'il ne l'eût souhaité. Asservi, peut-être trop, aux souvenirs de mes vieilles lectures, là où Taine aperçoit des tendances qui s'agitent je ne puis m'empêcher d'apercevoir des tensions convergentes et des efforts ébauchés. Ce que Taine exprime à l'aide d'images empruntées à l'expérience sensible, j'essaie de l'exprimer en termes d'introspection, et c'est pourquoi j'applaudis des deux mains au rôle de la tendance dans les préliminaires de la généralisation. Mais je me refuse à réduire le travail intérieur de l'esprit à une agitation toute mécanique à l'issue de laquelle le nom général se déclancherait comme par enchantement. Je comprends que l'on y regarde à deux fois avant de s'engager dans une cohue, tout au moins apparente, de détails où il est plus facile d'affirmer la multiplication et la variation incessante que d'entreprendre un dénombrement et un discernement qualitatifs. Il est à peine plus commode à un compositeur qui vient d'improviser un *presto*, d'étaler ce *presto* sur une surface *plane*, et de l'exprimer graphiquement. Ce travail n'est cependant pas inabordable, et tant qu'il n'aura pas abouti, l'effort d'invention qui vient d'être tenté restera stérile. Le cours de nos tendances, si rapide qu'on le suppose, n'en comporte pas moins des phases, et des phases exprimables en termes de durée ; on puiserait, utilement d'ailleurs, dans le vocabulaire de l'expression musicale, et l'on s'apercevrait que les termes tels que *accelerando*, *rallentando*, *crescendo*, *diminuendo* sont tout ce qu'il y a de plus exportables. Et si l'on avait la patience de faire durer l'examen, on s'apercevrait d'autre chose : de la tendance de tous ces détails (les uns tactiles, les autres musculaires, d'autres visuels, d'autres enfin sonores, car il faut compter avec l'accompagnement presque obligé de la parole intérieure) à la convergence, et après convergence, à l'organisation. Renouvier, généralement sympathique à la philosophie du livre *De l'Intelligence*, qui n'était certes point la sienne, ne prenait guère au pied de la lettre le nominalisme de son auteur. Et qu'il était dans le vrai ! J'en attesterai l'endroit où Taine nous parle de l'enfant qui, ayant appelé son père du nom de « papa » (¹), et voyant entrer au salon une personne de figure et de costume masculins, l'appelle aussitôt du même nom. L'enfant ignore les noms singuliers et les noms généraux. Il n'en vient pas moins de promouvoir un nom singulier au grade de nom général. Il a peut-être spontanément et presque « instinctivement » travaillé. Il n'en a pas moins travaillé, soyons-en sûrs, et même, par intervalle, produit ou un effort intellectuel véritable, ou l'équivalent de cet effort. Certes, il ne s'est pas vu détachant un groupe de perceptions *sur* un groupe plus vaste, puis, les *en* détachant, puis les transférant sur un autre groupe ; il n'en a pas moins comparé, abstrait, généralisé, cela sans qu'on puisse dire la part qu'y ont prise la conscience distincte et la réflexion ; cela surtout, sans qu'on puisse affirmer que, dans l'intervalle temporel immédiatement antécédent au second énoncé du dissyllabe « papa », un nouveau fait interne ait surgi dans sa simplicité, dans son indivisibilité toutes mentales. Le concept est-il voué, coûte que coûte, à passer par l'état de phénomène interne ? C'est ce que Taine et, peut-être avant lui Mill ont entrepris de mettre en doute, et ce que j'oserais contester à leur suite. On ne tient pas toujours assez compte de l'impossibilité presque proverbiale de tenter deux choses à la fois : faire et se regarder faire. Qui peut se vanter de se regarder vouloir ? Et pourtant, s'il est quelque chose de réel en nous et de fondamental, n'est-ce point la volonté ? Après tout, s'il est vrai que l'observation d'un phénomène retarde sur le phénomène, thèse indiscutablement plausible, on en conclurait contre la coïncidence du psychologiquement affirmable et du psychologiquement observable. Les pratiquants de l'introspection relèvent tous les jours des faits dont ils se prétendent les témoins, et qu'il leur serait absolument impossible de prendre sur le vif.

C'est le cas ou jamais de rappeler l'admirable pensée de Jou-

---

(1) Taine, *De l'Intelligence*, Paris Hachette, in-12°, t. I, p. 42.

bert : « On ne sait jamais bien ce qu'on a voulu dire qu'après qu'on l'a dit ». Oui admirable, par l'intentionnelle mise au passé des deux verbes. C'est dans ce double passé qu'est le nerf de la formule, tant il est vrai que dans l'impossibilité où nous sommes, parfois, de nous saisir, nous en sommes réduits à nous rattraper ! Et tel est ici notre cas, puisqu'il s'agit, en ce moment, de rattraper le concept qui a passé trop vite le seuil de la conscience. — Vous ne l'avez point vu, sans doute ; mais ne l'avez-vous pas entendu ? Quand il s'est incarné dans le verbe, au moment même de cette incarnation, n'en avez-vous pas été averti par le murmure de la parole intérieure ? — Oui : mais pas avant ; et l'on eût souhaité que ce fût avant, et qu'avant de glisser, pour ainsi dire, dans sa gaine verbale, le concept eût daigné se montrer. — A quoi bon ? N'avez-vous point été le témoin de sa préparation, j'allais dire de sa gestation, et puisque le *sotto voce* de la parole intérieure vous a prévenu de sa naissance, n'en savez-vous point tout ce qu'il importe, je vais plus loin, tout ce qu'il est possible d'en savoir ? De ce que le concept inévitablement préexiste au nom général, il a sa place dans les moments de la vie intérieure : n'allez pas en conclure qu'il est un phénomène ! « Le concept, écrivait Brochard vers 1880 (¹), est le papier-monnaie de la pensée. » Je suis presque de son avis. Je n'en suis pas tout-à-fait, si le concept privé de sa gaine est impropre à tout usage, et s'il lui faut, pour circuler, le véhicule du nom. C'est donc le nom qui serait, à mon avis, la monnaie ou le papier-monnaie de la pensée, puisque par son intermédiaire, la pensée devient une valeur d'échange.

J'espère n'avoir plus rien à dire sur la réalité du concept. J'écarte cette réalité si l'on s'obstine à y voir une doublure spirituelle et muette du nom, chose matérielle et sonore. Mais du moment où je reconnais au nom sa généralité, je lui attribue une valeur plus que vocale, verbale. Ce n'est point tout. Loin de considérer le jaillissement du nom comme un phénomène sans antécédent assignable, je le regarde comme l'aboutissant d'une suite d'événements à travers lesquels la pensée s'atteste et fait passer à l'acte son énergie créatrice.

*
* *

La réalité de cette énergie venant d'être mise hors de doute, je passe à son originalité. Le concept prouve sa réalité par son

(1) Brochard, *Etudes de Philosophie ancienne et moderne*, p. 427. L'étude est consacrée à la *Logique de Stuart Mill*, et les tendances ratio-

action, cela n'est guère contestable. Encore faut-il que, dans sa manière d'agir, on ne soit point exposé à confondre les résultats de l'activité qui en est la source, avec d'autres produits. Il faut que le concept soit distinct de la sensation et de l'image. Nous allons ordinairement du choc sensationnel à l'image par une sorte de mouvement afférent. Efférent, au premier chef, le mouvement qui donne naissance au concept, se prépare au foyer même de la vie intellectuelle. Il part de ce foyer pour aller se mettre, sans nul doute, en vue de la sensation ou de son image, mais pour creuser en dessous d'elle et en injecter, qu'on nous passe l'expression, les radicaux intelligibles. On a pu dire que, pour dégager de tels radicaux, il suffisait, excusez l'expression familière, de gratter le sensible et de l'appauvrir graduellement. C'est bien là ce que fait la main de l'ouvrier. Mais transportez-vous, en esprit, dans la pensée de l'architecte, et la stérilité apparente de l'acte d'abstraire se convertira en fécondité. La question est donc de s'interroger moins sur les gestes à faire, que sur le but à atteindre ; elle est moins de savoir si, pour accéder à l'intelligible, on doit traverser le sensible, que de se renseigner sur ce que, pour y atteindre, il faut porter en soi. Ce qu'il faut porter en soi n'est rien de moins que toute une méthode. Et si vous voulez savoir comment elle opère, questionnez l'architecte, ainsi que je vous en priais tout à l'heure, et non pas l'ouvrier. L'architecte vous répondra que, sous ces gestes de démolition qui nous déconcertaient jadis, toute une pensée de reconstruction s'élabore et s'organise en vue d'arracher à la nature les secrets de sa démiurgie. A qui ne regarde qu'avec ses yeux, l'homme qui abstrait simulerait, à s'y méprendre, l'enfant cassant son jouet « pour voir ce qu'il y a dedans »... C'est, en effet, d'intérieurs et de profondeurs, que l'esprit humain, se montre par-dessus tout avide, comme s'il lui suffisait de naître à la vie de l'entendement pour soupçonner l'analogie entre ses méthodes de travail et celles de la nature ! L'abstraction et la généralisation ne seraient point de trop si elles nous aidaient à nous retrouver dans la mêlée des êtres et des choses. L'esprit en attend davantage : il en attend, ne reculons pas devant l'expression, de pouvoir exercer ses capacités démiurgiques.

Des souvenirs du *Timée* s'éveillent et se rassemblent ; laissons-les venir. Et s'il nous plaît de les ranger en bon ordre, donnons-nous ce plaisir. Il ne sera pas exempt de profit. Sou-

nalistes de Brochard s'y font jour avec un degré de clarté que n'atteignait pas, à mon avis, la thèse *de l'Erreur*.

venons-nous du Démiurge qui travaille les yeux fixés, non sur le mouvement de ses mains, mais sur les traits immuables de ses immobiles modèles, les idées. Pour nous aussi, c'est l'heure d'être attentifs, car, ou l'abstraction ne fait que de l'insipide besogne, ou elle ne tend à rien de moins qu'à dégager « les idées directrices » et les désirs « efficaces » de la nature (¹). Le logicien ne fait pas autre chose quand il intègre la notion d'homme dans celle d'animal, ou la même notion dans celle de mortel. Je l'ai déjà fait entendre : des grammairiens auteurs de dictionnaires aux naturalistes auteurs de classifications, la distance, si grande qu'on la suppose, n'est point infranchissable.

A la différence de la démiurgie du *Timée*, notre démiurgie, à nous autres modernes, est en quête d'idées. Il lui faut retrouver le monde intelligible à travers le monde sensible, mais, et ceci importe, en évitant de multiplier inutilement le monde des réalités, et en situant au plus profond des êtres les plans sur lesquels a travaillé la nature. Comment les retrouver ? Je viens implicitement d'y répondre : par le renversement de la méthode platonicienne, en creusant, en approfondissant, en m'aidant des sensations et des images pour atteindre les schèmes (²).

Le schème, dirait-on tout d'abord, est intermédiaire entre le sensible et l'intelligible. En y regardant de plus près, on dirait que ce qu'il garde de sensible s'en élimine graduellement ; si bien qu'au terme de l'analyse, on hésiterait sur ce que l'on a devant soi : une idée pure ? un tracé ? Et s'il fallait répondre : un tracé, on chercherait d'où la nature en a tiré le modèle. Et l'on serait rejeté sur la première réponse. Il n'est guère, en effet, plus difficile d'attribuer à la « sagesse muette » de la nature le mouvement dont un tracé résulte, que l'idée même de ce mouvement. D'autre part, en lui refusant l'un et l'autre, sous prétexte que toute idée implique une conscience, on en viendrait à rendre inexplicable la réussite des classifications naturelles. La vérité est que ce qui, dans un schème, nous paraît sensible, est encore de l'intelligible. Le tracé d'une figure ou d'un plan de structure biologique, issu de l'inspection des concrets sensibles, n'en est pas moins, chacun le sait, étranger à leur détail. Et rien n'oblige un concept à se refuser à notre intuition : il n'en saurait souffrir. Au surplus, former un concept est une chose : se le « figurer » en pourrait être une autre, il y

(1) LACHELIER, *Du Fondement de l'Induction*, p. 93.
(2) BROCHARD, *Etudes de Philosophie ancienne et moderne*, pp. 430-445.

a là deux actes immédiatement successifs entre lesquels tout discernement n'est pas impossible. Un tracé quelconque est l'effet d'un mouvement : j'ajouterai, d'un mouvement accessible à un aveugle de naissance et c'est par où le schème s'opposerait à l'image proprement dite, dont l'intérêt visuel, si l'on peut ainsi dire, impliquerait l'achèvement. L'intérêt excité par le schème se concentrerait, au contraire, sur l'opération qui le réalise, pendant qu'elle le réalise. En d'autres termes, un schème est une méthode, et les fonctions d'abstraire et de généraliser sont des méthodes générales productrices de méthodes particulières.

Comment est-il possible de dégager un schème ? On serait tenté de croire que, depuis Platon, les choses ont bien changé : car les Idées n'ont point survécu aux attaques d'Aristote. Elles ne sont plus là, où, du temps de Platon, ses disciples avaient pris l'habitude de les aller chercher. Elles ont été, pour toujours, chassées de leur paradis. Mais aujourd'hui, comme au temps de Platon, les yeux du corps sont indispensables pour ranimer les souvenirs. Et c'est toujours à travers les sensibles qu'on retrouve les intelligibles. Il n'est guère certain que Platon, géomètre, ait négligé le rôle des schèmes. Celui qui a méconnu leur rôle serait bien plutôt Aristote. Dire que les Idées sont les modèles des choses ou ce à quoi elles participent, c'est se servir de phrases et de métaphores poétiques. De plus il y aurait plusieurs modèles d'une seule chose : ainsi pour l'homme, l'idée de l'animal, celle du bipède et celle de l'homme (¹). Aristote, pressé d'en croire ses yeux, pourrait bien s'être trompé. S'il s'agit de « modèles », oui, leur pluralité est inadmissible. S'il s'agit de schèmes, non. Et c'est ici que Platon reprend l'avantage. Remplacez en effet ce musée métaphysique, que paraît être le monde des Idées platoniciennes, par les stades d'une opération démiurgique, l'invraisemblance dont s'étonnait Aristote cessera aussitôt. Le schème de l'Embranchement veut être discerné de celui de la Classe et lui devient logiquement antérieur. Pareillement, dans l'ordre géométrique, le schème du triangle scalène devancera ceux de l'isocèle, de l'équilatéral, du rectangle. Les schèmes impliquent des relations d'antécédence et de conséquence logiques, dont il y a peut-être lieu de discuter l'ordre, parce que les traces n'en sont point, partout, également manifestes, mais dont l'ordre se conçoit inflexible.

Si l'on a suivi d'assez près la discussion qui précède, et qui

---

(1) Cf. Félix Ravaisson, *La Métaphysique d'Aristote*, t. I, p. 175.

n'est pas encore à son terme, on s'est aperçu, sans doute, du lien entre le problème du concept et celui de la compréhension. Attribuer de la compréhension à un concept, c'est l'affirmer en tant que concept. Mais la compréhension, à son tour, ne va-t-elle pas appeler l'extension ? Et comment échapper à la définition courante de l'extension, définition visiblement empirique ? En remarquant, tel est du moins mon avis, que la réduction du nombre des individus, dans une espèce, ne saurait affecter le sort de cette espèce. L'auteur de la Genèse s'en est aisément rendu compte quand il eut à faire le récit du Déluge et des précautions prises par Noé pour sauver les espèces animales. La règle du rapport inverse de la compréhension et de l'extension n'en resta pas moins intacte, et dans l'Arche, tandis qu'elle flottait sur les eaux, le nombre des reptiles continua d'excéder celui des tortues. Il n'est, pour un genre, qu'un moyen véritable de croître en extension : ce n'est point d'être représenté par un nombre croissant d'individus, c'est de l'être par une multiplication croissante de différences spécifiques. — Je m'attacherai, maintenant, à l'un des schèmes du monde animal les plus riches en extension, au schème du Vertébré, par exemple, et j'essaierai de le construire. Je tracerai une verticale pour diviser le tronc en deux moitiés symétriques. Au sommet de cette verticale, je figurerai la vertèbre la plus volumineuse, celle qui est destinée à recevoir le cerveau ; au-dessous, de chaque côté de la verticale, de distance en distance, et à intervalles égaux, je tirerai des lignes horizontales, à droite et à gauche, en marquant la place de chacun des quatre organes locomoteurs... Et ce sera tout ou presque tout, car je ne dois point passer les frontières de l'embranchement. Il faut que, sur le schème du vertébré en tant que vertébré, puissent se greffer des caractères différenciateurs, ceux-ci *ou* ceux-là, car ils s'excluent nécessairement les uns les autres. Cette exclusion nécessaire étant, *a fortiori*, possible, je sauvegarderai avec un soin jaloux l'indétermination du schème, afin de sauvegarder, par ce moyen, la pluralité des types spécifiques auxquels il servira de base. Et c'est pourquoi la construction des schèmes en biologie imite beaucoup moins le dessin d'une forme que le tracé d'une figure. En apparence, on y perd, puisque l'on s'écarte des modèles dont la matière est riche. En réalité l'on y gagne, si l'on réussit à pénétrer à une profondeur plus grande, là où s'enfantent les idées génératrices des formes superposées de la vie. Bref, ainsi que je le disais tout à l'heure, on quitte une salle de modèles pour entrer dans un cabinet d'architectes où chacun travaille, aidé du compas et de la règle, où l'on mesure des distances, où l'on calcule des proportions, où l'on fixe les bornes entre lesquelles un organe pourra s'étendre ou se resserrer. C'est là, dans la pensée des architectes, que les types s'esquissent et s'échelonnent. Et les premières esquisses sont nécessairement celles des étages les plus voisins du sol. La matière en sera plus résistante et les lignes de circonscription devront en maintenir la forme dans le voisinage d'une presque figure, afin qu'elle soutienne les étages futurs dont la distribution et la façade restent à déterminer. Ou la distribution hiérarchique des formes biologiques ne signifie rien, ou elle implique un ordre analogue à l'ordre chronologique, un avant et un après de distance et de nombre, bref un ordre qui soit intelligible avant d'être sensible, et dont l'idée devance la réalisation. C'est, dira-t-on, presque aussi difficile que de prendre demain à l'Eternel : pas tout à fait, cependant, car ce n'est pas demain qu'il s'agit de lui prendre, c'est l'avant-hier de tous les avant-hier : et l'on ne saurait contester que l'histoire du monde ne soit inscrite sur les grandes routes de la terre et du ciel. Il n'est que de bien apprendre à la lire. Telle est la tâche commune des astronomes, physiciens, chimistes et naturalistes. Et plus je m'y applique, plus j'aperçois de liaisons entre les manières dont travaillent de part et d'autre, le naturaliste et le mathématicien.

Je devais souligner ces analogies. Je dois aussi les arrêter à temps. En géométrie le schème du triangle équivaut à sa définition. En biologie, ce serait plutôt le contraire, si le schème du vertébré n'équivaut point à celui d'un vivant véritable. Ne prenons pas pour une construction ce qui n'est qu'une substruction ; et souvenons-nous de l'impossibilité de définir par le genre seul. Si je veux, partant du vertébré, m'élever jusqu'au schème d'une des classes dont le vertébré est l'embranchement, j'entreprendrai de nouvelles démarches : ce qui atteste l'indétermination du genre, et, comme déjà le soutenait Aristote, son rôle de « matière » par rapport à l'espèce.

Mais je ne veux point quitter le schème sur lequel je travaille, n'en ayant vraisemblablement point épuisé l'analyse. J'ai dit comment on l'obtenait : j'ai fait voir que c'était, pour ainsi parler, en opérant sur les êtres sensibles d'une manière semblable à celle du géomètre, et en réduisant le sensible à ses éléments quantitatifs, soit à des rapports de distance. Si j'ai touché le but, je dois avoir implicitement démontré ces deux thèses : l'une est que la compréhension, essentielle au concept, sa participation à la quantité : l'autre autorise la présomption d'une nécessité immanente aux liaisons empiriquement attestées.

Or plus on avance sur l'échelle des abstraits, plus cette nécessité s'accuse. Soit, en effet, un triangle : essayez de lui retrancher un élément quelconque. Ecartez, de si peu que ce soit, les lignes dont la réunion lui donne un de ses sommets : vous avez bien trois droites, vous n'avez plus de triangle. Sur le parcours d'une de ces droites, imaginez le moindre intervalle : même résultat, plus de triangle. Ici tout danger d'altération équivaut à un danger d'abolition. Regardez maintenant notre schème biologique : c'est un schème d'embranchement, sans doute, et, par suite, le tracé en est réduit. Or si peu que vous y changiez, vous menacez le schème, non pas seulement d'altération, mais de disparition, comme si ne concouraient à son tracé que des éléments solidaires, exprimant, chacun à son point de vue, une même nécessité. Cela ne veut pas dire qu'en l'absence d'un de ces éléments, l'esprit serait incapable, en vertu de sa propre spontanéité, de lui assigner sa forme et sa place. Un tel effort ne serait dans tous les cas ni impossible, ni stérile. Et l'histoire de la science en compte plus d'un que son succès a rendu célèbre. De la lecture d'un texte difficile, mais fixé par la critique verbale, à celle d'un texte incertain et encore mal établi, l'écart est de ceux que les érudits s'exercent à franchir. Ici l'on travaille sur des données empir[illegible] à travers lesquelles l'esprit chemine pour chercher la voie [illegible] par la nature, voie souvent encombrée d'accessoires, au p[illegible] de se dérober à la vision proprement dite. Ce n'est quand [illegible] ème pas le moment de fermer les yeux, au contraire ; car [pl]us le regard se concentre, soutenu par la concentration de l'esprit, plus les caractères préalablement notés s'unissent, semblables aux termes d'une même conclusion. Resterait à trouver le principe ; et de ce principe, il se peut que les signes sensibles fassent défaut... Mais qu'entendre au juste par ces « signes sensibles », dont on se prépare à interpréter la présence ou l'absence ? Ce sont précisément les traits destinés, présents, à légaliser une conséquence, absents, à la renverser. Dénués, en eux-mêmes, de toute signification, ils reçoivent celle que notre esprit leur attache. On se trompe, par suite, là où l'on n'attribue à l'esprit qu'un travail, en apparence, des plus humbles, celui d'un bon lecteur ; comme s'il s'agissait de textes émergeant à fleur d'expérience, et que l'Esprit opérât sur du tout fait ! Voulez-vous savoir ce que l'on apprend quand on travaille sur du tout fait ? Rappelez-vous comment, chez les Grecs, on définissait l'homme : un animal marchant sur deux pieds et à qui les organes du vol font défaut. Ne raillez point la définition : elle est conforme à la règle aristotélique. Elle est aussi conforme à l'état d'un savoir humain, où, malgré les avertissements d'Héraclite, on attachait au témoignage des yeux une importance décisive : les yeux nous éclairent, sans doute, mais c'est à nous de les guider. Car c'est nous qui frayons le chemin vers l'intelligible, opération dont les moyens extérieurs ne veulent pas être confondus avec la méthode. De l'image au schème, il n'est, à proprement parler, pas de distance : qui est devant l'une est devant l'autre. C'est en voyant mourir nos semblables que nous en sommes venus à lier la « mortalité » à l' « humanité ».

C'est aussi en méditant sur la constance d'un fait qu'on sait, de mémoire d'homme, n'avoir jamais été démenti. Mais qu'est-ce que méditer sur un fait ? Ce ne peut être absorber, dans la contemplation de ce fait, son esprit immobile ; c'est, assurément, autre chose. C'est penser à son sujet, c'est passer d'une idée à une autre ; bref, c'est chercher ce que ce fait prouve. Et que prouve-t-il, en l'espèce ? La réalité d'un lien entre les deux notions d'*humanité* et de *mortalité*, ce à quoi il se pourrait que l'on n'eût pas encore explicitement songé. Car notre preuve, si l'on y prend garde, en est à son premier stade. Un nouvel effort de réflexion me conduira plus loin. Je dégagerai, de la notion « homme », la notion « animal », que celle-là recouvre et qui s'y trouve liée. Voilà deux liens que le silence des faits m'eût empêché d'apercevoir. Ils m'apparaissent indiscutablement d'une manière contingente. Ce n'en est pas moins *a priori* que je les affirmerai, leur donnant, et le mot est, ici, de toute exactitude, une investiture nouvelle : en quoi je satisferai un vœu de la raison.

Il faut lire avec soin un des textes les plus féconds de Kant, à savoir le premier chapitre de la *Méthodologie transcendantale*. Le philosophe y compare et, selon ses habitudes, y oppose les « connaissances par construction de concepts » aux « connaissances par concept ». Ces pages d'arrière-garde donnent l'impression d'une mise en vue de la terre promise, avec défense d'entrer. On n'entrera point ; des deux genres de connaissance, le premier est *a priori*, le second, *a posteriori* ; mais on restera en vue, car la question est posée et méritait de l'être. Et c'est la question même du degré jusqu'où pourrait s'étendre, entre les deux genres de connaissance, une « analogie » — je me sers ici d'un terme aristotélique — à la fois souhaitée et pré-

sumée. J'oserai dire que si, d'une part, Kant eût consenti à
faire une place à la sensation dans la formation des concepts
mathématiques, et que, de l'autre, il eût agrandi le champ de
l'activité schématique de la pensée, les deux genres de notions,
sans aller peut-être jusqu'à se rejoindre, ne s'en seraient pas
moins rapprochés. En m'exprimant ainsi, je ne fais que suivre
mon maître J. Lachelier dans son étude sur *La Proposition et
le Syllogisme*. Là il montre ce que signifie la proposition : « Tout
homme est mortel ». « Cette proposition ne signifie pas, ou du
moins ne signifie pas directement, que tous les hommes con-
sidérés individuellement sont mortels : elle signifie que quiconque est homme, ou qu'un être quelconque, s'il est homme
et par cela seul qu'il l'est, est aussi mortel ». [1] Il s'agit là, dès
lors, d' « une liaison telle que, là où se trouve la première
(l'idée d'homme), là doit aussi et nécessairement, *nous le pré-
sumons du moins*, se trouver la seconde (l'idée de mortel) ». Et
plus loin : « Notre affirmation porte sur un homme en quelque
sorte schématique, qui n'est aucun des hommes individuels,
mais qui peut devenir indifféremment chacun d'eux ». [2] La
thèse de Lachelier reste, par suite, dans la tradition du kantisme
orthodoxe : elle insiste, quand même, davantage, sur le vœu
de la raison, et en escompte l'accomplissement. — De quel
droit ? — Du droit de la compréhension sur les éléments qu'elle
enchaine. Et ce droit est inséparable de ce qui la constitue
comme telle. Autrement, ia compréhension ne serait que l'envers de l'extension, un moyen d'exprimer deux fois la même
chose, chaque fois sous une forme différente. Autrement dit,
la compréhension serait de trop, et le droit de généraliser en
resterait problématique.

Il en résulte que, dans l'énoncé des règles traditionnelles de
la syllogistique, l'exigence d'une prémisse universelle implique
la liaison nécessaire de ses termes : à défaut de quoi, l'on n'en
saurait rien conclure : que conclure, en effet, d'une proposition
verbalement universelle ?

Dans le chapitre précédent j'insistai sur le concours de l'expérience à la formation des concepts. Je m'interrogeai précisément
sur le rapport des termes « mortel » et « homme ». Et je disais
qu'un seul homme capable d'échapper à la mort suffirait a
mettre en échec la compréhension du second terme. J'ajoutai
qu'en aucun cas, il ne saurait y avoir de droit contre le fait. Je
n'ai pas à me déjuger puisque mon exemple est de ceux qu'au-

<hr>

[1] J. Lachelier, *Etudes sur le syllogisme*, p. 49.
[2] Id. *ibid*. p. 50.

cune exception n'a jamais compromis. Il peut donc me permettre d'unir les deux notions en présence, et d'élever à l'universel le jugement qui les unit. Mais, en qualifiant le syllogisme de pétition de principe, J.-St. Mill nous donnait implicitement raison, puisqu'il affirmait l'impossibilité, pour tout esprit placé au point de vue empirique, d'énoncer une proposition juridiquement universelle. A certaine profondeur d'entendement, peut-être même encore assez à distance des derniers degrés, le problème de la généralisation et celui de l'induction se rejoignent.

Dans le même chapitre, il m'est arrivé, au cours de ce que l'on pourrait appeler une « hypothèse de travail », d'imaginer la quantité creusant « dans le sous-sol de la qualité », et, par suite, d'admettre la préexistence de l'intelligible au sensible. Cette préexistence vient de se confirmer, il me semble, par l'examen des conditions auxquelles on est tenu de satisfaire dans l'élaboration des schèmes, et dont la première est d'imiter la méthode des géomètres et mathématiciens. Il devrait, semble-t-il, m'être permis maintenant d'espérer que je me suis tenu parole, puisque je m'étais promis de dériver l'activité conceptuelle des sources mêmes d'où jaillissent les produits originaux de la raison.

J'ai maintenant une autre tâche : faire voir que les « trois opérations de l'esprit », distinguées et séparément étudiées par les logiciens de Port-Royal, ne sont point, en leur fond, séparables. C'est ce qu'Aristote avait déjà compris, quand il s'était proposé, par l'unique « analyse » du raisonnement syllogistique, d'étudier le rôle des propositions et des termes.

*
* *

Je n'ai point à recommencer la tâche si bien conduite par l'auteur de l'*Essai sur les Eléments principaux de la Représentation*, au dernier chapitre de cette œuvre vigoureuse. Je voudrais seulement essayer « d'illustrer », si l'on peut ainsi dire, ce qui, désormais, peut se passer d'explication. On sait le nom que portaient autrefois ces recueils des mots rangés alphabétiquement, nos « dictionnaires » d'aujourd'hui. On les appelait des « trésors de langue ». J'en atteste le volumineux et précieux *Thesaurus linguæ græcæ* d'Henri Estienne. Le nom fait image. Il est donc poétique. Il n'en est pas moins des plus exacts. Qui posséderait ce « trésor », à l'égal de celui qui nous en a communiqué les richesses, non seulement parlerait sans faute la langue des Grecs, mais encore pénétrerait jusque dans

l'intime, leur pensée et leur vie. Car chacun des mots y est
suivi de sa naissance à sa mort, jusqu'au jour où le sang ne
coulant plus dans ses veines, il s'est gelé pour toujours.
Ouvrons maintenant le *Thesaurus* à l'article Ἀγαθός : nous
pourrons suivre ce mot, pas à pas, dans sa longue vie : chacune des phrases mentionnées par Estienne ne correspond-elle
pas à une des phases de cette vie ? A chaque phase nouvelle,
le mot ne nous semble-t-il pas s'enrichir d'un nouveau sens,
comme s'il contractait avec un autre mot, désormais négligeable, une sorte d'alliance ? Le contraire se produit en même
temps : je veux dire, qu'à une alliance, dans une direction,
peut correspondre une rupture dans la direction opposée. Les
unions entre les mots composés entraînent des divorces, comme
si le mot, au cours de sa vie, se déplaçait et se prêtait à un
changement de milieu. Et c'est bien ainsi qu'il faut l'entendre
Tous ceux de ma génération ont dans la mémoire le vers du
bon Lancelot :

   ἀγαθός : bon, brave à la guerre...

Pas si mauvais que cela, ce vers de « décade » ! Il unit deux
significations extrêmes et nous ouvre de vastes perspectives sur
la longueur de l'intervalle. Mais, en fin de compte, que prouve
le vers en question ? Il prouve, à mon avis, que le mot ἀγαθός
peut servir à démontrer deux choses : la bonté sereine, tranquille, passive même et indolente : la bravoure, et l'héroïsme
que nous savons en être le plus haut degré. Socrate ignorait
l'art de mettre un syllogisme en forme. Platon ne nous a pas
moins montré dans son maitre dialoguant avec les jeunes gens
d'Athènes, un « essayeur » de syllogismes, uniquement occupé
aux questions familières de la psychologie et de la morale, et,
pour les avancer, sinon pour les résoudre, constamment en
quête de « moyens termes »: en éprouvant plusieurs, les uns
à la suite des autres, les posant, pour ainsi parler, sur un autre
mot, comme on pose une tunique sur plusieurs épaules, afin de
savoir auxquelles l'étoffe s'adapte le mieux. C'est ainsi que
Socrate taillait de la besogne aux logiciens des âges futurs... et
parfois aux sophistes.

Le concept n'est pas une chose, disait-on précédemment, pas
même une chose spirituelle. On vient de voir que c'est mieux :
que c'est un vivant véritable, et, à sa manière, un « vivant
politique » : autrement dit, un élément qui se trouve frappé de
mort dès qu'on l'empêche de circuler. Et cela est tellement
vrai que les substantifs isolément prononcés, sont isolément

proférés peut-être, mais ne sont jamais pensés isolément. L'enfant peut, et même cela lui arrive assez souvent, faire entendre des mots sans suite. Ce n'en est pas moins, chaque fois, une phrase qu'il cherche à faire. et qui s'arrête, défaillante, par insuffisance de provision.

*
* *

Il ne me reste plus, maintenant, qu'à me résumer. Je touche donc à un moment critique ; car c'est parfois au moment où l'on résume, qu'il est le plus facile d'échapper à soi-même. On en vient facilement à croire qu'on a stérilement travaillé : cela m'arrivait vers la fin du chapitre précédent. Et si l'on pensait que les craintes que je ressentais alors, sont insuffisamment dissipées, il suffirait, pour autoriser cette opinion, de m'opposer tout ce que je viens d'écrire. Il faut dès lors se rappeler ce qu'on s'était promis et se demander, une fois encore, si on l'a tenu.

On se demandait pourquoi l'homme généralise. Et l'on écartait à l'avance toute réponse fondée sur la présence d'une ou de plusieurs fonctions destinées à cet usage. Peut-être exagérait-on. Une fonction dissimulera toujours plus facilement sa raison d'être que sa présence. Encore faudra-t-il, une fois sa présence constatée, s'assurer qu'elle n'est pas de trop. Ne pourrait-on pas, à la rigueur, se représenter l'homme à la manière d'un vivant contraint, de par la nature, à l'exercice de ses fonctions, et quand même, pourvu de fonctions en désaccord avec sa destinée véritable ? On le pourrait sans doute, et même on le peut, s'il est des ascètes de par le monde dont la vie consiste à se dépouiller extérieurement pour s'enrichir intérieurement. Ne disons point de l'ascétisme qu'il est une contradiction vivante, puisque l'épicurisme, en son fond, négation de tout ascétisme, s'est trouvé avoir le sien, et en a recommandé la pratique au nom de l'expérience. Il n'est donc pas certain *a priori* que le devoir de développer une fonction résulte de sa seule présence. C'est un fait que, spontanément, l'homme abstrait et généralise. Mais ce fait, à lui seul, ne nous apprend rien du tout.

Que demande-t-on, par suite, quand on s'interroge sur la raison d'être de l'abstraction et de la généralisation ? Que veut-on savoir ? Qu'espère-t-on savoir ? Deux suppositions, antérieurement à tout examen, se présentent : et elles s'appliquent à toutes nos fonctions intellectuelles. Celles-ci nous conduisent au vrai. Elles ne nous y conduisent pas infailliblement. **Si leur** destination est de nous procurer le vrai, elles le manquent parfois. Et si les occasions de le manquer se renouvelaient trop, il en résulterait un doute général qui s'étendrait à la totalité de l'esprit. D'où cette forme d'ascétisme intellectuel que Pyrrhon mit à la mode, et qu'en nommant ascétisme, nous nommons de son vrai nom. Le scepticisme bien entendu peut se prendre, de très bonne foi, pour un hommage à la vérité.

Mais pourquoi soulever à propos de l'abstraction et de la généralisation, un problème aussi vaste que celui de la valeur générale de la connaissance ? Précisément parce que ces deux fonctions nous montrent à plein l'esprit dans son travail de recherche, et faisant usage de ses outils naturels. Et c'est bien le moins de se demander si cet usage ne se retourne point contre lui. Telle est l'une des deux suppositions dont on parlait tout à l'heure. L'autre est la supposition diamétralement opposée.

Et l'on voit aussitôt reparaître la question du pourquoi des genres et des espèces, et qui nous trouve en défiance contre l'éventualité d'une réponse déjà rencontrée et rejetée insignifiante d'ailleurs, puisqu'elle consisterait à voir, dans l'homme un être dont la nature est de généraliser et d'abstraire, et qui ne peut faire ce qu'il fait qu'en raison de ce qu'il est.

Cette réponse, supposée définitive, en rappellerait une autre, celle-là même que se donnait au début de ses recherches, l'auteur de la *Contingence des Lois de la Nature*. Il s'interrogeait sur les genres et dérivait leur connaissance de l'expérience extérieure : l'esprit distribue hiérarchiquement ce dont la nature lui offre les signes d'une distribution hiérarchique. Ce n'est point là, dira-t-on, ce qui vient d'être répondu. Et même ce l'est si peu, que l'on semble avoir répondu en s'appuyant, non point sur la nature des choses, mais sur celle de l'esprit. Verbalement, en effet, les deux solutions , si l'on pouvait ainsi les appeler, s'opposeraient l'une à l'autre. « Réellement », cet antagonisme, tout de façade, serait loin d'être irréductible. Il est certain que le monde, où nous fait entrer notre naissance, est un monde en marche et en ordre. Et sans avoir à se prononcer sur son excellence, on n'est nullement tenu, ni de le proclamer le meilleur des mondes, ni de donner, d'emblée, raison aux pessimistes. Les réussites de nos prévisions et de nos calculs ne sont point exceptionnelles dans l'histoire de la science expérimentale, et elles méritent qu'on les interprète comme autant de victoires de la raison. Mais, ou cette manière d'interpréter ne signifie rien, ou elle atteste entre la nature de l'esprit et la nature des choses, une συγγένεια dont les premiers témoignages remontent à l'antiquité la plus haute. Il n'en faudrait point conclure que le champ du désordre et du mal soit un champ imaginaire. Il en résulterait, seulement, que la conscience morale a d'autres exigences que celles de la raison théorique. Un monde pénétré d'intelligibilité peut laisser une vaste carrière aux causes de souffrances et d'injustice. Mais, à ne regarder ce monde que sous l'angle de l'intelligible, on a le droit de penser que plus on y regarde, plus on s'y retrouve. La nature des choses et la nature de l'esprit n'en feraient-elles décidément qu'une ? La question est permise, et ceux qui inclinent vers l'affirmation de l'harmonie dans la dualité sont, peut-être, des prudents, qui, jugeant la bouchée trop grosse, préfèrent l'ingérer en deux fois. Ceci soit dit sans la moindre ambition de recommencer le *Sophiste*, mais aussi sans la moindre hésitation à reconnaître que les problèmes posés dans le *Sophiste* ne cesseraient d'intéresser la curiosité humaine qu'après l'abdication de la philosophie. Or, la discussion du dialogue porte sur le droit d'unir et d'unir les idées, autrement dit sur le droit d'affirmer et de nier. Et dès que la discussion commence, elle justifie ce droit par une preuve que ni un Antisthène, ni un Diogène, ne songeraient à récuser. Ils s'étonneront, plus tard, des conclusions auxquelles on pourrait se trouver conduit, et, s'ils ne les jugent point de leur goût, c'est que le pouvoir d'attribuer la blancheur à la neige, par exemple, n'entraîne pas nécessairement l'affirmation d'un monde d'Idées éternelles. En quoi, si l'on donnait tort au platonisme pour avoir trop simplifié la solution en doublant le nombre des êtres, on hésiterait à lui donner tort sur toute la ligne. D'abord, il est, parmi les interprètes de la pensée platonicienne, quelques hardis commentateurs à qui l'évidence des deux mondes « numériquement distincts » apparaît contestable. Je n'ai pas à discuter l'opinion; je crois, pourtant, que si elle pouvait se défendre, le monde de Platon s'éloignerait décidément de celui de Kant pour graviter vers celui de Hegel, et peut-être aussi, de Renouvier. Je sais bien, qu'entre un monde de phénomènes et un monde de notions, la différence est loin d'être insensible, et j'y ai moi-même insisté précédemment (¹). Il n'en faut pas moins surveiller assez étroitement, si l'on veut, à tout prix, maintenir la différence. En ce moment, je me vois manquant à ma promesse, et presque lancé sur la route d'un idéalisme

---

(1) Cf. *supra*. Première partie, ch. II. J. Lachelier. *Sa Doctrine et sa Méthode.*

objectif contre lequel, j'en fais ici l'aveu, mes précautions pourraient bien avoir été insuffisamment prises. Je n'ai d'ailleurs jamais accepté au pied de la lettre la thèse d'un esprit et d'une nature essentiellement distincts, d'une part, et, de l'autre, pourvus des mêmes organes, ou, ce qui en est l'équivalent, gouvernés par les mêmes catégories. Si deux pierres, en se rejoignant, adhèrent l'une à l'autre, c'est, qu'originairement, elles n'étaient point deux. Si le monde sensible parvient à réfléchir le monde intelligible, rien ne prouve qu'il se comporte à la façon d'une plaque réfléchissante, et que le mouvement des images n'émane pas d'un foyer d'énergies immanentes au prétendu miroir. Ainsi la question du pourquoi des espèces et des genres confinerait au problème de l'Etre, aux rapports de l'Un et du Multiple, du Mouvement et du Repos, du Même et de l'Autre. Et l'on ferait preuve d'enfantilllage en s'étonnant de l'aisance avec laquelle s'accroîtraient, presque à vue d'œil, les proportions du problème en ce moment posé. Si le monde n'est pas un chaos, auquel cas il ne se trouverait absolument personne pour se le demander, l'ordre que l'esprit y aperçoit apparait lié à la conception d'un travail de la pensée en plusieurs étapes. On n'a point à s'interroger sur la création. Que le monde ait ou n'ait pas été créé, qu'il l'ait été d'un seul coup ou « en plusieurs jours », la question n'est point là. Elle est de savoir à quoi répondent, au juste, la notion d'Univers et la notion d'Ordre qui en est inséparable. Et la notion d'ordre se présente, à son tour, du moins en ce qui concerne les vivants, liée à celle d'une pluralité de moments échelonnés dans la direction du moins être au plus être, du moins déterminé au plus déterminé. L'antérieur et l'inférieur, à certains égards, gravitent l'un vers l'autre, car ils jouent, l'un et l'autre, vis-à-vis de l'ultérieur et du supérieur, un rôle de matière. Là étaient, peut-être, le secret de Platon, et la raison, partiellement inconsciente, qui le portait à distinguer les deux idées d'homme et d'animal et à dériver de leur collaboration nécessaire l'idée et, par là même, l'existence de Callias. Il y aurait, par suite, antérieurement à l'antérieur chronologique, un antérieur logique, soit un immobile dont, selon l'expression célèbre du *Timée*, le temps ne serait que l'image mobile ? La question est tout au moins permise. Et la réponse affirmative imminente à la question qui précède en impliquerait une autre, également affirmative, portant sur la liaison nécessaire et, comme telle, exclusivement intelligible des éléments en rapport.

On vient de voir comment la nécessité fait ses nœuds. Le

moment est venu de se rappeler que, pour les faire, la nécessité
médiate doit prendre son point d'appui sur la nécessité immédiate, celle que l'on subit comme un joug. On aimerait à
savoir pourquoi ce joug se fait sentir, et non pas seulement
« qu'on ne peut s'empêcher de le sentir ». Il n'est pour cela
qu'un moyen : entreprendre la critique de la nécessité immédiate et, bon gré, mal gré, soumettre cette dernière à une
tentative de démonstration. En serait-on réduit, comme il est
probable, à n'en attendre qu'un succès partiel, et, comme tel,
toujours à quelque degré contestable, il y a là un nouvel ordre
de démarches dont l'entreprise ne saurait être plus longtemps
différée.

II

Au moment de nous mettre en présence de difficultés nouvelles, il y a lieu de se demander si la direction dans laquelle
on aiguille n'a pas changé. Reste-t-on toujours orienté vers
la thèse de la Contingence des catégories ? Espère-t-on, comme
précédemment, établir leur universalité sans faire reposer cette
universalité sur ce qui était, aux yeux de Kant, sa base véritable : la nécessité ? Il est visible que cette espérance a fléchi,
puisque notre tâche présente consiste à rendre saillantes les
racines du concept de nécessité — j'ajouterai : du double concept de nécessité. Il n'est pas encore évident que les axiomes
logiques en soient le fondement unique. Mais la lumière nous
vient de leur côté, n'hésitons pas à le reconnaître et dirigeons-
nous vers elle. On n'en saura que mieux, plus tard, ce qu'il
faut penser de notre « concept double » et s'il réussit à épuiser
la notion de liaison nécessaire.

Me voici donc en face des axiomes logiques. Ce sont les trois
axiomes d'idendité, de contradiction, du tiers exclu. Et la constatation presque immédiate de leur simplicité radicale me dé-
concerte. Que dire de ces principes une fois énoncés ? Or on s'est
presque engagé à en tenter l'analyse, comme si ce genre de
promesse n'équivalait pas à une contradiction. Analyser l'inana-
lysable ! La chose apparaît impossible .— Alors on développera
au lieu d'analyser ? — Impossible encore. On a comme l'impression d'être emmuré de quelque côté qu'on se tourne ou que
l'on regarde. Appliquer la dialectique à un objet purement
formel serait plus ou pis qu'un tour de force. Il apparaît, dès

lors, que les axiomes logiques sont l'œuvre d'une raison spontanée dictant des impératifs.

On distingue dans la raison, deux modes : le mode spontané, le mode réfléchi. La raison spontanée et la raison réfléchie posent, toutes deux, les mêmes thèses, admettent les mêmes principes. S'il y a lieu de distinguer entre elles, la distinction ne saurait porter sur le contenu même du savoir. Elle porte, par conséquent, sur la méthode. La raison spontanée se passe de méthode. En ne s'en passant point, la raison réfléchie atteste l'assistance d'intermédiaires. On peut ne pas savoir lesquels, on ne peut mettre en doute, ni leur action, ni, par conséquent, leur présence. Toute connaissance réfléchie est donc médiate, et, par là-même, démonstrative. On pourra, dès lors, en quelque manière, démontrer les premiers principes.

Constater une évidence ou l'éprouver, ne dira-t-on point que cela fait deux, si l'on est de bonne foi ? Le jour où Spencer illustra le critère cartésien de l'évidence en s'appuyant sur l'inconcevabilité de la négative, il a substitué à l'évidence immédiate, toujours exposée au risque d'être un faux critérium, un moyen de vérifier cette évidence. Or qui dit moyen dit méthode.

Regardons de plus près. Substituer à une affirmation une négation de même sujet et de même attribut, c'est vérifier celle-là par celle-ci, c'est la confronter, soit avec sa contraire, soit avec sa contradictoire. Or, dans le langage du calculateur, « vérifier » une opération, c'est en faire la preuve. Ce n'est point la recommencer ou la refaire puisque c'est en faire une autre en vue de la confronter avec la précédente. Recourir à une négative pour vérifier une affirmative, c'est faire un voyage d'aller et retour, puisqu'il faut revenir à la thèse initiale pour en achever sa législation. Ainsi pas de réflexion sans médiation. Pas de médiation sans ébauche de raisonnement. Réfléchir, c'est toujours raisonner à quelque degré, raisonner et démontrer, fût-ce démontrer par l'absurde.

Maintenant démontrons, si possible, l'originalité des axiomes logiques; car si l'opposition, à laquelle se sont prêtés les empiristes, de la raison au raisonnement est une opposition superficielle, si le raisonnement n'est autre que l'acte d'une raison devenue majeure, pourvue de ses organes et exerçant ses fonctions, il n'est pas de principe que l'on ne puisse ériger en théorème; et la dialectique n'a point à se récuser, fût-ce en face des axiomes logiques.

Cette dialectique comportera deux moments. Un moment d'ascension vers le concret : on confrontera le principe avec la réalité

et l'on essaiera de faire voir qu'il apparaît comme une loi du
réel. Puis on se détachera de ce réel pour envisager l'axiome à
l'état pur (l'axiome d'identité) en dehors de toute application
aux choses. Et ce sera le second moment de la démonstration.

Soit donc le principe d'identité. Je vais le confronter avec
le réel. Autrement dit, je vais appliquer ce principe à un jugement de constatation. Mais je puis m'épargner cette tâche.
D'autres, avant moi, l'ont entreprise. Et il est toujours prudent
de se chercher des cautions. Je vais même en trouver chez les
empiristes, gens passés maîtres en l'art de vérifier.

J'ouvrirai donc le livre de *L'Intelligence* et je transcrirai. Il
s'agira, bien entendu, de l'axiome d'identité et du sort qu'il
convient de lui faire. Je lis et je transcris : « Si, dans un objet, telle donnée est présente, elle y est présente; si elle y est
présente, elle n'en est point absente ». Ici Taine appuie sa
constatation sur une démonstration. Car, à ne s'attacher qu'à
la première partie de la preuve, l'auteur énonce un jugement
hypothétique, lequel joue un rôle médiateur. Dans la seconde
partie de la preuve, il formule un énoncé négatif du jugement
d'identité. Il n'y manque vraiment que le *Quod absurdum* pour
autoriser l'assimilation de « elle n'en est point absente » au
résultat d'une tentative infructueuse visant à l'introduction
d'un jugement contraire à l'hypothèse. On a donc, ici, l'essentiel d'une démonstration par l'absurde, en tout cas d'une
démonstration où l'effort pour opposer la négative à l'affirmative joue un rôle médiateur. Exagèrerais-je si je disais qu'il
y a là l'équivalent d'un sorite, quelque chose comme deux raisonnements en abrégé ? Il y a trente-cinq ans, alors que j'écri-
vais *Croyance et Réalité*, je ne l'aurais certes pas dit. Et le
texte de *L'Intelligence* servirait au besoin à me démentir :
« Comme les mots *présent* et *non absent*, *non présent* et *absent* sont synonymes, il est clair que dans l'axiome de contradiction, aussi bien que dans l'axiome d'identité, le second membre de la phrase répète une portion du premier, c'est une re-
dite, on a piétiné sur place ». Non ! Ce n'est pas une re-
dite, et l'on n'a point piétiné; on a, tout au plus, marché sur
une circonférence. Pratiquement, *non absent* et *présent* s'équivalent : logiquement non. La pensée se meut en allant d'un
terme à l'autre. Admettons, même, que l'on soit resté immobile. Compterez-vous pour rien le *crescendo* d'assurance ? Il
en est des répétitions en langage verbal, comme des reprises
en langage musical. Une répétition est l'équivalent d'une parole
donnée qui s'ajoute à l'énoncé d'une promesse. Et donner sa

parole, c'est si peu piétiner sur ce que l'on vient de dire, que
c'en est souvent le contraire. Je disais naguère qu'on éprouve
un jugement de modalité assertorique en le faisant descendre
au mode problématique : j'ajoutais que si l'épreuve échoue,
une promotion du jugement au mode apodictique en est le
résultat ordinaire : ordinaire, et légitime, si l'impossibilité
de douter équivaut à une surenchère d'évidence. — On raffine
chaque fois que l'on a recours à une surenchère de ce genre ! —
D'accord. Mais raffiner, n'est-ce point déjà raisonner ? Il n'y a
donc pas à dire. Taine, l'empiriste, a démontré les axiomes
logiques. Et cela fera réfléchir l'historien qui voudrait faire
commencer le conflit de l'empirisme et du rationalisme au seuil
même de ces axiomes.

Il semblerait maintenant que la discussion, en se prolongeant,
risquât d'obscurcir le problème. On était déjà disposé à la
croire de trop. Félicitons-nous, dira-t-on, d'un résultat qui n'est
pas loin d'avoir surpassé mainte attente; et mettons fin à la
controverse. Pourtant, quand on a devant soi une route libre,
c'est bien le moins d'aller voir où elle conduit, surtout quand
la route est ancienne et que, depuis qu'elle est ouverte, on y
chemine librement. Le mur qui nous encerclait tout à l'heure
pourrait bien être imaginaire.

La route dont je parle date d'Aristote et d'un de ses plus
beaux livres : le Livre Γ de la *Métaphysique*. Aristote formula,
le premier, l'axiome de contradiction; et comme, malgré l'impossibilité que les hommes en doutent, des philosophes en avaient
implicitement douté, il n'épargna rien pour les convaincre
d'erreur. Tout un livre de sa philosophie première roule sur
le principe de contradiction, dont la découverte devança, dit-on,
de plusieurs siècles celle du principe d'identité. Ce principe ne
fut distingué que beaucoup plus tard, il est vrai. On lit pourtant au chapitre septième du même livre : Τὸ δὲ τὸ ὂν εἶναι...
ἀληθές. Traduirons-nous : « dire que l'être est... c'est le
vrai » ? J'ai bien peur qu'il n'y ait ici un faux sens et que le
τὸ ὂν n'ait ici une signification logique et non ontologique,
auquel cas Aristote nous eût, sans d'ailleurs assez y prendre
garde, mis en présence du principe d'identité. La raison qui
l'empêcha d'y prendre garde est qu'il s'agissait, en ce passage,
de régler le sort du troisième axiome (¹).

Le livre Γ est donc un livre dont l'ampleur forme avec
l'aridité du sujet le plus étonnant contraste. C'est qu'il y va de

____

(1) Aristote, *Métaphysique*, Γ, 1011 b 27. Il ne faut donc pas traduire
comme s'il s'agissait de l'être de Parménide. Le contexte en fait foi.

toute la philosophie. Et les intérêts qui sont en jeu dépassent les intérêts d'une école, à plus forte raison ceux d'une simple renommée. C'est l'ordre du monde qui, selon Aristote, exige le principe de contradiction, principe dont on doit dire que de lui dérivent : la vérité des choses et des êtres, d'une part ; de l'autre, l'accord de la pensée avec elle-même. La vérité des choses et des êtres : en effet, renoncer à ce principe, c'est renoncer au cosmos, et lui substituer le chaos, l'unité confuse des éléments : c'est admettre que tout peut se dire de tout. L'accord de la pensée avec elle-même : on contesterait autrement la règle des contradictoires. Mettre en doute notre principe équivaut dès lors à ne rien penser, d'une part, et, de l'autre, à supprimer toute existence : à justifier, par exemple, Anaxagore qui plaide l'universelle similitude des éléments ; et Protagoras qui, érigeant la sensation en mesure de toutes choses, leur refuse l'existence en même temps qu'il feint de la leur accorder. Remarquez ici l'impossibilité reconnue par le philosophe de démontrer un tel principe, sa rigueur à taxer d'ignorance quiconque serait tenté de le démontrer (1), le soin avec lequel il distingue entre l'impossibilité de démontrer directement et la possibilité de prouver par la réfutation. Aristote sait déjà, et il l'atteste par son propre exemple, qu'on peut démontrer indirectement même les axiomes : autrement, il n'eût jamais écrit son livre Γ. Remarquez, en second lieu, qu'Aristote distingue, entre les conséquences d'une négation du principe, celles qui intéressent l'ordre général du monde et celles qui portent sur l'usage de la pensée par l'être qui pense. Cette distinction ne va pas jusqu'où la pousserait un moderne. Elle n'en est pas moins beaucoup plus qu'esquissée. Remarquez enfin et vous ne sauriez y être trop attentif, l'ampleur des développements et la multiplicité des illustrations. Le principe de contradiction ne se concevrait point s'il ne gouvernait que l'esprit : comme si l'esprit était en dehors du monde! Il fallait, déjà, cependant, qu'il en apparût distinct, pour qu'Aristote rattachât au principe de contradiction la règle des contradictoires, appliquée par l'esprit à l'interprétation de l'expérience, mais que l'on essaierait vainement d'emprunter à l'expérience seule. C'est donc là un principe à la fois supérieur à la réalité car il la gouverne et justiciable de cette même réalité dans la mesure où une fin peut l'être de ses moyens. Comme toute loi de l'univers, le principe en question implique dès lors la réalité de l'univers et les

(1) Aristote, *Métaphysique*, Γ, ch. v

multiples conditions de l'ordre auquel cet univers est soumis (¹).
Ainsi pensait Aristote; et je ne sais pas de plus parfait exemple
de cette dialectique du principe de contradiction, par nous promise, et qui consiste à l'établir en l'illustrant. Ce que l'on a
illustré ici, dira-t-on, c'est tout ce qui résulterait de l'abolition
du principe : or, l'expérience contredisant ces résultats imaginaires, on n'a point à se repentir de l'avoir consultée.

La question qui va se poser incessament devant nous, laisse
prévoir une discussion hérissée d'obstacles, traversée d'imprévus, embarrassée d'apories, où l'analyse n'a point plus tôt
commencé, que la matière lui manque. L'ambition de s'attacher à l'axiome logique pris en lui-même comme si l'on ignorait absolument que quelque chose existe, n'est-elle pas au-dessus des ressources de l'esprit humain ? Il est permis à l'homme
d'arriver à connaître l'anatomie de son propre corps parce qu'il
lui est possible d'opérer sur des cadavres. L'entendement doit
s'interdire d'essayer sur les conditions de son exercice une
opération qui exigerait, avant toute chose, son propre anéantissement. Car ce que je sais de mon corps, je le sais à l'aide du
corps d'autrui, mais ce que je sais de l'entendement d'autrui,
je ne le sais qu'à travers mon entendement propre. « Lequel
des hommes, en effet, connaît les choses de l'homme, si ce n'est
l'esprit de l'homme qui est en lui ? » (²) Je vais essayer, quand
même, moins dans l'espérance de réussir, qu'avec l'espoir, en
cas d'échec, d'en tirer quelque lumière sur la signification des
principes logiques et les conditions de leur présence. Ces principes apparaissent premiers. Aristote les a reconnus tels. Peu
s'en est fallu qu'il n'ait salué, en l'axiome de contradiction, le
roi des axiomes. Cette royauté s'explique, d'ailleurs, on vient
de le voir, par l'immensité du champ d'application. On voudrait ici, maintenant la dériver d'une autre source.

Il est une démonstration brève et saisissante de l'apriorité
des axiomes logiques dans un livre d'une rare profondeur :
Pensée et Réalité d'A. Spir. L'auteur n'y va pas par quatre chemins. La preuve que le principe d'identité est *a priori*, c'est que
l'expérience le dément. Spir exprime d'une façon brutale, presque tragique, une vérité devant laquelle son attitude, toute contestable qu'elle semble, ne manque ni de fierté, ni d'originalité. Elle est celle de Parménide, et il en conclut que le monde

---

(1) Si l'on a égard à l'importance de la finalité dans la doctrine d'Aristote on s'aperçoit de la valeur singulière et originale du livre A de la
Métaphysique et de sa place importante dans l'ensemble du système.
(2) *Épître aux Corinthiens.* Première Épître, 2, 11.

de l'expérience doit être contredit, dépassé, surmonté. A. Spir, c'est Parménide après le christianisme. Et Spir prouve, par son propre exemple, à quel point un excès d'audace spéculative risque d'ébranler toute la philosophie. Il prouve encore — et ceci est de première importance — qu'en affirmant la réalité exclusive de l'être absolu, Parménide s'est élevé bien au-dessus des axiomes logiques. C'est dans l'ordre ontologique que Parménide, d'emblée, s'est posé. Spir a fait de même. Or, c'est précisément parce que la réalité dément le principe d'identité que ce principe n'a point rang, à nos yeux, de principe ontologique et réel. Il va rester jusqu'à nouvel ordre, logique et formel.

Je m'attacherai donc à la formule du principe d'identité, comme s'il était seul et qu'hormis ce principe, rien n'existât.

Sa formule est A est A; ou encore : A = A. Je me tiendrai au ras de la formule. La réduirai-je, d'abord, à un simple graphique ? L'effort risquerait de ne pas aboutir. Car du moment où mes yeux se fixent sur des lettres, il m'est défendu d'ignorer ce que ces lettres « signifient ». Si donc je ne sais pas ce qu'elles signifient, je le demande. Et l'on doit me répondre, car toute lettre est un signe. Tant qu'on ne me répondra point, j'aurai devant moi un simple tracé, l'image (redoublée) d'un petit triangle isocèle dont on prolongerait, au-delà de la base, les côtés de l'angle au sommet. Pareillement devra-t-on réduire à la condition de simple *visum* le groupe des trois signes *e s t* et les deux petites barres parallèles =. Dans sa très attachante monographie du peintre Dehodencq, Gabriel Séailles montre le futur artiste encore enfant, ne sachant ni lire ni écrire, et pourtant capable de copier avec exactitude des lignes d'écriture ou d'imprimerie. Il aurait donc reproduit avec la plus entière facilité la formule de l'axiome logique. Même s'il avait su lire, il l'aurait énoncé sans le comprendre ! — En êtes-vous sûr ? Peut-être l'enfant aurait-il compris, au contraire, et se fût-il étonné qu'il se rencontrât, parmi les sages, tant de gens occupés à écrire des choses inutiles. Mais continuons d'examiner notre graphique. Une courte inspection va nous conduire à l'idée d'une coïncidence des deux A : détail qui n'est pas inutile, si d'une indifférence on peut conclure l'identité. Ainsi, j'ai eu beau vouloir alléger la formule de toute signification, je n'y ai point réussi. Je voulais obtenir le vide absolu de toute pensée : impossible. Décidément, on exagérait autrefois, chez les nominalistes, quand on s'arrogeait le droit de confondre le *nomen* avec le *flatus vocis*. Du pur « vocalisme » au « verbalisme » l'écart, si faible soit-il, n'est pas nul : et il est loin d'être négligeable.

Je ne saurais, dès lors. tracer la suite des graphiques :
A = A, sans me rappeler que ce sont des signes et sans leur
attribuer un minimum de sens. Si réduit que je le suppose, ce
minimum est beaucoup plus que rien. Autrement dit : le principe d'identité ne peut ni s'écrire ni se prononcer, ni se penser, qu'à une condition : c'est que l'on sache ce que c'est qu'un
jugement, et ce qu'il faut entendre par les parties de ce discours bref qu'est toute proposition. Je n'en demande pas plus.
Mais je n'en demande pas moins. Et je sais maintenant ce
que signifie la formule. Dès qu'elle m'apparaît comme la formule d'un jugement, j'y constate que l'attribut y répète le
sujet. Vraiment, il n'était pas inutile, puisqu'on me parlait du
principe d'identité, de me demander quelle est cette identité
dont chacun parle. — Que voulez-vous qu'elle soit ? — Ce
pourrait en être une autre que celle du sujet et de l'attribut,
à commencer par celle du sujet pensant : mais ceci viendra plus
tard.

Le principe d'identité admet une autre formule, d'apparence
moins algébrique : *Ce qui est, est.* Cet énoncé, duquel on dirait,
au premier abord, que l'insignifiance égale l'évidence, n'est
pourtant pas vide de toute signification. Ecrire : A = A n'est
pas absolument la même chose que si l'on écrivait : ce qui est,
est. Les deux formules reviennent à la même, mais pour le
savoir, il faut qu'elles aient été préalablement rapprochées. Hamilton a nommé le principe A = A : *principe de consistance.*
qui dit consistance ne dit-il pas identité ? Kant exigeait que
le principe de contradiction éliminât de sa formule tout rapport à l'intuition du temps. Or Hamilton, par l'idée de consistance, aggrave la formule du principe d'identité. Reste à
se demander pourquoi Kant voulait corriger la formule du
livre Γ. La critique de Kant ne saurait, en effet, porter hors
du kantisme. Kant voulait un principe « pur ». Or, si l'on sait
que chez Kant, les formes de la Sensibilité touchent, de plus
près que les Catégories, aux éléments de source empirique,
et que le temps est l'une des deux formes de la sensibilité, on
s'expliquera la sévérité de Kant.

La question soulevée par Hamilton, et à laquelle il ne paraît
point avoir pris garde, appellerait une critique analogue à
celle que fit Kant de la formule aristotélicienne. Il s'agit de
savoir s'il est utile de compliquer, tout au moins implicitement,
la formule du principe d'identité par l'intervention du temps.
Hamilton, à notre avis, a pu manquer de prudence. Il n'en a
pas moins fait preuve de perspicacité en soupçonnant l'existence

du problème. Une chose qui serait ce qu'elle n'est pas pendant qu'elle est, voilà bien le comble de l'absurde ! — A moins que l'on vienne de donner la définition du devenir. Or, ne savons-nous pas que Boutroux, dans ses leçons sur l'*Idée de Loi naturelle* a soutenu que le principe d'identité ne mettait nullement en question l'éventuelle identité des contradictoires ?

L'identité des contradictoires est une thèse de métaphysique, étrangère au principe qu'en ce moment l'on discute. Et ce genre d'identité n'est autre que celui d'un monde, animé en quelque sorte d'un mouvement dialectique dont la contradiction serait le moteur. La philosophie de Hegel peut être fausse. Elle n'a rien d'absurde, pas plus d'ailleurs que celle d'Héraclite. Et si c'était le lieu d'y insister, on se demanderait dans quelle mesure le soi-disant panlogisme de Hegel est l'œuvre d'une pensée sur laquelle l'expérience n'a pas mis son empreinte. Les analogies de l'expérience ne conduiraient-elles pas le philosophe beaucoup plus haut qu'à mi-côte de la soi disant scandaleuse identité hégélienne ? L'oxygène, si on le respire sans mélange d'azote, n'a-t-il point les mêmes effets que l'azote respiré sans mélange d'oxygène ? Les mêmes effets directs et immédiats, non; le même résultat, oui. D'autre part, l'identité attribuée par Hegel aux contradictoires n'est pas exclusive d'une pluralité de points de vue, de tout *quatenus*, ainsi que l'on dirait en langue spinoziste, et elle ne serait nullement préjudiciable à la vérité de l'axiome A = A, où l'on exprimerait, par A, la totalité du réel ou du rationnel.

Pareillement, si l'on remontait jusqu'au premier père de l'hégélianisme, qui n'est point Platon comme on pourrait le croire, mais Héraclite, on remarquerait que le jeu des contraires, dans l'univers de l'Ephésien, aboutit, par la généralisation même de ce jeu, à l'affirmation de sa constance. Si bien qu'un monde où tout change ne saurait être diversité pure. Quelque chose le dominerait, à savoir la nécessité même de ce changement sans trève, et l'ordre immuable de ses phases. Et c'est ce qu'à l'auteur du livre Γ de la *Métaphysique* aurait pu objecter avec succès un disciple attardé de l'héraclitéisme.

Alors on est bien près de souscrire à ce jugement de Hegel — que celui de A. Spir revient à confirmer — « Lorsqu'on prétend que cette loi ne peut être prouvée, mais que toute intelligence pense suivant cette loi, et que l'expérience ne fait que la confirmer, *on oublie que cette prétendue expérience de l'école est en opposition avec l'expérience commune* (¹) et qu'il n'est au-

____

(1) C'est moi qui souligne

cun homme qui pense, se représente et exprime les choses de
quelque nature qu'elles soient suivant cette loi. Les expressions
qui se fondent sur cette prétendue loi, telles que celles-ci :
*une planète est une planète, le magnétisme est le magnétisme,
l'esprit est l'esprit* sont avec raison considérées comme puériles
et insignifiantes. Voilà ce que nous apprend l'expérience universelle: et l'école philosophique qui s'appuie sur ces lois, a
depuis longtemps, elle et sa logique où ces lois sont exposées
avec le plus grand sérieux, perdu tout crédit auprès de la raison comme auprès du bon sens ». (1)

Je prierai ceux qui parlent de Hegel par ouï-dire de ne
point oublier la distinction hégélienne entre ce que le philosophe considère comme « une loi abstraite de l'entendement » et
ce qu'il appelle une loi *réelle* de la pensée (2). Hegel est donc si
loin de révoquer le principe de contradiction en doute, qu'il
l'affirme: mais n'y voit, pourrait-on dire, qu'un moment de
la pensée. En d'autres termes, les axiomes logiques gouver-
neraient la pensée, pourvu que l'on consentît à distinguer la
pensée à l'état statique ou du repos, d'une part, et, d'autre part,
la pensée dans son mouvement à travers les choses. C'est bien
ainsi à ce dernier point de vue que s'est placé l'auteur du livre I'
et c'est pourquoi il s'est dressé contre tous les partisans de l'absolu devenir. C'était le droit d'Aristote: mais la position qu'il
s'appliquait à défendre était loin d'être inexpugnable, surtout
quand on ne distingue pas entre le point de vue de la réalité
proprement dite, et le point de vue de l'esprit.

La parenthèse qu'on vient de fermer aura eu pour résultat
de nous maintenir dans une sorte de détroit, où l'espace est tellement resserré que l'on y respire à grand'peine. Il est, en
effet, pénible d'avoir à lutter contre l'évidence, mais nul ne
saurait s'épargner cet effort indispensable. Ce qu'il faut, en
ce moment exiger de soi, c'est de réduire l'esprit à sa plus
simple expression, et de l'y réduire sans le détruire: c'est de
pousser cette réduction jusqu'au point où l'on ne saurait aller
plus avant, à moins de se supprimer soi-même.

A ce point de vue, j'admettrais, avec Kant, que le principe
d'identité est la source de tous les jugements analytiques. Il en
est la source parce qu'il en est le type : même il en est le type
à ce degré que, selon la formule courante, l'analyse s'y ense-
velit dans son triomphe. Qu'est-ce, en effet, qu'analyser, sinon

---

(1) Hegel, *Logique* trad. française Paris, Alcan, 1859. t. II. p. 80.
(2) *Ibid.*

extraire ? Or que peut-on « extraire » de ce qui n'a point de contenu ? Nous n'avons là, à le bien prendre, qu'une forme vive. Ce qu'exprime la formule A=A — et Hegel ne nous démentirait point ici, — n'est ni un fait, cela va sans dire, ni même une vérité, au sens rigoureux de l'expression. Une forme de chapeau n'est pas un chapeau. Un patron d'habit n'est pas un habit. Un cadre de vérité n'est pas une vérité. Si je vous demande un habit et que vous m'offriez un patron d'habit, vous me proposerez, au lieu de l'habit que je vous demande, une simple possibilité d'habit. L'axiome d'identité exprime une condition idéale, à laquelle toute vérité qui se prétendra telle sera tenue de satisfaire : et il n'est pas certain, à l'avance, que toute vérité y satisfera. Je vais plus loin. Kant dira, dans sa *Critique de la Raison pratique*, qu'un vrai sage ne s'est peutêtre jamais rencontré parmi les hommes. Je dirai à mon tour, que pas une seule vérité ne s'est absolument conformée, ni ne se conformera jamais à la formule A = A. La pensée serait-elle donc réduite à demander trop pour obtenir l'indispensable ?

La vérité, sous la formule du principe d'identité, c'est de la vérité à l'état préparatoire, ou, tout au moins, c'est le type qu'elle s'efforce de réaliser de plus en plus dans sa période de préparation. On serait donc, en face de ce principe, comme devant la pure puissance identique à l'impuissance, comme devant la possibilité pure équivalente à la pure impossibilité, puisque, si rien n'est ni peut être autrement qu'en vertu de l'axiome logique, rien non plus ne saurait être par sa seule vertu. Tel serait le dernier mot d'une dialectique exhaustive, non point de l'*ens* mais, de l'*esse*, non point du τὸ ἔν, mais du τὸ εἶναι, à l'infinitif, je ne crains pas d'y appuyer en ajoutant : « à l'indéfinitif ».

Et donc laissons à cé principe sa vacuité matérielle. Laissonsle planer au-dessus de toute réalité, de toutes les « autres catégories », s'il en est une, et, s'il n'en est pas une, de toutes les catégories, logiquement antérieur même à ce principe de consistance, auquel l'idée de consistance ôtait naguère de son abstraction, de son essence formelle, de sa pureté.

On sait le genre d'hommage rendu par Taine aux axiomes logiques. Celui qu'on vient de leur rendre fait penser aux honneurs rendus par les grands d'Espagne au squelette d'Inès de Castro.

*
* *

Le premier traducteur français de Kant, J. Tissot a réuni sous
le titre de *Mélanges de Logique* plusieurs dissertations antérieures à la période critique. Il a eu soin de ne point omettre
la dissertation inaugurale sur les *Premiers principes de la
Connaissance métaphysique*. J'en extrais ce qui suit : « Peut-
être ces recherches, outre qu'on a dû les trouver subtiles et pénibles, ont-elles paru parfaitement superflues et dénuées de toute
utilité, si l'on considère la fécondité des corollaires. C'est bien
aussi mon avis; car l'esprit humain n'a pas besoin d'avoir
étudié un tel principe pour être à même de l'appliquer en toute
occasion spontanément et d'après une certaine loi de sa nature.
Mais n'est-ce pas, par cela même, un sujet digne d'étude, que de
remonter la chaines des vérités jusqu'au premier anneau ? Et
certes, on ne doit pas dédaigner de mieux connaître ainsi la
loi qui régit les raisonnements de notre intelligence. » (¹)

Le texte de Kant est à méditer. D'abord il nous laisse à distance, plus que respectable, de la période critique. Le principe
de contradiction, déjà presque souverain au temps de Leibnitz,
a étendu ses conquêtes grâce à Wolff. Kant voit en lui, comme
jadis Aristote, l'axiome générateur. On dirait, à l'entendre,
qu'il va suffire de le poser pour voir aussitôt jaillir le torrent
des phénomènes, « ou s'étendre », à perte d'horizon, « la mer
infinie des choses ». Kant remarque avec raison, ici, que la
subtilité d'une recherche croît en raison de l'exiguïté de la
matière. Mais quelle est cette richesse de commentaire à laquelle
Kant fait une allusion si franche, qu'en laissant sa pensée
aller son train, le lecteur verrait défiler une théorie de corollaires naissant à l'infini les uns des autres ? Supprimez le principe d'identité : plus de raisonnement. Est-ce même assez dire ?
Plus de pensée. Rétablissez-le : la pensée redevient possible.
Rien de plus. Par le principe d'identité, toutes portes sont ouvertes, y compris celles de l'erreur et celles-ci sont innombra-
bles. Et c'est pourquoi je persiste, en souvenir de Renan, sans
doute, à dire du principe d'identité, contrairement à Kant, que
ce principe est fils de la Pauvreté. Voulez-vous l'obtenir à l'état
pur ? il faudra vous plier à un travail de spoliation progressive qui ne s'arrêtera que devant le vide, cette contrefaçon du
néant... et qui n'est pourtant pas le néant, puisque le vide du
contenu est limité par une forme, c'est-à-dire, après tout, par

____

(1) Kant, *Mélanges de Logique*, pp. 14-15.

un contenant. « Quand le monde sera fini, disait une enfant de ma connaissance, il n'y aura plus qu'un grand trou. » Puis, se reprenant : « Mais non ! il n'y aura même pas un trou ! », ce qui prouve que notre enfant savait ne pas confondre le néant et le vide. Ici, nous avons deux places vides, celles de A sujet et A attribut, qui sont, en même temps, deux places réservées. Mais l'occupant de ces deux places réservées ne surgira pas de ce vide. Le vide n'aspire point le ciel. C'est le ciel qui l'aspire, disaient les Pythagoriciens. Le principe logique d'identité n'engendra jamais que ses pareils, le principe de contradiction et celui du tiers exclu. Encore cela n'est-il pas certain. Bossuet avait raison le jour où il proclamait que toute vérité exige qui l'entende. Une vérité nulle part entendue lui semblait bien près d'être un monstre. Bossuet ne se trompait qu'à demi. Il se trompait peut-être quand il appuyait sur les vérités éternelles l'existence du Dieu d'Abraham, d'Isaac, de Jacob. Il ne pouvait éviter d'en conclure l'existence de l'esprit. On sait le bel axiome de Spinoza : « L'homme pense ». Cela ne veut point dire « qu'il y a des hommes et qui pensent ». Cela signifie « qu'il faut » que tels êtres soient. Le passage du concret à l'abstrait est toujours possible: non l'inverse. Et il serait nécessaire que cet inverse fût pour autoriser la comparaison de Kant : celle du principe d'identité au premier anneau d'une chaîne.

*
* *

Il serait aisé, à mon avis, d'extraire des axiomes logiques une nécessité qui émanerait de ces axiomes pour se poser successivement sur chacune des catégories, et la féconder en quelque manière. Les choses se passant ainsi, le *nisi intellectus* de Leibnitz, semble-t-il, s'appliquerait littéralement. On expliquerait, d'une part, l'impression de nécessité dont l'affirmation et l'application des catégories s'accompagnent, de l'autre, la possibilité d'en secouer le joug et de permettre à l'empirisme de lutter, parfois avec avantage, contre son invincible adversaire.

Réfléchissez cependant à la comparaison qui vient de me traverser l'esprit. En parlant d'une nécessité nomade et frappant de son sceau, à tour de rôle, chacune des catégories, je me figurais, en même temps, un insecte qui voltige; et son image tendait à effacer l'image antécédente du sceau. On ne doit jamais être esclave de ses comparaisons on ne doit jamais, non plus, quand elles ont traversé l'esprit, oublier leur pas-

sage. Car si, des deux images, celle de l'insecte a prévalu,
c'est parce qu'un cachet ne fait son office que sous une main
vivante. Sur quoi réfléchissant, vous en viendrez peut-être à
craindre d'avoir travaillé jusqu'ici pour un maigre résultat.
En effet, si vous m'avez suivi, vous aurez isolé l'axiome logique de ses tenants, et même si bien isolé de tout ce qui n'est
point lui, que, pour le faire servir à quelque chose, il faut trouver où le suspendre. Mais où le suspendre sinon là d'où vous
l'avez détaché naguère ? En d'autres termes, vous ne tirerez
rien des axiomes logiques, tant que vous n'aurez pas restauré
l'organisme par vous démembré, lequel n'est autre que l'esprit.
Dans un *Essai sur la catégorie de l'Etre* (¹), j'avais imprudem-
ment profité de la formule A = A pour confondre avec les
axiomes logiques le principe qui, chez Fichte et dans la
Doctrine de la Science, tirait de son propre contenu l'esprit
et les lois de l'esprit. La formule A = A est une formule à deux
fins. Autrement dit, deux formules s'en dégagent masquées par
l'identité des signes. Dire : « l'être est », et dire, avec Taine : « si
l'être est, il est », c'est dire deux choses différentes et, qui plus
est, faire appel à deux principes distincts : autre est la position de l'identité du moi par opposition à lui-même: autre est
l'énoncé de l'axiome logique.

Songez, encore une fois, que l'axiome logique est un jugement. Pour qu'il soit, le jugement doit être, et donc la primauté de l'axiome logique n'est ni rigoureusement absolue, ni
rigoureusement indéniable. J'en ai déjà fait la remarque.
Mais il y a plus. Interprêtez l'expression : A est A, en l'appliquant à l'axiome d'identité. Aussitôt A va se trouver contredit par non-A. Représentez-vous maintenant, à travers A, le
moi, et faites du non-A le signe du non-moi. Les choses ne
vont plus se passer tout-à-fait de même. Tandis que, dans
l'axiome logique, non-A excluait A, le non-moi « limite » le moi,
et rien ne prouve qu'il le limite une fois pour toutes. Parmi
les oppositions, il en est de fatales et de mortelles. Il en est
aussi de fécondes.

Je n'ai d'ailleurs jamais lu, chez aucun historien de la philosophie, que Parménide eût découvert le principe d'identité.
Parménide n'avait peut-être qu'un pas à faire pour se trouver
en face de ce principe. Mais ce pas aurait été un saut, le saut
du plein dans le vide.

Il reste vrai, d'autre part, que Parménide n'a pu énoncer sa

(1) *L'Année Philosophique* 1901, pp. 59-84.

formule célèbre « qu'en vue », si je puis ainsi dire, de l'axiome d'identité. N'est-ce point la vérité de cet axiome qui garantit celle de la sentence : « l'être est, le non-être n'est pas » ? Et si j'ai fait la confusion qu'en ce moment je me reproche, ne serait-il pas plus sage, non point assurément de défendre une erreur manifeste, mais d'en tirer quelque lumière sur les relations de l'ordre logique et de l'ordre ontologique ? Car la confusion **que j'ai commise n'est pas** loin d'être celle d'Hamilton. Et il faut en rendre responsable le double emploi de la formule A = A.

Ls justes admirateurs de *Psychologie et Métaphysique* auront toujours présentes à l'esprit ces lignes sur lesquelles ont médité ceux de notre temps, ceux de l'âge de nos fils, et que les débutants en philosophie du temps présent s'apprêteront à méditer un jour ou l'autre : « Essayons de montrer comment l'idée de l'être ou de la vérité se produit elle-même. Supposons que nous ne sachions pas si cette idée existe : nous savons du moins dans cette hypothèse, *qu'il est vrai*, ou qu'elle existe ou qu'elle n'existe pas. Nous pensons cette alternative elle-même sous la forme de la vérité ou de l'être, sans laquelle nous ne pouvons rien penser il y a donc déjà en nous une idée de l'être ou de la vérité ». (¹)

Je ne saurais garantir l'interprétation que je propose : mais plus j'y réfléchis, plus il me paraît qu'au lieu de voir dans la formule : A est A un symbole à deux usages, Lachelier inclinerait à unir le sort de l'idée de l'être à celui de sa forme : non pas, à mon avis, jusqu'à effacer toute distinction entre les deux usages, mais jusqu'à ne point vouloir séparer l'outil de ce à quoi il sert. Or je me demandais, il y a peu d'instants, si je n'avais pas commis d'imprudence en détachant l'axiome logique d'un ensemble d'éléments auxquels est très probablement liée sa présence, et sans lesquels l'axiome logique ne servirait plus à rien. Il est, pour un outil, deux façons d'être hors d'usage. Quand il n'y a point de maison à bâtir l'échafaudage est de trop; il le devient également une fois la maison bâtie. Or, que ce soit au moment où je vais bâtir, ou que ce soit au moment où je viens de bâtir, si je ne regarde que l'échafaudage, je lui trouve le même aspect. Et si je ne savais rien de ses états de service, je serais embarrassé de lui assigner un âge. On éprouve le même embarras vis-à-vis du principe d'identité. Tantôt on voudrait lui attribuer le premier rang parmi les principes; et nul ne songerait à lui en donner un autre... à moins que ce ne fût le dernier. Ce pourrait être, en effet, le

---

(1) J. Lachelier, *Psychologie et Métaphysique*, pp. 158-159.

dernier. D'un instrument donné par la nature, on se sert automatiquement, et c'est après en avoir épuisé l'usage, qu'on jette les yeux sur ce que l'on a en main. Mettez le principe en question à l'avant-garde des principes : vous en aurez le droit. Mais si vous comptez sur lui pour faire venir les autres, vous attendrez indéfiniment. Mettez le même principe à l'arrière-garde. Il ne sera, certes, suivi d'aucun autre : toutefois, en fermant la marche au lieu de l'ouvrir, il occupera un rang, dont il n'est pas sûr que ce ne soit aussi un rang d'élite, le rang de ceux qui se sont acquittés de leur tâche et ont désormais droit au repos.

J'ignore quelles seraient, à cet égard, les préférences du philosophe qui méditait, il y a près de quarante ans, avec une si saisissante profondeur, sur l'idée de l'Etre, et je m'interdirai sur ce point, toute supposition. Il n'en restera pas moins que la forme : A est A, comporte un double usage, et que la raison de ce double usage n'apparaît pas du premier coup. La formule conviendrait fort bien au *Je pense* de l'*Analytique transcendantale*, lequel ne serait, en son fond, que le *Cogito* de Descartes élevé à l'impersonnel, à supposer toutefois que Descartes ne soit point, déjà, chargé de la promotion. Or la richesse implicite du *Je pense* ne forme-t-elle pas avec le vide de l'axiome logique le plus embarrassant des contrastes ?

Le contraste est réel. L'embarras dans lequel il nous met cesserait peut-être, si l'on voulait avoir présentes à l'esprit toutes les conditions de l'expérience actuelle, car c'est bien, en ce moment, une expérience qui nous occupe. Comment l'appellerai-je ? Il importe peu, en effet, que je lui donne le nom de « psychologique », de « logique » ou de « métaphysique », puisque ce n'est là, pour l'instant, qu'une question d'étiquette. Mais sans vouloir aucunement revenir sur des choses déjà dites, je dois convenir que tout axiome est un produit de la faculté de juger. Il en relève, non pas quant à la vérité qu'il exprime, mais eu égard à la possibilité, pour l'homme, d'arriver au vrai. Je puis, dès lors, donner à l'axiome d'identité le nom de vérité absolue, attendu que dans l'ordre des vérités, la vérité : A est A ne suppose rien qu'elle-même. Mais ne suppose-t-elle pas, en outre, l'ordre de *la* Vérité, ce qu'avec l'auteur de *Psychologie et Métaphysique*, on appellerait l'*idée* de *la* Vérité ou de l'Être ? Une idée peut être inséparable d'une forme; et si l'on n'admet point de connaissance qui n'ait sa forme, une connaissance dénuée de toute matière, est, elle aussi, tellement inconcevable qu'on en prête une au principe d'identité tout inassignable qu'elle s'offre, et cela en vertu des conditions essentielles au jugement.

Mais qu'est-ce que le jugement ? Qu'est-il, abstraction faite de sa forme ? Un acte et, comme tel, indivisible : cette indivisibilité lui est garantie par la présence du verbe, sans lequel toute synthèse mentale serait impossible. Cette garantie est-elle la seule ? Elle n'en admet point d'autre. Encore est-il que le rôle du verbe ne se conçoit point isolé d'un ensemble de conditions dont l'absence compromettrait et ce rôle et la possibilité de son exercice. Il y aurait lieu de discuter sur ces conditions: et peut-être la discussion risquerait-elle de se prolonger sans aboutir. Ici l'occasion se représente de songer à W. Hamilton et à son : *principle of consistency*. Kant eût vraisemblablement trouvé, ne l'ai-je pas dit, que cette notion de *consistance* menaçait la pureté de l'axiome. C'est qu'aussi bien tout ce qui intéresse la pensée se détache imparfaitement de cet organisme qui est l'esprit, de même qu'il est des œuvres dont la conception avorte dès qu'on les sépare de leur ouvrier. Aristote se demandait, au livre Z de la *Métaphysique*, si le nom de main convenait à un membre qui a cessé de vivre: et il concluait négativement.

Mais quelle est cette *consistance* énoncée dans l'axiome A = A, s'il faut en croire l'un des logiciens les plus originaux du siècle dernier ? Souvenons-nous, en effet, qu'on a parlé de la « réforme logique » d'Hamilton en la considérant comme le plus sérieux essai tenté, depuis Aristote, pour continuer l'œuvre des *Analytiques*. Quel est le sujet de la *consistency* ? Est-ce l'affirmé ? Est-ce l'affirmant ? Les géomètres fondent la possibilité des démonstrations géométriques sur la docilité de l'espace à recevoir toute figure sans influer, ni sur ses dimensions, ni sur sa forme. En effet les démonstrations par coïncidence impliquent l'immutabilité de la figure que l'on transporte, pendant et après le transfert. Elles en impliquent une autre ; celle du sujet qui démontre, puisque tout raisonnement s'accomplit dans le temps. Mais tout jugement n'est-il pas un raisonnement implicite ? Tout acte de synthèse intellectuelle, disons mieux, tout acte de l'intelligence, fût-ce celui de concevoir, n'est-il pas un jugement en raccourci ? J'en atteste ce fragment célèbre de Pascal : « La connaissance des premiers » principes comme qu'il y a nombre, temps, espace, mouve- » ment... » Pascal en s'exprimant comme il fait, montre — et il le montre contre Port-Royal — que les « trois opérations » de l'esprit, telles qu'on les obtient par une analyse abstraite, n'en sont qu'une; autrement dit, que penser, c'est toujours, à quelque degré, lier, unir, médiatiser en un mot. D'où il résulte que la pensée préexiste en quelque manière à sa forme et à la position de sa forme, laquelle position est un acte et, comme il n'en suppose aucun autre avant lui, un acte libre. Ici « libre » et « premier » deviennent inévitablement synonymes. Ajouterai-je que si c'est un acte libre, c'est en même temps, et à un autre de vue, un acte nécessaire : entendons un acte dont la nécessité se démontre par la suite de ses conséquences, puisque, si c'est la liberté qui pose, c'est la nécessité qu'elle pose.

Ce que je viens d'écrire est inspiré, plus ou moins librement, de *Psychologie et Métaphysique*. Mais, sans adhérer d'avance à la suite des thèses impliquées, selon leur auteur, dans ces affirmations premières, il est permis d'en détacher une remarque générale, à savoir l'impossibilité de faire aux axiomes logiques le sort commun aux autres catégories. Je m'en étais douté, pour ma part. Mais il est une autre impossibilité simplement pressentie, dont, progressivement, l'évidence s'accuse : celle d'identifier les axiomes logiques à la position de l'idée d'être. Je me sers du principe d'identité quand je pose l'être : je le pose conformément à ce principe. Je ne saurais l'en faire sortir. L'axiome logique, est ce *avec quoi* et non ce *sur quoi* je travaille. Si, quittant la langue de *Psychologie et Métaphysique*, on essayait de parler celle du *Premier Essai de Critique Générale*, on dirait que la « loi régulatrice des relations constantes » est l'instrument qu'il faut avoir en main pour constituer les lois fondamentales de la Représentation, instrument dont l'usage et, ce n'est point assez dire, l'existence est impliquée dans ces lois elles-mêmes.

Et c'est pourquoi, si l'on parle du principe de consistance, en se figurant parler de l'axiome logique, on risque de confondre avec cet axiome ce qui est l'une de ses conditions. — Un axiome ne serait-il donc point une vérité inconditionnée ? — Il y a lieu de s'interroger sur les axiomes et l'on ne se trompe décidément pas, en doutant qu'il suffise de les énoncer pour épuiser tout ce qu'implique leur énonciation. Contestez, avec Pascal, l'impossibilité de démontrer à l'infini, érigez cette impossibilité en avantage : la question est ailleurs. On sait les interminables discussions des peintres sur ce qu'il faut entendre par « l'air de famille », et combien l'on excelle à y brouiller les idées, quand on soutient que deux personnes peuvent avoir le même air de famille sans se ressembler aucunement. J'avoue n'avoir jamais compris cette opinion. Ce que l'on nomme :

« air de famille » n'en répond pas moins à une réalité positive.
Or, ne peut-on admettre, entre certains axiomes, l'équivalent
d'un air de famille ? N'est-on point assuré, sans savoir comment, que tel axiome serait en péril si tel autre axiome cessait
subitement d'être vrai ? Et pense-t-on que si l'on parvenait a
démontrer les axiomes « circulairement », les uns par les autres, on ferait une œuvre vicieuse ou même simplement vaine ?
On démontre tout ce qui peut être ordonné en série linéaire :
les théorèmes d'arithmétique, de géométrie, d'algèbre. Mais
ne peut-on concevoir que cet ordre ? Est-il défendu de concevoir des vérités groupées autour d'une vérité centrale, gravitant
les unes vers les autres, et toutes, vers celles qui en est le centre ? Il y aurait alors des « chaînes » de vérités et des « systèmes » de vérités. Admettez que ce cas se présente, et demandez-
vous laquelle de ces vérités mériterait d'être affirmée avant
toutes les autres ? Faites la supposition de Descartes : ou du
moins accordez-lui provisoirement cela dont il n'a jamais
douté, que Dieu créa, par un acte de sa volonté libre, les vérités
éternelles. Ne lui demanderez-vous pas de vous accorder — vous
pourriez même à l'occasion, appeler Leibnitz à votre aide — que
Dieu a fait un libre choix du système de vérités présidant à
l'ordre du monde ? Ne serait-il pas contraire à la notion d'un
créateur parfait que les vérités eussent été décrétées arbitrairement ('), non seulement dans leur matière mais encore dans
leur suite ? A ce point de vue, il n'y aurait point de vérités
absolument inconditionnées.

Dites par exemple : « deux quantités égales à une troisième
sont égales entre elles ». C'est là un axiome. Ce n'est point une
affirmation absolument inconditionnée, laquelle équivaudrait
à un pur non-sens. Nul axiome ne saurait être vrai en dehors
de toute condition. Le concept de quantité en est une et celui
d'égalité en est une autre. Et, contrairement à l'opinion de
Taine, en invoquant ces deux concepts pour justifier l'axiome,
on ferait mieux que piétiner sur place. Insistons encore. Les
vérités mathématiques se démontrent : avant de les démontrer,
on les pressent, on les suppose, si bien que toute démonstration

---

(1) Descartes eût très probablement opposé une fin de non recevoir à
mon interprétation. Il jugeait plus conforme à « l'immensité divine »
de se résoudre sans avoir eu à choisir. J'oppose à cette conception celle
de Leibnitz qui, certes, me semble plus claire et, comme telle, plus
admissible. Je ne puis concevoir Dieu sans participation à l'ordre
intelligible : il faudrait alors admettre que l'ordre intelligible a passé
tout entier, et tout d'un coup, du néant à l'être en vertu d'un *fiat* inexplicable.

est une vérification. On se trompe parfois d'ailleurs et, quand on cherche la preuve, non seulement on s'aperçoit qu'elle nous échappe, mais on se rend compte de l'erreur commise et de ses causes. On ne se trompe cependant pas toujours : c'est donc qu'on aperçoit un lien entre les vérités. J. Lachelier disait un jour à la *Société française de philosophie* que l'homme dont les yeux sont levés sur le ciel perçoit l'infinité des astres. Leibnitz n'eût d'ailleurs pas été d'une autre opinion. Pareillement, ce ne serait point parler en vain que d'attribuer au géomètre la connaissance virtuelle de toute la géométrie. Autant vaudrait soutenir que l'expression aristotélicienne de « savoir en puissance » est dénuée de toute signification.

Ces réflexions qui viennent d'être résumées au moment même où elles se sont produites, et dans l'ordre de leur venue, tendent à justifier le célèbre *Ich denke* de Kant. On n'a point ici à rechercher quelle fut, à cet égard, la vraie pensée du philosophe et l'on espérerait vainement mettre d'accord ses commentateurs : il n'en est pas moins important de constater, chez Kant, un ferme parti pris de secouer le joug d'une tradition encore vivante, en Allemagne, au xviii° siècle, et de détrôner le principe de contradiction. Le principe *je pense*, où le pronom de la première personne doit s'interpréter impersonnellement, voilà le vrai point de départ de l'activité de la pensée. Et si ce *je pense* fait songer à Descartes, il ne faut pas craindre de rapprocher les deux affirmations. Car, ou le *Cogito* n'a pas la portée qu'on lui prête, ou il s'agit là « d'une affirmation objective, valable pour tous les esprits et qui, bien que répétée dans chaque esprit, ou plutôt par cela même qu'elle est rigoureusement identique dans tous, n'est le fait d'aucun d'eux en particulier. La forme générale de l'objectivité, l'*esse*, réside non dans *ma* pensée, mais dans *la* pensée, et c'est bien ainsi, ce me semble, que l'entendait Kant. » (¹) Et puisque ces paroles sont de l'auteur de *Psychologie et Métaphysique*, je ne pense point m'écarter du sujet en rappelant le *Cogito* cartésien, en faisant remarquer que le passage de *Cogito* à *Sum* est un passage de l'attribut au sujet et que le *Sum res cogitans* est un jugement récurrent et synthétique; récurrent, puisque le mouvement, cette fois, repart du sujet; synthétique, car la liaison de sujet à l'attribut s'y achève. Il y a là un acte en trois moments, ainsi que dans *Psychologie et Métaphysique*.

(1) *Bulletin de la Société française de Philosophie* 1902. Discussion sur *L'Idée d'Être*. Les paroles sont de J. Lachelier répondant à M. Weber, p. 14.

Et si je répète, au risque de fatiguer le lecteur que, durant toute la discussion, les axiomes logiques ont fait leur office, un office de moyen et d'instrument, c'est parce qu'il ne faut pas laisser usurper les axiomes logiques : rien ne serait vrai s'ils cessaient d'être vrais; mais le jour où ils abdiqueraient, ils obéiraient à un signal d'abdication venu de plus haut.

Aussi ne doit-on pas s'étonner des commentaires dont on entoure volontiers, parfois, l'énoncé des axiomes logiques. Victor Egger se plaisait à unir leur sort à celui du principe en vertu duquel le sujet pensant s'affirme identique. A quoi l'on aurait pu répondre que les axiomes logiques faisant partie de tout un système de vérités, il suffisait d'ébranler le système sur un point pour en rendre l'équilibre instable. Le principe d'identité et les deux autres principes qui lui font cortège, celui de contradiction et celui du tiers exclu, nous paraissaient tout à l'heure voués au rôle modeste d'instruments. Mais si le propre d'un instrument est d'être adapté à un ouvrage, il est décidément impossible d'isoler les axiomes logiques. On essaierait vainement de leur doner une place dans un autre système d'idées et de principes, à supposer qu'il nous fût possible d'en imaginer un autre. La règle des contradictoires, par exemple, est liée au principe de contradiction. Demandez-vous, maintenant, si c'est le principe qui fonde la règle, ou si c'est la règle dont on extrait le principe : n'apercevez-vous point deux expressions solidaires d'un même ordre ? Je parlais, tout à l'heure, d'un ordre linéaire de vérités géométriques : et je serais maintenant tenté de me reprendre. Car l'ordre des démonstrations, immuable en soi, ou du moins connu comme tel, ne s'impose, en fait, ni partout le même, ni une fois pour toutes, à tous les esprits. Il est impossible de se soustraire à la nécessité d'énoncer successivement ce que l'on constate ou ce que l'on découvre. Ce qui se succède en géométrie, ce sont les actes d'attention de l'esprit auquel il est impossible de procurer simultanément la connaissance de toutes les propriétés d'une figure, à supposer ces dernières, ce qui est loin d'être évident, formant un total assignable. Mais dira-t-on que le triangle est équiangle avant d'être équilatéral ? Si vous le posez équiangle, vous chercherez à réaliser l'égalité des trois angles et vous obtiendrez, par surcroît, celle des côtés. Si vous visez tout d'abord l'équilatéralité, ce sera le contraire. Prenons-y garde : le problème qui nous occupe est celui devant lequel passait Brochard, au moment de sa thèse *De l'Erreur*. Il se demandait s'il nous serait possible de penser avec d'autres catégories que les catégories

généralement reconnues et enregistrées. Prudemment, il se
dérobait, non sans avoir sagement pressenti que penser avec
d'autres catégories, ce pourrait bien être ne plus penser du
tout. Un instant, peu avant de tracer ces lignes, je songeais à
l'impénétrabilité qui empêche deux corps d'occuper la même
portion de l'espace, à un mouvement d'aller et à un mouvement de retour. Puis je réfléchissais et j'imaginais un lien entre
cette impossibilité et la règle des contradictoires, impossibilité
de fait convertie en impossibilité de droit par la grâce efficace
de l'habitude ? Il n'y a là sans doute, qu'une solidarité pressentie dont la preuve proprement dite ne s'obtiendrait pas
sans difficulté. Ce n'en est pas moins là un pressentiment qui
ne trompe guère. — Si je pouvais en même temps avancer et
reculer, la règle des contradictoires manquerait de point d'appui ! — Certes et je crois même qu'elle s'abolirait. J'attendrai
toutefois, pour redouter ce péril, que vous ayez donné un sens
à ce que vous exprimez, et je vous mets au défi d'y parvenir.
Car, que veut-on dire au juste quand on parle « d'avancer et
de reculer *en même temps* » ? Tant il est vrai que, s'il a été
à peu près impossible, au moins jusqu'à ce jour, d'assujettir les
notions fondamentales à une loi d'enchaînement, les raisons de
croire à cet enchaînement prennent de la force à mesure qu'on
les envisage. *Quis deus ? incertum ; habitat Deus.*

De ces réflexions il résulte, semble-t-il que la question de
savoir quel est le premier des deux principes — Est-ce celui qui
consiste dans la position de l'être ? Est-ce le principe d'identité ?
— perd de son importance. Elle n'est pourtant pas indifférente :
car du second des principes, rien ne saurait se conclure. Du
premier, s'il est difficile d'apercevoir les conséquences impliquées dans ce qu'il pose, il est assez impossible de contester
qu'il en pose. En d'autres termes, le principe d'identité et
les deux autres axiomes logiques restent analytiques. Et l'on
ne saurait en dire autant des propositions à l'aide desquelles
s'affirment les « trois puissances » de l'être. Autrement on en
serait réduit à les démontrer l'une par l'autre, et cela indéfiniment. Quoiqu'en ait dit Parménide, il faut « sortir de cette
pensée ».

Ici, toutefois, on peut hésiter entre deux solutions. D'une part,
on se représentera l'idée de l'être animée d'un mouvement
dialectique qui l'entraîne hors d'elle-même et lui permette d'engendrer les premiers objets essentiels à la représentation. De
l'autre ont peut envisager une procession par épigénèse comme
si les éléments intelligibles de la représentation, répondant à

une sorte d'appel, venaient, du dehors, se greffer sur l'être. L'ordre des causes finales paraît, en effet, extérieur à celui des causes efficientes, dont on dirait qu'il se suffit à lui-même là où on le constate établi. Peut-être n'est-ce là qu'un simple mirage, et il ne faudrait pas se laisser duper par des expressions, toujours à quelque degré impropres, comme celle de « dehors » et de « dedans ». Admettez, avec l'auteur du *Fondement de l'Induction*, que le principe des causes finales, si on le confronte avec le principe de causalité, ajoute à ses raisons d'être et lui confère un surcroît d'intelligibilité. N'en faudrait-il pas conclure que le principe de raison suffisante, par exemple, interprété uniquement par celui de causalité, n'a plus droit à son nom, qu'il reste un principe de raison insuffisante, en attendant que la notion de finalité intervienne, et que, par suite, la notion de causalité en appelle une autre ?

Faites maintenant un effort d'imagination. Au lieu de vous représenter les catégories comme simplement juxtaposées, mais opaques et fermées les uns aux autres, figurez-les vous ouvertes et transparentes. Aussitôt, le terme dont la signification échappait naguère prend un sens, et l'on comprend ce qu'il faut entendre par des catégories qui participent. Non seulement on le comprend, mais l'expression qui exaspérait Aristote, apparaît plus qu'intelligible, heureuse. Car l'idée de participation admet du plus et du moins, comporte des degrés.

Cela va permettre, et sans péril de contradiction, d'attribuer aux axiomes logiques, une juridiction illimitée; et cependant d'établir entre ces axiomes et certaines catégories une participation plus étroite. Car si l'on se retient de voir dans la formule fichtéenne, A = A par exemple, le signe du principe d'identité, il n'est pas douteux que, pour ne point venir heurter l'écueil, on devra manœuvrer avec autant d'adresse que de vigilance, attendu que l'écueil est là, droit devant nous. Et si ce n'est point sans motif que le principe a reçu le nom qu'il porte, la catégorie d'identité y est plus que présente, agissante. Et si l'on plaidait ses droits au rang de catégorie, on gagnerait sa cause. Or le principe d'identité n'est point seul à participer de la catégorie en question. Il y a encore le principe de substance. Nommez-le : « de substantialité », pour sauvegarder ce qui mérite d'être considéré comme acquis de la dialectique néo-criticiste; il n'importera guère. Mais s'il ne suffit pas d'écrire la formule : A = A, pour dissiper tout malentendu, si cette formule se tient en bordure sur les frontières de la logique et de l'ontologie, une équivoque en résulte, dont on n'aura jamais raison tant que l'on n'en aura point la raison. Il faudra expliquer comment elle s'est produite. Si l'on juge l'explication insuffisante, j'inviterai le lecteur à relire les premières pages de la *Doctrine de la Science* : peut-être m'excusera-t-il de n'y avoir pas mieux réussi.

La catégorie d'identité, car enfin c'en est bien une, marque de son empreinte plus d'un principe. J'ai nommé celui d'identité, celui de substance. Et puisque je viens de me remettre en mémoire une page célèbre du *Fondement de l'Induction*, je me suis ressouvenu, presque aussitôt, de cette féconde dialectique de la causalité, pierre angulaire de la doctrine. Or j'y aperçois la catégorie d'identité à l'œuvre. Cela ne veut point dire, encore une fois, que l'auteur s'appuie « particulièrement » sur l'axiome d'identité pour démontrer le principe de causalité. Cela veut dire — et la remarque serait inutilement ici passée sous silence — que le principe de causalité est l'un de ceux où se montre, en pleine lumière, l'adaptation de l'outil de l'intelligence à la fonction même de l'intelligence. Il faudrait donc y regarder à deux fois avant de traiter de « frivole » le principe d'identité comme l'avait fait Philalèthe, et longtemps après Philalèthe, Hegel.

Avant de quitter notre sujet, il importerait, je crois, de se demander si la position de l'être par l'être, ou de l'esprit par l'esprit, est un acte logiquement, sinon chronologiquement, antérieur à tous les actes de la pensée. Et non seulement, il convient de se le demander, mais le problème qui domine les autres n'est-il pas celui des rapports de la pensée à la représentation ? Or la position de l'être par l'être ne se peut concevoir que dans et par une conscience: et la notion de conscience, au cas où l'on devrait répondre affirmativement, s'en trouverait singulièrement agrandie. La réponse a toutes chances d'être affirmative, et l'idée d'une conscience où domineraient les éléments impersonnels et intelligibles n'offrirait, à le bien prendre, rien de contradictoire. On restreindrait singulièrement, inutilement, et nous espérons pouvoir ajouter : inexactement, la portée du *Cogito* cartésien, si l'on s'obstinait à voir dans la Quatrième partie du *Discours de la Méthode*, un chapitre de psychologie. Et quelle que fût l'imprudence d'un interprète de Descartes passant du *Discours* ou des *Méditations* à la *Doctrine de la Science*, et se figurant que l'on y peut passer de plain-pied, on aurait quelque peine à ne pas entendre un son dont la résonance est pleine et longue et de fermer l'oreille à ses multiples échos. Le propre des philosophes dont l'originalité n'a jamais été mise en doute, est de faire penser à d'autres qu'à eux. Et ce ne sont pas les échos de la seule pensée de Descartes que l'on perçoit en lisant la *Doctrine de la Science*. Spinoza, plus que Descartes, semble près de l'auteur, et Kant beaucoup plus près encore, sans contredit. C'est de Kant que date, d'une façon expresse, la notion d'une conscience ouverte à l'intelligible, d'une conscience habitée par la pensée, je dis bien par *la* pensée tout court : une pensée dont on ne se tromperait pas en disant, au risque de renouveler les subtilités du *Parménide*, qu'elle est, en chacun de nous, tout entière et identique à elle-même.

Le problème qui maintenant se pose, et que l'on éluderait difficilement, est celui des conditions auxquelles, pour remplir tout son office, la conscience intelligible est tenue de satisfaire. Dira-t-on que l'être existe aussitôt que posé ? Fera-t-on reposer sur lui l'ensemble des catégories autres que celle de l'être ? Ou bien n'admettra-t-on l'être qu'au terme d'une dialectique, dont les étapes seraient ses étapes, et où la dernière coïnciderait avec l'avènement de la conscience ? Le problème ainsi entendu se poserait en dehors de l'alternative : empirisme ou rationalisme. Admettons que le sort ait déjà prononcé en faveur du rationalisme et des catégories, au sens fort de l'expression. Il resterait, et la tâche ne serait guère facile, à en organiser le système, et à se demander comment. On renoncerait, c'est chose jugée, à mettre en ligne l'axiome logique. Mais le jugement par lequel l'être se pose et qui, vraisemblablement, s'en distingue, devrait figurer à l'une des extrémités de la liste. A laquelle ? Le *Sum* a beau se conclure immédiatement du *Cogito*, ce n'est pas, remarquons-le, du premier coup, que le *Cogito* se formule. Quand Aristote entendait Platon enseigner à l'Académie que les éléments de toutes choses sont l'Un et la Dyade, peut-être assistait-il à la dernière évolution d'une doctrine qui avait eu son plein épanouissement dans *le Parménide*, *le Sophiste* et *le Philèbe*. Platon serait arrivé à la dernière forme de sa philosophie par un travail de régression et de réduction croissantes en soumettant les idées à une analyse de plus en plus abstraite. On n'atteindrait donc pas d'emblée l'essence de l'être; pas plus que l'on n'arriverait d'emblée au *Cogito*. Souvenons-nous du vaste déblaiement qui en précède l'énoncé — dirai-je : « de tout ce qui le recouvre ? » A moins qu'il ne convienne de dire : « de tout ce qu' l'échafaude » ? Lequel des deux ?

Pour le savoir, il ne faudrait rien de moins qu'une entreprise à laquelle les esprits les mieux armés se sont reconnus inégaux, et qui aurait pour objet une théorie de la connaissance. Je ne surprendrai personne en me récusant et en ne me sentant pas de force à mettre la main à l'œuvre. Suffit-il de se poser pour affirmer que l'on existe ? Il suffit, sans doute, d'une simple réflexion sur soi. Cette réflexion ne suppose-t-elle rien ? Elle ne peut se concevoir « première » si, dans l'idée de réflexion, est impliquée, toujours à quelque degré, celle de récurrence ou de refoulement. L'activité spontanée du sujet est ce par quoi la vie de la conscience débute, et elle peut se développer, sinon dans l'obscurité totale, à tout le moins dans la pénombre. Mais il peut arriver que les faits et les états qui se sont accomplis dans le demi-jour, ne laissent point d'eux-mêmes une trace durable. L'oubli s'étend sur eux. Je sais bien que l'oubli n'en supprime point les effets puisque l'état du passé auquel ma réflexion s'attache est un de ces effets. Quand la cause a rempli son rôle, elle peut rentrer dans la coulisse, ou même disparaître complètement. Aussi bien, si la raison d'être de l'ouvrier est l'œuvre qu'il est tenu d'exécuter, du moment où elle subsiste, c'est comme si l'ouvrier subsistait dans ce qu'il a de meilleur et de plus essentiel. A continuer sur ce ton, l'on aurait vite découragé l'homme de savoir. Et puisque c'est de savoir qu'en ce moment il s'agit, force nous est de reconnaître que la constatation d'effets répartis dans une faible portion de durée, ne permet pour ainsi dire pas d'obtenir ce que l'on souhaite. On ne parvient pas, dès lors, à faire cesser l'ignorance des causes, laquelle ne se distingue vraiment point de l'ignorance tout court. De ce que nous ne soupçonnons guère, à première vue, ce que suppose l'acte réfléchi par lequel chacun de nous se pose, il n'en résulte pas qu'un tel acte ne soit l'aboutissant d'une série de faits soumis en eux-mêmes, à l'interaction de lois dont la connaissance, le classement et la distribution se confondraient avec l'œuvre la plus essentielle du philosophe. Le premier cri du nouveau-né, à son entrée dans le monde, n'exige rien de moins que la constitution de tout un organisme. Gabriel Séailles disait, il y a déjà longtemps, que l'esprit imite la vie... à moins qu'il ne fût plus juste d'assigner à l'esprit le rôle du modèle, et de voir, dans la vie, une imitation de l'esprit : on peut hésiter. Or si l'on était conduit à chercher dans l'esprit l'idée de l'organisme, on arriverait à faire reposer la conscience sur tout un ensemble de lois et de catégories qui lui seraient logiquement antérieures, toute condition étant chronologiquement, mais surtout logiquement antécédente à ce qu'elle conditionne.

III

Les deux types de nécessité dont l'examen précède en épuisent-ils la notion ? Le propre de la nécessité n'est-il pas d'unir ? Et l'image d'une suite de nœuds ne répond-elle pas à l'idée que l'on a coutume de s'en faire ? Si je me donnais le divertissement de continuer la métaphore, j'imaginerais aisément un ordre dans la suite de ces nœuds, et rien ne m'empêcherait de me le figurer réversible. La difficulté ne serait point là, d'ailleurs, elle commencerait au moment où l'on essaierait de prouver qu'il suffit de renverser un ordre pour en transformer le type. Il n'est qu'un ordre rigoureusement irréversible, celui du temps. L'ordre de l'espace est, par contre, absolument réversible. Mais que doit-on penser de la série des nombres ? Une fois arrivé à cent, dira-t-on, je puis revenir de cent à un, et j'aurai là un nouvel exemple de réversibilité. Je dis bien : un nouvel exemple ; car pour redescendre, il faut être monté ; pour « décompter », il faut avoir compté : or apprendre à compter, c'est, qu'on le sache ou non, obéir aveuglément aux exigences d'une formule ; et la formule $n + 1$ s'abolirait plutôt que de se laisser fléchir, la loi qu'elle exprime étant celle d'un ordre irréversible. Je n'en reste pas moins libre d'éprouver une autre formule. Soit, par exemple, $n-1$. Appliquée en toute rigueur, cette loi de descente me fera traverser tous les éléments de la série antérieure. A une addition indéfiniment prolongée, j'aurai substitué une soustraction à terme assignable : une fois l'unité atteinte, je ne trouverai plus où poser le pied. Aurai-je démontré, par le mouvement que je viens d'accomplir, la réversibilité de la série des nombres ? Oui, puisque je suis redescendu d'un terme lointain jusqu'au premier des termes; oui encore, puisque je n'ai pu redescendre sans « reconnaître », à chaque pas, l'un des nombres précédemment rencontrés; oui enfin, si la nécessité d'une telle reconnaissance équivaut à une définition des ordres reversibles. Et s'il en est ainsi, irai-je jusqu'à prétendre qu'un renversement d'ordre influe sur les éléments de cet ordre ? Il peut m'arriver de voir la charrue avant de voir les bœufs: cela dépend du sens dans lequel je marche, et de la manière dont est situé l'attelage. Cela ne prouve point que les bœufs aient été mis derrière la charrue.

Autant vaudrait soutenir que j'ai enfreint la doctrine aristotélicienne des « principes de la démonstration » parce que j'ai débuté par l'examen de la nécessité médiate. Je l'ai reconnue médiate, et l'on n'avait rien à me demander de plus. Pouvais-je empêcher, quand même, l'évidence médiate d'avoir, sur l'évidence immédiate et prétendue intuitive, l'avantage d'être transmissible, et, comme telle, d'aider à s'ouvrir des yeux jusque là fermés ? Or les yeux qui ne veulent ou ne peuvent s'ouvrir à l'évidence des axiomes resteront, quoi qu'on fasse, obstinément clos. Telle est l'opinion la plus répandue: et cette opinion est tout le contraire d'un paradoxe, s'il est vrai que les principes doivent toujours compter, pour avoir raison des esprits, sur la soudaineté de leur offensive. D'autre part, n'est-il point sage de résister à l'assaut des jugements envahissants jusqu'au total épuisement de ses ressources ? Et ne me suis-je point conformé naguère à ce devoir, en aiguillant vers une « démonstration » des axiomes logiques ?

Il n'y a certes lieu de regretter ni le temps, ni la somme d'efforts que peut coûter une dialectique des principes formels de la connaissance, s'il est faux qu'un problème généralement écarté soit, de cela seul, un problème imaginaire. Rien ne prouve que ce à quoi Descartes donnait le nom de « lumière naturelle » soit tenu d'éblouir afin de mieux éclairer. On assimile trop volontiers l'action de la nécessité sur l'intelligence à celle d'une pression ou d'une étreinte. Ce n'est encore là qu'une image, je prie qu'on se le dise: car si l'on ne peut se soustraire à l'influence des images, on doit se montrer attentif à leur choix, et contrôler, avec le plus grand soin, celles qui se concentrent sur un substantif ou un verbe : leurs attaches sont des plus résistantes. Et c'est pourquoi la formule de barrage proposée par H. Spencer sous le nom « d'inconcevabilité de la négative » devrait toujours intervenir. On se rendra sans doute chaque fois que la négative sera déclarée franchement inconcevable. Mais on aura combattu et c'était l'essentiel.

Croyez-vous cependant, qu'il y ait lieu de se donner tant de mal pour nous faire avouer, par exemple, qu'un cercle ne saurait être, en même temps, un cercle et un carré ? — Je le crois, et je vais en essayer la preuve. Les deux images jurent, j'en conviens, et l'on s'aperçoit, en les juxtaposant, de leur impossible coïncidence. Les deux concepts, pareillement se repoussent: cela se voit peut-être moins vite. J'ai beau me répéter qu'une courbe n'est point une droite, et que cela saute aux yeux, que répondrai-je si, à l'aide du même fil adroitement tendu, on me fait voir, successivement, un carré et un cercle ? Il y aurait

donc passage d'une figure à l'autre, et passage de plain-pied ?
Cessez, dès lors, d'invoquer l'évidence foudroyante des axiomes
ou la clarté soudaine des définitions ! Il n'est pas d'homme consciemment et volontairement absurde, mais, à ces deux adverbes près, chacun de nous peut l'être, et réussit à l'être plus souvent qu'à son tour. L'absurde se glisse sournoisement dans
l'esprit sous les espèces du possible. Et ce n'est pas du jour au
lendemain qu'on le démasque. Il faut le mettre au pied du mur,
en appelant à la rescousse une sorte de démonstration indirecte. Mais le prévenu d'absurdité ne cède, le plus souvent,
qu'à la longue. La vérité est que, pour transformer des croyances soi-disant irrésistibles et, comme telles, improvisées, en
connaissances proprement dites, il faut s'attacher à l'idée de
l'*à priori*, distinguer l'*à priori* de l'*ex abrupto* et substituer à
l'idée de Nécessité celle de l'Intelligible.

L'intelligible a rang de vérité éternelle : en résulte-t-il que
l'éternellement vrai ne puisse coïncider avec l'éternellement
méconnu ? Maurice de Guérin, en son admirable *Centaure*, appelait la sagesse : « la science de la volonté des Dieux ». Cette
science, il n'est que Jupiter pour la posséder tout d'un coup,
par droit de naissance. L'homme la doit mériter, et, pour la
mériter, s'associer en esprit, à l'œuvre démiurgique. Qu'il renonce, une fois pour toutes, à jouer, vis-à-vis de la vérité, le
rôle humiliant de l'enclume. C'était bon au temps d'Œdipe.
Aujourd'hui, la nécessité se doit à elle-même de secouer cette
poussière de fatalité irrévocable dont elle est couverte, et qu'elle
n'a point cessé de soulever sur son passage. Aussi, loin de répudier une formule, je la reprends aujourd'hui avec un surcroît
d'assurance, et je défends encore le droit des principes formels
de la pensée au nom « d'impératifs logiques ». La loi morale
en devient-elle moins auguste parce qu'elle est notre œuvre ?
Autant vaudrait soutenir qu'en cessant d'être absolument libre,
la bonne volonté cesserait d'être absolument bonne.

*
*

On va donc exiger de l'esprit qu'il évite d'imposer avec brutalité ce qu'il affirme. Cela revient au conseil de ne s'incliner
que devant la nécessité logique Mais cela suppose un critérium
de cette nécessité. Le syllogisme tire sa garantie de la causalité de son moyen terme. Et cette causalité se comporte à la manière d'une *vis a tergo*. On pose les axiomes, puis les définitions,

et les définitions se développent en théorèmes, dans un ordre
imitateur de l'ordre du temps. J'en atteste le mot « conséquence », lequel implique l'interdiction d'aller de la conséquence au principe : cela s'appellerait raisonner à rebours et
l'on s'apercevrait de la fragilité du raisonnement, tranchons
le mot : de son absence. Mais autre chose est faire un raisonnement, autre chose est vérifier un raisonnement déjà fait. Le
mouvement qui conduit des principes aux conséquences, s'il
offre tous les caractères d'un mouvement rectiligne et parfait,
suppose, d'autre part, un esprit parfait, ce que n'est point l'esprit
de l'homme. L'invitation au travail démiurgique ne signifie pas
ce qu'un philosophe théiste appellerait : participation à l'œuvre créatrice. La notion d'un esprit parfait équivaut à celle
d'un entendement capable de satisfaire, d'emblée, aux exigences de l'ordre logique, attendu que, si l'on attribue à Dieu l'intelligence souveraine, on ne la distingue guère de ce que,
faute d'un terme meilleur, j'appellerais une incarnation de
l'ordre logique, ordre en soi irréversible et généralement conçu
comme tel. La notion d'un esprit humainement parfait, sensiblement différente de celle d'un esprit divin, tout irréalisable
qu'on la juge, nous conduirait-elle, infailliblement, à celle
d'une intelligence capable d'atteindre par l'unité de méthode
à l'unité de doctrine ? Il est certainement impossible de savoir
ce qui en est : il ne l'est peut-être pas de se faire une opinion
sur les moyens d'atteindre à la perfection intellectuelle, en
hésitant, contrairement à Descartes, à se donner pour modèle
la perfection divine. On a quelque peine à se représenter un
Dieu au travail. Sa dignité le condamne, paraît-il, à l'improvisa-
tion à perpétuité d'absolus chefs-d'œuvre. L'homme, qui n'est
qu'un homme, et qui ne saurait prétendre qu'à une perfection
limitée, l'estimerait, facilement, d'autant moins limitée, qu'il
aurait le choix de la route et qu'il ne serait pas contraint, pour
atteindre Rome, de prendre un unique chemin. La recherche du
vrai est, pour l'homme, une source de joies capables de com-
penser largement son défaut de toute puissance intellectuelle,
et la pluralité des voies qui mènent au vrai, ajoute au plaisir
du voyage. Depuis que l'intelligence humaine croit s'être affran-
chie du joug de la géométrie euclidienne, elle s'imagine respirer plus librement. De là une prédilection pour les ordres
réversibles et le vœu que l'ordre logique, tout en restant logique,
ne soit plus immuable en sa rigidité.

Est-ce ou n'est-ce point là un vœu contradictoire ? Ne risque-
t-on point de rejeter ce que l'on demande, au moment même

où on le demande ? Si j'étais sûr d'obtenir des mathématiciens
une réponse unanime, je les interrogerais sans tarder : mais
je crois savoir ce qui m'attend, car j'ai entendu parler des
examinateurs à l'entrée des Ecoles et je me suis laissé dire que
bien peu permettaient aux candidats de choisir leurs démonstrations. La plupart n'en admettent qu'une. Et ce n'est point
la meilleure : c'est, à leurs yeux, la seule bonne, la seule qui
prouve, toutes les autres prouvant mal, ou même ne prouvant
pas. — Affaire de goût ? — Il est possible. Encore faudrait-il
qu'en préférant, l'on sût que l'on préfère, Et c'est ce qui n'est
pas. Chacun croit n'obéir qu'à la seule vérité, laquelle ne saurait être, en aucun cas, comparable au feux changeants d'un
phare ; comme si le changement de feux ne répondait pas
aux attitudes variables de l'esprit pendant la recherche, et que
le moment où la possession la remplace eût partout, et pour
tous, un critère absolument infaillible !

On sait la multiplicité indéfinie des voies sur lesquelles on
erre pendant la recherche. On le sait par les récits des savants
illustres qui nous content eux-mêmes leurs aventures, ou-
blieux que s'ils étaient moins illustres, elles ne leur seraient
point arrivées. Je songe en ce moment à un ingénieur d'une
compagnie de chemin de fer, disant, devant moi, à un chef de
train victime d'un hasard malheureux : « Vous prétendez,
mon ami, n'avoir pas de chance ? Eh bien ! Il faut avoir de
la chance ! » Ce qui voulait dire : les malheurs arrivent toujours aux mêmes, à ceux dont ils ne sont que la maladresse.
Autrement dit encore : le hasard qui est censé présider aux
inventions dans les sciences — et je ne craindrais point d'ajouter « dans les arts » — me fait l'effet d'un hasard imaginaire.
Le bonheur se refuse à qui le cherche, dirait-on chez les Stoïciens. Je doute que la vérité se donne pareillement à qui lui
tourne le dos. Et la parole célèbre : « Tu ne me chercherais pas
si tu m'avais trouvé », toute profane qu'en soit ici l'application,
me paraît rigoureusement applicable. Qui prétend rencontrer
la vérité sur sa route s'était déjà mis sur le chemin de la vérité
et marchait déjà dans le sillage (¹). Dira-t-on, avec Lachelier,
qu'il y a « en nous, avant toute expérience, une idée de ce qui
doit être » ? (²) Cela équivaudrait, pris au pied de la lettre,
contrairement aux opinions de l'écrivain, à une restauration
des idées innées, et autoriserait le premier venu à prophétiser,

---

(1) Cf. Hamelin, *L'Année philosophique* 1899. Mémoire sur *l'Induction*,
voir la fin de l'article

(2) J. Lachelier, *Psychologie et Métaphysique*, p. 157.

en matière de philosophie naturelle, sans avoir pris contact avec la nature. Or c'est à ce contact que naissent ce que l'on appelle trop volntiers les bonnes fortunes d'invention. Et que l'on ne devine que ce que l'on découvre, c'est ce que la sagesse enseigne à qui la sait comprendre. Osez, dès lors, pénétrer les « voies du Seigneur », sans craindre ni scandale ni sacrilège, et continuez de tenir en échec les droits arrogants — et surtout arrogés — de la force, par la force d'un droit dont la raison connaisse les raisons.

Je viens d'écrire « continuez »; car vous n'avez point commencé d'hier. Le régime de la science se confond avec celui de l'intelligible, et ce n'est point dans la notion générale de l'intelligible que je reconnaîtrai la nouvelle idée de nécessité dont il me tarde de signaler la présence, si tant est que sa présence ne soit pas un rêve. Je vais donc chercher, par delà le champ de la nécessité logique, un territoire vacant, pénétrable à l'intelligible, mais à un intelligible travaillant sur d'autres modèles. Chercherai-je l'introuvable ?

Non peut-être si, parmi nos connaissances, il s'en rencontre où le progrès n'est possible qu'à partir du point d'arrivée, nullement du point de départ. On se supposera débarqué du train et l'on cherchera, par après, le train que l'on a dû prendre. L'esprit est-il donc apte à réussir dans ce genre de voyages à vol d'oiseau, où l'on tombe droit sur le point terminus sans qu'il y ait eu véritablement départ ? La supposition, si étrange qu'on la juge, n'en est vraiment pas une. Dans les sciences biologiques, tout en sachant fort mal comment la nature s'est comportée pour produire l'espèce humaine, on préjuge, avec vraisemblance, qu'elle l'a produite en dernier lieu. Et pour découvrir la loi de l'enchaînement des êtres, on part du dernier anneau de la chaîne. Je n'ai pas à me demander si, une fois en vue des premiers anneaux, l'on ne se décidera pas à suivre l'ordre du temps, ne serait-ce que pour rattacher l'organique à l'inorganique : l'unité de l'intelligible serait peut-être à ce prix; et de son unité dépend sa réalité. D'autre part, si des sciences biologiques, je recule jusqu'aux sciences du nombre, de l'étendue et de la figure, cet ordre de retour me fera découvrir certaines relations, primitivement inaperçues, capables de projeter une nouvelle lumière sur l'échelonnement des vérités géométriques. Enfin il ne sera pas inutile de rappeler comment les démonstrations se découvrent, et que ce n'est pas toujours à partir des démonstrations antérieures et des définitions. On cherche ce qui s'ensuit et on le manque. On cherche ce qui... s'en précède, et on le trouve. On le trouve même d'autant mieux que l'on a supposé faite la démonstration à faire. Il n'est pas certain — au contraire — que l'inspection attentive des figures n'ait hâté la preuve beaucoup plus que le souvenir réfléchi des définitions. Se tromperait-on, dès lors, si l'on affirmait avoir été guidé dans sa recherche par des relations justiciables de l'esthétique, au moins autant que de la logique ? Mais on sait que le champ de l'esthétique est une province du champ de l'intelligible. Par suite, on aurait tort de s'en tenir aux deux types de nécessité sur lesquels a porté la présente étude.

J'irai donc plus loin que là où je voulais aller tout à l'heure, et j'avouerai manquer de raisons pour réduire à trois les aspects généraux de la nécessité. Le nombre de ces aspects ne devra sans doute jamais être cherché bien loin dans la série des nombres; mais ce qui était permis au temps de Platon, ne l'est plus du nôtre. Et si Platon n'avait pas affirmé l'identité de l'Un et du Bien, on pourrait admettre sans hésitation qu'en rétrogradant vers l'Unité, il a, comme à plaisir, stérilisé sa dialectique.

Que la vérité ne soit point une chose en soi, il est banal de le rappeler. Peut-être le sera-t-il moins d'en conclure qu'il n'est point contradictoire d'admettre, d'une part, l'unité de la nécessité, de l'autre, la pluralité de ses expressions. En outre, il n'est pas certain que l'idée de l'intelligible, même ramenée à ses éléments les plus généraux, ait atteint sa dernière étape. Je consens que dans un monde soumis à la forme du temps, les poteaux qui jalonnent les grandes avenues de la pensée demeurent immobiles, alors que tout le reste marche; mais il est inadmissible que ce soit pour toujours. Quand les mathématiques pénètrent dans une partie nouvelle du champ de l'expérience, quand un groupe de faits, jusque là simplement observables, s'assujettit aux conditions de l'expérience scientifique, on peut dire que l'esprit humain vient de faire un pas. D'où l'opportunité de vérifier à nouveau le nombre et l'ordre des jalons de la grande route. Il n'est point jusqu'à l'idée de « l'esprit humain » qu'il serait imprudent de préjuger fixée. La devise « ordre et progrès », celle du positivisme orthodoxe, s'étend jusqu'aux confins de l'intelligible; et ces confins, eux-mêmes, sont destinés à s'étendre. Telle est la leçon qui se dégage des trois derniers siècles. Elle se dégagerait tout aussi nettement du travail de l'antiquité grecque, dont la fécondité des efforts les plus lointains n'est pas encore, peut-être, à l'heure actuelle, entièrement épuisée.

En relisant, il y a quelque temps, la *Note sur le Philèbe* de Lachelier, je fus surpris du commentaire auquel a donné lieu l'énumération des cinq principes, et en particulier. le troisième : τὸ συμμισγόμενον, présenté comme un mélange d'ἄπειρον et de πέρας. Cet élément serait-il le monde sensible ? Brochard le pensait, si j'ai bonne mémoire, en s'appuyant sur le mot γεγενημένη qui s'ajoute à celui de μικτή pour qualifier l'οὐσία. Lachelier, contrairement à Brochard, et conformément à Plutarque, estime qu'il s'agit là de l'οὐσία du *Sophiste*, et les raisons qu'il en donne me semblent des plus sérieuses. La notion d'éternité, d'autre part, exclusive de tout devenir temporel, le serait-elle, au même degré, de tout devenir logique ? J'entends par là les suites d'une définition développée en théorèmes. Or, si cette interprétation devait prévaloir, l'être du *Sophiste* résulterait d'une synthèse intelligible d'éléments idéaux. Et comme ces deux derniers sont « l'infini » et « le fini » rien n'empêcherait de croire que Platon a fait une courte halte devant un mode d'enchaînement par thèse-antithèse-synthèse, dont la poursuite aurait modifié profondément le sens et la nature de sa dialectique. En y réfléchissant davantage, on se trouve, quand même, empêché de le croire. Le *Sophiste* nous apprend que Platon a médité sur ses prédécesseurs, qu'il a prêté l'oreille aux inspirations des « Muses d'Ionie », et passé outre. Or qu'enseignait le philosophe inspiré par ces Muses ? Il enseignait, précisément, que « tout s'unit en se séparant », que tout s'appelle en s'excluant, que l'ordre du monde a pour père Polemos, c'est-à-dire l'antithèse, et donc une antithèse génératrice de synthèse. Voilà ce que Platon a rencontré, et ce dont il n'a pas voulu. Il était donc permis à Hegel de se donner pour précurseur Héraclite. Et il n'est pas certain que la dialectique synthétique, inaugurée par Kant et illustrée par Hegel, n'ait eu l'Ephésien pour premier ancêtre.

Cette dialectique synthétique se distingue par deux caractères essentiels : ceux-là même dont l'auteur du *Sophiste* a énoncé et, en même temps, rejeté la formule. Elle est une dialectique et, par là, elle oppose : elle est synthétique et, par là, elle unit. Elle unit en séparant, et il imp ... peu de se demander si c'est en même temps ou l'un après l'autre. La chronologie n'a rien à y voir : il s'agit là d'une distinction de moments et d'actes. Et la méthode s'abolirait dans leur indistinction. Resterait à s'interroger sur la nature des termes et le mode de leur opposition. On sait, en effet, depuis Aristoté, que toute opposition implique une corrélation, qu'elle n'est point toujours, tant s'en faut, une opposition contradictoire, et l'interrogation rissque d'être longue, assez longue, même, pour donner naissance à un travail capable de décourager les plus hardis par la vigueur et la continuité de l'effort... J'étais sensiblement plus jeune quand il m'est arrivé de mesurer la tâche et de la juger supérieure à mes forces. Un autre que moi s'est mis à l'œuvre et a accompli ce travail. On a pu en avoir la preuve dans mes études sur l'œuvre d'Hamelin.

*
* *

Je voudrais établir en conclusion l'originalité de son effort sur la notion de nécessité. Cet effort a pour résultat la séparation à peu près complète des deux notions de « nécessité » et de « contrainte. » Le critérium de la nécessité va devenir l'intelligibilité. A l'image dont on se sert pour figurer la nécessité et qui est celle d'une énergie irrésistible et aveugle, va se substituer l'image d'une lumière d'intensité croissante. Autre chose, en effet, est courber le front sous le poids d'une chaîne, autre chose est diriger ses yeux vers le plein jour. On objectera que la différence des deux moyens n'importe guère puisque l'homme se sent aussi incapable de résister à l'évidence qu'à la violence. Il s'agit toutefois de ne pas confondre un joug que l'on maudit avec une énergie que l'on sent bienfaisante et à laquelle on se donne, les yeux grands ouverts. L'homme qui cède à la force est un esclave; l'homme qui s'incline devant une vérité qu'il a comprise ce reconnaît, de ce chef, solidaire de cette vérité et c'est librement qu'il la fait sienne. On se rappelle la célèbre sentence de Pascal : « La raison commande plus impérieusement qu'un maître; en désobéissant à un maître, on est malheureux; en désobéissant à la raison, on est un sot. » On est toujours un sot, en effet, quand pour faire acte d'indépendance, on tourne le dos aux deux lumières intérieures de l'homme : la justice, lumière de sa conscience morale; la vérité, lumière de son jugement.

Un autre trait d'originalité distingue la manière dont Hamelin conçoit la nécessité et s'étudie à faire entrer cette conception de plain-pied dans les entendements. J'ai dit plus haut que, dans la doctrine d'Hamelin, les notions, tout en apparaissant chacune à son moment et à son rang, ce qui implique une diligente distribution du travail, opéraient en solidarité. Ou cette affirmation reste purement verbale, et autant vaut en détourner l'attention, ou elle signifie que, durant tout le travail de l'activité génératrice des notions, le système total de la représentation retentit sur chacune d'elles; pareillement, le travail préparatoire, dans un organisme, au terme duquel le vivant pourra vivre de sa propre vie, est déterminé dans le détail et dans l'ordre de ses mouvements par l'idée générale de l'organisme. Il y a là un travail comparable à celui qui se produit dans une imagination d'artiste pendant la couvée d'une œuvre d'art. Je fais allusion ici à des pages, comme toujours denses et profondes, de J. Lachelier sur le déterminisme des causes finales dans le *Fondement de l'Induction*. Lachelier compare ce déterminisme à celui des causes efficientes, sur lequel la nécessité étend son empire. Au contraire, toujours selon Lachelier, le déterminisme

d'une énergie aveugle éventuellement malfaisante. Mais, ne
l'oublions pas, une nécessité comprise n'est pas une nécessité
supprimée, sans quoi elle pourrait à volonté s'appliquer un masque de contingence ou de hasard, ce qui reviendrait à renverser
d'une main ce que l'on a, de l'autre, si patiemment et si attentivement échafaudé. Plus une science fait de progrès, plus le
mystère des lois qui la gouvernent se laisse un à un dérober ses
secrets, plus aussi l'homme se trouve au milieu du monde
comme s'il avait participé à l'œuvre de ce monde et comme s'il
pouvait avec un légitime orgueil se compter parmi ses libres et
vaillants ouvriers.

Tels sont les services rendus pas notre philosophe à l'idée de
nécessité. En dirigeant sur elle les rayons convergents de l'intelligible, il a délivré l'intelligence d'un joug auquel toute résistance lui semblait déjà progressivement inutile.

A ce point de vue un progrès a été réalisé; et le passage de
la nécessité dans l'ordre intelligible est une élévation de la connaissance à un degré au-delà duquel la nécessité désarme. Mais
désarmer n'est pas abdiquer. Un gouvernement que l'on exerce
dans la sécurité n'en est pas moins un gouvernement dont on a
la charge. On se gardera dès lors de s'imaginer qu'une nécessité
détendue est une nécessité en voie de dissolution dans la contingence, c'est-à-dire après tout, dans l'accident et le fortuit.

Quand on a déployé tout son effort dans la mise en lumière
des vérités dont l'énoncé précède, on a décidément bien mérité
de la philosophie.

TABLE DES MATIÈRES